# 저널리즘의 이해

# 저널리즘의 이해

*Understanding Of Journalism*

강내원 김경모 김남두 김시승 김성해 김춘식 안종묵
이기형 이승선 이재진 이준웅 임영호 최영재 지음

한울
아카데미

## ■ 서문

1.

『저널리즘의 이해』는 대학교에서 교재로 쓰기 위한 저널리즘 입문서로 기획됐다. 이 책이 나오게 된 배경은 이렇다. 한때는 기자였고 대학교 강단에서 저널리즘을 가르쳤던 한국외국어대학교 고 김진홍 교수께서 정년퇴직을 앞두고 은퇴를 기념하기 위해 후학들이 참여한 저널리즘 입문서의 출간을 희망하셨다. 그 일을 후배인 필자와 제자인 한국외국어대학교 김춘식 교수에게 부탁하셨다. 그 뜻을 따라 필자와 김춘식 교수가 상의해 목차와 필진을 정하고 원고를 청탁해 마침내 이 책이 빛을 보게 된 것이다.

그러나 불행히도 김진홍 교수께서는 이 책의 상재를 볼 수 없게 되셨다. 정년퇴직 직전인 2009년 여름 갑작스럽게 심장마비로 별세하셨기 때문이다. 참으로 애석하기 그지없는 일이다. 오늘날의 연령 기준으로 봤을 때 아직도 한참 활동해야 할 장년이셨는데 그만 비명에 가시고 만 것이다. 국내에서 한국어로 쓴 저널리즘 교재가 마땅치 않아 그 필요성을 절감하셨고 은퇴 기념으로 그런 책의 출간을 의도하셨던 분께서 이 책의 출간을 보시지 못한 점이 더욱 안타깝다. 그래서 이 책의 제작에 참여한 모든 분과 함께 고인의 영전에 이 책을 바친다.

고 김진홍 교수는 서울대학교 사범대학을 졸업하고 동아일보에 기자로 입사해 주로 검찰청을 출입하면서 민완 사건기자로 활약하셨다. 그러나 유신체제의 엄혹한 언론통제하에서도 자유언론이라는 저널리즘의 이상을 추구하던 끝에, 이른바 '동아사태'라고 부르는 1974년의 '자유언론 실천선언'을 주도해 해직되셨다. 이후 전예원이라는 출판사를 차려 사회과학과 문학에 관한 베스트셀러를 많이 내셨다.

내용도 유익할 뿐만 아니라 상업적으로도 매우 성공적인 책들이었다. 고인의 뛰어난 안목과 판단력을 볼 수 있는 부분이다. 그 출판사에서 많은 후배가 생계를 꾸릴 수 있도록 배려도 하셨다. 출판사를 운영하는 와중에 서울대학교 신문대학원과 대학원 박사과정에서 계속 공부를 해 한국외국대학교에서 교편을 잡고 정년퇴직까지 하셨다.

이 책을 최초로 안출하신 분은 이 책의 상재를 보지 못하고 가셨으나 이 책은 그분 덕택으로 출간된 것이다. 이제 후학들에게는 이 책을 통해 저널리즘을 제대로 가르치고 배우고 연구하고 실천하는 일이 남았다. 그것이 이 책의 출간을 그토록 원하셨던 그분의 의도에 부합하는 길일 것이다. 이 책의 필진으로 참여한 저널리즘 교육자 및 연구자 또는 저널리즘에 학문적 관심을 가진 교수 및 연구자 들에게 심심한 사의를 표한다. 특히 이 책의 출간을 위해 모든 연락과 번거로운 일을 도맡고 또 한 장을 담당해 집필까지 한 김춘식 교수에게 고마운 마음을 전한다. 김 교수의 희생과 노고가 없었던들 이 책의 출간이 가능하지 못했을 것이다. 이 책의 출판을 맡아준 도서출판 한울과 좀 더 나은 책이 될 수 있도록 꼼꼼히 교정하고 편집한 출판사 담당자에게도 감사한다.

2.

이제부터 이 책의 각 부와 장에서 다루는 대상과 내용을 소개하려 한다. 그러나 이 책에서 각 장의 집필자가 서술하는 내용의 중요 부분을 소개하거나 핵심적인 내용을 요약해 전달하려는 것은 아니다. 그런 서술은 이미 각 집필자가 각 장 서두에 첨부했다. 여기서 필자는 필자 나름대로 각 장의 주제와 관련된 저널리즘적 문제와 맥락 그리고 실상을 짚어보려 한다. 특히 한국 저널리즘의 실상과 그 문제점을 짚어보겠다.

이 책은 모두 4부 13장으로 구성됐다. 제1부는 '저널리즘이란 무엇인가?'라는 제하에 두 개의 장을 두고 있는데 그 가운데 하나는 뉴스 가치를, 다른 하나는 저널리즘의 역사를 다루고 있다. 저널리즘은 기본적으로 뉴스를 전달하는 일이기 때문에 뉴스가 무엇이고 어떤 속성을 지녔는지 아는 일은 저널리즘을 이해하는 첫걸음이라 할 수 있다. 또 그 저널리즘 혹은 저널리즘을 담는 매체가 어떤 변화를 겪어왔으며 역사성을 갖는지 아는 것도 저널리즘을 이해하기 위해서 필수적이다.

뉴스는 실제로 경험할 수 없는 세상에 대해 제3자를 통해 받는 정보라 할 수 있다. 뉴스는 객관적으로 존재하는 것으로 생각하기 쉬우나 실은 구성된, 즉 만들어진 것이다. 뉴스는 사회적으로 구성된 일단의 범주에 따라서 사건과 토픽을 걸러내고 선택하는 것으로부터 시작되는 복잡한 과정의 최종 산물이기 때문이다. 이런 과정의 하나가 무엇이 '좋은 뉴스'인가를 가리는 일로 이른바 뉴스 가치에 의한 게이트키핑이다. 아무 사건이나 토픽이 모두 뉴스가 되는 것이 아니고 언론인이 뉴스로 가치가 있다고 판단해 선택 보도하는 것만이 뉴스가 된다. 그런데 언론인이 뉴스 가치가 있다고 판단한 사건 대부분은 누군가에 의해 보도를 목적으로 계획된 것이고, 그렇지 않은 것이라 하더라도 그에 관해 보도하기 위해서는 제3자의 정보에 의존해야 한다. 말할 것도 없이 보도를 위해 사건을 계획하거나 언론인에게 가치 있는 뉴스로 포장해 정보를 제공하거나 또는 반대로 정보를 차단할 수 있는 사람은 정치권력이나 경제권력을 지닌 조직이나 강자다. 따라서 알게 모르게 뉴스는 그 사회의 조직이나 강자가 사람들에게 알리려는 내용이며 그들의 이해관계가 투영된 것이다. 흔히 뉴스 가치로서 시의성(timeliness), 근접성(proximity), 저명성(prominence), 규모(consequence), 갈등(conflict), 인간적 흥미(human interste) 등이 지적되는데 이런 뉴스 가치는 뉴스가 객관적인 것이 아니고 구성되는 것이라는 사실을 입증한다. 한편 뉴스 가치는 시기, 지역과 문화, 매체에 따라 편차가 있다. 그리고 시간과 지면의 제약이 거의 없는 온라인 저널리즘을 가능케 한 인터넷으로 대표되는 오늘날의 뉴 미디어 시대에는 뉴스 가치가 해체되고 있다고 할 수 있다. 제1장 '뉴스 가치의 이해'는 뉴스 가치의 시공에 따른 차이를 논의한다.

모든 사물이나 현상은 시간의 흐름 속에서 변화를 겪는다. 흔히 발전이라는 말로 표현되는 그 변화는 더 복잡하고 정교한 방향으로 나타나는 경향이 있다. 그리고 그 변화는 사회와 문화에 따라 상당히 다른 역사성을 갖기 마련이다. 저널리즘도 마찬가지다. 서양의 뉴스매체는 최초의 신문현상으로 간주되는 고대 로마의 악타 세나투스(Acta Senatus)에서 중세 유럽의 서한신문과 근대의 정파지를 거쳐 오늘날 적어도 형식적으로는 정치권력으로부터 간섭이나 통제를 받지 않는, 객관성과 공정성을 표방하고 그 나름대로 실천하는 자유언론으로 성장했다. 그러나 여기서 한 가지 변하지 않은 것이 있다. 그것은 바로 저널리즘이나 그 매체의 종사자는 그 소유주를 위해서 봉사한다는 점이다. 고대 로마의 '노예 기자'라는 말에서 알 수 있듯이 노예는 주인을 위해서 정보를 수집하고 보고했다. 정파지는 발행비를 부담하는 정파의 이익을 대변하기 위해서 존재했다. 객관주의를 표방하는 오늘날에도 언론매체와 그 종사자는 저널리즘을 통해 수익을 창출하고 사회적 영향력을 키움으로써 소유주의 이익에 봉사한다. 과거 한국에서는 조정에서 발행하는 관보인 조보만 발행됐으나 뒤늦게 근대화 과정에서 서양의 정파적 언론이 이식되어 빠른 시일에 현대의 대중언론으로 발전했다. 그러나 일제의 식민지 시대와 광복 후 군부 독재 시대에 우리 언론은 정치권력의 시녀로 기능함으로써 자유언론과는 거리가 먼 존재양식을 보였다. 그런 존재양식에서 우리 언론이 말끔히 벗어난 것은 아니어서 정치가 민주화한 오늘날에도 심한 정파적 편향성을 보이고 있다. 세계 저널리즘의 역사와 우리 저널리즘의 역사(일제시대까지)는 제2장에서 일별된다.

제2부 '뉴스의 생산과 유통'에서는 첫째, 뉴스의 생산관행과 생산과정, 둘째, 뉴스의 효과, 셋째, 저널리즘 현상과 사회과학 연구방법의 세 장을 두고 있다. 저널리즘에 관한 사회과학적 연구의 중요한 한 부분은 뉴스의 생산과 유통에 개재하는 요인과 뉴스가 사회에 미치는 효과에 대한 이해일 것이다. 저널리즘이 뉴스를 제공하는 것이라고 할 때 그 뉴스를 어떻게 취재하고 보도하는지, 그 과정에 개재하는 요인은 무엇이고 어떤 영향을 미치는지, 그리고 그렇게 해서 제시된 뉴스는 사회와 사회 성원에게 어떤 효과를 갖는지 이해하는 것이 저널리즘을 사회과학적으로 연구하는 중요한 이유이기도 하다. 따라서 그러한 연구를 위한 사회과학적 연구방법의 소개도 빼놓을 수 없다.

세상에는 무수한 사건과 사안이 있다. 그 중 매우 소수만이 뉴스매체와 그 종사자에 의해 보도할 가치가 있는 것으로 선택되어 그에 관한 것이 뉴스로 제시된다. 일반적으로 매체사는 일정한 자원과 인원과 입장을 가지고 뉴스를 수집하고 가공해 배포한다. 뉴스를 수집하고 보도하는 데는 경제적 효율성이 우선시된다. 말하자면 적은 인원과 예산으로 가급적 많은 뉴스를 수집할 수 있어야 한다. 이런 고려 때문에 취재는 중요 뉴스가 많이 생성되는 대도시, 정부, 정당, 대기업을 중심으로 이뤄진다. 게다가 정부, 정당, 대기업은 홍보 전문 요원을 고용해 자신들에게 유리한 정보를 가공하거나 이벤트를 연출하고 보도자료를 만들어 언론에 배포한다. 시간에 쫓기는 언론인의 입장에서는 이런 식으로 배포되는 자료를 활용해야 손쉽게 지면이나 시간을 메울 수 있기 때문에 이런 홍보성 자료가 뉴스로 보도되는 경우가 많다. 게다가 보도는 마감시간이 있고 회사 내의 계서적 통제를 거쳐야 한다. 또 회사는 회사대로, 취재 기자는 기자대로 일정한 입장을 가지고 있기 마련이다. 따라서 그 입장에 따라 뉴스의 선별과 제시에 영향을 받는다. 뉴스는 이 모든 과정을 거쳐 만들어진 것이라 할 수 있다. 결국 일반적으로 뉴스는 일차적 정의자라고 부르는 정부, 정당, 대기업 등과 같은 언론사 밖의 정보원에 의해서 먼저 가공되고, 이 정보가 다시 2차적 정의자라고 부르는 언론사에 의해서 재가공되어 수용자에게 최종 상품인 뉴스로서 제공되는 것이다. 뉴스는 이렇게 이중으로 제조되는 상품이다. 제3장 '뉴스의 생산관행과 생산과정'은 이런 과정의 일단을 다룬다.

  매체가 사회와 개인에게 어떤 영향을 미치는가는 많은 사람의 관심사다. 정치가는 매체를 통한 정치홍보의 효과에, 기업은 매체를 통한 상품광고의 효과에, 그리고 학부모는 매체의 폭력물이나 음란물이 어린아이에게 미치는 영향에 많은 관심을 가져왔다. 마찬가지로 뉴스가 사회와 개인에게 어떤 영향을 미치는지도 중요한 사회적 관심사다. 특히 매체선거가 보편화되면서 선거보도가 어떤 효과를 갖는지는 정치권의 중요한 관심사가 됐다. 매스컴 연구의 초기에는 대중매체의 메시지가 모든 사람에게 단일하고 똑같은 강력한 효과를 발휘한다고 제시됐으나, 그 후 이른바 실험과 사회조사와 같은 경험적 연구를 통해 무수한 매개변인이 첨가됐고, 그로 인해 대중매체의 메시지는 매우 제한적인 효과밖에 없는 것으로 제시됐다.

그러나 1970년대 중반부터 다시 대중매체의 메시지는 상당히 강력한 효과를 갖는 다는 이론이 대두했다. 특히 비판적 연구자들은 언론매체는 일관된 생략과 반복의 관행을 통해 자신의 관행 자체를 자연화하는데 그 일관된 생략과 반복은 그 사회의 지배적인 세력의 입장에 기초한 것이며 따라서 대중매체의 메시지는 지배세력의 입장, 즉 지배 이데올로기를 자연화함으로써 그 사회의 지배질서를 유지하는 데 기여한다는 이른바 이데올로기적 효과라는 초강력 효과를 갖는 것으로 이론화했다. 다원주의자들도 틀 짓기 효과, 사회화 효과, 의제설정 효과, 문화계발 효과, 침묵의 나선효과 등의 강효과를 갖는 연구결과를 제시했다. 특히 오늘날은 매체선거와 관련해 점화효과, 부정적 선거보도의 효과 등에 관한 연구결과가 많이 제시되고 있다. 제4장 '뉴스의 효과'는 다원주의자들의 이런 강효과 이론 몇 가지와 선거보도의 효과에 관한 연구결과를 소개한다.

뉴스의 생산과 유통에 작용하는 요인이나 뉴스의 효과에 관한 어떤 일반화나 이론화는 사회과학적인 연구를 바탕으로 하고 있다. 그러한 연구를 위한 방법은 크게 질적인 것과 양적인 것으로 대별할 수 있다. 비판적인 연구자는 철학적·해석학적·민속지학적·기호학적 분석과 같은 질적인 방법을 주로 활용한다. 물론 비판적인 연구자, 특히 정치경제학자는 양적인 연구방법을 병행하기도 한다. 반면에 행정적인 연구자는 조사, 실험, 내용 분석 등의 양적인 방법을 선호한다. 이 두 가지 연구방법은 각각 그 나름의 장단점을 가지고 있다. 경험적 연구자는 비판적 연구자가 내용과 효과를 동일시하는 오류를 범하고 경험적 증거도 없이 대담한 주장을 한다고 비판한다. 반면에 비판적인 연구자는 경험적인 연구가 문화라는 측정할 수 없는 것을 측정하며, 특히 조작적 정의라는 것으로 본래 연구하려는 대상을 왜곡해 연구의 타당성을 상실한다고 말한다. 더구나 그런 경험적 연구, 특히 실험적 연구는 흔히 매우 인위적인 상황에서 이뤄진 것이어서 그 결과를 일반화할 수 없음에도 일반화하는 포괄적 일반화의 오류를 범한다고 주장한다. 이런 비판에도 현실적으로는 행정적 연구가 필요하기 때문에 경험적 연구가 통용되고 연구계를 지배하고 있다. 제5장 '저널리즘 현상과 사회과학 연구방법'에서는 저널리즘을 연구하는 그러한 양적·경험적 방법의 소개에 초점을 맞추고 있다.

제3부 '저널리즘과 사회'는 언론과 정부의 관계, 언론과 선거의 관계, 언론과 경제의 관계, 언론과 문화의 관계를 별도의 장으로, 더 나아가 대안 저널리즘과 그 하나로 공공 저널리즘, 그리고 세계 속의 저널리즘도 별도의 장으로 다룬다. 저널리즘은 사회 속의 무수한 역학관계 안에서 존재한다. 그 가운데서 가장 중요한 역학관계는 정부와의 관계라 할 수 있다. 따라서 이 관계를 짚어봐야 한다. 오늘날은 매체선거라는 말이 있을 만큼 선거에서 매체의 역할이 중요하기 때문에 저널리즘의 사회적 역할을 이해하려면 선거와의 관계도 살펴볼 필요가 있다. 또 매체는 기업의 광고를 통해 스스로를 유지하고 그런 광고와 상품 정보를 통해 자본주의 체제를 유지하는 데도 기여한다. 또 저널리즘은 그 자체가 문화적인 현상의 하나일 뿐만 아니라 문화적 현상을 다룸으로써 문화에 기여한다. 따라서 저널리즘의 사회적 역할을 온전하게 이해하려면 경제와 문화에 대한 저널리즘의 관련성을 살펴볼 필요가 있다. 또 기존 저널리즘에 대한 비판이 대두하고 냉소적인 분위기가 팽배한 현실에서 대안 저널리즘을 자세히 살펴 연구하는 일은 피할 수 없는 과제다. 또 오늘날과 같은 세계화 시대에 세계화에 따른 저널리즘의 존재양식과 운영양식에 대한 고찰도 반드시 필요하다.

오늘날 매체정치 시대에 정부는 그 원활한 기능을 위해서 언론을 필요로 하고, 언론은 정부의 정보라는 상품가치가 큰 정보를 제공받기 위해서 정부를 필요로 한다. 이처럼 이 양자는 공생관계에 있지만 정부는 자신에게 유리한 보도를 위해 언론을 통제하려 하고 언론은 자유로운 보도를 추구하기에 이 양자는 갈등관계에 빠지기 쉽다. 그래서 언론과 정부는 불가근불가원의 관계를 유지하는 것이 바람직하지만 흔히 정부의 힘이 커서 언론이 정부에 장악되어 시녀 노릇을 하는 경우가 많다. 특히 한국의 언론은 그동안 권위주의적 정권에 장악되어 나팔수 노릇을 해 많은 비판을 받았으나 저간의 정치 민주화로 정치권력이 약화되자 그 공백을 메워 스스로가 권력기관이 됐다. 그러나 그 권력을 올바른 저널리즘을 위해 합리적으로 행사하기보다는 자사와 사주의 사적인 이익을 위해 물불을 가리지 않는 천민적 행태를 드러내며 그 권력을 남용했다. 그리고 다른 한편으로는 객관주의, 중립성, 공정성 등을 표방하는 현대의 상업적 언론에 걸맞지 않게 시대착오적인 정파성을 드러내며 자신이 지지하거나 이해관계를 같이하는 정치세력의 이익을 위해 그 권력을 남용했다. 그 대표적인 예가 선거 때마다 특정 정치세력에게 유리한 보도를 해온 점이다. 특히 대통령선거 때마다 특정 후보의 당선을 위해서 저널리즘의 정도를 내팽개치곤 했다. 국민정부나 참여정부 시절에서 보듯이 자신들이 지지하지 않는 정치세력이 집권한 경우에는 '비판언론' 운운하며 사사건건 비난성 보도로 일관해 정부의 원활한 기능마저 어렵게 만들었다. 우리 언론과 권력의 이런 관계의 일단을 제6장 '언론과 정부'에서 다룬다.

오늘날 자유 민주주의 국가에서 선거는 미디어 선거로 불릴 만큼 선거운동은 주로 언론매체를 통해서 이뤄지고 있다. 우리의 공직 선거법도 매체의 활용을 적극적으로 규정하고 있는 반면, 대중유세를 비롯한 전통적인 선거방식은 매우 제한적으로 허용하고 있다. 오늘날 바쁜 유권자가 후보자와 그 정당의 정강정책을 알 수 있는 길은 언론매체를 접하는 것이다. 언론은 후보자와 정당의 정강정책에 대해 제대로 알릴 수 있는 수단과 방법이 있고 또 그것을 업으로 하기 때문이다. 그래서 선거가 올바로 이뤄지려면 선거보도가 공정하고 진실하고 유용해야 한다. 그러나 우리 언론의 선거보도는 지나친 정파성으로 공정하지도 진실하지도 않다. 과거에는 선거에 관권이나 금권이 개입하는 일이 공정선거에 큰 문제가 됐다면 오늘날은 주로 언권의 개입이 문제가 되고 있다. 특정 정파에는 유리하고 그 반대 정파에는 불리한 선거보도를 일삼기 때문이다. 게다가 지나친 상업성으로 경마 저널리즘에 경도되어 지지도 조사, 판세 분석, 선거전략 등의 보도에 치우치고 후보의 지도력, 도덕성, 비전 등 후보를 판단할 수 있는 내용이나 정당의 정강정책 등에 관해서는 별로 유용한 정보를 전달하지 않는다. 그래서 미디어의 개입이 최소한으로 제한되는 텔레비전의 후보자 토론이 거의 유일하게 후보자의 됨됨이와 그의 공약에 대해 공정하고 진실하고 유용한 정보를 파악할 수 있는 수단이 됐다. 이러한 우리의 저널리즘과 선거 관계의 일단은 제7장 '선거 저널리즘'에서 다룬다.

자본주의 국가에서 언론매체는 하나의 기업이다. 우리 사회의 지배적인 언론매체는 그 자체로서 많은 종업원을 거느리고 상당한 수익을 올리는 거대기업이다. 그리고 언론매체에서의 부익부 빈익빈 현상이 갈수록 심화되고 있다. 언론매체 간의 경쟁으로 소수의 거대매체와 다수의 군소매체로 양극화되고 이로 인해 언론의 다양성, 즉 여론의 다양성이 축소되고 있다. 특히 정파성이 강한 신문계에서 시장이 소수의 신문에 장악됨으로써 여론의 다양성이 크게 침해되고 있다. 이들 신문은 과도한 권력을 갖게 되고 그 권력을 공익을 위해서가 아니라 자신과 자신의 사주 그리고 자신이 지지하는 정파의 사익을 위해 남용하고 있다. 이들은 광고로 유지되기 때문에 경제사정이 어려울수록 수익을 위해 광고를 유치하는 데 혈안이 되고 광고주에 대한 비판적인 보도를 하지 않게 된다. 오늘날 저널리즘의 자유와 독립성을 해치는 가장 큰 요인은 정언유착이 아니라 경언유착이다. 또 언론매체는 그 자체가 중요한 경제주체일 뿐만 아니라 상품광고와 기업 및 상품정보를 통해 대량생산과 대량소비를 가능케 하고 대광고주인 대기업 중심의 자본주의의 유지와 발전에도 기여하는 중요한 경제적 역할을 수행한다. 이러한 경제적 역할과 경언유착에 따른 기업에 대한 무비판적 보도는 자본주의가 발달하면서 주요 언론매체로 성장한 경제지의 경우에 더욱더 두드러진다. 경제와 관련된 저널리즘의 이런 면모의 일단은 제8장 '언론과 경제'에서 논의된다.

문화를 삶의 양식이라고 규정할 때 정치, 경제, 사회도 문화의 한 부분으로 편입된다. 그러나 우리가 흔히 문화를 학술, 문학, 출판, 예술(미술, 음악, 연극, 무용, 오페라, 뮤지컬 등), 그리고 대중문화(저널리즘, 만화, 애니메이션, 게임, 영화, 드라마, 연예 등)와 같은 영역으로 한정한다 하더라도 그 중요성이 감소하는 것은 아니다. 그런데도 우리 저널리즘은 흔히 정치와 경제와 사회의 영역을 주로 다룬다. 저널리즘에 대한 연구도 주로 이들 분야, 특히 정치 분야에 집중되어 있다. 그러나 저널리즘은 기실 문화의 한 부분이다. 프랑크푸르트학파의 문화산업 분석이나 문화연구 전통의 문화 분석 또는 헤게모니 이론에서 보듯이 문화는 기존 질서의 유지나 변화와 관련해서도 소홀히 할 수 없는 중요한 영역이다. 오늘날 문화는 산업적으로도 중요해지고 있다. 문화가 정치적·사회적·산업적으로 중요한 요소라면 문화는 마땅히 저널리즘에게도 중요한 대상이 되어야 할 것이다. 실제로 서구 언론에서 문화는 언론의 중요한 대상이다. 근래에는 우리 언론매체도 이러한 문화에 관해 많은 지면이나 시간을 할애하기는 한다. 하지만 아직까지는 주로 영화나 연예와 관련된 내용이 주종을 이루고 그 외의 분야는 그 내용의 양이나 질로 볼 때 홀대를 받고 있다. 이 분야에 대한 기자의 전문성이 떨어지기 때문에 더욱 그렇다. 이러한 문화 저널리즘의 현실과 그 개선점에 대해서는 제9장 '저널리즘과 문화'에서 다룬다.

오늘날 전통적인 저널리즘은 많은 비판에 직면해 있다. 언론이 객관성이나 공정성을 표방하지만 실제로는 별로 객관적이지도 공정하지도 않을 뿐더러 일반 시민의 생각, 즉 여론을 전달하기보다는 알게 모르게 그 사회의 지배세력 또는 정치가, 고위 공직자, 대자본가, 장성 등으로 대변되는 권력 엘리트의 입장과 주장을 주로 대변한다는 것이다. 그래서 심지어 전통적인 저널리즘은 민주주의에 기여하기는커녕 민주주의를 해치고 있다는 주장도 제기된다. 정파성을 노골적으로 드러내고 경마 저널리즘에 경도되는 선거보도에서 특히 그러한 역기능이 많이 지적된다. 당연히 이런 현실에서는 발전된 복제기술과 전송기술을 활용해 대안적인 매체가 출현하기 마련이다. 이들 대안언론은 주로 사회의 강자에게 제공되는 전통적 언론의 제한적인 공론장을 대신해 약자와 소수자에게 공론장을 제공함으로써 공론장의 지평을 넓혀왔다. 특히 전통적인 저널리즘의 반시민적, 친권력 엘리트적 행태에 반발해 미국의 일부 언론을 중심으로 공공 저널리즘이 대두되어왔다. 공공 저널리즘은 시민의 입장에서 취재하고 보도함으로써 대안적인 공론장을 제공하며, 힘 있는 사람들의 주의 주장을 전달하는 수단으로 전락한 객관주의라는 탈을 과감하게 벗어던지고 일반 시민의 이해관계 입장에서 해결책을 제시한다. 이러한 대안언론과 공공 저널리즘에 관해서는 제10장에서 다룬다.

저널리즘은 세계적인 문화현상이며 각 나라의 역사와 문화가 투영되어 있기 때문에 매우 다양하다. 그러나 비교 언론학적 관점에서 세계의 저널리즘 체제는 몇 가지로 유형화할 수 있다. 우선 1950년대에 나온 『언론의 4 이론』에서는 역사적 등장 순서대로 권위주의 이론에 의한 체제, 자유주의 이론에 의한 체제, 공산주의 이론에 의한 체제, 사회책임 이론에 의한 체제 네 가지로 제시된다. 그러나 그 이후의 사태 발전으로 미디어 발전 이론에 의한 체제, 민주적 참여 이론에 의한 체제를 추가하기도 한다. 오늘날 현실 공산주의의 붕괴와 남은 공산국가의 자본주의화로 공산주의 체제의 언론은 극소수의 나라에서만 실행되고 있다. 발전 도상국에서는 그 이름이 무엇이든 권위주의적인 체제가 지배하고 있고 자유 민주주의 국가에서는 사회책임 이론에 의한 저널리즘을 이상으로 제시하지만 실은 자유주의적 저널리즘관이 자리 잡고 있다. 특히 세계화를 주창하는 신자유주의적 이데올로기하에서 저널리즘은 탈규제 속에서 동종 매체 간 또는 이종 매체 간 통합으로 거대 복합 미디어 기업으로 탈바꿈해 수익의 극대화를 추구하고 있다. 이런 과정에서 약소국의 커뮤니케이션과 문화의 주권은 점점 사라지고 있다. 특히 국제뉴스의 흐름이 영미의 몇몇 거대 미디어에 의해 주도됨으로써 국제뉴스에서 서방, 특히 영미의 관점이 지배적이다. 이런 문제는 제11장 '글로벌 시대의 저널리즘'에서 만날 수 있다.

제4부 '언론법제와 윤리'는 저널리즘의 실천과정에서 부딪히는 저널리즘과 관련된 법제적·윤리적 문제를 다룬다. 저널리즘과 관련된 법제문제와 윤리문제는 언론과 언론인이 소송에 휘말려 감수해야 하는 불필요한 낭비를 피하기 위해서, 그리고 좀 더 격조 높은 저널리즘의 실천을 위해서 반드시 숙지해야 할 사안이다. 또 저널리즘 법제와 윤리문제는 언론 관계법의 조항이나 윤리강령을 기계적으로 적용해서 해결되는 문제가 아니라 그 해석과 적용에서 깊은 천착과 성찰이 필요하다. 따라서 저널리즘에 관한 연구도 법제와 윤리 분야를 빠뜨릴 수 없다. 결국 저널리즘의 올바른 이해는 법제문제와 윤리문제를 빠뜨리고는 완벽하다고 할 수 없다.

자유 민주주의 국가는 언론의 자유를 보장한다. 우리 헌법도 언론자유를 보장하고 있다. 그러나 언론자유는 절대적인 권리가 아니다. 언론자유는 국가안보나 사회안전을 확보할 필요, 명예권과 사생활을 보호할 필요, 저작권을 보호할 필요, 공정한 재판을 받을 권리 그리고 음란물이나 폭력물의 제한 요구 등과 같은 사회적으로 정당한 필요나 요구 그리고 헌법적 권리와 상충된다. 그런데 정부나 권력자는 이러한 이유를 내세워 언론자유를 통제하려 한다. 또 언론은 언론자유를 내세워 이런 정당한 사회의 요구나 헌법적 권리를 침해할 소지가 있다. 따라서 언론과 언론인은 언론자유를 제한할 수 있는 정당한 사유가 어떤 것이고 그에 관한 법적인 조항은 구체적으로 어떠하며 그 조항이 실제 사건에서 어떻게 적용되고 해석되는지를 숙지해야 한다. 그래야 번거로운 소송에 휘말려 쓸데없이 시간과 정력을 낭비하는 일을 피할 수 있고 정부나 권력자가 필요 이상으로 언론자유를 제한하려는 기도에 맞설 수 있다. 언론법제의 문제는 제12장 '언론법제의 이해'에서 다룬다.

언론인은 취재와 보도과정에서 수많은 윤리적 문제에 부딪힌다. 예컨대, 취재에서 기만이나 절도는 절대로 허용될 수 없는 것인지, 취재대상에게 돈이나 향응, 공짜여행을 제공받는 것은 안 되더라도 간단한 식사나 편의조차 제공받아서는 안 되는 것인지, 정보원의 신분은 어떤 경우라도 보호해야 하는지가 그 범주다. 광고를 받기 위해 호의적인 기사를 쓰는 일, 기사인지 광고인지 모호한 기사형 광고를 쓰는 일, 사람들의 흥미를 유발하기 위해 선정적으로 보도하는 일, 취재하는 사건의 객관적인 관찰자로 남지 않고 사건 자체에 개입하는 일 등을 포함해 많은 윤리적인 문제가 제기될 수 있다. 이런 문제에 대한 대답은 윤리적 기준에 따라 다를 수 있다. 만일 칸트의 절대명령에 따르면 어떤 경우라도 취재에서 기만이나 절도가 허용될 수 없을 것이다. 그러나 공리주의적 입장에 따르면 커다란 공익을 위해서는 약간의 기만이나 절도는 허용될 수 있다. 이들 언론윤리와 관련된 문제의 일부는 마지막 장인 제13장 '언론의 윤리'에서 만날 수 있다.

3.

오늘날 언론매체와 그 저널리즘에 대해서 많은 비판이 제기되고 있다. 그러나 언론에 대한 비판은 어제오늘의 일이 아니다. 미국의 제3대 대통령 제퍼슨(Thomas Jefferson)은 대통령이 되기 전인 1787년에는 "신문 없는 정부와 정부 없는 신문 가운데 어느 하나를 택해야 한다면 주저 없이 후자를 택하겠다"고 공언했으나 대통령이 되고 난 후인 1807년에는 "신문을 본 적이 없는 사람이 신문을 읽는 사람보다 더 잘 안다. 아무것도 모르는 사람이 허위와 오류로 가득 찬 사람보다 진실에 더 가깝기 때문이다"라고 단언했다. 마르크스(Karl Marx)는 신문의 보급으로 진실이 세상을 지배할 것 같지만 그 반대로 허위가 더 빨리, 더 널리 퍼질 뿐이라는 취지의 말을 남겼으며 폴란드의 시인 레츠(Stanislaw Lec)는 1962년 "세계에 대한 창이 신문으로 가려질 수 있다"고 말하기도 했다.

사실 언론은 비판받을 만한 관행을 보여주고 있다. 자사나 자사의 소유주의 이해관게 그리고 자신이 대변하거나 동조하는 정치세력의 이해관계를 노골적으로 추구하는 경우가 많기 때문이다. 이를 위해서는 객관성, 공정성, 공익, 사회적 책임, 일관성 등은 헌신짝처럼 내던지고 자신의 보도를 하나의 무기로 이용해 언론의 권력을 남용하는 것이다. 이런 모습은 최근에 우리 언론의 행태에서도 적나라하게 드러나고 있다. 과거 참여정부나 국민정부에서는 '비판언론' 운운하며 사사건건 정부를 물어뜯기에 골몰하더니 현 정부에서는 '비판언론'은 온데간데없고 더할 수 없는 순둥이가 됐다. 노무현 정부와 이명박 정부에서 보여주고 있는 미국 쇠고기 수입문제, 고위 공직자 인사검증 문제, KBS 수신료 인상문제에서는 완전히 다른 이중 기준을 적용했다. 그리고 자신들의 이해관계가 걸린 신문의 방송소유 문제나 종합편성 채널문제에 대해서는 아전인수의 보도태도를 드러냈다. 또 선거 때마다 특정 정당이나 후보에게는 유리하고, 그 반대당이나 후보에게는 불리한 파당적인 보도를 일삼는다.

언론은 흔히 자신의 존재 이유로 공익을 내세우지만 대개의 경우 그것은 양두구육일 뿐이다. 언론은 기본적으로는 소유주의 사익을 추구한다. 물론, 그런 과정에서 부분적으로 공익적 기능을 수행하는 것도 사실이기는 하다. 그러나 사익을 해치면서까지 공익을 추구하지는 않는다. 더구나 구조적으로 한 사회의 강자가 언론을 소유하고 있고 그 운영은 강자의 광고에 의존하기 때문에 강자의 이익에 반하기는 어렵다. 게다가 언론의 취재관행이나 뉴스 가치, 객관주의 등과 같은 직업적 이데올로기는 강자의 생각과 입장을 대변하는 구조다. 게다가 그 강자는 다른 사람의 생각과 행동에 영향을 미치기 위해서 전문가를 고용해 사건을 연출하고 정보를 가공해 언론에 제공한다. 언론은 주로 이런 정보를 이른바 뉴스 가치와 같은 선택 기준으로 선별하고 객관주의와 같은 이데올로기 그리고 자신의 편견과 이해관계를 가지고 재가공해 수용자에게 뉴스로 제시한다. 그러니 뉴스는 구조적으로 다수의 공익을 위하기보다는 소수 강자의 이익에 더 부합할 수밖에 없다. 더구나 공익을 위한다고 공적으로 운영되는 많은 언론이 그 재정을 세금이나 공적 재원에 의존하기 때문에 오히려 정권에 더 장악되어 시녀 노릇을 하는 경우가 많다.

하지만 현대 사회에서 언론 없이는 생활하기 어렵다. 어쩌면 생존하기조차 어려울지도 모른다. 현대 사회에서 언론은 피할 수 없는 삶의 일부가 됐다. 언론이 이성과 진실을 선양하기보다는 허위와 신화를 퍼뜨려 사람들의 올바른 판단력을 마비시킨다 해도, 공정한 선거보다는 불공정한 선거를 조장하고 더 나은 후보를 선택하는 데 오히려 방해가 된다 해도 그 존재를 없앨 수는 없다. 언론이 선한 존재가 아니고 악한 존재라 해도 그것은 이미 사회와 개인에게 없어서는 안 되는 것이 됐다. 이처럼 언론이 피할 수 없는 존재라면 우리 스스로 언론에 잘 대처하는 수밖에 없다. 그러기 위해서는 언론의 본질과 속성, 존재양식과 운영양식, 언론을 둘러싼 여러 세력과 그 이해관계에 대해서 잘 알아야 한다. 상대를 제대로 이해해야 그 상대에 잘 대처할 수 있다. 『저널리즘의 이해』가 그런 목적에 부응할 수 있기를 바란다.

이효성(성균관대학교 신문방송학과 교수)

■ 차례

서문 • 4

# 제1부 저널리즘이란 무엇인가? ·································· 25

## 제1장 뉴스 가치의 이해_임영호 • 27
1. 뉴스란 무엇인가? 27
2. 뉴스의 속성과 뉴스 가치 28
3. 뉴스 가치의 상대성 38
4. 전달 매체별 차이: 방송뉴스와 신문뉴스 43
5. 뉴 미디어 환경에서의 저널리즘과 뉴스 가치 46

## 제2장 저널리즘의 역사_안종묵 • 49
1. 전근대 신문의 출현과 발전 49
2. 매스컴으로서 세계 신문 53
3. 한국 근대 신문의 태동 59

# 제2부 뉴스의 생산과 유통 ·································· 72

## 제3장 뉴스의 생산관행과 생산과정_김사승 • 75
1. 뉴스 생산과정의 중요성 75
2. 취재 기자의 출입처 80
3. 뉴스조직의 통제관행 85
4. 디지털 뉴스 생산과정 89
5. 저널리즘의 세계 인식 기제의 변화 93
6. 뉴스 생산과정의 변화와 저널리즘의 변화 97

제4장 뉴스의 효과_이준웅 • 101
  1. 문화계발 효과이론   101
  2. 의제설정 이론   107
  3. 점화효과 이론   114
  4. 틀 짓기 이론   121
  5. 정보처리 이론   129

제5장 저널리즘 현상과 사회과학 연구방법_김경모 • 139
  1. 저널리즘과 과학적 연구방법의 필요성   139
  2. 저널리즘 현상과 과학이론   141
  3. 저널리즘 현상과 과학적 연구과정   153
  4. 연구방법론의 중요성   163


# 제3부 저널리즘과 사회 …………………………………………… 165

## 제6장 언론과 정부_최영재 • 169
  1. 민주주의에서 언론과 정부의 관계   169
  2. 정파적 언론과 정부의 언론관계   173
  3. 노무현 정부의 적대적 언론관계의 교훈   178
  4. 언론과 정부 관계의 궁극적 목표: 언론의 자유   185
  5. 선진국의 언론 - 정부 관계 사례   188

## 제7장 선거 저널리즘_김춘식 • 195

1. 언론과 선거　195
2. 선거보도의 현황 및 특징　202
3. 캠페인 장르별 선거보도의 특징　210
4. 맺음말　225

## 제8장 언론과 경제_김성해 • 229

1. 언론, 경제를 만나다　229
2. 언론의 기업화와 민주주의 위기　232
3. 금융·경제·비즈니스 뉴스의 어제와 오늘　239
4. 공론장, 시장, 그리고 대내외 경제정책　247
5. 경제담론과 현실의 재구성　254
6. 언론과 경제가 만드는 좋은 미래　259

## 제9장 저널리즘과 문화: '문화 저널리즘'과 문화비평의 역할과 위상_이기형 • 265

1. 들어가기　265
2. 문화라는 개념의 복합성과 혼성성　267
3. 문화 저널리즘이란 무엇인가?　272
4. 문화 저널리즘의 활성화를 위한 제언　281

## 제10장 대안언론과 공공 저널리즘_강내원 • 291

1. 대안언론의 등장　291
2. 대안언론의 사회적 의미와 유형　297
3. 공공 저널리즘의 가치와 한계　300
4. 사회자본 형성을 위한 공공 저널리즘적 실천　308

## 제11장 글로벌 시대의 저널리즘_김남두 • 315

1. 글로벌화의 복합적 의미 315
2. 전 세계의 언론모델: 『언론의 4 이론』과 그 이후 317
3. 뉴스의 국제 유통구조와 서방 뉴스 통신사에 대한 비판 324
4. 글로벌 텔레비전 뉴스 서비스의 등장과 이를 둘러싼 쟁점 329
5. 서방 저널리즘 모델의 글로벌 영향력과 지역적 응용 334

# 제4부 언론법제와 윤리 ································· 341

## 제12장 언론법제의 이해_이승선 • 343

1. 언론법제의 영역과 소개 343
2. 표현 자유의 보장과 갈등 350
3. 언론법제의 주요 쟁점 357

## 제13장 언론의 윤리_이재진 • 369

1. 언론윤리의 정의와 필요성 369
2. 언론윤리의 쟁점과 딜레마 375
3. 언론윤리 강령의 문제점 382
4. 위기 시 언론윤리 387
5. 언론윤리의 제고 방향 394

참고문헌 • 401
찾아보기 • 418

■ 표·그림 차례

<표 1-1> 뉴스 유형화와 관련된 실제 문제 • 41

<표 3-1> 전통적 뉴스 생산과정 • 78

<표 3-2> 저널리스트의 세계 인식 기제 비교 • 80

<표 3-3> 인터넷 뉴스의 생산과정 • 90

<그림 3-1> CNNi의 뉴스 생산 흐름 • 92

<그림 4-1> 지식과 커뮤니케이션 효과의 관계 • 132

<그림 4-2> 정치 지식에 따른 보수·진보진영의 의견 분화 • 133

<그림 4-3> 캠페인 강도에 따른 효과의 차이 • 134

<그림 5-1> 과학적 연구의 순환과 이론의 정교화 • 151

<그림 5-2> 현상 - 가설 - 이론의 인식론적 관계와 과학적 연구과정 • 164

<그림 6-1> 언론 - 정부 관계의 위계적 영향 모델 • 173

<표 6-1> 신문에 따른 대통령 보도의 공격성 차이 • 177

<표 6-2> 정책홍보 업무의 처리기준 • 181

<그림 7-1> 선거 캠페인 정보의 흐름 • 196

<표 7-1> 바람직한 선거보도와 바람직하지 않은 선거보도의 구체적 유형 • 198

<표 7-2> 언론의 공정보도 관련 선거법 조항과 자율규제 • 201

<그림 7-2> ≪뉴욕 타임스≫ 1면 선거기사의 스키마 틀(1960~1992년) • 204

<그림 7-3> 2007년 한국 대통령선거 보도의 중심 주제 • 204

<그림 7-4> ≪뉴욕 타임스≫ 1면 선거기사에서 후보의 말이 차지한 기사의 양 • 206

<그림 7-5> ≪뉴욕 타임스≫ 1면 선거기사의 보도 틀 • 207

<그림 7-6> 대통령 후보자에 대한 부정적 보도 • 208

<그림 7-7> 2007년 한국 대통령선거 후보자 비리기사의 보도방식 • 209

<그림 7-8> 1996년, 2000년 미국 대통령선거 텔레비전 토론 보도 • 212

<그림 7-9> 1997년, 2002년 대통령선거 텔레비전 토론 보도 • 212

<그림 7-10> 2002년, 2006년 서울시장선거 텔레비전 토론 보도 • 214

<그림 7-11> 매체별 2007년 대통령선거 여론조사의 유형 • 215
<표 7-3> 선거 여론조사와 저널리즘 관련 이슈 • 216
<그림 7-12> 2007년 대통령선거 여론조사 보도에서 언급하지 않았던 여론조사 관련 정보 • 218
<그림 7-13> 정치광고 언론보도: 예비선거와 본선거(1952~1996년) • 219
<표 7-4> CBS 뉴스보도의 내용과 논조: 1972~1996년 • 222
<표 7-5> 우리나라 신문의 정치광고 보도의 중심 주제: 1992~2000년 • 223
<표 11-1> 서방 민주주의 언론의 3 모델 • 322
<표 12-1> 언론법의 연구영역 • 347
<표 12-2> 명예훼손을 규정하고 있는 법 규정 • 358, 359
<표 12-3> 초상권에 대한 인격적·재산적 이익의 관점 • 361

제1부

# 저널리즘이란 무엇인가?

### ▪ 요약

뉴스 가치란 언론인의 직업적 판단에서 잣대가 되는 속성이다. 전통적인 뉴스 가치로는 시의성, 근접성, 저명성, 영향성, 인간적 흥미 등이 있다. 이 뉴스 가치들은 사건의 중요도와 관련된 경성뉴스, 흥미와 관련된 연성뉴스로 구분할 수 있는데, 슈람은 이 둘을 수용자가 얻는 심리적 보상에 따라 분류했다.

이 뉴스 가치들이 절대적인 잣대는 아니다. 이는 '경마 저널리즘'처럼 사건의 속성과 무관하게 접근 방식에 따라 변하기도 한다. 환경 변화에 따라 새로운 가치가 등장하기도 하며, 나라 혹은 매체의 주 이용자층에 따라서도 다양해질 수 있다.

뉴스 가치의 구분은 취재관행과도 관련이 있다. 뉴스 생산자에게 경성뉴스와 연성뉴스는 사건의 본질적인 속성 차이보다 작업에서 당면한 과제 해결의 편의에 따라 정한 분류다. 취재원에 의해 뉴스 가치가 인위적으로 조작·관리되기도 하는데, 부어스틴이 말한 '가짜 사건'이 이에 해당한다.

신문과 방송처럼 전달 매체에 따라 뉴스 가치는 달라질 수 있다. 텔레비전은 액션, 시각적 소구력, 볼거리가 있는 기사를 선호하며, 전달자의 외모나 개성도 중요한 요인이 된다. 또 극적 효과를 위해 인터뷰 내용(사운드바이트)을 압축해 갈등을 부각하는 '사운드바이트' 관행도 생겨났다.

최근에는 온라인 저널리즘의 등장으로 뉴스 가치 개념도 크게 바뀌고 있다. 지금까지는 언론인의 판단에 따라 뉴스 가치가 결정됐지만 온라인 저널리즘에서는 뉴스와 비뉴스 간의 경계가 해체되고, 뉴스 가치 판단의 존재 이유도 점차 희석되고 있다.

# 제1장 뉴스 가치의 이해

임영호(부산대학교)

## 1. 뉴스란 무엇인가?

우리가 늘 접하는 신문이나 텔레비전에서 뉴스는 빼놓을 수 없는 중요한 부분이다. 뉴스를 통해 우리는 주변에서 어떤 일이 일어나는지 파악할 수 있다. 그렇다면 뉴스란 무엇인가? 국어사전에 따르면 뉴스는 '새로운 소식을 전해주는 방송의 프로그램' 또는 '일반에게 잘 알려지지 않은 새로운 소식'을 뜻한다. 즉, 주변에서 발생하는 수많은 사건 중에서 '새로운' 것만이 뉴스로서 자격이 있다는 뜻이다.

하지만 실제로 어떤 것이 뉴스가 되는지 판단하기란 여전히 쉽지 않다. 네이버의 '지식인'을 이용해본 사람은 잘 알겠지만 인터넷에는 엄청나게 많은 정보가 떠돌아다니며 이용자의 궁금증과 흥미를 유발한다. 여기에도 뉴스처럼 새롭고 흥미로운 점이 있다면 이를 뉴스라고 할 수 있을까? 그렇다면 과연 정보와 뉴스는 어떻게 구분할 수 있는가?

뉴스는 주관적인 의견이나 해석을 배제하고 사실을 중시한다는 점에서 정보와 비슷하지만 모든 정보를 뉴스라고 부르지는 않는다. 또한 뉴스는 우리 주위에서 일어나는 사건에 관한 것이지만 사건 자체가 뉴스는 아니다. 동어 반복처럼 들릴지 모르지만, 뉴스란 그 사건이 언론에 보도될 때 비로소 뉴스가 된다. 이는 어떤 사건이 수용자의 관심사에 부합하고 뉴스거리가 될 만하다고 언론이 판단할 때 뉴스로 구체화된다는 뜻이다. 즉, 뉴스는 사건, 보도, 수용자라는 세 요소가 서로 조화를 이룰 때 성립하는 사회현상이다. 이처럼 뉴스란 언론인의 일정한 직업적 판단기준에 따라 선정되며 뉴스 가치(news values, newsworthiness)란 바로 이 판단에서 핵심적인 잣대가 된다.

19세기 미국의 언론인 다나(Charles Dana)는 "개가 사람을 물면 뉴스가 아니지만 사람이 개를 물면 뉴스가 된다"고 말했다. 이는 뉴스의 본질을 간결하게 표현하고 있다. 즉, 어떤 사건이 뉴스거리가 되기 위해서는 뉴스가 아닌 것과 차별화되는 속성이 있어야 한다는 것이다. 뉴스 가치란 바로 뉴스를 뉴스답게 만드는 속성들의 키워드로 정리할 수 있다. 하지만 뉴스의 정의에서도 드러나듯이 뉴스 가치는 매우 주관적인 속성으로 이뤄지기 때문에 체계적으로 정리하기가 쉽지 않다. 물론 언론인들에게는 어떤 것이 뉴스거리인지 판단하는 그 나름대로의 묵시적인 잣대가 있다.

## 2. 뉴스의 속성과 뉴스 가치

### 1) 전통적인 뉴스 가치

저널리즘 교과서에서는 대개 '뉴스 가치', 즉 어떤 사건이 뉴스로서 지니는 여러 가지 속성을 기준으로 뉴스를 규정한다. 뉴스 가치 자체가 주관적인 판단의 잣대를 말하기 때문에 뉴스 가치에 대한 정의는 필자에 따라 천차만별이다. 그렇지만 대체로 공통적인 요소를 몇 가지로 정리하자면, 시의성(timeliness), 근접성(proximity), 저명성(prominence), 영향성(consequence), 인간적 흥미(human interest) 등을 주된 항목으로 들 수 있다(Dominick, 2005: 319). 물론 현장에서 일하는 기자들은 이러한 용어를 사용하지 않는다. 그러나 이들은 직업적 본능에 따라 이러한 기준을 적용해 뉴스거리를 찾고 이를 기사로 만들어 낸다.

(1) 시의성

기자들은 최근, 특히 바로 조금 전에 발생한 사고 현장 소식이나 행사, 출입처에서 취재한 정보를 바탕으로 기사를 쓴다. 즉, 시간적인 측면에서 최신의 정보를 다룬다는 뜻에서 시의성이 뉴스판단에서 가장 중요한 기준이 된다. 하지만 시의성이라는 개념에는 사건이 발생한 시점과 무관하게 최근의 관심사를 반영한다는 의미도 있다.

언론보도는 시의성이 생명이기 때문에 시기를 놓친 소식은 뉴스거리가 될 수 없다. 어제 일어난 사건보다는 오늘 일어난 사건이, 가급적이면 방금 일어난 사건을 실시간으로 보도할 때 뉴스로서 가치가 더 크다. 그래서 그날 지면에 기사가 넘치거나 마감시간을 지키지 못한 경우에 어떤 기사는 그냥 버려지기도 한다. 결국 어떤 사건이 뉴스가 되느냐는 취재하는 데 소요되는 시간이 마감시간을 맞출 수 있는지에 따라 결정되기도 한다.

이와 달리 시간적으로 최신의 것이 아니지만 시의성을 띠는 뉴스도 있다. 예컨대 독도문제 때문에 일본과 갈등이 고조된 시점에 독도에 관한 고지도가 발견됐다고 가정하자. 이 지도는 100년 전의 것일 수도 있고, 심지어는 삼국시대까지 거슬러 올라가는 해묵은 자료일 수도 있지만, 바로 어제 발생한 사건보다 더 시의적인 뉴스가 될 수 있다. 현재 우리가 관심을 두는 문제 해결에 이 정보가 중요한 단서를 제공할 수 있기 때문이다.

(2) 근접성

멀리 유럽이나 남미 등지의 나라에 가서 텔레비전이나 신문을 보면 한국에 관한 기사는 거의 보이지 않는다. 마찬가지로 한국에 거주하는 외국인도 국내에서 자국의 뉴스를 접하기는 쉽지 않다. 국내 신문이나 방송은 국내 소식을 주로 다룰 뿐 몇몇 나라를 제외하면 다른 나라에 관한 뉴스를 거의 싣지 않기 때문이다. 이처럼 뉴스를 선정할 때는 뉴스 발생지의 지리적 거리, 즉 근접성이 중요한 요인이 된다. 그 중에서도 특히 지역신문이나 지역방송은 해당 지역에서 발생하거나 그 지역에 큰 영향을 미치는 사건을 중시한다.

근접성에는 두 가지 차원이 있다. 어떤 사건이나 정보가 발생한 지점이 수용자의 소재지와 상대적으로 가까운 거리에 있을 때 그 사건은 뉴스 가치가 더 높다. 이는 '지리적 근접성'이 뉴스선정에 영향을 미친 것이다. 한국 사람에게는 다른 나라보다는 국내에서 일어난 사건이 더 중요할 것이고, 수도권 주민에게는 지방 도시보다는 자신이 사는 수도권에서 일어난 사건이 더 가깝게 느껴질 것이다. 언론매체는 뉴스 가치를 판단할 때 이 점을 고려한다. 그래서 남미 어느 나라에서 발생한 대지진이나 군사 쿠데타 같은 사건보다 오히려 우리나라에서 일어난 사소한 사건이 더 크게 보도되기도 하는 것이다.

근접성은 물리적인 거리에만 한정되지 않고 심리적 차원도 포함한다. 먼 곳에 있어 지리적 근접성은 약하더라도 심리적 근접성이 높은 뉴스거리도 있다. 예를 들어 미식축구는 한국에서 인기 있는 종목이 아니기 때문에 스포츠 뉴스에서 잘 다뤄지지 않는다. 그래서 미국에서 인기 있는 스타급 선수조차 한국 사람들에겐 잘 알려져 있지 않은 게 보통이다. 그런데 몇 년 전 하인스 워드 (Hines Ward)가 시즌 최우수 선수로 뽑히자 국내 언론은 이를 아주 크게 보도했다. 그가 흑인이면서도 한국인을 어머니로 둔 한국계이기 때문이다. 따라서 국내 언론은 한국인들이 하인스 워드를 심리적으로 가깝게 느낄 것이라고 판단했을 것이다.

(3) 저명성

뉴스에는 우리가 잘 아는 얼굴, 한 번이라도 들어본 이름이 자주 나온다. 대통령, 국회의원, 장관 등 정치인에서 연예인, 프로 스포츠 선수에 이르기까지 유명인에 관한 이야기는 언론보도에서 큰 부분을 차지한다. 하지만 이들에 관한 소식 중에는 의외로 평범한 이야기가 많다. 유명인사가 사람들을 만나거나 특정 기관을 방문했다든지, 결혼·이혼·갈등·소송·폭력문제처럼 주변에서 심심치 않게 볼 수 있는 '평범한' 사건이나 행위가 보도내용의 다수를 차지한다. 이는 뉴스 소재가 특이해서가 아니라 바로 유명인사와 관련이 있기 때문이다.

언론은 평범한 시민보다는 유명인사에 관한 소식에 뉴스 가치를 높게 부여한다. 보통 사람이 뉴스거리가 되려면 아주 특이한 상황에 처하거나 색다른 이유가 있어야 한다. 예컨대 평범한 사람이 계단에서 넘어졌다면 중상 혹은 사망까지 이르더라도 가족이나 친지 외에 관심을 두는 사람은 많지 않을 것이다. 그런데 1970년대 미국의 포드(Gerald Ford) 대통령이 비행기 계단을 내려오다 넘어진 일이 있었다. 이것은 언론에 크게 보도됐을 뿐 아니라 이후 대통령의 이미지에 치명적인 타격을 주는 요인이 되기도 했다. 즉, 아무리 사소해도 유명인사에 관한 소식이라면 수용자의 흥미를 유발할 수 있기 때문에 뉴스거리가 된다. 연애와 결혼 등 아주 사적인 소식 역시 일반인이 대상이라면 너무 일상적인 일이어서 뉴스 가치가 없지만 그 대상이 유명 연예인이나 운동선수일 경우에는 뉴스 가치가 크다.

저명성을 조금 다른 측면에서 살펴보면 뉴스 가치 판단에서 저명성과 관련된 중요한 특성을 발견할 수 있다. 그것은 바로 추상적인 이슈보다 구체적인 사람에 관한 것을 선호한다는 점이다. 예컨대 인터넷 악플이나 청소년 범죄, 미성년자 성추행 등의 사회문제는 중요한 이슈이지만 평소 언론은 이 문제를 잘 다루지 않는다. 하지만 어떤 특정한 인물, 특히 유명인사가 관련될 경우 언론은 이를 크게 부각해 보도하기도 한다. 2008년 연예인 최진실 씨가 악성 루머로 고통을 겪다 자살한 사건은 언론의 연이은 보도로 엄청난 사회적 파장을 가져왔으며, 이 사건은 자살을 사회문제로 부각하는 계기가 됐다.

저명성은 사람뿐 아니라 장소에도 적용된다. 한적한 시골마을의 가옥에 불이 나면 뉴스거리가 되기 어렵지만, 국회의사당이나 시청 건물에는 장비 오

작동으로 화재경보만 울려도 뉴스거리가 될 가능성이 있다. 어떤 사회운동단체가 시위를 벌여 언론의 주목을 끌려고 할 때 상징성이 높거나 유명한 장소(예를 들어 시청광장, 명동성당, 국회의사당)를 택하는 것도 바로 이 때문이다.

(4) 영향성

영향성이란 뉴스의 소재가 되는 어떤 사건이나 정보가 미디어 수용자의 일상생활에 미치는 영향의 정도를 말하는데 당연히 이 영향의 정도가 클수록 그 사건이나 정보는 언론에서 크게 다뤄진다. 이는 이런 사건이 우리 생활에서 차지하는 중요성이 그만큼 크다는 뜻이다.

언론보도에는 대통령이나 정치인, 정부기관 등에 관한 기사가 많다. 이와 관련된 뉴스대상이 저명하기 때문이기도 하지만 이런 뉴스가 시민의 생활에 미치는 영향력이 크기 때문이다. 언론보도에서 차지하는 비중을 보면 시의원 선거보다는 국회의원이나 대통령선거가 더 두드러지는데 이것은 대통령이라는 자리의 영향력이 상대적으로 더 크기 때문일 것이다. 지리적 근접성 역시 영향성과 무관하지 않다. 지리적으로 가까운 곳의 뉴스가 먼 지역이나 외국에서 발생한 사건보다 우리에게 영향을 더 많이 미칠 수 있기 때문이다.

그렇지만 지리적으로 먼 지역에서 일어났거나 저명성과 무관한 뉴스 중에는 영향성이 큰 사건도 적지 않다. 예컨대 중동 국가에서 석유 생산시설이 파괴됐거나 생산량 감축을 결정했다면, 이는 매우 영향력이 큰 뉴스가 될 것이다. 이 사건은 휘발유 가격을 인상시켜 일반 시민의 가게 운영에 큰 부담을 초래할 것이기 때문이다. 또 다른 예를 들자면, 2009년 10월 호주 정부가 금리를 약간 인상하기로 한 적이 있다. 금리를 비롯해 정부의 재정정책 소식, 특히 외국 정부의 결정이 일반 수용자의 관심을 끌기는 어렵다. 하지만 이 '지루한' 소식은 모든 언론에서 상당히 비중 있게 다뤄졌다. 호주 정부의 결정은 모처럼 불황에서 벗어나 활기를 되찾기 시작한 세계경제에 찬물을 끼얹을지도 모르는 중요한 결정이기 때문이다.

(5) 인간적 흥미

뉴스는 이용자의 흥미를 끌 수 있어야 한다. 이 뉴스 가치는 인간의 본능이나 호기심을 만족시키는 속성을 가리킨다. 앞서 언급했듯이 개가 사람을 물면 뉴스가 아니지만 사람이 개를 물면 뉴스가 되는 것은 사건의 특이함이 사람들의 흥미를 자아내기 때문이다. 때때로 뉴스매체가 보도의 선정성 때문에 비판받기도 하는데 이는 뉴스 가치 판단에서 지나치게 인간적 흥미의 측면에 중점을 두기 때문이다. 잠재적인 뉴스거리 중에는 인간적 흥미의 요소를 지닌 소재가 많으며, 같은 소재라도 접근 방식이나 초점의 선택에 따라서 흥미의 측면을 살릴 수 있다. 미담, 섹스, 돈, 폭력, 서스펜스, 갈등, 신기함, 새로운 발견과 발명, 범죄 등은 인간적 흥미의 요소를 많이 지닌 기사 소재로 언론보도에서 자주 다뤄지는 것들이다.

인간적 흥미에서 대표적인 요소 중 하나는 사람의 원초적인 감정, 즉 분노, 슬픔, 공포, 동정심, 연민, 사랑 등을 자극하는 사건이다. 예를 들면 2001년 도쿄 전철역에서 취객을 구하려다가 목숨을 잃은 이수현 씨 이야기는 일본과 한국 양쪽에서 모두 큰 반향을 불러일으켰다. 이때 텔레비전과 신문 등 주요 매체는 그의 죽음뿐 아니라 성장 과정, 일본 사회의 반응, 장례식, 이후 영화화 과정에 이르기까지 자세하게 보도했다. 남을 위해 자신을 희생한 의로운 죽음이 사람들에게 큰 감동을 줬기 때문이다. 이 씨는 주변에서 흔히 만날 수 있는 평범한 젊은이였지만 언론은 그의 생애에 영웅 숭배의 성격까지 부여해 뉴스의 흥미를 배가했다. 인간적 흥미라는 뉴스 가치의 측면에서 볼 때 최고의 뉴스는 앞서 말한 요소를 모두 결합한 것이다. 예를 들어 같은 범죄뉴스라도 섹스, 갈등, 서스펜스, 인간적 흥미와 결합된 사건인 데다가 유명인사가 연루된 것이면 뉴스 이용자의 흥미를 극대화하는 가장 극적인 뉴스가 된다.

지금까지 언급한 다섯 가지 요소는 좋은 뉴스를 구성하는 가장 기본적인 속성이다. 그리고 특정한 사건이 이 속성들을 양적으로나 질적으로 많이 포함할수록 뉴스로서 가치가 크다. 물론 이 다섯 가지 요소 외에도 뉴스 가치로 꼽을 수 있는 것은 많다. 갈등, 유용성, 신기성, 일탈 등도 뉴스 가치로 자주 언급된다. 하지만 용어나 분류 방식만 다를 뿐 뉴스 가치를 이루는 속성들은 대개 비슷하다.

### 2) 연성뉴스와 경성뉴스

앞에서 소개한 뉴스 가치 중에서 시의성, 근접성, 저명성, 영향성의 네 가지 요소는 뉴스가 되는 사건이나 인물의 '중요도' 차원과 연관되어 있다. 반면에 마지막 요소인 인간적 흥미는 사건 자체의 중요도나 영향력과는 관계없이 그것이 이용자에게 흥미를 불러일으키는 정도를 말한다. 실제로 뉴스 가치에서 이 두 차원을 엄격하게 구별하기는 쉽지 않지만 개념적으로 구분해서 논의해도 큰 무리는 없다.

뉴스를 이루는 두 차원에 대해 많은 이들은 연성뉴스와 경성뉴스라는 이분법으로 파악하고 있다. 이 유형 구분에 관해서는 슈람(Schramm, 1946)이 제시한 방식이 특히 유명하다. 그는 수용자들이 뉴스를 접할 때 얻는 심리적인 보상에 따라 뉴스를 '연성뉴스(soft news)'와 '경성뉴스(hard news)'로 분류했다.

슈람의 설명에 따르면 뉴스 이용자들은 무언가를 얻기 위해 뉴스를 읽는다. 예컨대 이들이 신문을 읽는 동기 혹은 기대하는 보상에는 '즉각적인 보상(immediate reward)'과 '지연된 보상(delayed reward)' 두 가지가 있다. 연성뉴스는 이용자들에게 즐거움이라는 보상을 바로 제공해 복잡하고 골치 아픈 현실세계에서 잠시나마 도피할 수 있게 해준다. 반면에 경성뉴스는 이용하는 순간에는 지루하고 힘들지 모르지만 장기적으로는 유익한 도움을 준다.

즉각적인 보상은 정신분석학자인 프로이트(Sigmund Freud)가 말한 '쾌락원칙(pleasure principle)'에 비유할 수 있다. 어떤 유형의 뉴스는 이용자에게 즐거움이나 흥미 충족 따위의 즉각적인 보상을 준다. 뉴스 가치 중에서는 인간적 흥미의 차원을 포함한 뉴스가 연성뉴스에 해당한다. 앞서 언급한 섹스, 범죄, 사건, 오락 등의 주제는 연성뉴스가 될 가능성이 크다.

이와 반대로 경성뉴스는 이용자들에게 즐거움이나 쾌락을 부여하기는커녕 오히려 많은 노력이나 고통, 공포심을 요구하기도 한다. 하지만 이러한 부류의 뉴스는 사람이 사회생활을 해나가는 데 필수적이다. 경성뉴스를 접하면 이용자들은 당장은 힘들더라도 현실을 인식하는 데 필요한 지식과 정보를 얻고 앞으로 살아가는 데 도움을 얻을 수 있다. 정치·경제·사회문제 등 복잡한 이슈나 과학·교육·건강 등의 지식을 다루는 뉴스가 경성뉴스에 속한다. 경성뉴스를 읽는 것은 당장에는 불편함과 희생을 요구하지만 멀리 보면 보상을 얻게 해준다는 점에서 프로이트가 말한 '현실원칙(reality principle)'에 근거한다.

하지만 우리가 매일 실제로 접하는 뉴스를 이 기준에 따라 분류하기란 그리 쉽지 않다. 우선 어떤 뉴스가 즉각적인 보상만을 제공하고 어떤 뉴스가 지연적인 보상을 주는지 뚜렷하게 구분할 수가 없다. 범죄뉴스는 흥미를 주기 때문에 연성뉴스에 속한다고 할 수 있겠지만, 어떤 사람은 범죄뉴스를 통해 앞으로 다가올 위험에 대비할 유용한 정보를 얻을 수도 있다. 또한 범죄문제를 연구하는 범죄학자는 단지 흥미 목적(즉각적 보상)에서가 아니라 연구에 필요한 정보(지연된 보상)를 얻기 위해 범죄뉴스를 읽을 것이다. 이용자에 따라 같은 뉴스가 연성뉴스가 되기도 하고 경성뉴스 구실을 할 수도 있는 셈이다. 즉, 뉴스 가치란 단지 기사 소재에 의해서만 결정되는 것이 아니라 이용자가 어떤 각도에서 어떤 방식으로 접근하는지에 따라 달라질 수 있다.

### 3) 변화하는 뉴스 가치

앞서 언급한 뉴스 가치는 저널리즘 교과서마다 거의 빠짐없이 나오는 대표적인 내용이다. 하지만 이 속성들이 뉴스에서 늘 절대적인 잣대로 작용하는 것은 아니다. 다음 몇 가지 사례를 통해 이 점을 살펴보자.

첫째, 뉴스 가치는 원래 사건 자체의 속성과 관련성이 크며 이러한 속성에 따라 뉴스 가치를 판단해 기사를 작성하는 것이 원칙이다. 즉, 기사에서 주된 뉴스 가치는 기사의 소재와 관련이 크다. 경제나 정치 관련 뉴스가 사건의 영향성이나 중요성에 중점을 둔다면, 연예, 오락, 사건사고는 상대적으로 인간적 흥미의 요소를 많이 포함하게 마련이다. 하지만 같은 소재라도 다루는 방식에 따라 새로운 형태의 뉴스 가치를 지닐 수도 있다. 특히 언론매체는 자신의 목적에 따라 뉴스대상이 되는 사건의 성격을 바꿔놓기도 한다. 발행부수나 시청률에 집착하는 상업매체가 독자나 시청자의 관심을 최대한 높이기 위해 사건을 선정적이고 흥미 위주로 부각할 때 이러한 상황이 발생한다.

정치뉴스를 사례로 들어보자. 정치란 사회의 다양한 의견과 이해관계를 대표자를 통해 반영하고, 선거는 이 일을 잘 수행할 수 있는 역량과 정책을 갖춘 후보자를 선택하는 제도다. 정치과정과 선거에 관한 보도는 유권자인 시민이 올바른 판단을 내릴 수 있도록 정보를 제공하고 이해를 돕는 것이 원칙이다. 그렇지만 이런 식의 보도는 어렵고 지루해 사람들의 흥미를 유도하기 어렵기 때문에 상업언론은 여기서 벗어나 흥미 위주로 흐르기 쉽다.

사람들은 본능적으로 경쟁에 흥미를 느끼기 때문에 승리를 목적으로 서로 겨루는 스포츠는 흥미 있는 뉴스거리가 된다. 더구나 경쟁이 갈등이라는 요소와 결합하면 즐거움은 더 커진다. 언론은 바로 이 점에 착안해 다른 뉴스에도 스포츠 경기처럼 경쟁의 요소를 첨가하기도 한다. 선거와 관련된 보도에서 정당정책이나 인물의 자질보다는 현재 어느 후보가 유리한지에 더 중점을 두고 보도하는 관행을 예로 들 수 있다. 특히 유력 후보자인 거물 정치인 간의 갈등이라는 요소를 첨가하면 수용자의 흥미를 자극하는 데 더 효과적이다. 그래서 언론은 정치보도에서도 점차 정책보다는 인물, 정책 경쟁보다는 선거 판세의 우세 여부에 초점을 두고 흥미 위주로 보도하기 시작했다. 이것이 이른바 '경마 저널리즘(horse race journalism)'이다. 이는 언론이 소재 자체의 속성과 무관한 방식으로 접근해 사건의 뉴스 가치를 바꿔놓은 대표적인 사례다.

둘째, 앞서 소개한 뉴스 가치는 지극히 교과서적일 뿐이며 시대를 초월해 적용되는 절대적인 기준은 아니다. 시대상황이 바뀌면 뉴스 가치도 많이 달라진다. 원래 뉴스판단에서 유용성(usefulness)은 생소한 잣대였지만 최근 신문에서는 핵심적인 뉴스 가치로 떠오르고 있다. 이는 매체 환경이 바뀌면서 신문이 전통적인 뉴스 가치에 근거한 기사 외에도 새로운 기사 장르나 형식, 가치 등을 모색하면서 생겨난 현상이다. 특히 이는 지면의 연성화 추세와 더불어 두드러진 변화의 하나인데 단지 인간적 흥미에 호소하는 기사뿐만 아니라 실생활에 도움이 되는 기사에도 눈을 돌리게 된 것이다. 예를 들면 절세방법과 같은 재테크 정보, 다이어트 비법, 카드 마일리지 관리 요령 등의 생활정보는 유용성을 뉴스 가치로 삼는 대표적인 기사다. 미디어 다변화와 융합 등 현재 저널리즘 환경에서 변화가 빠르게 진행되는 점을 감안하면 지금까지 보지 못한 생소한 뉴스 가치가 앞으로 더 등장할 수도 있다.

셋째, 뉴스 가치란 결국 사람들의 통념에 호소하는 것이며, 문화나 관습이 다른 나라에서는 뉴스 가치의 판단 역시 다를 수밖에 없다. 따라서 어떤 나라에서는 큰 뉴스거리인 것이 다른 나라에서는 뉴스로 전혀 주목받지 못하는 일도 가능하다. 학술적인 지식이나 발명처럼 특정 집단 구성원에게는 매우 중요한 소식이 일반 독자나 시청자에게는 외면당할 수도 있다.

예컨대 한국에서는 추석이나 설날 연휴가 다가오면 텔레비전 채널마다 거의 예외 없이 고속도로 교통상황을 중계한다. 교통체증이 심할 때에는 서울에서 부산까지 몇 시간 걸렸다는 소식을 마치 올림픽 경기를 종목별로 집계하듯이 자세하게 보도한다. 교통상황이 좋아 평소와 별 차이 없이 소통이 원활할 때에도 이 반가운 소식을 열심히 전해준다. 반면 미국 언론은 명절이라고 텔레비전에서 이런 뉴스를 전하는 경우는 없다. 이것은 뉴스 가치 판단에서 작동하는 문화적 차이로 설명할 수 있을 것이다.

## 3. 뉴스 가치의 상대성

### 1) 매체 성격별 뉴스 가치의 차이

앞서 언급한 것처럼 뉴스 가치는 여러 가지 측면에서 매우 상대적이다. 뉴스 가치는 어떤 매체가 게재할 기사와 버릴 기사를 구분해 골라내는 기준이라고 할 수 있는데, 이는 이 매체가 주 대상으로 삼는 이용자층의 관심사에 따라 큰 차이를 보일 수 있다. 신문을 예로 들자면 해당 신문이 어떤 독자층을 대상으로 하는지에 따라, 즉 신문의 종류에 따라 뉴스 가치가 조금씩 달라질 수 있다는 뜻이다. 월가의 증권회사 간부가 읽는 신문에서 뉴스를 선정하는 기준이 스포츠 신문의 기사를 판단하는 기준과 똑같을 수는 없는 노릇이다.

다음에 제시한 기사 세 건은 영국에서 유명한 세 신문의 같은 날 인터넷판 머리기사에서 일부를 발췌한 것이다. 첫째 기사는 ≪타임스(The Times)≫에 실린 것이다. 이 신문은 영국에서 가장 대표적인 권위지로 통한다. 나머지 두 기사는 ≪데일리 미러(Daily Mirror)≫와 ≪데일리 메일(Daily Mail)≫의 인터넷판에 실린 것인데, 이 두 매체는 아주 대중적인 타블로이드 신문이다.

여기서 ≪타임스≫와 두 대중지의 기사는 기사 성격에서 판이한 차이를 보여준다. 우선 ≪타임스≫는 최근 경제위기와 관련해서 영국 정부의 정책 조치와 이에 따른 파급효과를 진단하는 기사를 머리기사로 올렸다. 경제정책, 그중에서도 중앙은행의 금리 결정이나 통화정책 등은 아주 전문적인 정보로서 경제와 금융 관련 지식이 충분하지 않은 일반 시민이 이해하기란 쉽지 않다. 이 기사에 흥미를 느낄 사람은 일부 전문가나 경제 분야 종사자일 가능성이 크다. 하지만 이 정보는 일반 시민의 가계에 적지 않은 파급효과를 미치는 사회적으로 중요하고 영향력이 큰 뉴스다. 따라서 ≪타임스≫는 사건의 흥미요소보다는 사회적 영향력, 즉 영향성을 뉴스선정에서 중시하고 있음을 알 수 있다. 이 신문이 이런 경향을 보이는 것은 주 독자층이 소득, 직업,

- ■ 영국 중앙은행, 강력한 경기회복의 전망을 표명하다
  오늘 영국 중앙은행은 파운드 약세와 2,000억 파운드의 화폐 발행 계획이 신뢰 회복에 기여할 것이라 밝히면서, 다음 2년간 경제성장 예상치를 끌어올려 경제 전문가들을 놀라게 했다(The Times Online, 2009. 11. 11).

- ■ 유로복권 당첨자들: 엄청난 당첨액이 정리해고를 걱정하던 7명에게 위안을 주다
  일요일 아침 직장에서 전화가 걸려왔을 때 알렉스 레피는 해고당하는 것은 아닌지 두려움에 떨었다. 그러나 복권 신디케이트 사장인 존 월시는 이 19세 소년에게 그를 포함해 IT회사에 근무하는 동료 7명이 유로 밀리언(EuroMillions) 복권에서 4,550만 파운드를 거머쥐게 됐다고 알려줬다. 이는 영국에서 가장 큰 복권액의 절반에 해당하는 액수다(Mirror.co.uk, 2009. 11. 11).

- ■ DC의 저격범, 사형당하다
  양팔에 바늘이 꽂히자 그는 계속 눈을 깜박거리다가 7차례 짧은 숨을 쉰 후 숨을 거두었다. 워싱턴 지역의 저격범은 그가 3주간 테러를 가했던 도시로부터 불과 몇 마일 떨어진 곳에서 어젯밤 독극물 주사로 처형됐다. 존 앨런 무하마드는 버지니아의 사형실로 인도됐고 몇 초 후에는 바늘이 꽂힌 양쪽 팔을 넓게 벌린 채로 들것에 누워 있었다. 2002년에 10명의 목숨을 앗아간 범행의 주모자에게 목사는 "무하마드 씨, 마지막 남길 말은 없나요?" 하고 물었다(Mail Online, 2009. 11. 11).

교육수준이 높은 특정 집단이기 때문이다.

반면 나머지 두 기사는 성격이 전혀 다른 뉴스를 다루고 있다. ≪데일리 미러≫는 거액의 복권 당첨으로 하루아침에 운명이 바뀐 시민 7명에 관한 기사를 실었다. 경기침체로 실직의 공포까지 겪던 평범한 회사원들이 백만장자의 신분으로 격상된 이야기는 많은 사람에게 희망과 환상을 심어주기에 충분하다. 복권 당첨은 다른 사람들에게 일어날 가능성이 희박하기 때문에 이들의 이야기가 일반 독자에게 어떤 현실성 있는 사회적 파급효과를 유발할 것 같지는 않다. 이 뉴스가 흥미로운 것은 그것이 실현될 가능성이 희박하며, 이 뉴스 주인공의 운명 전환이 그만큼 극적이라는 사실이다. 특히 평범한 직장 동료들의 삶에 일어난 극적 변화에 관한 기사는 마치 주변에서 흔히 만날 수 있는 사람들의 이야기처럼 동질감을 느끼게 하고 쉽게 공감할 수 있게 만든다.

≪데일리 메일≫의 기사는 또 다른 측면에서 독자의 흥미를 불러일으킨

다. 이 기사는 연쇄 테러범의 최후에 관한 이야기다. 엽기적인 범죄와 체포, 처형으로 이어지는 사건 전개 과정이 주는 도덕적 교훈, 최후를 맞는 순간 범인의 운명에 대해 느끼는 인간적 연민 등 다양한 정서적 반응을 유발한다는 점에서 이 기사는 흥미의 요소가 풍부하다. 두 대중지 기사의 뉴스 가치는 주로 '인간적 흥미'의 차원과 관련된 것이다.

신문의 머리기사는 해당 신문이 가장 중요시하는 뉴스 가치를 보여주는 간판이다. 그런데 앞서 살펴본 사례들은 신문의 성격, 예를 들어 권위지와 대중지의 차이에 따라 중점을 두는 기사 소재라든지 소재를 다루는 스타일이 얼마나 크게 달라지는지를 말해준다.

뉴스 가치의 차이는 권위지와 대중지 사이에서만 발견할 수 있는 것이 아니라 다른 매체 유형별로도 나타난다. 종합지와 특수지, 전국지와 지역지에 따라 뉴스를 선별하는 잣대는 달라진다. 예컨대, 전국지에 비해 지역지는 뉴스 가치에서 근접성을 상대적으로 더 중시할 가능성이 크다. 해당 신문의 이념적인 성향 차이도 뉴스 가치 판단에 적지 않은 영향을 미친다.

## 2) 취재관행과 뉴스 가치의 결정

### (1) 뉴스작업 관행과 뉴스 가치

뉴스 가치는 뉴스대상의 소재나 속성에 따라 연성뉴스와 경성뉴스로 구분된다고 앞서 언급했다. 하지만 실제로 매일 뉴스를 만들어내는 기자는 이런 뉴스 가치를 어떻게 판단할까? 뉴스작업 관행이라는 측면에서 연성뉴스와 경성뉴스라는 구분이 어떤 의미가 있고 기자는 이것을 어떻게 이해할까?

터크먼(Tuchman, 1995)은 『메이킹 뉴스(Making News)』에서 이러한 의문에 대해 흥미롭고 유용한 설명을 제공했다. 터크먼은 뉴스 생산에 종사하는 기자의 입장에서 이들이 주어진 과제를 어떻게 '유형화'하는가 하는 측면에서 뉴스구분을 파악했다. 즉, 경성뉴스와 연성뉴스의 구분이란 사건의 본질적인

<표 1-1> 뉴스 유형화와 관련된 실제 문제

| 유형 | 사건은 예정되어 있었는가 | 급히 보도해야 하는가 | 사용하는 테크놀로지가 사건의 지각에 영향을 주는가 | 상황을 예상할 수 있는가 |
|---|---|---|---|---|
| 연성뉴스 | 예정과 무관한 사건 | 아니다 | 아니다 | 예상할 수 있다 |
| 경성뉴스 | 예정할 수 없는 사건; 미리 예정된 사건 | 그렇다 | 조금 미친다 | 가끔 그렇다 |

속성이라기보다는 이들이 현재 당면한 실제 문제나 과제 해결의 중심적인 특성을 토대로 기자가 편의에 따라 만들어낸 분류라는 것이다.

여기서 연성뉴스는 분석과 해석의 여지가 있는 중요한 사건을 다루며 경성뉴스는 인간에게 흥미로운 사건을 다룬다는 점에서 뉴스의 소재와 관련이 있다. 하지만 기자의 관점에서 좀 더 실제적인 차이는 사건이 예정된 것인지, 시급하게 보도해야 하는지, 또한 사건의 전개방향을 예상할 수 있는지에 달렸다. 연성뉴스는 시의성을 필요로 하지 않고 예정된 사건과 무관하며 앞으로 어떤 방향으로 전개될지 예상할 수 있다. 뉴스 가치를 이렇게 구분하는 방식은 작업의 실질적인 문제의 측면에서 정해졌기 때문에 작업상황에 따라 실제 분류가 바뀔 수도 있음을 시사한다.

(2) '가짜 사건'의 뉴스 가치

어떤 점에서 뉴스 가치란 사건 자체의 본질적인 속성이라고 볼 수 있다. 하지만 실제 취재과정에서 언론이 사건이나 정보 발생 현장을 직접 눈으로 목격하거나 체험하는 사례는 많지 않으며, 대개 간접적인 정보원에 의존해서 취재한다. 정치뉴스는 정당이나 청와대를 비롯한 국가기관에서, 경제뉴스는 경제부서, 경제단체, 노동조합 등지에서, 사건사고는 경찰이나 검찰 등을 통해서 취재하는 것이 일반적이다. 언론이 일상적으로 의존하는 취재원은 언론이 어떻게 보도할 것인지에 신경을 많이 쓰며 가능하면 자신에게 유리한 기사가 보도되도록 언론 접촉 방식을 관리한다. 이 때문에 취재원은 언론의 뉴스 가치 판단이나 보도 방식에도 적지 않은 영향을 미친다. 즉, 사건 자체의 속성과 무관하게 취재원에 의해 뉴스 가치가 인위적으로 조작·관리되는 사례도 생긴다.

언론매체에 보도되는 뉴스 중에서는 예기치 않게 발생하는 사건(화재나 테러, 비행기 추락 등)도 있지만 취재원이 만들어 내보내는 '예정된 뉴스'가 많다. 정부기관의 각종 발표나 행사가 여기에 속하는데 이것은 언론이 어떻게 보도할 것인지를 염두에 두고 만들어내는 미디어 이벤트의 성격을 띤다. 이 사건들 자체가 때로는 중요한 뉴스 가치를 지닐 수도 있지만 이는 언론이 중요하게 보도해주기를 바라고 취재원이 인위적·의도적으로 만들어낸 사건들이다. 그래서 언론의 뉴스 가치 판단은 취재원의 전략에 영향을 받아 왜곡될 가능성이 있다. 부어스틴(Boorstin, 2004)은 이러한 뉴스를 '가짜 사건(pseudo-event)'이라고 불렀다.

예를 들어 기자들이 고정적으로 드나드는 중요한 출입처에서는 기자들의 취재에 좀 더 효과적으로 대응하기 위해 공보실이나 대변인실, 홍보실 등 별도의 조직을 둔다. 여기서는 해당 기관에 관한 정보의 대외 유출을 체계적으로 관리하며 이를 위해 홍보물이나 보도자료를 만들고 기자회견과 인터뷰를 주선한다. 문제는 보도자료가 출입처뿐만 아니라 기자들에게도 매우 편리한 제도라는 것이다. 짧은 시간 내에 취재에 필요한 정보를 체계적으로 수집할 수 있기 때문이다. 기자와 홍보실은 비슷한 일을 하면서 서로 이용하는 공생 관계를 맺고 있는데, 이 관계가 너무 가까워지면 취재원에 이용될 가능성이 있다. 오늘날의 뉴스 환경에서 좋은 기자가 되려면 출입처의 언론 플레이를 비판적으로 해석하고 활용할 줄 알아야 하며 그렇게 해야 뉴스 가치 판단을 제대로 내릴 수 있다.

## 4. 전달 매체별 차이: 방송뉴스와 신문뉴스

저널리즘 기능을 수행하는 대다수의 미디어는 뉴스판단에서 비슷한 기본 가치를 공유한다. 어떤 것이 뉴스가 되는지를 판별하는 잣대, 즉 뉴스 가치는 매체와 상관없이 비슷한 점이 많다. 이처럼 뉴스 가치 판단은 주로 사건 자체의 내용과 관련된 것이지만 때로는 전달수단이 되는 매체 테크놀로지의 속성에서 영향을 받기도 한다. 뉴스매체 중 가장 대표적인 방송뉴스와 신문뉴스의 차이를 비교해보자.

미디어 연구에 관심이 없는 일반 시민도 뉴스를 전달하는 매체로서 신문과 텔레비전의 속성이 다르다는 것을 잘 알고 있다. 기본적으로 신문은 문자정보를 지면에 담아 전달하는 매체로서 지면의 한계는 있지만 전달시간의 제약은 받지 않는다. 반면에 텔레비전은 정보를 전달할 때 제한된 시간에 쫓긴다. 이 차이는 각 매체에서 단점이자 장점이 되기도 한다.

공간적 매체인 신문은 정보를 담기에 편리해 심층정보나 분석과 설명을 제공하는 데 적합하다. 텔레비전은 시간 제약 때문에 기사 건수나 길이를 신문에 비해 적게 잡을 수밖에 없어 심층성이나 정보량이 신문에 비해 취약하다. 반면 방송뉴스는 영상과 말을 같이 내보내기 때문에 체험과 인상을 극적으로 전달하는 데 효과적이다. 즉, 신문과 텔레비전에는 각자 고유한 특성이 있기 때문에 다루는 소재나 보도 방식도 그 나름대로 특색이 있다.

### (1) 시각적 뉴스 가치

매체 특성의 차이 때문에 신문에서 뉴스 가치가 매우 높은 기사라도 때때로 방송뉴스에는 적합하지 않을 수 있다. 독자들은 신문뉴스를 이해할 때까지 계속 반복해서 읽을 수 있지만, 방송은 그렇지 못하다. 그래서 텔레비전에서는 복잡하고 어려운 기사를 다루기 어렵다. 그 대신 방송뉴스는 시각적 차원 때문에 유리한 점도 있다. 방송뉴스에서는 영상화면이 필수적이며 특히 액션, 시각적 소구력, 볼거리가 있는 기사를 선호한다. 방송뉴스에서는 영상에 그래픽을 추가해 시각적 효과를 더욱 강화할 수도 있다.

만일 뉴스 가치가 비슷한 두 가지 사건이 있다면 텔레비전은 영상이 뛰어난 쪽을 선택한다. 방송뉴스가 전달하는 영상은 언어가 다른 전 세계 시청자에게까지 엄청난 영향을 미친다. 이것은 방송뉴스의 큰 장점이다. 하지만 때때로 텔레비전은 극적인 영상을 갖췄으나 뉴스 가치가 낮은 사건을 부각하는 선정주의에 빠지기도 한다.

신문뉴스라고 해서 시각적인 차원을 전혀 고려하지 않는 것은 아니다. 사진이 등장한 후 신문에서도 시각적인 호소력이 높은 사진을 기사와 함께 실어 비주얼을 강화하고 있다. 단지 뉴스 가치 판단에서 시각적인 요소의 중요성은 방송뉴스에 비해 상대적으로 낮다.

(2) 뉴스 전달자의 기능

방송뉴스와 신문뉴스는 전달자의 개성이 수행하는 기능이 다르다는 점에서도 큰 차이가 있다. 방송뉴스에서는 뉴스내용 못지않게 전달자, 즉 앵커의 외모나 개성이 시청자에게 큰 영향을 미친다. 신문뉴스에서는 기껏해야 기사 맨 끝에 작성자 이름(크레딧)을 밝히는 정도일 뿐, 이런 현상이 잘 나타나지 않는다. 더구나 신문기자가 유명인사가 되는 일은 아주 드물다.

방송뉴스에서는 기사를 전하는 앵커의 외모, 표정, 카리스마 등 비언어적 요소도 기사의 한 부분을 이룬다. 말하자면 방송뉴스는 익명의 정보가 아니라 앵커라는 얼굴을 갖고 있다. 사람의 개인적 특성이 시청자에게 강한 인상과 감정을 전해주듯이 앵커의 존재 역시 비슷한 효과를 유발한다. 그래서 방송뉴스 앵커는 전국적인 명사나 스타의 반열에 오르기도 한다. 특히 텔레비전에서 저녁 주요 시간대에 뉴스를 진행하는 앵커는 연예인에 버금가는 인기를 누리기도 한다. 국내에서 주요 방송사 앵커를 지낸 몇몇 인물은 이러한 인기와 지명도, 신뢰도를 기반으로 정계에 진출하는 데 성공하기도 했다.

방송뉴스에서 앵커제도는 미국 방송에서 잘 발달한 제도다. 미국 방송은 상업방송 중심의 체제에서 매력과 카리스마를 갖춘 앵커가 뉴스 시청률과 신뢰도를 높이는 데 효과적이라고 판단했다. 그래서 미국 방송에서 앵커를 선정할 때는 이미지나 외모가 경력 못지않게 중요한 요인으로 작용한다. 반면에 공영방송 체제 시절의 영국 방송에서는 뉴스 진행자의 비중을 줄이기 위해 '뉴스 리더(news reader)' 제도를 채택했다. 진행자의 이름을 따로 밝히지 않고 수시로 교체해 진행자의 개성이 뉴스를 전달하는 데 미치는 영향을 최소화하려 한 것이다. 국내 방송의 앵커제도는 이 중간 정도에 해당한다.

(3) '사운드바이트' 뉴스

뉴스보도의 경험이 축적됨에 따라 매체마다 독특한 뉴스 관행이나 스타일을 개발하기도 한다. 미국 방송에서는 뉴스 시청률을 높이기 위한 일환으로 외부에서 전문 컨설턴트의 자문을 받아 새로운 뉴스 스타일을 계속 발전시켰다. 이에 따라 방송뉴스는 볼거리를 중시하고 뉴스 소재나 전개형식도 점차 빠르고 역동적이며 시각적 호소력을 갖춘 형식으로 진화해갔다.

어떤 사건을 보도할 때는 다양한 취재원의 인용이 중요한데 인터뷰가 길어지면 뉴스의 박진감이 떨어지기 쉽다. 그래서 자연히 취재원의 인터뷰 내용을 짧게 압축해서 넣고 상반되는 인용을 대비시켜 배치해 마치 서로 논쟁을 벌이는 것 같은 갈등구조 형태로 편집하기 시작했다. 이러한 관행이 본격화하면서 1980년대부터 미국 방송에서는 '사운드바이트(soundbite)'라는 용어가 부정적인 의미로 사용되기 시작했다. 실제로 선거보도에서 후보자의 인용시간이 1950년대와 1960년대에는 평균 40초 정도였으나 1990년대 후반에는 8초 이내로 줄어들었다(Campbell, Martin and Fabos, 2005: 498). 이 뉴스형식에서는 인터뷰 내용에 깊이 있는 내용을 담기보다는 압축적이고 감성적인 구호 위주의 내용이 더 적합하다. 이러한 추세는 오늘날 텔레비전의 뉴스 가치 판단이 인간적 흥미의 측면으로 더 기울어져가고 있음을 잘 보여준다.

## 5. 뉴 미디어 환경에서의 저널리즘과 뉴스 가치

다양한 매체가 등장해 서로 경쟁하고 때로는 융합해가는 최근의 미디어 환경에서 저널리즘이라는 전통적인 관념은 상당히 다른 의미를 띠게 됐다. 새로운 저널리즘 환경에서 뉴스 가치와 관련해 특히 주목할 만한 현상은 인터넷을 매개로 탄생한 온라인 저널리즘(online journalism)이다. 온라인 저널리즘은 인터넷을 통한 취재, 글쓰기, 뉴스전달 등 다양한 측면을 의미하는 용어로 사용되지만 여기서는 현재 포털 등을 통해 활발하게 활동하는 '블로그(blog)'를 중심으로 온라인 저널리즘의 사회적 의미를 살펴본다.

온라인 저널리즘을 뉴스 현상에서 혁명적인 변화라고 간주할 만한 이유는 다음과 같다. 지금까지 뉴스와 저널리즘에 관해 다양한 조류와 접근 방식이 나왔지만 여기에는 가장 기본적인 합의가 형성되어 있었다. 즉, 그 구체적인 방향과 모습이 어떻든지 간에 저널리즘은 직업 언론인(professional journalist)의 전문적 지식과 판단에 따라 자율적으로 이뤄졌다는 점이다. 뉴스 가치란 바로 이 판단에서 뉴스를 뉴스가 아닌 것에서 판별해내는 잣대의 성격을 띠었고, 언론인의 사회적 기능은 바로 뉴스 가치가 높은 정보를 안목 있게 골라내는 게이트키퍼(gatekeeper) 역할이라고 정리할 수 있었다.

블로그를 비롯한 온라인 저널리즘은 바로 이러한 근본적인 전제를 무너뜨리고 있다. 온라인 저널리즘 공간에서는 어떤 사건이 발생하면 이에 대해 뉴스매체뿐 아니라 누구든 글을 올릴 수 있다. 또한 댓글을 달거나 기사를 퍼 나르며 때로는 새로운 정보를 추가해 전혀 다른 글을 만들어낼 수도 있다. 기사의 근거에 대한 확인, 해설과 분석, 의견 제시 등도 누구든지 할 수 있다. 비록 영향력이나 권위의 정도 차이는 있을망정 언론매체는 이 뉴스 공동체에서 일개 구성원에 불과할 뿐이다. 즉, 온라인 저널리즘에서는 뉴스와 뉴스가 아닌 것 사이의 경계가 사실상 해체되고 있으며 바로 저널리즘의 근간인 뉴스 가치 판단이라는 관념 자체도 희석되고 있는 셈이다.

이처럼 현재의 뉴스 환경에서는 언론인 같은 '전문적 커뮤니케이터(professional communicator)'뿐만 아니라 블로거를 포함하는 '대중적 커뮤니케이터(popular communicator)'가 등장해서 서로 경쟁과 보완관계를 맺게 됐다(Singer, 2007). 이와 더불어 뉴스 생산자와 소비자의 구분도 상당 부분 흐려졌다. 이러한 현상을 일컬어 일부 학자들은 '집단 저널리즘(collaborative journalism)'의 시대가 왔다고 보기도 한다. 물론 양자의 구분이 흐려진다고 해서 전통적인 언론인이나 언론매체의 존재 의미까지 사라지지는 않는다. 정보가 넘쳐나는 환경으로 접어들수록 뉴스 가치 판단에서 전문성과 권위, 철저한 사실 확인의 중요성은 더 커지기 때문이다.

### 제1장 연습문제

1. 전통적 뉴스 가치와 새롭게 부상하는 뉴스 가치에는 어떤 것을 들 수 있는가? 인터넷에서 새로 등장하는 뉴스 가치는 어떤 것이 있다고 생각하는지 예를 들어 설명하라.
2. 오늘자 신문의 정치·경제·사회·문화·국제면에서 큰 기사를 10개씩 선정해 각 기사에 어떤 뉴스 가치가 있는지 분석하라. 그리고 이것을 모두 합산해서 어떤 뉴스 가치가 어느 정도 등장하는지 비율을 계산하라.
3. 위의 자료에서 지면별로 뉴스 가치의 빈도수와 비율에서 어느 정도 차이가 있는지 비교하라. 즉, 사회·경제·생활면 기사에서 각각 어떤 뉴스 가치가 상대적으로 많이 등장하는지 살펴보라.
4. 텔레비전의 저녁 9시 뉴스를 시청하고 이튿날 조간신문을 읽은 후에 비교하라. 어떤 기사를 두 매체에서 동시에 다루며 어떤 것을 한 매체에서만 싣고 있는가? 한 사건을 두 매체에서 같이 보도할 경우 보도 방식은 어떤 차이점이 있는지 관찰하라.
5. 기사 소재가 비슷하면서도 뉴스 가치가 다른 뉴스의 예를 찾아보고, 이러한 차이가 왜, 어떻게 생겨났는지 설명하라.
6. 지난 일주일 동안 뉴스 중에서 '가짜 사건'으로 간주할 만한 뉴스가 있는지 찾아보고, 어떤 점에서 그렇게 판단했는지 설명하라.
7. 연성뉴스와 경성뉴스가 어떻게 다른지 설명하라.
8. 뉴스 포털 중 하나를 선택해 조회 수 상위 10위권의 블로그를 선정하라. 또 중앙 일간지의 인터넷판에서 머리기사를 포함해 가장 우선순위가 높은 기사 10개를 선정해서 두 매체 기사가 담고 있는 뉴스 가치 분포의 공통점과 차이점을 비교해보라.

▪ 요약

인류 최초의 전근대적 신문 형태는 로마의 악타 푸블리카(Acta Publica)와 악타 듀르나(Acta Diurna)에 기원을 두고 있다. 로마에서 전근대적 신문이 나올 무렵 중국에서도 저보(邸報) 혹은 조보(朝報)가 등장했다. 이러한 전근대적인 신문들은 중요한 커뮤니케이션 수단으로 국가통치에서 중요한 역할을 했다.

16세기에 인쇄술이 개량되고 동서교류가 빈번해져서 뉴스 수요가 증가하자 인쇄업자들은 정기적으로 신문을 발행하기에 이르렀다. 이후 주간신문의 출현과 성장은 우편제도의 발달과 더불어 진행됐고 이와 같은 주간신문의 발달은 근대적인 신문업이 형성되는 데도 직접적인 영향을 끼쳤다. 마침내 17세기 말에서 18세기 초에 이르러 진정한 의미의 근대 신문이 성립하게 됐다.

한편 한국 최초의 근대 신문인 ≪한성순보≫와 ≪주보≫는 국민계몽, 부국강병, 상공업 발달 등을 목적으로 개화 사상파에 의해서 발행됐다. 이후 개화 사상파 - 애국 계몽 운동가들은 ≪독립신문≫, ≪미일신문≫, ≪황성신문≫, ≪뎨국신문≫, ≪대한매일신보≫ 등을 발행했다. 일제는 1910년 강점 이후 무단정치를 수행하면서 총독부 기관지만 남기고 우리 언론지를 일절 허가하지 않아 민족 언론의 암흑기를 만들었다. 하지만 일제는 3·1운동 이후 문화정치로 바꾸면서 한국인에게 신문 발간을 허가해 ≪조선일보≫와 ≪동아일보≫가 등장했다.

▪ 주요 용어

① 서한신문: 편지의 형태로 몇몇 사람만이 돌려 본 전근대적인 신문 형태.

② 필사신문: 서한신문을 필사(筆寫)해 여러 장을 만들어 다수가 볼 수 있도록 한 전근대적인 신문 형태.

③ 황색언론: ≪뉴욕월드(New York World)≫와 ≪모닝저널(Morning Journal)≫ 간의 부수경쟁이 치열했다. 이 두 신문은 1900년을 전후해 일요판에 노란 꼬마(The Yellow Kid)를 등장시킨 만화를 게재했다. 이후 선정보도를 통해 부수확장에 힘을 쏟는 신문을 가리켜 황색신문이라 칭했다.

④ 총독부 기관지: 1910년 강점 이후에 일제는 일본어판 ≪경성신문≫, 한국어판 ≪매일신보≫, 영문판 ≪서울 프레스(The Seoul Press)≫를 발행했다.

# 제2장 저널리즘의 역사

안종묵(청주대학교)

## 1. 전근대 신문의 출현과 발전

### 1) 전근대 신문의 기원

문자가 발명되면서 신문현상도 나타나기 시작했다. 최초의 신문이 언제 나왔느냐에 대해서는 여러 가지 학설이 있다. 왜냐하면 신문의 개념과 요건을 어떻게 규정하느냐에 따라 그 기원을 달리 볼 수 있기 때문이다. 그러나 일반적으로 로마시대에 최초의 신문이 탄생했다고 본다(임근수, 1984).

기원전 800년경 이탈리아의 북부에 정착한 로마인들은 그리스 문화와 통합해 라틴문화를 건설했다. 이들은 기원전 510년에 로마 공화국을 건설함으로써 정치와 문화가 크게 발전했다. 로마 공화국이 수립되자 국가 공동생활을 위한 커뮤니케이션이 필요하게 됐고 여기서 역사상 처음으로 문자화된 신문현상이 나타났다.

이것이 악타 푸블리카라고 부르는 관보적 성격의 필사신문이었다. 그러나 그 이전에 이미 종교적 행사의 하나로 로마 사제연보(司祭年報)가 있었다. 사제는 많은 사람의 관심거리가 될 만한 공적인 사건을 그해의 뉴스로서 흰색 진흙 판에 써서 붙였다. 이것이 바로 그 후에 나온 악타 푸블리카의 전신이라고 할 수 있다. 악타 푸블리카는 로마 시민의 공공 관심사를 도시의 주요 지점에 석고판으로 써서 내걸었던 전근대 신문의 한 형태였다. 정부는 시민들을 효율적으로 통치하기 위해서 공공의 고지(告知)가 필요했고 시민들은 실생활에 필요한 정보를 빨리 알 필요가 있었다(Mitchell, 1997).

이후 로마는 기원전 30년에 제정(帝政)시대를 통해 강력한 제국을 수립했다. 카이사르(Caesar)는 로마제국을 중앙 집권제로 건설하는 데 힘을 쏟았다. 그는 거대한 제국을 지배하기 위해 더욱 유용한 커뮤니케이션의 수단으로 관보적 성격의 신문을 만들었다(임근수, 1984). 카이사르가 등장하기 이전에도 로마의 지방 인사들 중에는 중앙에 노비 통신원(slave reporter)을 두어 그날그날의 중요한 뉴스를 편지로 통보하는 풍습이 있었다. 특히 로마의 귀족은 1년의 태반을 자기 소유의 장원에서 보냈으므로 반드시 통신원을 수도 중앙에 주재시켰다. 또한 전쟁터에 나가 있는 장군들은 전시 통신원을 두어 전황을 중앙에 보고했다.

이와 같이 사적 통신원에 의한 커뮤니케이션 형태를 총칭해 악타 듀르나라고 불렀다. 악타 듀르나가 비록 관보적 혹은 반관보적 성격을 띠었지만 이전의 사제연보나 악타 푸블리카에 비해 훨씬 발전한 신문현상이었다. 왜냐하면 악타 듀르나는 조그만 사건에 대해서도 흥미를 자아낼 수 있도록 각별한 노력을 다했을 뿐만 아니라 사건사고도 취재해 기록했기 때문이다. 그러나 아직 사실의 보도를 넘어선 의견이나 논평의 발표는 허용하지 않았다.

중국에도 로마의 악타 듀르나와 비슷한 신문현상인 저보가 있었다. 저보는 한나라와 당나라에서 시작됐으며 조보라고도 불렀다. 저보는 관보, 즉 국가의 제도로서 황실의 동정, 관리의 임면 및 상소 등을 게재했다. 저보란 '저(邸)'에서 나온 말로서 '저'란 지방의 제후가 수도에 와서 황제를 접견할 때 머물렀던 숙소다. 이와 같은 '저'에서는 일체의 중앙소식을 기록해 지방의 제후에게 전달했는데 이러한 커뮤니케이션 형태를 저보라고 불렀다. 그리고 반대로 지방에서 중앙으로 전달되는 것은 변보(邊報)라고 했다(차배근, 1976). 그러나 저보는 일반 백성에게 공시된 것이 아니라 중앙과 지방 군신 사이의 커뮤니케이션 수단이었다. 따라서 저보는 로마시대에 등장한 악타 푸블리카가 일반 대중을 상대로 했던 것과 비교할 때 그 대상이 달랐다. 하지만 저보가 지방과 중앙 사이의 중요한 커뮤니케이션 수단이었으며 송(宋)대에 와서는 이 저보를 신문이라고 불렀다고 하니 저보를 동양 최초의 신문현상으로 볼 수 있다.

중국의 저보제도는 우리나라에서도 그대로 채택됐다. 그러나 서양의 경우와는 달리 중국이나 우리나라의 저보는 근대적 신문으로 발전하지 못하고 계속 관보의 성격만을 띠어오다가 19세기 말 서양의 신문제도를 도입하면서 근대적인 신문이 생겼다. 동양에서 신문이 생성되지 못한 원인은 전제 군주제라는 정치적 제도와 산업화하지 못한 사회적 요인에서 찾을 수 있다(차배근, 1988).

### 2) 중세 유럽의 신문현상

로마제국의 동서분열과 서로마 제국의 멸망 이후 유럽에서는 민족의 대이동이 시작되어 혼란이 계속됐고 문화의 발전은 일시적으로 중단됐다. 이 시기가 바로 유럽의 중세다. 따라서 로마시대에 등장했던 신문현상도 자취를 감추게 됐다(Mitchell, 1997).

신문현상이 사라지기는 했지만 인간의 뉴스추구 욕구가 없어진 것은 아니었다. 따라서 정보를 추구하는 욕망을 충족하기 위해 원시사회와 그리스 시대에 등장했던 담화(談話)신문이 다시 나타났다. 담화신문이란 방랑시인의 민요, 행상인의 구전 등을 말하는 것으로 문자로 된 신문과는 거리가 멀다. 그러나 이들은 당시의 유일한 뉴스원이었고, 그 내용이 정치, 경제, 국제소식, 문화 등 오늘날 신문의 기사와 다를 바 없었다. 일부 학자는 이러한 현상을 민요 저널리즘(ballad journalism)이라고 부르기도 한다(Ford and Emery, 1954).

이후 11세기에 와서야 문자로 된 편지형식의 서한(書翰)신문이 나타나기 시작했다. 교황이나 교회는 편지를 이용함으로써 교회조직을 운영할 수 있었으며 황제와 제후들도 커뮤니케이션 방법으로 편지를 쓰기 시작했다. 서한신문은 본래 상인들의 상업통신에서 나왔다. 11세기 말 십자군 전쟁이 발발하자 상인들은 물자를 보급하기 위해 국내외의 모든 중요한 뉴스와 정보가 필요해졌다. 특히 십자군 전쟁의 군수품 발송지였던 베네치아에는 많은 상인들이 모여 내외 각지에 지점을 설치하고 활발하게 무역을 했는데 당시 이스라엘 소재의 지점에서 오는 상업편지에는 십자군 전황이 함께 게재됐다. 이것은 '노벨라(Novela)'라고 부르는 최초의 서한신문이었다(차배근, 1976). 서한신문은 편지와 같은 성격을 띠었으나, 이를 필요로 하는 사람들에게 필사복제해 판매하는 사람들이 등장했다. 따라서 서한신문은 필사(筆寫)신문으로 변화·발전하게 됐다. 물론 초기에는 필사신문과 서한신문을 구별하기 어려웠다. 그러나 필사신문이 계속 발전해 중세 후기에는 신문 형태의 면모를 갖추게 됐다.

역사상 최초로 대규모의 공개적인 보급판매를 시작한 필사신문은 이탈리아의 베네치아에서 1536년에 발간된 ≪가제트 가제타(Gazette Gazetta)≫다. 가제트의 어원은 베네치아 거리에서 가판하던 신문 판매원들의 시끄러운 소리를 'gazza(까마귀)'에 비유한 데서 시작됐다. 가제트의 발생 초기에는 각처에서 들어오는 통신문에서 중요한 것만을 추려서 만들었으며, 그 대상은 일반 시민이 아닌 무역상과 상류계층이었다. 사실 시민 대다수가 문맹이었음을 생각할 때 당연한 것이다. 한편 독일에서도 16세기 후반에 필사신문이 등장했다. 그중에서 가장 유명한 것은 아우크스부르크의 대무역상 겸 금융가인 푸거(Fugger) 일가가 발행한 ≪푸거 차이퉁겐(Fugger Zeitungen)≫이었다. 이 신문의 뉴스 출처는 대단히 광범위해 유럽 각지는 물론 근동과 중국, 신대륙 미국에서 보내온 통신까지 포함했다. 특히 이 신문은 상업적인 뉴스뿐만 아니라 최초로 정치적인 뉴스까지 다뤘다는 점에서 의의가 있다.

이탈리아와 독일과 마찬가지로 프랑스와 영국에서도 16세기 말부터 필사신문이 나타나기 시작했다. 프랑스의 대표적인 필사신문은 ≪누벨 아 라 멩(Nouvelles a la Main)≫이다. 이 신문은 정부에 반대하는 정치적인 뉴스를 게재해 탄압을 받았다. 한편 영국에서도 필사신문이 등장했는데 ≪뉴스레터(News Letter)≫가 대표적이었다. 이 필사신문은 주로 런던과 관련된 소식과 궁정의 일을 담아 각 지방의 영주들에게 송달했다.

앞서 열거한 나라에서 발간된 필사신문 외에도 유럽의 모든 국가에서 필사신문이 나왔으며 필사신문은 인쇄신문이 나온 18세기 후반에 이르기까지 200년 이상 뉴스의 공표매체로서 유럽에서 중요한 역할을 담당했다(안종묵, 2004).

## 2. 매스컴으로서 세계 신문

독일은 신문 문화의 발원지였으나 근대 신문이 크게 발전하지 못했다. 마침내 1919년 바이마르 헌법에서 언론·출판의 자유를 명시한 이후 근대 신문이 활발하게 활동하기 시작했다. 프랑스 신문들은 혁명과 왕정의 정치적 악순환 속에서 통제와 자유라는 우여곡절을 겪다가 1871년에 제3공화국이 탄생되어 1881년 7월에 「신문의 자유에 관한 법률」이 공포됨으로써 비로소 자유를 얻게 됐다. 영국 신문들은 1861년에 와서 인지세가 완전히 폐지된 이후 ≪런던 모닝메일(London Morning Mail)≫, ≪모닝 레이티스트 뉴스(Morning Latest News)≫, ≪에코(Echo)≫ 등 일간지와 일요신문이 눈부시게 발전했다. 미국 신문들은 독립혁명을 전후해 정론지적 성격을 띠었으나 이후 대중지로 발전했다. 이러한 대중지는 부수경쟁을 추구하는 황색신문이었다. 이러한 보도양태는 1900년 초 뉴 저널리즘 운동으로 극복되고 오늘날과 같은 신문들이 뿌리를 내리게 됐다.

### 1) 근대 신문의 태동

근대 신문의 생성과 발전에 결정적인 역할을 한 것은 인쇄술과 제지술의 발명이다. 이외에도 십자군 전쟁 이후 중세의 몰락과 그에 따른 문예부흥, 종교개혁, 시민사회의 대두와 형성, 계몽사상과 민권개념의 대두, 근세 국가의 성립, 자본주의의 형성, 세계 무역경제의 형성 등 시대적 상황이 모두 근대 신문의 생성 요인이다(임근수, 1984).

인쇄술과 제지술이 급속히 발전하고 보급되자 초보적인 수준의 인쇄신문이 나타났다. 그러나 이들은 현대의 신문과는 다른 부정기적인 신문이었다. 앞서 언급했듯이 당시 유럽에는 필사신문과 서한신문이 유행했다. 이러한 신문에 인쇄술을 도입하면 광범위한 독자층에 배포할 수 있다는 것을 깨달은 인쇄업자들은 필사신문과 서한신문에서 흥미 있는 뉴스를 간추리는 한편 행상인, 여행자들에게서 이야깃거리를 모아 인쇄신문을 발행했다. 그렇게 등장한 최초의 신문 형태로 독일의 '플루크 블라트(Flug-blatt)'를 꼽을 수 있다.

플루크 블라트는 15세기 말에 처음 나타난 것으로 추정되는데 일반에 '노이에 차이퉁(Neue Zeitung)'이라고 통칭되면서 인기를 끌었다. 이 체제는 대개 4절 내지 8절의 일면 인쇄였으며 뒷면은 뉴스를 추가하기 위해 여백으로 남겨두었고 문장은 운문(韻文) 형식, 즉 노래의 가사처럼 쉽게 읽을 수 있도록 썼다(곽복산, 1971). 이 부정기 인쇄신문은 곧 독일에서 이탈리아, 네덜란드, 스페인, 영국 등으로 전파됐다. 영국의 ≪뉴스시트(News Sheet)≫, 이탈리아의 ≪레라치온(Relations)≫, 프랑스의 ≪누벨(Nouvelle)≫ 등은 모두 독일의 플루크 블라트를 모방해서 생겨난 신문이다. 그래서 독일을 근대 신문의 발원지라고 말하기도 한다.

16세기에 이르러 인쇄술이 더욱 개량되고 동서교류가 빈번해져서 뉴스의 수요가 증가하자 인쇄업자들은 정기적으로 신문을 발행하기에 이르렀다(Mitchell, 1997). 이것이 오늘날 신문의 모체가 됐다. 그러나 매일 신문을 발행한 것은 아니며 대개 월간, 순간, 주간 등으로 발행했다.

최초의 본격적인 주간 인쇄신문은 독일의 ≪레라치온≫으로 알려져 있다(박유봉 외, 1974). 이어 네덜란드에서도 1631년에 ≪쿠란트(Courant)≫가 나타났고, 영국에서는 1662년 ≪위클리 뉴스(Weekl News)≫라는 주간신문이 발행되기에 이르렀다. 네덜란드의 ≪쿠란트≫는 영국으로 건너가 ≪위클리 뉴스≫의 발행을 자극했다.

2) 근대 신문의 성립과 발전

주간 인쇄신문의 출현과 성장은 우편제도의 발달과 더불어 진행됐으며 이와 같은 주간신문의 발달은 근대적인 신문업이 형성되는 데도 직접적인 영향을 끼쳤다(임근수, 1984). 즉, 17세기 말부터 우편이 점차 발달하자 주간신문은 마침내 일간신문으로 전환하게 됐다. 그리하여 17세기 말에서 18세기 초에 이르러 진정한 의미의 근대 신문이 성립하게 됐다.

세계 최초의 일간신문은 독일의 라이프치히에서 발행된 ≪라이프치거 차이퉁(Leipziger Zeitung)≫으로 알려져 있다. 이 신문은 오랫동안 주간신문으로 발간되어오다가 일간신문으로 전환됐다. 이어 유럽 각지에서 일간신문이 속속 나타나기 시작했다. 영국 런던에서는 1702년 3월 11일에 맬릿(E. Mallet)이 ≪데일리 쿠란트(Daily Courant)≫를 창간했다. 한편 프랑스에서는 1777년 1월 1일에 민간신문 일간지 ≪주르날 드 파리(Journal de Paris)≫가 탄생했다. 미국에서도 1783년 6월 17일에 ≪펜실베이니아 이브닝 포스트 앤 데일리 애드버타이저(The Pennsylvania Evening Post and Daily Advertiser)≫라는 최초의 일간지가 나왔다.

17세기와 18세기에 걸쳐 구미에서 근대 신문이 성립한 것은 우편제도의 발달과 함께 신문조직(기업)의 대규모화와 근대화 때문이었다. 그 밖에도 당시 구미를 휩쓴 자유·평등사상도 여론 형성의 매체인 신문의 근대화를 촉진시켰다. 그리하여 자본주의 경제체제를 밑바탕으로 삼으면서 기계기술에 의해 대중의 정신적 욕구를 만족시켜주는 상품으로서 근대 신문이 형성됐다. 18세기에 성립한 근대 신문은 19세기에 들어서 자유 민주주의 사조와 과학기술 문명에 힘입어 더욱 발전했다. 특히 교통과 통신의 과학적 혁명은 신문에 새로운 변화를 가져왔다.

당시 자유 민주주의 사조는 신문의 자유를 위한 투쟁을 벌이게 함으로써 신문의 지위를 높이고 그 기능을 확대·발전시켰다. 한편 철도의 부설, 증기선의 발명, 우편제도의 근대화, 전신의 발명, 해저전신의 부설(1851년 대서양) 등은 뉴스 모집의 광범위화와 신문 배포의 신속화를 촉진했다. 특히 윤전기를 사용한 신문 인쇄(1812년, ≪런던 타임스(The Times)≫), 라이노 타입(Linotype)에 의한 조판(1886년, ≪뉴욕 트리뷴(New York Tribune)≫)은 신문 제작 시간을 단축시켰다. 라이노 타입이란 기계를 이용해 식자(typesetting)함으로써 종래 사람이 하는 것보다 시간과 경비를 단축할 수 있었던 방법이다. 또한 사진술이 발명[1822년, 니엡스(J. N. Niépce)]되어 생생한 뉴스보도가 가능해졌다. 그리하여 신문은 세계의 뉴스를 곧바로 대중에게 전달함으로써 근대 신문으로 확립됐다.

이렇게 신문 문화의 발상지는 독일을 중심으로 이뤄졌지만 근대화 과정에서 사회정치적인 여러 요인 때문에 그 발달무대는 영국과 미국으로 옮겨졌다. 이후 근대 신문의 열매는 영국과 미국에서 맺어졌다고 볼 수 있다(곽복산, 1971). 다시 말하면, 근대 신문이 발달할 수 있는 하드웨어와 소프트웨어가 영국과 미국에서 풍부하게 공급되면서 신문 발달의 중심 무대가 옮겨진 것이다.

### 3) 각국의 근대 신문

#### (1) 독일

프랑스 대혁명의 거센 물결이 곧바로 독일 사회를 변화시키지는 못했다. 그러다가 1840년 빌헬름 4세의 즉위를 계기로 시민계급이 정치활동에 참여하면서 신문의 자유가 인정되어 근대적 신문이 나타나기 시작했다. 그 후 1848년에 일어난 자유주의 혁명은 신문에 일대 변혁을 가져왔다. 1851년에서 1860년 사이에 발간된 신문의 수효는 482개지에 이르렀고 내용 면에서도 혁신이 있었다. 그 이전의 보도적 신문에서 해설적 신문으로 변화한 것이다.

그 당시 대표적인 신문으로는 1856년에 창간된 ≪푸랑크푸르터 차이퉁(Frankfurter Zeitung)≫을 들 수 있다. 이 신문은 세계적 수준의 지적 신문으로 평가받아왔다. 특히 지식층 사이에서 호평을 받았으며 경제와 정치기사를 비중 있게 다뤘다. 이 신문은 1933년 나치가 집권한 이후에도 반(反)나치 저항지로서 세계적인 권위를 잃지 않았다. 그러다가 세계대전 후에는 ≪프랑크푸르터 알게마이너(Frankfurter Allgemine)≫로 제호를 바꿔 그 전통을 계승해오고 있다(곽복산, 1971).

그러나 자유주의 혁명으로 독일이 쟁취한 신문의 자유는 지속되지 못했다. 1862년 프로이센의 재상이 된 비스마르크가 '신문조례'를 발표하고 반정부적 신문을 탄압하면서 모든 신문을 철저히 규제했다. 그러나 1919년 바이마르 헌법이 제정되고 제118조에 언론·출판의 자유 보장을 명시한 이후부터는 근대 신문이 활발히 활동하기 시작했다.

(2) 프랑스

18세기 말 혁명기의 프랑스 신문은 과격했다. 혁명가들은 신문을 이용해 그들의 주장을 대중에게 이해시키려고 했다. 1789년부터 1793년 사이에 신문과 팸플릿이 무려 1,000종 이상이 간행됐다. 그러나 1804년 나폴레옹이 집권하자 이 신문들은 모두 정리됐다(Smith, 1990).

시민혁명으로 나폴레옹이 물러난 이후 수많은 신문이 다시 등장했지만 혁명기의 불안정한 정치적 상황 속에서 신문은 제대로 발전하지 못했다. 다만 1836년에 지라딘(E. de Giradin)이 창간한 염가신문 ≪라 프레스(La Press)≫는 대량판매와 광고수입으로 가격을 반으로 낮추면서 새로운 경영을 시도했다. 동시에 그는 편집방법도 개혁해 일반 독자가 좋아하지 않는 정치기사는 짧게 간추리고 그 대신 문화·오락기사를 많이 게재함으로써 많은 독자를 확보했다.

그 후 프랑스 신문들은 혁명과 왕정의 정치적 악순환 속에서 통제와 자유라는 우여곡절을 겪다가 1871년 제3공화국이 탄생하고 1881년 7월에 「신문의 자유에 관한 법률」이 공포되자 비로소 자유를 얻었다.

### (3) 영국

영국의 근대 신문은 18세기 후반부터 나타났다. 대표적인 신문으로는 ≪모닝 포스트(Morning Post)≫(1772), ≪타임스≫(1785), ≪모닝 애드버타이저(Morning Advertiser)≫(1794) 등을 들 수 있다. 월터(J. Walter)가 창간한 ≪타임스≫는 국내외 취재망을 완비하는 한편, 공정함을 내세움으로써 명예를 얻었다. 1814년에는 독일인 쾨니히(Friedrich König)가 발명한 윤전기를 최초로 도입해 ≪타임스≫ 인쇄에 사용함으로써 신문 제작 시간을 단축하기도 했다(Smith, 1990).

그러나 영국에서 대중신문이 나오는 데는 시간이 걸렸다. 그 이유는 오랫동안 정권을 잡고 있던 귀족계급이 노동계급의 정치 참여를 막고 그들만이 신문을 독점할 수 있는 방법으로 수차례에 걸쳐 인지세(Stamp Act)를 인상해 구독료를 비싸게 만들었기 때문이다. 이와 같은 인지세에 최초로 반기를 들고 일어선 사람은 코빗(W. Cobbet)이다. 그는 신문 한 부당 4펜스의 인지세를 거부하면서 1816년에 ≪폴리티컬 레지스터(Political Register)≫라는 신문을 2펜스에 판매했다. 그는 시민들에게 인지세에도 못 미치는 가격으로 신문을 판매함으로써 정부에 대항했다. 마침내 정부는 1836년에 인지세를 1펜스로 낮추고 1861년에는 인지세를 완전히 폐지했다. 인지세 철폐와 더불어 ≪런던 모닝메일≫, ≪모닝 레이티스트 뉴스≫, ≪에코≫ 등 일간신문과 일요신문이 눈부시게 발전했다(Andrews, 1859).

### (4) 미국

독립 후 미국의 신문은 정치적 목적으로 사용되어왔다. 19세기 초만 해도 정당신문이 대부분을 차지했으나 1833년부터 저널리즘에 변혁이 일어나기 시작하면서 대중신문이 출현했다. 여기서 대중신문은 페니 페이퍼(penny paper)라고 부르던 염가신문을 말한다. 1833년에 데이(B. Day)가 뉴욕에서 ≪선

(The Sun)≫을 창간한 것을 시작으로 발전했다. ≪선≫은 대중적인 흥미를 자극해 창간 5개월 만에 5,000부를 찍어냈고 당시 뉴욕에서 최대 발행부수를 기록했다. ≪선≫이 성공을 거두자 각지에서 대중신문이 쏟아져 나왔다.

우후죽순처럼 쏟아져 나온 대중신문은 부수경쟁에 돌입하기 시작했고 이로 인해 신문의 선정보도가 점차 심해졌다. 당시 미국에서 나타난 이러한 신문의 보도양태를 황색신문, 즉 옐로 저널리즘(Yellow Journalism)이라고 한다. 황색신문의 수법은 전국에 급속히 퍼져 나가 1899~1900년에는 절정에 달했다.

그러나 이러한 황색신문에 대한 비난이 커지기 시작했다. 1851년에 창간된 ≪뉴욕 타임스(The New York Times)≫는 황색신문을 표방하지 않았다. 1898년에는 신문가격을 1센트로 낮추고 조간신문으로 개편하는 한편, 고급 지적 신문(Elite Newspaper)으로 착실하게 그 발행부수를 쌓아나갔다. ≪뉴욕 타임스≫는 외신·경제·정치면에서 특히 뛰어났을 뿐만 아니라 공정한 편집에 힘을 쏟았다. 황색신문의 보도양태에 대항해 진실 보도에 주력한 미국 보도양식의 변혁을 뉴 저널리즘(New Journalism) 운동이라고 한다. 물론 이 운동에 앞장선 신문은 ≪뉴욕 타임스≫였다(Ritchie, 2006).

황색신문을 배격하는 또 하나의 지적 신문 ≪크리스천 사이언스 모니터(Christian Science Monitor)≫가 1908년 보스턴에서 창간되자 황색신문은 서서히 자취를 감추고 오늘날의 현대적 신문으로 정착됐다.

## 3. 한국 근대 신문의 태동

### 1) 최초의 근대 신문 ≪한성순보≫

≪한성순보(漢城旬報)≫는 1883년 10월 30일(음력 10월 1일)에 창간된 한국 최초의 근대 신문이다. 따라서 ≪한성순보≫는 한국에 근대 저널리즘의 길

을 열었다고 평가할 수 있다(정진석, 1990). ≪한성순보≫와 그 후신인 ≪한성주보≫는 제호는 다르지만 발행주체가 같고 동일한 사상을 담고 있다는 점에서 같은 신문으로 보아야 할 것이다. 한국 저널리즘의 태동인 ≪한성순보≫의 창간은 개화의 결실이면서 동시에 개화세력이 한국 근대화를 위해 신문을 이용하려 했던 노력의 결실이다(김민남 외, 1993). ≪한성순보≫를 창간한 주동세력은 개화파 중에서도 급진 개화파였다. 그러나 이들은 신문을 발간하지 못하고 온건 개화파가 ≪한성순보≫를 발간했다.

조선과 일본은 1876년 강화도 조약을 체결한 이후부터 교류가 활발해지기 시작했다. 조선 정부는 신사유람단 혹은 수신사의 이름으로 조선 관리들을 일본에 여러 번 파견해 근대 문물을 접하도록 했다. ≪한성순보≫의 발간과 직접적으로 관련된 것은 1882년 9월부터 1883년 3월까지 약 6개월 동안 파견한 수신사의 활동이었다. 박영효를 특명전권대신으로 한 일행은 김만식, 서광범, 김옥균 등이었다. 이들은 일본에서 구미 각국의 외교관을 만났으며 일본의 문명개화, 산업, 부국 강병책 등을 살펴봤다. 그리고 일행은 이미 일본의 경응의숙(慶應義塾)에서 유학하고 있던 유길준을 만났다. 귀국 전 일행은 일본 근대화의 선구자인 후쿠자와 유키치(福澤諭吉)를 만났다. 후쿠자와는 유학생 파견과 신문 발간을 권유하면서 신문 발간에 필요한 편집기자로 이노우에(井上角五郎), 우시바(牛場卓藏), 다카하시(高橋正信)를, 식자공으로 사나다(眞田謙藏), 미와(三輪廣藏)를 수신사 일행과 함께 한국으로 보냈다. 그리고 수신사 일행은 일본에서 신문을 인쇄할 수 있는 인쇄기와 활자를 구입해 배송했다(김봉진, 1996: 139쪽에서 재인용).

박영효는 귀국 즉시 한성부 판윤, 즉 오늘날의 서울시장에 임명됐으며 고종에게 신문 발간을 허가받고 한성부에서 이에 착수했다. 통리교섭통상사무아문(統理交涉通商事務衙門) 주사로 임명된 유길준 역시 신문 발간 사업에 참여하게 됐다. 그러나 박영효와 유길준의 신문 발간 노력은 좌절됐다. 박영효는 급진적인 개혁정책으로 권문 사대부들과 마찰을 빚다가 마침내 한성부 판윤 자리에서 해임됐고, 유길준도 주사를 사임하고 민영익이 이끄는 미국 사절단의 일원을 수행하면서 유학길에 올랐다(이광린, 1979).

이렇게 되자 신문 발간 업무는 한성부에서 외부(外部)의 통리아문으로 이관됐다. 통리아문에는 산하기관으로 동문학(同文學)이 있었는데 동문학은 당시 중국에서 외국어 학교로 설치되어 있던 동문관(同文館)을 본뜬 것으로 외국어 교육기관이었다. 1882년 박영효와 함께 수신사 일행으로 참여해 일본의 근대 문물을 접했던 김만식이 1883년 4월 26일에 동문학의 책임자인 장교(掌敎)로 임명됐다. 김만식은 박영효와 달리 온건 개화파였다. 한성부에서 신문 발간을 추진하던 박영효가 한성부를 떠나자 그것이 여의치 못하게 됐다. 하지만 신문의 필요성을 느꼈던 온건 개화파 인사 김만식이 동문학의 책임자가 되자 동문학에서 신문 발간을 준비하게 됐다. 마침내 1883년 10월 30일 동문학의 산하기관으로 인쇄시설을 갖춘 박문국(博文局)에서 한국 최초의 근대 신문이 발간됐다.

≪한성순보≫는 1884년 12월 갑신정변으로 중단된 이후 1886년 1월 25일 ≪한성주보≫로 속간됐다. ≪한성순보≫와 ≪한성주보≫는 한국 근대화 과정에서 개화 사상과 지식인들에 의해서 발행됐다. ≪한성순보≫와 ≪한성주보≫는 지면을 통해서 스스로 신문 발간의 취지와 기능을 언급했다(정진석, 1990).

첫째, '국민의 문견(聞見)을 넓힐 목적'으로 발간됐다. ≪한성순보≫는 첫 호 창간사인 '순보서(旬報序)'에서 '외국의 폭넓은 지식과 세계정세를 신문에 게재해 국민에게 지식을 전달'하려 했으며, ≪한성주보≫ 역시 '신보론(新報論)'을 통해 '세계 각국에 문화를 개방하고 자료를 수집해 신문에 게재하겠다'고 밝혔다. 이러한 글은 신문을 통해 국민의 지식을 넓히겠다는 목적을 밝힌 것이다.

둘째, '국민의 교화와 나라의 안보'를 들 수 있다. ≪한성주보≫의 창간사에서 '국내 정세와 해외의 변화를 국민에게 알리는 것은 백성을 교화하는 동시에 외세를 막고 전쟁을 없앨 수 있다'고 쓰고 있다. 이것은 신문 발간이 단지 백성의 견문을 넓히는 데 그치는 것이 아니라 부국강병도 이룩할 수 있다고 본 것이다.

셋째, '하의(下意)상달'을 들 수 있다. ≪한성주보≫는 '논신문지지익(論新聞紙之益)'에서 '하정(下情)을 상달시켜 군민이 일체가 되게 해 국가의 안녕을 이루고자' 한다고 밝히고 있다. 이것은 국민의 고통을 찾아내어 제거하고 국가와 백성 모두 이롭게 하자는 목적을 나타낸 것이다.

마지막으로 '광고의 기능'을 들 수 있다. 근대화의 일환으로 발간된 ≪한성주보≫는 신문광고를 통해서 산업진흥을 기하려 했다. ≪한성순보≫는 창간사에서 신문 발간이 정치적 이익뿐 아니라 상업에도 도움을 준다는 사실을 밝히고 있으며 주보의 '본국공고'에서도 '농상공에 종사하는 사람들이 본보에 광고하면 구독자들에게 알리겠다'고 했다. ≪한성주보≫는 실제로 1886년 2월 22일 제4호에 한국 최초의 신문광고를 게재했다.

### 2) 민간신문의 등장

#### (1) ≪독립신문≫

한국 최초의 근대 신문인 ≪한성순보≫가 1888년 폐간된 이후 최초의 민간신문인 ≪독립신문≫이 한글 전용으로 1896년 4월 7일 서재필에 의해서 창간됐다. ≪독립신문≫은 주 3회(화·목·토) 격일로 발간됐다. 창간 당시에는 한 신문에 한글판 3면과 영문판 ≪인디펜던트(The Independent)≫ 1면을 같이 편집했다. ≪독립신문≫은 순 한글을 사용하고 띄어쓰기를 실시해 누구나 읽기 쉽도록 제작했다. ≪독립신문≫의 한글 전용 방식과 편집 방식은 한말 다른 민간신문에 영향을 미쳤다(정진석, 2001).

서재필은 ≪독립신문≫을 창간해 대중을 개화하는 데 앞장섰을 뿐만 아니라 독립협회와 만민공동회와 같은 단체에도 관여해 활발히 활동했다. 그러나 정부 고위관료들의 부정부패를 고발하자 이들과 마찰을 빚었다. 마침내 정부는 1897년 12월 31일자로 서재필을 중추원 고문에서 해임한다고 통보했다. 서재필은 이에 반발했으나 미국 공사 알렌(Horace Allen)의 주선으로 정부와 서재필 사이의 교섭이 이뤄져 서재필은 1898년 5월 14일 미국으로 떠났다. 서재필이 미국으로 떠난 후 윤치호와 아펜젤러(Henry Appenzeller)가 독립신문의 편집과 경영을 맡았으며 1899년 12월 4일까지 발간됐다.

≪독립신문≫의 의의는 한국 민간신문의 효시를 이뤘다는 점과 이 신문의 계몽적 역할을 들 수 있다. ≪독립신문≫의 창간자인 서재필은 갑신정변에 참여했던 급진 개화 사상파였으며, 미국생활을 통해 개명개화를 직접 경험했던 사람이다. 따라서 그는 독립신문을 통해 국민을 개화하고 개명해 한국을 근대국가로 이끌려 했다.

(2) ≪미일신문≫

배재학당의 학생자치기구인 협성회가 협성회 회보를 1898년 1월 1일에 창간했고 이를 확대해 일반인을 대상으로 한 ≪미일신문≫을 4월 9일에 창간했다. 종래 협성회 회보가 학생들의 의욕으로 발행됐다면 ≪미일신문≫은 고본금(股本金), 즉 주식을 모아 운영되는 오늘날의 신문사 형태를 갖추게 됐다(정진석, 1990).

≪미일신문≫은 협성회 기관지에서 일반 종합신문으로 신문사 체제를 갖췄으나 초기부터 경영 주도권을 둘러싼 분규가 있었다. 분규의 핵심은 신문사가 창간되는 과정에서 협성회와 주식회사인 신문사가 분리되면서 일어났다. ≪미일신문≫은 내분과 신문 경영의 미숙으로 1년 정도 발간되다가 1899년 4월 30일에 폐간됐다. 하지만 ≪미일신문≫은 신문의 일간시대를 가져온 점을 높이 평가할 수 있다. 또한 발행진이 독립협회와 만민 공동회에서 활동하던 애국계몽 사상가들로서 ≪미일신문≫은 그들이 사상을 전파하는 중요한 매체였다.

(3) ≪황성신문≫

국한문 혼용체인 ≪황성신문≫은 1898년 9월 5일에 창간됐고 사장 남궁억, 총무원 나수연을 경영진으로 한 일간신문(일요일 휴간, 1907년 이후 월요일 휴간)이었다. ≪황성신문≫은 1905년 11월 20일자 논설 '시일야방성대곡(是日也放聲大哭)'이 문제가 되어 일본으로부터 언론탄압을 겪었다. 사전검열 없이 배포된 이 사설 때문에 ≪황성신문≫은 정간당하고 주필 장지연은 경무청에 체포됐다. 이듬해인 1906년 1월 24일 그는 석방되고 신문도 복간됐으나 휴간의 후유증으로 ≪황성신문≫은 경영난을 겪었다.

≪황성신문≫의 발행진은 한말 국권이 기울어가는 상황에서도 신문을 계속 발간했으나 1910년에 들어서 한일병합을 앞두고 일본으로부터 노골적인 탄압을 받았다. 마침내 한일병합이 공포되기 이틀 전인 1910년 8월 27일 제3,456호를 끝으로 ≪황성신문≫은 막을 내렸다. ≪황성신문≫은 한말 가장 오랫동안 발행된 국한문 혼용체 신문으로서 3,000여 부 내외를 발행했고 당시 여론을 지도했던 지식인층 유생 양반계층을 주요 구독층으로 발행했다. 따라서 ≪황성신문≫은 당시 그 파급효과가 대단히 컸을 것이다(안종묵, 2005).

(4) ≪뎨국신문≫

≪뎨국신문≫은 ≪황성신문≫과 함께 1898년에 창간되어 한일병합이 되던 1910년까지 약 12년 동안 발행되어 민간신문으로서 큰 역할을 담당했다. ≪뎨국신문≫은 이종일의 주도 아래 4면 2단의 한글 전용 일간신문으로 1898년 8월 10일에 창간됐다.

사장 이종일은 순 한글로 ≪뎨국신문≫을 간행해 부녀자와 하급계층도 신문을 쉽게 읽을 수 있도록 했으며 제작단가를 낮춰 보급을 확대하려고 했다. 따라서 ≪뎨국신문≫은 비슷한 시기에 창간된 황성신문이 국한문 혼용체를 사용해 유생 양반계층을 주 구독층으로 삼은 것과 대조를 이룬다(정진석, 1990).

합자회사로 운영됐던 ≪뎨국신문≫은 창간 초기부터 재정난으로 휴간과 복간을 거듭했다. 1910년 8월 29일 한일병합 직전에 한국인들이 발행하던 신문 대부분이 정치적인 이유로 폐간되거나 총독부 기관지가 됐다. 하지만 ≪뎨국신문≫은 한일병합 수개월 전인 1910년 4월 1일에 재정난으로 휴간에 들어갔다가 복간되지 못하고 폐간됐다.

### (5) ≪대한매일신보≫

≪대한매일신보≫는 1904년 러일전쟁 이후 창간되어 한일병합이 되던 1910년까지 발간됐던 신문이다. 이 신문은 한말 대표적인 민간신문이었던 ≪황성신문≫, ≪뎨국신문≫과는 달리 영국인 베델(Ernest Thomas Bethell, 배설)에 의해 1904년 7월 18일에 창간됐다. 주필 겸 사장인 베델은 한국인 편집자들의 도움으로 한글 전용 ≪대한매일신보≫와 영문 전용 ≪코리아 데일리 뉴스(Korea Daily News, KDN)≫를 발간했다. ≪대한매일신보≫에 참여했던 한국인은 총무 양기탁을 비롯해 박은식, 신채호, 최익, 옥관빈, 변일, 장도빈 등이다.

≪대한매일신보≫는 베델에 의해서 발간됨으로써 일본으로부터 치외법권적 지위를 누리면서 일본의 침략상황을 한국 독자에게 전달했다. 이에 일본 통감부와 ≪대한매일신보≫ 사이에 마찰이 빚어졌으며 나아가 영·일 양국 간의 외교문제까지 야기됐다(정진석, 1987).

일본은 ≪대한매일신보≫를 폐간시키기 위해 발행인 베델을 추방하기 위한 공작을 전개하는 한편, 한국인 편집진에 탄압을 가했다. 베델이 1909년 병사한 이후 통감부는 한일병합 3개월 전인 1910년 5월 21일에 ≪대한매일신보≫를 인수했다. 1910년 8월 29일 한일병합이 공포되자 일제는 ≪대한매일신보≫에서 '대한'이라는 두 자를 떼고 ≪매일신보≫라는 제호를 써서 총독부 기관지로 만들었다.

### 3) 일제하의 한국 신문

#### (1) 일제하 언론정책

1910년 8월 29일에 일제는 강압적으로 대한제국을 조선으로 개칭하고 조선총독부를 설치했다. 이로써 한국은 일본의 본격적인 식민지 지배를 받게 됐다. 1910년 강제병합 이후 일제는 한국 민족의 자주독립 의식과 투쟁의식을 누르기 위해, 헌병경찰 제도 등 강력한 군사력과 각종 억압기구를 바탕으로 정치·경제·사회·문화 등 여러 분야에서 폭력적인 억압과 수탈정책을 수행했다(박경식, 1973).

이러한 상황에서 한민족의 언론도 극도로 봉쇄됐다. 1910년 강제병합부터 3·1운동이 일어나던 때까지, 즉 무단 통치기는 민족 언론의 암흑기라 부를 정도로 한국인이 발행하는 언론은 거의 자취를 감췄다. 일본의 언론정책은 한국 영토에 대한 군사적 침략 및 경제적 수탈의 선전수단으로뿐만 아니라 민족정신 자체를 제거하려는 식민지 정책의 일환이었다.

일제는 35년 동안 한국을 지배하면서 언론정책을 두 가지 방법으로 수행했다(정진석, 1990). 첫째는 탄압과 통제의 강경정책이었고, 둘째는 홍보와 회유의 온건정책이었다. 하지만 일제는 강점 초기인 1910년대 무단 통치기에는 강경정책만을 사용했다. 일제는 3·1운동 이후 문화정치로 식민지 정책을 변경한 이후 한국인에게 《조선일보》와 《동아일보》 등 신문, 잡지 몇 개의 발행을 허용했을 뿐이다. 문화 정치기에 《조선일보》와 《동아일보》 등 한국인이 주체가 되어 발행하는 신문을 허용한 것은 온건정책을 내세운 식민지 언론정책의 일환이었다(김규환, 1978).

한편 일제는 강압적인 언론정책을 전개하면서 총독부 기관지를 통해 식민지 정책을 효율적으로 홍보하려 했다. 일제 총독부 기관지로는 일본어판 《경성일보》, 국한문판 《매일신보》, 영문판 《서울 프레스(The Seoul Press)》를 들 수 있다. 《경성일보》는 1906년 9월 1일 당시 일제 통감부에 의해서 창간됐다. 이 신문은 일제 강점기 동안 계속 발간되면서 한국의 지식인, 사업가 등 여론 지도자들에게 많은 영향을 미쳤다. 특히 한국의 지식인과 사업가들은 일제의 식민지 정책을 알기 위해서라도 ≪경성일보≫의 주요 독자가 될 수밖에 없었다.

총독부는 베델의 ≪대한매일신보≫를 인수해 총독부 기관지로 만들고 신문제호를 ≪매일신보≫로 바꿨다. 발간 초기 한글판과 국한문판으로 나눠 4면을 발행하던 것을 1912년 3월 1일부터는 한글판을 없애고 국한문판 4면으로 발행했다. ≪매일신보≫는 처음에는 독립된 신문사로 운영된 것이 아니라 ≪경성일보≫의 자매지로서 경영과 편집에서 ≪경성일보≫의 사장과 편집국장의 지휘를 받았다. 하지만 명목상 ≪매일신보≫의 편집인은 한국인인 이장훈, 변일, 선우일, 이상협 등이 맡았다. 이들은 실권이 없는 제작자에 불과했으며 ≪경성일보≫의 사장과 편집국장이 신문의 내용을 직접 확인했다. ≪매일신보≫는 한국인의 정서와 동떨어진 논조를 전개했기 때문에 반일감정을 갖고 있던 한국인 독자를 대상으로 신문 발행을 계속하기 어려웠다. 이에 ≪매일신보≫는 학예기사와 연재소설을 통해 한국인 독자를 확보하려고 정책을 바꿔 이 신문은 신(新)문학의 발표장이 됐다.

≪경성일보≫, ≪매일신보≫와 더불어 ≪서울 프레스≫는 영문판 총독부 기관지로서 일제의 식민지 정책을 홍보했다. 특히 ≪서울 프레스≫는 식민지 초기에 일본의 한국 식민지화를 합리화하기 위해서 주한 외국인을 대상으로 발간한 대외홍보의 성격을 띠었다. 이 신문은 1906년 12월 5일에 영국인 하지(J. W. Hodge)가 발행하던 ≪서울 프레스 위클리(Seoul Press Weekly)≫를 인수해 당시 통감부 기관지로 했다가 1910년 한일병합 이후 총독부 기관지가 됐다.

일제는 1930년대 후반에 들어서면서 대륙침략의 본성을 노골적으로 드러내기 시작했다. 이러한 상황에서 외국인에게 식민지 정책을 홍보한다는 것은 큰 의미가 없었을 것이며 오히려 전쟁을 함께 치러야 할 한국인에 대한 홍보가 더욱 주요했을 것이다. 실제로 총독부는 1930년대 후반 ≪경성일보≫와

≪매일신보≫ 등 여러 자매지를 발간해 한국인에 대한 홍보에 주력했다. 이러한 상황에서 총독부는 1937년 5월 30일에 주한 외국인을 대상으로 홍보했던 ≪서울 프레스≫를 자진 폐간했다.

(2) ≪조선일보≫의 창간

3·1운동 이후 일제는 식민지 정책을 무단정치에서 문화정치로 바꿨다. 일제는 식민지 정책을 포기한 것이 아니라 통치 방식만을 바꾼 것이다. 문화정치로 바꾸면서 한국인에게 제한적이지만 신문 발간을 허용했다. 사실 일제는 3·1운동 이후 급격히 등장한 지하신문을 제도권 안으로 끌어들여 한국인의 사상을 통제할 필요가 있었다. 이러한 상황에서 일제는 한국인이 발행주체인 민간신문을 허가했던 것이다.

마침내 1920년 3월 5일에 일제하 문화정치 일환으로 한국인이 최초로 발행한 ≪조선일보≫가 창간됐다. ≪조선일보≫의 창간준비는 경제단체인 대정실업친목회를 배경으로 이뤄졌다. 이 단체는 1916년 한국 실업인들이 친목을 도모하기 위해 만든 것으로 친일본 성향이었다. 사실 당시 한국인 자본가들은 경제활동을 하기 위해서 자연스럽게 친일본 성향을 가질 수밖에 없었다.

≪조선일보≫의 창간은 3·1운동 이후 한국인이 얻어낸 하나의 결실이었지만 ≪조선일보≫는 한국인에게 절실했던 일제에 대한 저항과 독립을 적극적으로 주창하기에 태생적인 한계가 있었다(최민지, 1978). 따라서 창간 초기 ≪조선일보≫의 한계를 인정하면서 ≪조선일보≫가 전개한 언론활동에 대한 민족사적 의미를 찾아내야 할 것이다.

앞서 언급했듯이 ≪조선일보≫는 태생적 한계가 있었으며 이후 진보적인 기자들이 주도해 민족주의적인 입장을 내세우기도 했으나 즉시 일제의 통제를 받게 됐다. ≪조선일보≫가 진보적인 성향의 논조를 보였던 때를 '혁신 조선일보' 시기라 한다. 이 시기는 1924년 이후 이상재가 사장으로 있던 때다. 당시 ≪조선일보≫는 '조선 민중의 신문'이라는 표어 아래 경영과 제작에서 혁신을 단행했다. 하지만 경영난이 계속되어 큰 어려움을 겪었으며 1933년 방응모가 ≪조선일보≫를 인수하면서 경영은 안정을 찾았다. 그러나 그 논조는 무뎌졌고 일제와 큰 마찰 없이 '신문산업'으로 발전해나갔다(안종묵, 2005).

일제가 한국 민중에게 독립의지를 심어주려고 신문 발간을 허가한 것은 아니었다. 일제는 한말 민족운동의 한 흐름이었던 애국계몽 운동과 맥을 같이 하는 한국인들에게 신문 발간을 허가했다. 즉, 법의 테두리 안에서 일제에 대한 저항을 모색하던 한국인들에게 신문 발간을 허가한 것이다(최민지, 1978). ≪조선일보≫는 발간 중에 간혹 진보적인 입장을 취해 일제로부터 기사압수와 정간을 받기도 했으나 신문을 계속 발간하기 위해서는 일제의 법적 테두리 안에 머물러야 하는 딜레마를 안고 있었다.

한 예로 ≪조선일보≫는 1929년 말부터 '아는 것이 힘, 배워야 산다'는 표어 아래 문맹퇴치, 농촌계몽 운동을 전개했다. 이것은 ≪동아일보≫의 '브나로드 운동'과 함께 일제의 문화정책에 편승·동조한 측면이 있음을 부정할 수 없다. 그러나 이를 애국계몽 운동의 한계점으로 이해해야지 '친일'이라고 단정 짓는 것은 곤란하다. 왜냐하면 일제하 애국계몽 운동가들이 전개했던 모든 민족운동을 '친일'로 단정하는 우를 범할 수 있기 때문이다.

≪조선일보≫는 1940년 8월 10일에 ≪동아일보≫와 함께 일제의 식민지 정책에 의해서 폐간됐다. ≪조선일보≫가 1920년 3월 5일 일제의 문화정책의 일환으로 창간됐던 것처럼 폐간 역시 일제의 전쟁정책의 일환으로 이뤄졌다. 이후 1945년 해방과 더불어 ≪조선일보≫는 미군정의 도움으로 총독부 기관지였던 ≪경성일보≫의 인쇄시설을 이용해 1945년 11월 23일 복간되어 해방 공간에서 우익의 입장을 대변하는 언론으로 활동했다.

(3) ≪동아일보≫의 창간

조선총독부가 한국인 민간신문의 발행을 허가하는 방침에 따라 ≪조선일보≫와 함께 탄생한 신문이 ≪동아일보≫다. 신문 발간에 뜻을 두고 있던 김성수는 총독부에게 신문 발행을 허가받기 위해 일제로부터 작위를 받은 박영효를 사장으로 추대했다. 마침내 1920년 4월 1일에 4면으로 된 ≪동아일보≫가 창간됐다.

≪동아일보≫는 경영 면에서 ≪조선일보≫가 그랬던 것처럼 창간 초기에 자금난을 겪었다. 김성수는 신문 허가를 신청한 이후 전국을 순회하면서 신문 창간 취지를 설명하고 주식 인수를 호소했다. 초기 자본은 2개월 정도 지난 후 바닥이 났으며 이 시점에 초대 사장 박영효는 사장직을 사임했다. 그리고 신문사 설립을 주도했던 김성수가 제2대 사장에 취임해 경영일선에 참여했으며, 1921년 9월 14일에는 창립총회를 열어 자본금 70만 원으로 정식 주식회사 체제를 갖췄다.

일제의 무단정치에 대한 항거로 일어난 3·1운동은 한국 민중에게 절망의 벽을 느끼게 한 사건이었다. 이러한 와중에 김성수는 3·1운동 직후인 1919년 10월에 경성방직을 세우면서 총독부와 긴밀한 관계를 맺기 시작했으며 ≪동아일보≫ 창간에도 참여했다(위기봉, 1991). 따라서 ≪동아일보≫가 일제의 문화정책의 일환으로 창간됐다는 점, 그리고 김성수의 배경 때문에 동아일보의 언론활동은 한계를 가질 수밖에 없었다.

≪동아일보≫의 실질적인 사주였던 김성수에 대한 끊임없는 친일논쟁은 자연스럽게 ≪동아일보≫의 친일논쟁으로 이어진다. 이러한 친일논쟁은 역시 한말 애국계몽 운동 노선의 한계점에 바탕을 두고 있다. 법의 범위, 즉 일제의 한국 식민지 통치를 인정하면서 전개된 언론활동은 언제나 친일논쟁에 휩싸일 수밖에 없다. ≪동아일보≫와 김성수는 그 경계선을 지키려 했으나 신문 경영 측면에서는 한국 민중의 요구에 부응하는 진보적인 논조를 전개해야 하는 딜레마가 있었다.

결국 ≪동아일보≫는 ≪조선일보≫와 함께 1940년 8월 10일 일제의 전쟁정책으로 인해 폐간됐다. 김성수와 ≪동아일보≫는 1930년대 이후에는 애국계몽 운동의 한계점을 그대로 드러내면서 '친일성향'을 나타내기도 했다. 예를 들면, ≪동아일보≫는 1938년 6월 19일자 2면 '병력보다 무서운 괴면'이라는 헤드라인을 통해 한국 민중에게 전쟁에 참여할 것을 호소했다. 당시 일제는 1938년 4월 「육군병지원자훈련소관제」라는 법령을 공포해 한국 젊은이들에게 전쟁에 참여할 것을 독려했다. 이런 논조는 ≪동아일보≫가 철저하게 일제의 법의 범위 내에서 언론활동을 전개했음을 보여준다(최민지, 1987).

1940년 8월에 폐간된 ≪동아일보≫는 1945년 해방과 더불어 1945년 12월 1일에 미군정의 도움으로 복간됐다. 해방 공간에서 ≪동아일보≫는 당시 한국민주당의 당수였던 김성수의 입장에 따르는, 이른바 한국민주당의 기관지 역할을 수행함으로써 우익세력의 대변지 역할을 수행했다.

### 제2장 연습문제

1. 서한신문은 정보를 추구하는 이들이 점차 많아지자 이 신문을 (  ) 복제해 독자들에게 전달했다. 이러한 형태의 신문을 필사신문이라 한다.
   * 정답: 필사

2. 유럽의 군주와 종교 지도자들은 신문을 통제하려 했다. 그 이유에 대해서 생각해보자.

3. 오늘날과 같은 정기신문이 나오기까지 여러 요인이 작용했다. 그 중에서 중요한 기술적 요인은 (  )이었다.
   * 정답: 인쇄술

4. 황색신문의 보도양태에 대항해 진실 보도에 주력한 미국 보도양식의 변혁을 (  )이라 한다.
   * 정답: 뉴 저널리즘 운동

5. 서재필은 근대 국가의 건설과 (  )을(를) 목적으로 ≪독립신문≫을 창간했다.
   * 정답: 국민계몽

6. 일제는 1910년 강점 이후 1919년 3·1운동까지 무단정치를 시행했다. 이 시기를 우리 민족 언론의 (  )라고 한다.
   * 정답: 암흑기

7. ≪동아일보≫는 일제의 (  )의 일환으로 창간됐으며 애국계몽 운동의 노선을 따르고 있었다. 따라서 ≪동아일보≫에 대한 평가는 그 안에서 이뤄져야 한다.
   * 정답: 문화정치

제2부

# 뉴스의 생산과 유통

▪ **요약**

　제3장은 뉴스의 생산과정과 이에 적용되는 뉴스 생산의 관행적 요소를 살펴보는 것이 목적이다. 특히 뉴스 생산 주체인 저널리스트가 뉴스의 대상인 외부세계의 실체적 진실에 대한 이해를 어떻게 구축해나가는가를 중심으로 뉴스 생산과정과 관행을 설명하려 했다. 이를 위해 뉴스 생산과정에 나타나는 선택과 통제의 의미를 뉴스 생산과정에 대한 분석을 통해 파악했다. 이어 선택의 주체인 취재 기자가 수행하는 뉴스 수집 단계의 관행을 출입처를 중심으로 살펴보고, 다음 단계인 뉴스 가공 단계에서 일어나는 간부의 통제관행을 분석했다. 이런 전통적인 생산과정과 생산관행은 디지털 테크놀로지의 도입에 의해 변할 수밖에 없다. 이에 새로운 뉴스 생산관행을 인터넷 저널리즘의 새로운 생산 방식의 분석을 통해 접근했다. 인터넷 저널리즘의 생산 방식을 주석적 인터넷 저널리즘과 2차 생산적 인터넷 저널리즘으로 나누어 설명하면서, 이런 새로운 저널리즘이 세계를 인식하는 방식에 어떤 변화를 가져다주는지 분석했다.

▪ **주요 용어**

　뉴스 생산과정, 뉴스 생산관행, 출입처, 간부, 인터넷 저널리즘

# 제3장 뉴스의 생산관행과 생산과정*

김사승(숭실대학교)

## 1. 뉴스 생산과정의 중요성

### 1) 뉴스 생산과정을 이해하기 위한 관점

저널리즘을 이해하는 접근 태도는 크게 세 가지로 나눌 수 있다. 첫째, 정치경제학적 접근은 뉴스 생산을 둘러싼 정치적·경제적 관련 요소의 작용이 중심이다. 둘째, 문화론적 접근은 뉴스의 텍스트에 초점을 맞춰 이 구성과 수용자의 해독행태를 중심으로 저널리즘을 이해하려 한다. 셋째, 이 둘의 중간지대 격인 조직적 접근이다. 정치경제학이 지나치게 거대담론에 매몰되는 반면, 문화론적 접근은 정반대로 미시적 차원의 논의를 강조한다. 양자 사이의 회색지대인 조직적 접근은 뉴스의 생산에 관한 이해를 통해 저널리즘을 설명하려 한다(Cottle, 2003). 정치경제학은 뉴스 생산을 제한하고 억압하는 요소를

---

* 필자가 쓴 「전문 기자의 전문화를 제약하는 취재관행에 관한 분석」, ≪언론과 사회≫, 11권 1호(2002); 「온-오프 뉴스룸 통합에 의한 간부 통제기능의 변화 가능성에 대한 분석」, ≪한국언론학보≫, 50권 3호(2006); 「저널리즘의 기술적 재구성에 대한 이론적 고찰: 뉴스 생산과정을 중심으로」, ≪커뮤니케이션 이론≫, 4권 2호(2008)의 일부분을 모아 수정·보완했다.

규명하려 했으나 정작 이를 바탕으로 이뤄지는 생산의 메커니즘을 간과했고, 문화론적 접근 역시 최종 산물인 뉴스 텍스트에 초점을 맞추면서도 그것이 어떤 과정을 통해 생산되는지에 대해서는 설명하지 못했다. 이런 점에서 조직적 접근은 뉴스 생산에 개입하는 다양한 요소 및 생산과정의 독특한 메커니즘을 분석함으로써 저널리즘을 설명할 수 있기 때문에 정치경제학이나 문화론적 접근의 한계를 넘어설 수 있다고 볼 수 있다.

조직적 접근은 다른 말로 저널리즘 사회학이라고도 부른다(McNair, 1998). 조직적 접근은 뉴스 생산에 영향을 미치는 다양한 요소를 분석한다. 프로페셔널리즘, 조직적 관행, 정치적·경제적·기술적 환경, 취재원 관계 등 뉴스 생산과정에 관련되는 구체적인 개입 요소의 작동관행을 다룬다. 이 주제들과 관련된 논의는 결국 뉴스 생산과정에 나타나는 생산관행으로 귀결된다. 다시 말해 뉴스 생산과정과 생산관행에 관한 분석은 저널리즘을 이해하는 중요한 준거 틀이 된다.

뉴스는 기자가 개인적으로 현장을 취재하고 기사를 쓰는 것으로 생산되는 것처럼 보이지만 그 뒤에는 뉴스조직이 존재한다. 뉴스 생산자가 저널리즘으로서 사회적 기능을 수행하기 위해서는 정기적 생산이라는 최소한의 기준을 충족해야 하는데 이를 위해서는 조직적 체계를 갖추지 않으면 안 된다. 신문은 한정된 지면을, 방송은 제한된 방송시간을 맞춰야 하고 더 나아가 제때에 뉴스를 공급해야 한다. 이를 위해서 뉴스조직은 관행적이고 관료적인 생산과정에 조직적으로 대응하려 한다. 뉴스조직이 위계구조를 확립하고 관료적인 생산관행을 구축하는 것은 이를 효율적으로 수행하기 위해서다(Negrine, 1996; Rock, 1973). 뉴스조직의 위계구조는 뉴스를 정기적으로 생산하기 위한 하나의 체계며, 기자들의 취재활동은 이 위계의 상층에 있는 간부와의 상호작용, 타협, 갈등을 겪으면서 이뤄진다(Negrine, 1996). 다시 말해 뉴스는 조직적 산물인 것이다.

## 2) 뉴스 생산과정의 선택과 통제

뉴스 생산은 뉴스조직이 오랜 시간 축적해온 관행에 따라서 이뤄진다. 뉴스조직마다 독특한 관행을 구축하지만 이 관행은 대개 선택과 통제라는 기준을 통해 형성된다. 저널리즘 사회학 연구의 효시로 평가받는 게이트키핑에 관한 연구는 선택성에 초점을 맞춘 이론이다. 화이트(White, 1950)는 사건 - 뉴스 아이템 - 뉴스 선택 - 수용자의 순서로 이어지는 뉴스 생산과정에서 뉴스 선택의 단계는 뉴스 생산의 핵심적인 게이트키핑의 기능을 행한다고 봤다.

데스크에서 이뤄진다고 여기는 게이트키핑은 데스크 외에도 다양한 층위에 의해 일어나는 복잡한 행위다. 맥낼리(McNally, 1959)는 국제뉴스의 경우 사건 - 해외 특파원 - 지국 편집장 - 국내 편집장 - 국내 편집자 - 수용자의 순서로 이어지는 과정에서 각 생산주체를 거칠 때마다 게이트키핑이 이뤄진다고 지적했다. 이는 뉴스조직 내부의 위계질서에서 각 단계의 주체가 각자 게이트키핑에 나서기 때문에 뉴스 생산과정의 선택 행위가 더욱 복잡해진다는 것을 알 수 있다. 여기에 게이트키퍼의 뉴스 가치라는 선택의 기준이 개입하면 더욱 복잡해진다. 갈퉁과 루게(Galtung and Ruge, 1965)는 빈도, 크기, 애매성, 의미, 예측성, 기이성, 계속성, 종합성 등 다양한 뉴스 가치 기준을 제시했다.

뉴스의 선택성을 강조하는 접근은 뉴스의 1차적 생산주체라고 할 수 있는 개별 저널리스트의 수준에서 뉴스 생산과정을 논의하는 것이다. 이와 함께 뉴스 생산을 설명하는 또 다른 주요 개념인 통제는 뉴스 생산에 개별 저널리스트의 차원보다 뉴스조직 차원의 개입이 더 중요하게 작용한다고 본다. 현장 취재 기자가 수행하는 뉴스 수집 행위와 비교해서 바스(Bass, 1969)는 뉴스조직이 주체가 되는 뉴스 가공의 개념을 제시했다. 취재 기자가 사건현장에서 수집한 정보를 토대로 작성한 기사는 뉴스조직이 개입해서 최종 게재뉴스로 다듬는 과정을 거치는데 이때 뉴스조직은 관료적이며 조직적 개입을 통해 이를 가공한다는 점에 주목했다.

<표 3-1> 전통적 뉴스 생산과정

| 초점 | 전통적 뉴스 생산과정 | | | | | 비고 |
|---|---|---|---|---|---|---|
| 선택 | 화이트 | 사건 | 뉴스 아이템 | 뉴스 선택 | 수용자 | 게이트키퍼 |
| | 맥널리 | 사건 | | 해외 특파원 - 지국 편집장 - 국내 · 편집장 - 편집자 | 수용자 | 다수의 게이트키퍼 |
| | 갈퉁과 루게 | 사건 | 인지 | 선택 | 뉴스 이미지 | 뉴스 가치 |
| 통제 | 바스 | 뉴스 원자료 | 뉴스 수집 | 1차 뉴스 - 뉴스 가공 | 최종 뉴스 | 가공단계 간부 통제 |
| | 슛슨 | | 기자 - 취재원 관계 | 기자 - 간부 관계 | | 자율성과 통제의 긴장관계 |
| | 워드 | | 뉴스 인지 - 정보 수집 | 정보 선택 | 제시 | 선택단계 간부 통제 |
| 과정 구분 | | 기사 구성 전 단계 | | 기사 구성 단계 | 기사 구성 후 단계 | |

\* 자료: 김사승, 「저널리즘의 기술적 재구성에 대한 이론적 고찰: 뉴스 생산과정을 중심으로」, ≪커뮤니케이션 이론≫, 4권 2호(2008), 21쪽.

워드(Ward, 2002)는 취재 기자의 선택과 뉴스조직의 선택을 구분해서 이해했다. 취재 기자에 의한 선택이 뉴스가 될 만한 사건의 인지와 이를 구성하는 정보의 수집을 말한다면, 뉴스조직의 선택은 이들 정보를 기반으로 생산되는 뉴스 스토리의 구성과 최종 뉴스 스토리를 결정하는 것이다. 중요한 것은 뉴스조직의 선택이 개별 기자의 선택에 대해 통제적 성격이 있다고 본 것이다. 이는 뉴스조직 차원의 선택이 주로 데스크를 책임지는 간부가 취재 기자를 통제하는 데 따라서 이뤄진다는 점에서 확인할 수 있다.

슛슨(Schudson, 1996)은 뉴스 생산과정은 현장 취재 기자들이 주장하는 자율성과 뉴스조직 내부에서 가공과정을 책임지는 간부의 통제기능 사이의 갈등과 균형을 통해 진행된다고 지적했다. 취재 기자의 선택이 자율성에 기반한 것인 반면, 뉴스조직에 의한 선택에 통제적 성격이 있음을 보여준다.

### 3) 저널리즘의 세계 이해 방식

한편 뉴스 생산과정의 선택성과 통제성은 뉴스의 대상이 되는 사건, 또는 세계 그 자체를 이해하는 방식에서 차이가 있다. 선택성은 저널리스트 개별적 수준에서의 주관적 판단을, 통제성은 이에 대한 뉴스조직 수준에서의 간주관적 판단을 의미한다고 할 수 있다. 뉴스 생산은 뉴스 수집과정의 주관적 접근과 뉴스 가공과정의 간주관적 접근이 상호작용한다고 볼 수 있다. 라우(Lau, 2004)는 뉴스가 자기 생성적 의미(self-deriving meaning)의 객관화 과정을 통해 생산된다고 봤는데 주관성과 간주관성의 상호작용을 통해 뉴스 생산과정을 설명하는 개념이라고 할 수 있다. 이는 저널리스트가 세계를 인식하는 구체적 기제라고도 할 수 있다.

뉴스 생산과정을 보면, 먼저 취재 기자가 자신의 주관적 인식을 통해 외부세계를 이해하고 거기에 의미를 부여하는 자기 생성적 의미를 창출한다. 이어 뉴스조직이 관료주의적으로 관행화된 생산 방식에 따라 취재 기자의 주관적 인식에 대해 객관화 작업을 벌이는 통제과정을 거친다. 간부는 취재 지시를 비롯해 기사 수정·출고 등을 통해 통제를 행한다. 뉴스조직이 구축한 뉴스 생산관행은 기자가 취재대상인 외부세계를 이해하는 방식을 규정함으로써 기자의 주관적 세계의 관계를 객관화하는 방식이라고 할 수 있다. 뉴스 생산과정에 나타나는 저널리스트의 세계 인식 기제는 <표 3-2>처럼 라우(2004), 헤밍웨이(Hemmingway, 2004), 김사승(2006) 등의 논의처럼 간명하게 구분할 수 있다.

위의 논의들은 뉴스가 뉴스조직 외부에 객관적으로 존재하는 세계의 실체를 이해하는 방식을 설명한다. 뉴스의 대상인 '세계 그 자체'는 실체적 세계로서 '사실성의 장'을 의미하며, 취재 기자가 주관적 인식을 통해 수집한 정보를 토대로 만든 1차적 뉴스인 '뉴스 속의 세계'는 취재 기자의 '주관적 경험의 장'을 의미한다. 마지막으로 뉴스조직의 통제에 의해 생산이 결정되는 최종 뉴스인 '뉴스의 세계'는 '통제적 실제의 장'을 의미한다.

<표 3-2> 저널리스트의 세계 인식 기제 비교

| | 헤밍웨이 | 라우 | 김사승 | 내용 |
|---|---|---|---|---|
| 외부세계의 단계 | 세계 그 자체 (world itself) | 사실성의 장 (domain of the real) | 사실성의 장 (domain of the real) | 객관적 세계 |
| 뉴스 인식 단계 | 뉴스 속의 세계 (world in news) | 경험의 장 (domain of the empirical) | 주관적 경험의 장 (domain of the empirical-subjective) | 개별적 저널리스트의 주관적 세계 인식 |
| 뉴스 생산 단계 | 뉴스의 세계 (world of the news) | 실제의 장 (domain of the actual) | 통제적 실제의 장 (domain of the actual-control) | 간부 통제 및 편집 개입에 의해 형성되는 간주관적 세계 |

* 자료: 김사승,「저널리즘의 기술적 재구성에 관한 이론적 고찰」,≪커뮤니케이션 이론≫, 4권 2호(2008), 24쪽.

이처럼 뉴스 생산과정은 세계의 본질에 접근하기 위한 과정으로서 개별 기자와 간부를 포함한 뉴스조직 속에서 다양한 저널리스트들의 세계 인식 기제가 각 생산단계마다 작동하는 것이다. 개별 기자의 주관적 인식이 세계의 본질을 포괄하는 다양한 현상에 대한 1차적 포착의 의미를 띤다면, 뉴스조직에 의한 객관화 과정은 현상에 대한 집단적이고 전략적인 성찰이라는 의미를 갖는다고 볼 수 있다. 이런 점에서 개별 기자의 취재행태와 가장 밀접한 연관성을 갖는 출입처 행태와, 취재 기자의 주관적 접근에 대해 간주관적 객관화 작용을 하는 간부의 통제기능을 더욱 자세히 살펴볼 필요가 있다.

## 2. 취재 기자의 출입처

### 1) 서구 언론의 출입처 관행

출입처 관행은 영미를 비롯한 서구 언론이나 한국 언론이나 공통적인 현상이지만 그 성격이나 작동 방식 등 구체적인 내용에서는 차이가 많다. 무엇보다 큰 차이점은 누가 출입처에 출입하는가다. 영미 언론의 경우 출입처는 전문 기자만 출입할 수 있다. 일반 기자는 자신의 출입처가 없다. 영국 언론의 취재관행을 분석한 키블은 일반 기자는 "데스크가 명령하기 전에 머릿속에 어떤 생각도 갖고 있지 않은 기자"라고 지칭했다(Keeble, 1998: 6). 일반 기자는 데스크의 구체적인 취재 지시에 따라 움직이기 때문에 특정한 주제나 영역의 출입처를 가질 수가 없다. 취재영역이 항상 유동적이다. 간부의 직접적인 통제에 따라 움직이는 수동적 취재에 임하는 것이다.

이에 반해 '특파원(correspondent)'이라고 부르는 전문 기자는 자신의 출입처와 관련된 사건을 스스로 찾아서 취재한다고 설명했다. 엘리오트는 "일반 기자는 이미 알려진 채널을 통해 사실 중심의 정보를 수집하는 스트레이트 기자로서 뉴스에 대한 해석과 평가는 독자의 몫으로 남겨두는 반면, 전문 기자는 심층취재와 배경정보 제공, 분석, 나아가 독자를 대신해서 사실이 함의하고 있는 의미와 상대적인 가치를 판단하는 기자"라고 정의했다(Elliott, 1977: 149). 일반 기자가 공개정보를 수집하는 일을 한다면 전문 기자는 그 뒤의 정보(behind the scene)를 통해 기사를 생산한다. 이런 전문 기자와 출입처의 관계는 미국에서도 마찬가지다(Sigal, 1973; Fishman, 1980, 1982; Hess, 1986).

전문 기자가 출입처를 관할하는 것은 취재 분야가 전문화·세분화되면서 취재 행위 역시 전문화되는 추세와 무관하지 않다. 네그린은 기자의 전문성을 뉴스 생산과정의 효율성 관점에서 분석할 필요가 있다고 강조했다. 이때의 효율성은 "더욱 신속하고 정기적으로 뉴스를 생산하는 것"을 이른다(Negrine, 1996: 80). 턴스탈(Tunstall, 1971)과 솔로스키(Soloski, 1989) 등이 지적한 것처럼 사건의 예측 불가능성이나 뉴스의 예외성 때문에 뉴스 생산과정에서 효율성은 중요하다. 이 효율성은 취재원과 밀접한 관련이 있다. 네그린은 "전문 기자는 특정한 분야를 취재하고 특정한 취재원과 직접적이고 정기적인 접촉을 갖기 위해 특정 출입처에서 취재활동을 한다"고 말했다(Negrine, 1994: 125).

전문 기자는 출입처를 통해 뉴스의 원자료를 정기적으로 공급받을 수 있는 안정적인 취재 기회를 확보한다. 전문 기자와 출입처 취재원의 관계는 일반 기자에 비해 더 긴밀할 수밖에 없다. 전문 기자의 효율적인 취재 활동을 가능하게 해주는 기반이 출입처라고 할 수 있다. 출입처가 있는 전문 기자와 그렇지 못한 일반 기자의 취재 보도 관행은 다를 수밖에 없다. 출입 기자는 편집국보다 출입처에 더 오래 상주하며 주도적으로 취재한다(Fishman, 1980: 102). 간스(Gans, 1979)의 지적처럼 출입처 관행은 수용성(availability)을 추구하면서 자신의 입장을 기자들이 수용할 것을 기대하고 기자를 만나는 취재원이나, 적합성(suitability)을 따지면서 취재원이 제공하는 정보를 찾는 기자 모두에게 경제적인 관행이므로 양자는 서로의 관행적 행태를 정확하게 이해해야 한다. 피시먼(Fishman, 1980)이 말했듯이 출입처의 관행적 행태인 양상구조(phase structure)를 이해하지 않으면 안 되는 것이다.

### 2) 한국 언론의 출입처 관행

영미 언론과 달리 한국 언론의 가장 큰 차이는 출입처 관행이 전문 기자와 관계없이 전개되어왔다는 점이다. 한국 언론은 영미 언론과 반대로 일반 기자가 출입처에 대해 우선권을 갖고 있는 상황이 대부분이다. 김사승(2002)의 분석에 따르면 전문 기자는 자신의 전문 영역과 관련된 출입처에 출입하는 데 일반 기자의 저항에 부딪혀 전문성을 제대로 발휘하지 못하는 처지에 놓여 있을 정도다. 한국 언론의 출입처는 전문 기자가 아닌 일반 기자의 취재관행으로 굳어져온 것이다. 일반 기자에 의한 출입처 관행은 출입처를 정보를 수집하기 위한 물리적 공간으로서 초점을 두는 영토적 영역주의에 기반한다.

출입 기자는 출입처를 자신의 독점적 영토로 확보함으로써 출입처 정보를 독점하려 한다. 출입처가 출입 기자의 안정적 정보 공급 통로라는 점은 달리 말해 출입처에 대해 영토적 독점력을 갖는다는 의미다. 이에 반해 전문 기자는 주제적 영토주의를 추구한다. 전문적 지식을 이용해 전문적 주제를 다루기 때문이다. 이런 경우 특정한 물리적 공간에 한정하는 영토적 출입처 관행을 넘어서지 않으면 안 된다. 주제에 따라 복수의 출입처에 걸쳐 정보가 생성되기 때문에 주제적으로 접근해야 하는 전문 기자는 복수의 출입처를 출입할 수 있어야 한다. 그러나 영토적 출입처와 주제적 출입처가 혼재하는 상황에서 일반 기자는 자신의 영토를 전문 기자에게 허용하지 않으려 한다. 영토적 영역주의 차원의 출입처 관행에서 출입처를 다른 출입처 기자와 공유하기란 어렵다.

주제적으로 접근하는 전문 기자에게 출입처를 영토적 영역주의적 관점에서 독점하도록 허용하는 것도 문제점으로 분석됐다(김사승, 2002). 엘리오트(1997), 네그린(1996), 피시먼(1980) 등이 지적했듯이 전문 기자의 취재 방식은 일반 기자와 달리 심층취재와 분석에 주안점을 둔다. 이런 취재 방식은 출입처에서 발생하는 일상적인 정보 수집 행태와 다르다. 일반 기자가 출입처를 취재하는 방식처럼 출입처에서 발생하는 사소한 모든 정보를 수집할 필요는 없다. 문제는 출입처의 일상적 발생 기사를 취재하지 않을 경우에 문제에 대처하기 어렵다는 것이다.

영미 언론에서도 출입처 관할권을 둘러싼 갈등은 존재한다. 터크먼은 기자는 일종의 교환이나 계약을 통해 타협한다고 지적했다. 다른 출입처에 접근해야 할 경우 출입 기자 간의 정보 교환이나 추후 별도의 정보 제공 약속 등을 통해 출입처의 접근을 허용한다는 것이다. 물론 이때 중요한 점은 기자들의 취재과정의 유연성이다(Tuchman, 1978). 부서 내부에서 취재영역이 중복되어 생기는 출입처 갈등은 제3자의 중재로 타협에 이르기도 한다. 네그린의 지적처럼 이런 경우 데스크의 직무 분담 지시에 맡긴다.

한국 언론에서 나타나는 출입처를 둘러싼 기자 사이의 갈등은 출입처에 대한 기자들의 과도한 의존성과 관련 있다. 유재천과 이민웅(1994)에 의하면 90%에 달하는 기자가, 그리고 박용규(1996)에 의하면 80%가량의 기자가 출입처의 보도자료에 의존해 기사를 작성하는 것으로 나타났다. '발표 저널리즘'이라는 지적에도 기자들은 출입처의 필요성에 대해 완강하다. 서정우와 강상현(1990)의 조사에 의하면 조사대상의 84%에 이르는 기자가 출입처가 필요하다고 대답했다. 이런 출입처 중심의 취재보도 행태는 신참 기자까지도 자신의 출입처를 갖는 것을 관행화시켰다. 요컨대 모든 기자가 독점적이든 1, 2진의 형태로 동료와 공유하든 자신의 출입처를 갖는 것을 원칙으로 삼고 있다.

출입처에 대한 과도한 의존은 취재의 효율성을 제공해주는 대신 부작용도 함께 드러낸다. 출입처 관행의 부작용은 크게 접근권 제한에 따른 언론자유의 억압이라는 측면, 취재원과의 유착에 따른 왜곡보도 및 언론부패의 측면, 그리고 보도의 한계라는 측면 등으로 나눌 수 있을 것이다. 중앙지, 지방지 등으로 구분해 군소언론의 취재원이 접근하는 것을 막음으로써 언론자유를 억압할 수 있다는 점 때문에 노무현 정권은 청와대 출입 기자 제도를 브리핑 중심의 개방형 기자실 방식으로 바꾸기도 했다. 부작용이 있지만 기자들은 취재 현실의 문제를 들어 출입처의 필요악적인 측면을 지적한다. 정보가 제대로 공개되지 않고 기자를 무조건 피하려는 현실을 감안할 때 출입처는 정부기관 등 권력기관을 가장 가까이 지켜볼 수 있다는 점에서 알 권리를 보장하기 위한 최소한의 장치라는 지적이 그것이다. 나아가 출입처는 공무원들의 정보 은폐 및 왜곡을 방지하는 권력의 감시자 역할도 한다는 것이다.

이처럼 출입처는 취재 기자의 입장에서는 실체적 세계를 인식하는 데 가장 핵심적인 기반으로 작용한다. 출입처의 정보와 취재원을 중심으로 다른 정보나 취재원이 추가적으로 연결되는 방식으로 취재 기자들의 세계 인식 조건이 형성된다. 출입처가 돌아가는 방식과 출입처를 이해하는 방식을 제대로 이해하지 못하면 취재 기자의 세계 인식에 문제가 있는 것으로 받아들여진다. 취재 기자의 세계 인식에 출입처가 중요한 영향을 미칠 수 있기 때문에 가장 중요한 취재관행 중 하나로 꼽을 수 있는 것이다.

## 3. 뉴스조직의 통제관행

### 1) 뉴스조직적 통제의 필요성

취재현장에서 수집한 정보를 토대로 기자가 기사를 작성하지만 그대로 최종 뉴스가 되는 것은 아니다. 취재 기자의 뉴스 작성은 뉴스 생산과정의 여러 가지 제약 조건을 충족하면서 최종 뉴스화한다. 특히 정해진 지면과 시간 제약에 맞춰 뉴스를 만들기 위해서는 관행적이고 관료적 생산과정에 대한 조직적인 처리과정을 거쳐야 한다. 간부는 이 조직적 처리과정의 핵심 위치에 있다고 할 수 있다(Rock, 1973; Negrine, 1996). 간부에서 기자로 이어지는 뉴스조직의 위계구조는 뉴스의 정기적 생산을 위한 조직구조라고 할 수 있다. 기자의 취재활동은 이 위계의 상층에 있는 간부와의 상호작용, 타협, 갈등을 겪으면서 이뤄진다(Negrine, 1996). 일반 기자보다 자율성이 더 넓은 전문 기자의 경우도 자신의 기사와 관련된 데스크 간부의 관계에서 가장 높은 긴장감을 느낄 정도로 생산과정에서 간부의 영향력은 크다(Tunstall, 1971).

다른 산업에서와 마찬가지로 뉴스조직에서 간부의 기능은 뉴스 생산의 효율성을 증대시키는 것이다. 특히 주변 환경의 변화 폭이 크고 변화 속도가 빠르고 또 예측이 어려울 경우 조직 운영의 핵심은 효율성에 놓인다(Shoemaker and Reese, 1996). 간부는 국장, 부국장 및 부장을 포괄하는 개념이다. 뉴스 생산과정에서 이들 간부는 일선 기자와 접촉한다. 특히 부서 단위를 책임지는 데스크인 부장급 간부(팀장인 차장급 간부도 포함)는 국장, 부국장과 기자 사이의 접촉을 매개하는 중간적인 위치에 있다. 대개 국장이나 부국장은 부장급 간부를 통해 기자들과 관계한다. 이들은 취재방향 및 취재계획, 기자들의 취재, 기사 작성, 편집 등 생산 전 과정에 개입한다. 간부의 주 임무는 기자의 동원 및 조직화, 기자 충원, 기사 품질 관리, 마감시간 등을 통해 뉴스 생산 활동을 조직화하고 뉴스조직의 효율성을 제고하는 것이다. 간부는 기자와 때로 타협하기도 하지만 주로 통제를 통해 관계한다. 네그린이 뉴스조직 내에서 간부의 위상을 결정해주는 시스템이라고 설명한 위계구조는 기자에 대한 통제를 제도적으로 보장하는 장치라고 할 수 있다. 뉴스조직은 조직의 자원인 기자들을 조직화해야 한다. 기자들을 통제하는 것은 조직을 운용하는 주요 논리다. 나폴리(Napoli, 1997)는, 간부는 기자들의 뉴스 생산에 대한 기여가 조직의 이념적·경제적 목적에 부합하는지 감시하고 통제할 책임이 있다고 지적했다.

간부의 통제는 제도적 권위와 금지, 상급자에 대한 존경과 복종, 승진, 조직에 대한 충성, 취재활동, 뉴스 가치 등의 뉴스조직의 다양한 관행을 통해 체계적으로 적용되고, 이는 기자들이 뉴스조직 내에서 자신의 정체성을 구축하는 방식이기도 하다(Breed, 1995). 간부의 통제는 간부와 기자의 관계 방식을 결정하며, 이는 조직적 관행으로 체계화된다는 것을 알 수 있다. 간부의 통제 방식은 뉴스조직의 목적, 정체성의 다양성만큼 그 형태가 다양하다. 매킨토시(Macintosh, 1994; Tjernstrom, 2000에서 재인용)에 의하면 뉴스조직 간부는 조직정보 신경망의 중추이거나, 뉴스 생산을 위한 뉴스조직 구성원의 노동과정을 통제하는 자, 또는 고용주의 피고용인이지만 결국 자신의 이익을 추구하는 자라고 할 수 있다. 첫째, 간부는 조직 내의 정보를 수집해 보관하면서 이를 조직 구성원에게 적절하게 분배하고 새로운 정보로 재처리하며 특히 비공식 정보를 공식 정보로 만들어 조직에 확산시키려 한다. 이런 정보의 통제를 통해 뉴스조직을 통제한다. 여기서 초점은 조직 내 커뮤니케이션이라고 할 수 있다. 둘째, 노동과정 관점에서 간부는 뉴스조직의 생산목표를 달성하기 위해 가장 효율적인 방식으로 기자들의 노동력 및 노동과정을 통제하는 데 초점을 둔다. 간부는 생산 효율성을 위해 기자의 전문화에 신경을 쓰게 된다. 셋째, 고용주 - 피고용인 이론에 따르면 간부가 고용주의 대리인으로서 조직을 관리하지만 동시에 자신의 이익을 추구한다. 뉴스조직 내의 갈등 관리가 간부 통제의 핵심 과제다.

## 2) 테크놀로지 발전과 통제관행의 변화

조직의 커뮤니케이션 양식을 바꾸는 테크놀로지의 발달은 이런 간부의 통제양식에 영향을 미친다. 특히 커뮤니케이션 기술의 발달은 관리계층의 축소와 위계질서의 편평화(flattening)를 가져올 수 있고 이로써 간부의 통제력이 약화될 수 있다(Fulk and DeSanctis, 1995). 구성원 사이의 수평적인 조정과 협력 체제가 형성되면서 통제의 탈중심화를 초래할 가능성이 높아진다. 그러나 정반대로 "커뮤니케이션 기술의 발달이 중앙통제의 효율성을 증대시켜 오히려 조직의 통제력을 강화하기도 한다"(Fulk and DeSanctis, 1995: 341). 테크놀로지의 발달은 또한 뉴스조직의 환경을 바꿔놓는데 이 역시 간부의 통제양식을 변화시킨다.

티에른스트룀(Tjernström, 2000)에 의하면 인터넷과 같은 디지털 테크놀로지로 인한 뉴스조직 환경의 변화는 끊임없이 지속되며 그 폭을 예측하기 어렵다. 기술발달 속도에서부터 노동환경, 시장수요가 기존의 예측 가능한 질서의 한계를 넘어선다. 이런 상황에서는 인력 운용의 유연성이 중요하며 유기체적인 통제가 요구된다. 주변 환경의 변화가 역동적이기 때문이다(Habann, 2000). 역동적 변화로 뉴스조직 내부 구성원 사이에서는 첨예한 갈등이 생겨나는데 이는 기존 관행으로는 대처하기 어려우며 변화된 상황에 맞는 유기적 통제 논리를 적용해야 한다.

이런 논의는 포디스트적 기준의 뉴스 생산과정에 대한 분석에서 잘 드러난다. 뉴스조직은 컨베이어벨트의 일관 생산라인에 따라 상품을 생산하는 포디스트적 생산조직의 특성을 갖고 있다(Goffee and Scase, 1995; Fisher, 2005). 기자가 쓴 기사는 부장에게 넘어가고 이것은 다시 편집부로 넘어간다. 편집부의 편집결과는 부국장과 국장에게 넘어가 최종 의사 결정 과정을 거친다. 또 뉴스는 대량생산되고 생산공정은 표준화되어 있고 기자들은 분업 시스템에 의해 일을 분담하며 뉴스조직은 위계질서를 갖고 있다. 이런 상황에서는 간부가 엄격하게 통제할 수 있다. 그러나 고피와 스케이스(Goffee and Scase, 1995)는 또 다른 관점에서 뉴스조직은 일괄 생산라인에 의한 선형적 생산과정이 아니라 복잡한 구조를 갖고 있어 뉴스 생산과정을 감찰하거나 통제하고 측정하는 것이 어렵다는 점을 파악했다. 기자의 개별적인 자율성이 증대되고 간부는 일방적으로 통제하기보다 기자들과 합의를 형성해 조직을 운영하려는 경향이 있다고 보았다. 이는 뉴스 생산의 불가측성 때문에 기자의 자율성을 수용해야 한다는 지적(Tunstall, 1971; Soloski, 1989)에서도 확인할 수 있다. 뉴스조직의 간부는 본질적으로 통제와 함께 타협과 합의에 의한 조직 운용 태도를 갖고 있는데 티에른스트룀이나 하반(Habann, 2000)이 지적한 것처럼 기술발전에 따른 뉴스 생산의 변화나 외부 환경의 변화는 후자의 행태를 더욱 강화한다고 볼 수 있다.

물론 이런 상황에서도 간부의 통제가 완전히 사라지는 것은 아니다. 멀티미디어 뉴스 생산을 위한 다기능 기자(multi-skilled reporter)의 등장은 간부의 통제력이 어떻게 유지되는가를 보여준다. 다기능 기자의 기능에는 전통적인 기자 훈련이 없어도 가능한 단순 기계 작동과 관련된 것도 포함된다. 이를 기자가 수행함으로써 기자와 기기 작동만 할 줄 아는 기술자나 정보 검색가 등의 구분이 부분적으로 흐려진다(김사승, 2006). 일종의 탈기술화(de-skilling) 현상으로 기자를 정보 검색가나 컴퓨터 전문 인력으로 대체할 수 있다는 생각을 갖게 만든다(Stephenson and Mory, 1990; Boczowski, 2005).

이는 간부의 통제가 유효한 포디스트적 조건이 지속될 수 있는 상황이라고 볼 수 있다. 뉴스조직 형태의 변화나 뉴스 생산관행의 변화 또는 간부의 관리 행태의 변화가 곧 간부의 통제를 없애는 것은 아니다. 디지털 테크놀로지가 도입됨으로써 간부의 통제가 느슨해질 뿐이며 사라지는 것이 아니라고 할 수 있다(Tunstall, 1996). 즉, 디지털 테크놀로지의 도입에 따라 간부의 통제행태의 변화가 일어나는 것은 분명하지만 일률적으로 설명할 수 있는 게 아니라는 점을 알 수 있다. 따라서 간부의 통제행태가 디지털 테크놀로지 환경에서 어떤 요인에 의해 어떻게 변하는지 이해할 필요가 있다.


## 4. 디지털 뉴스 생산과정

### 1) 주석적 뉴스 생산

　인터넷 뉴스는 디지털 기술을 이용함으로써 뉴스 생산과정이 본질적으로 변화한다. 인터넷 뉴스의 생산과정이 전통 저널리즘과 가장 다른 점은 생산단계가 확장된다는 것이다. 우에스카와 더빈(Huesca and Dervine, 1999), 조이스(Joyce, 1995), 머리(Murray, 1997), 듀즈(Deuze, 1999, 2001) 등의 인터넷 저널리즘 연구자들은 뉴스 생산이 생산자의 손을 떠나 수용자의 소비과정에 들어간 뒤에도 지속된다는 점을 강조한다. 소비과정에서 또 다른 생산과정이 이어진다는 것이다. <표 3-3>에서 보듯이 인터넷의 특성이 이를 가능하게 만든다. 수용자가 개입하는 배포 및 수정단계를 통해 부가가치가 더해지는 등 뉴스의 진화가 일어난다.
　기사 구성 후에 일어나는 진화단계는 크게 배포단계에 초점을 두는 수용자 중심적 주석적 뉴스 생산(annotative news production)과 생산자 중심적 2차 뉴스 생산(secondary news production)으로 구분할 수 있다(김사승, 2008). 주석적 뉴스 생산은 수용자가 프로페셔널 저널리스트가 생산한 뉴스에 다른 해석을 부가함으로써 생성된다. 이는 수용자가 생산자로서 기능할 수 있는 공간을 인터넷을 통해 창출함으로써 가능해지며 인터넷의 가장 큰 특성인 상호 작용성을 기반으로 형성된다.
　주석적 뉴스 생산을 이해하기 위해서는 저널리즘 생태계의 확장에 주목할 필요가 있다. 전통 저널리즘의 생태계에서 뉴스의 라이프 사이클은 발생기사 - 분석기사 - 의견기사로 이어지는데, 이 기사의 작성이 완료되면 사이클은

<표 3-3> 인터넷 뉴스의 생산과정

| 초점 | 인터넷 뉴스의 생산과정 | | | | | | | 비고 |
|---|---|---|---|---|---|---|---|---|
| 배포 | 듀즈 (2001) | 수집 - 가공(주류 인터넷 뉴스) | | | 부가가치 (색인 인터넷 뉴스, 메타 인터넷 뉴스) | | 개입 (참여 인터넷 뉴스) | 주석적 생산 |
| | 김사승 (2006) | 수집 | | 가공 | 진화 | | | 과정 중심의 생산 |
| 2차 생산 | CNNi (1996) | 선택 | 수집 | 구성 | 조작 | 배포 | 수정 | 기능 재구성 |
| | 워드 (2002) | | 해체 | | 재구성 | | | 재생산 |
| 과정 구분 | | 기사 구성 전 단계 | | 기사 구성 단계 | | 기사 구성 후 단계 | | |

\* 자료: 김사승, 「저널리즘의 기술적 재구성에 대한 이론적 고찰: 뉴스 생산과정을 중심으로」, ≪커뮤니케이션 이론≫, 4권 2호(2008), 28쪽.

종료된다. 기사 작성 단계로 생산과정이 끝나는 것이다. 그러나 힐러(Hiler, 2002)는 새로운 저널리즘 생태계를 제시하면서 뉴스 블로그나 P2P 등의 디지털 기술을 이용한 풀뿌리 저널리즘이나 전문가 블로그 등이 기존의 생태계를 확장한다고 봤다. 뉴스 블로그는 풀뿌리 저널리즘으로서 기존 저널리즘에 뉴스 아이디어를 제공하는 뉴스 생태계의 최하층을 새롭게 창출하고, 전문가 블로그에서 보듯이 기존 저널리즘의 뉴스를 필터링하고 의견을 제시하면서 뉴스 생태계의 최상층부를 새로 만든다. 이런 과정을 통해 부가가치를 생산할 뿐만 아니라 기존 저널리즘의 문제를 수정할 수도 있다(김사승, 2008).

주석적 뉴스 생산은 뉴스 구성 태도에 프로페셔널 저널리스트에만 의존하는 폐쇄적 방식이 아니라 저널리스트는 물론 독자, 수용자, 소비자, 이용자 등이 같이 수행하는 개방적이고 개입적인 태도를 낳는다(김사승, 2008). 개방적·개입적 구성은 정보의 '전달'이 아니라 정보의 '발전'에 초점을 맞춘다. 뉴스의 최종적인 '결과'보다 뉴스가 발전해가는 '과정'이 더욱 중요해진다. 수용자에 의한 주석적 뉴스의 구성은 인터넷에 의한 뉴스 스토리텔링 기법의 발전과 맞물려 비선형적 글쓰기, 하이퍼텍스트, 멀티 미디어 등의 새로운 커뮤니케이션 양식을 이용할 수 있게 해준다. 이를 기반으로 주석적 뉴스는 뉴스의 해석과 맥락화 기능을 강화해 뉴스 이슈가 가진 세계와의 관련성을 한층 폭넓게 만들어준다(Pavlik, 2001).

### 2) 2차 뉴스 생산

한편, 2차 뉴스 생산은 이미 생산된 기존의 뉴스 결과물을 재가공하는 것이다. 이런 점에서 뉴스 생산의 이중화를 의미한다. 2차 뉴스 생산은 디지털 기술의 저장, 정보 수정, 정보 재구성, 그리고 정보의 재목적화 등의 특성을 이용한다. 워드(2002)는 인터넷 뉴스 생산은 기존 뉴스에 대한 해체(deconstruction)와 재구성(reconstruction)의 과정을 거치면서 이뤄진다고 했는데 이는 2차 뉴스 생산의 특징을 정확하게 지적한 것이다.

기존 뉴스에 대한 해체는 다양한 기준을 적용하면서 이뤄진다. 유사성이나 경향, 특성, 수용자의 필요성, 정보 제공이 가능한 플랫폼의 특성 등을 기준으로 기존의 뉴스 텍스트를 해체해 그룹으로 묶는다. 뉴스 스토리의 특성에 따른 해체는 뉴스의 규모나 지속성, 뉴스의 범위나 깊이, 뉴스의 플랫폼 활용 가능성 등을 기준으로 이뤄진다. 예를 들어 속보의 경우 얼마나 지속적으로 업데이트될 수 있는가를 기준으로, 복잡한 뉴스의 경우 얼마나 다른 관점을 갖고 있으며 또 얼마나 서로 다른 수용자를 대상으로 하는가를 기준으로 해체할 수 있다. 어떤 수용자에게 관심을 끌 수 있는가를 기준으로 하거나, 어떤 수용자는 어느 부분에서 얼마만큼 더 상세한 정보를 원하는가를 기준으로 해체할 수도 있다.

워드(2002)는 해체와 재구성을 통한 인터넷 뉴스의 생산은 잠재적인 수용

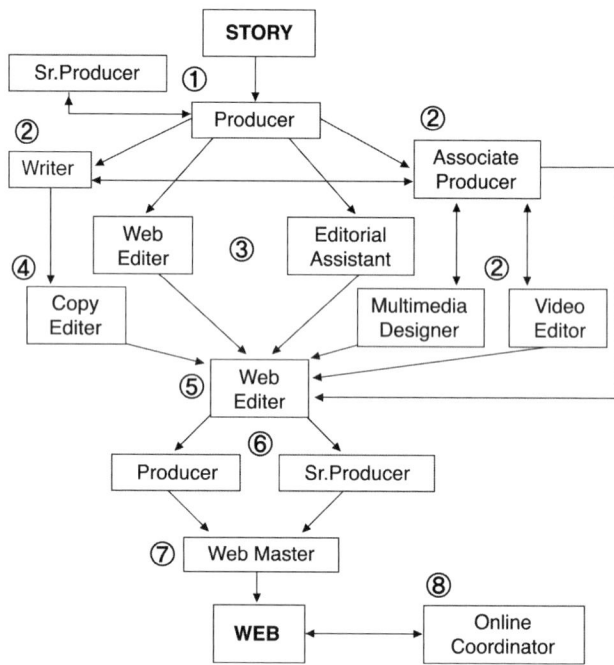

<그림 3-1> CNNi의 뉴스 생산 흐름

\* 자료: CNN Interactive(1996).

자의 규모를 극대화하기 위한 생산 방식이라고 지적했다. 하나의 뉴스 이슈 안에는 다양한 주제, 시각 그리고 영역을 포괄하는 복잡한 이야기가 내포되어 있기 때문에 이를 해체하고 재구성해서 세분화함으로써 서로 다른 관심과 관점을 가진 다양한 수용자와의 접점을 형성할 수 있다는 것이다. 수용자는 이를 통해 기존의 뉴스 스토리와 다른 주제, 다른 시각, 다른 접근 방법을 통해 뉴스에 접근할 수 있다. 인터넷의 멀티 미디어적 특성이나 하이퍼링크 특성은 이를 효과적으로 수행할 수 있게 해준다.

2차 뉴스 생산의 특성을 가장 잘 보여주는 예는 1995년에 시작한 CNNi(CNN의 인터넷 뉴스)의 뉴스 생산과정이라고 할 수 있다(CNN interactive, 1996). CNNi는 자체적으로 직접 현장을 취재하는 과정은 없으며 CNN 뉴스 네트워크나 통신 등 기존의 1차 생산된 뉴스 및 각종 데이터를 대상으로 간접 취재해서 새로운 뉴스를 생산하는 전형적인 2차 뉴스 생산의 기제를 갖고 있다.

<그림 3-1>에서는 CNNi의 뉴스 생산과정과 함께 뉴스 생산 방식을 간단하게 파악할 수 있다. ①이 프로듀서와 선임 프로듀서가 뉴스 아이템을 CNN 내부 데이터베이스인 베이시스(basis)를 비롯해 다양한 뉴스 정보원을 통해 얻은 뉴스 아이템 중에서 생산하려는 뉴스 아이템을 고르는 선택단계고, ②에서 프로듀서와 작가, 프로듀서와 부프로듀서가 관계하는 과정은 수집단계다. 부프로듀서와 멀티 미디어 디자이너 및 비디오 편집자가 관계하는 ②, ③, ④ 과정은 구성단계에 속한다. ⑤는 조작단계고 ⑥과 ⑦은 배포단계다. 마지막 ⑧은 수정단계다. 워드(2002)의 해체와 재구성의 구분으로 나누면, 선택 및 수집단계는 기존 뉴스에 대한 해체단계고, 구성과 조작단계는 재구성 단계에 해당한다.

## 5. 저널리즘의 세계 인식 기제의 변화

### 1) 주관적 진실의 다양성 인식

디지털 기술을 이용한 인터넷 저널리즘의 주석적 뉴스 생산과 2차 뉴스 생산이 전통 저널리즘과 다른 점은 뉴스의 대상이 되는 실제 세계 그 자체에 대한 인식과정에서 찾아볼 수 있다. 기존의 주류 저널리즘에서 나타나는 2차 뉴스 생산의 경우는 취재 기자가 사건현장에서 뉴스정보를 수집할 때 나타나는 취재관행과, 간부가 뉴스룸 안에서 수행하는 뉴스 수정 과정의 통제관행을 바꿔놓는다. 프로페셔널 저널리스트 이외의 새로운 생산주체가 기능하는 주석적 저널리즘의 경우 뉴스 생산주체의 세계 인식 행태는 전통 저널리즘에서 취재 기자와 간부가 구분되는 특징을 보여준다.

앞서 보았듯이 세계의 본질에 대한 전통 저널리즘의 인식 방식은 1차적으로 현상을 포착하는 취재영역에 속하는 현장 취재 기자의 주관적 접근이 이뤄지고, 2차적으로 뉴스조직이나 편집영역에 의해 간주관적 객관화 작업이 이뤄지면서 형성된다. 이런 기제는 세계의 본질, 실재, 세계 그 자체라는 단일한 세계를 인식하는 것을 목표로 진행된다. 기사 작성의 제1의 원리로 단일 리드(속칭 '야마')를 찾는 것을 꼽는 것이 이를 설명한다. 저널리즘이 인식하려는 외부세계가 단일한 실체적 진실을 갖고 있다고 보는 것이다. 간주관적 객관화가 궁극적으로 접근하려는 것이 단일한 실체적 진실이라는 것이다.

주석적 인터넷 저널리즘의 세계 인식 기제는 이런 전통적 저널리즘과 뚜렷하게 구분된다. 진화단계는 무엇보다 주관적 세계 인식을 강화시킨다. 이는 주관적 인식주체 사이의 갈등을 드러내며 이들을 병립시키는 데 초점을 맞추지 이들 사이의 타협을 추구하지는 않는다. 고정된 형식이나 정형화된 틀을 강요하지 않을 뿐만 아니라 대립적 주체 간 갈등의 평행, 혼돈, 파편화 등을 인정하는 것을 더욱 중요하게 여긴다(Joyce, 1995; Murray, 1997; Huesca and Dervin, 1999). 단일한 실체적 진실을 인식하려는 데 초점을 맞추는 전통 저널리즘을 생각하면 이는 혼돈에 가깝다. 이를 초래하는 가장 큰 요인은 상호 작용성이라는 인터넷의 독특한 기술적 속성에 의존하는 비선형적 생산 방식이라고 할 수 있다. 또 과정 중심적 생산은 끊임없는 변화를 낳는데 이를 통해 주관적 인식 간 갈등의 강화, 파편화된 인식, 그리고 혼돈의 상태가 형성된다. 주석적 인터넷 저널리즘이 추구하는 간주관적 객관화 작업은 단일한 실체적 진실을 규명하기 위해 주관적 세계 인식 사이의 타협과 균형점을 찾으려는 전통 저널리즘과 정반대의 기제를 갖는다는 것을 알 수 있다.

상호 작용성이라는 기술적 요소가 과정 중심적 혼돈의 세계 인식을 가능하게 하지만, 전통 저널리즘의 생산과정과 비교할 때 더 주목할 점은 이처럼 철저히 주관적인 세계 인식에 대한 간주관적 객관화 작업이 이뤄질 수 있는 기반이 없다는 것이다. 전통 저널리즘의 객관화 작업의 주체로 기능하는 뉴스조직 또는 뉴스조직 간부의 역할을 할 수 있는 존재가 없을 뿐만 아니라 그런 존재를 인정하려 하지 않는다. 주관적 인식 사이의 상호관계나 상호개입이 이뤄질 수 있는 기제도 확실치 않다. 객관화를 위한 간주관적 인식의 기반이 전혀 없으며 나아가 이를 부정한다는 것이다. 주석적 생산은 주관성의 극단적 강화와 간주관적 객관화 기능의 부재가 특징이라고 하겠다. 전통 저널리즘의 생산과정에 비교하면 뉴스의 1차적 생산주체인 취재 기자의 주관적 접근만 있고 이를 통제하는 간부의 기능이 존재하지 않는다. 다시 말해 주석적 저널리즘의 생산과정은 선택성만 존재할 뿐 통제성은 없는 것이다.

2차 생산적 인터넷 저널리즘은 또 다른 의미에서의 새로운 기제를 창출한다. 해체와 재구성의 생산과정은 전통 저널리즘이 인식하려는 단일한 실체적 진실의 추구와 다르다는 점에서는 주석적 생산과 유사하다. 해체는 기존 뉴스에 대한 또 다른 주관적 인식과정이라고 할 수 있으며 이에 대한 재구성은 간주관적 객관화 과정이라고 볼 수 있다. 주목할 것은 주석적 생산과 달리 2차 뉴스 생산은 결과 중심적인 생산을 추구한다는 점이다.

2차 뉴스 생산은 해체에서 끝나지 않고 재구성으로 이어지는데 재구성이 목적하는 바가 실체적 진실을 담아내는 결과물이다. 그러나 해체와 재구성은 뉴스 이벤트에 대해 하나의 시각으로 접근하는 것을 거부한다. 기존의 뉴스 스토리를 해체하고 재구성할 때 다양한 형태의 기준을 적용해서 다양한 관련성을 창출해내려 한다. 이는 결국 실체적 진실의 단일성보다 다양성을 드러내는 작업이라고 할 수 있다. 2차 뉴스 생산이 하나의 뉴스 이벤트에 대한 수용자의 접점을 극대화하기 위한 방법이라는 것 역시 추구하는 실체적 진실이 단일한 것이 아니라 다원적이라는 것을 보여준다. 전통 저널리즘이 추구하는 단일한 실체적 진실의 인식이 아니라 다원적 인식을 목적으로 한다는 점에서 2차 뉴스 생산은 전통 저널리즘의 세계 인식과 정반대의 기제를 갖고 있다고 하겠다.

## 2) 탈근대적 저널리즘

주석적 뉴스 생산과 2차 뉴스 생산 모두 단일한 실체적 진실의 추적을 거부한다는 점에서 전통 저널리즘의 세계 인식 기제와 다른 성질을 보여주지만 양자 사이의 차이 역시 뚜렷하다. 주석적 뉴스 생산은 개방적·비선형적·과정 중심적 생산을 통해 주관적 인식을 극대화하는 대신에 간주관적 객관화 작업의 근거를 두지 않는다. 이런 점에서 세계 인식에 대한 태도가 극단적인 원심력적 성질을 띠고 있다고 할 수 있다.

이에 비해 2차 뉴스 생산은 비록 단일한 실체적 진실을 추구하지는 않지만 뉴스조직 내부의 주체에 의한 간주관성의 다양화에 초점을 둔다. 프로듀서와 같은 전체 생산과정을 통제하는 통제주체가 존재하며, 그 위의 선임 프로듀서가 또 담당 프로듀서를 통제하는 방식으로 위계구조를 통한 통제체제가 구축되어 있다. 전통적인 저널리즘의 뉴스조직 구조와 같은 성격을 띠는 것이다. 실체적 진실의 인식기능을 뉴스조직 외부의 다양한 주관적 인식에 맡겨두는 주석적 뉴스 생산과 정반대라고 할 수 있다. 이런 점에서 2차 뉴스 생산은 구심력적 인식구조를 갖고 있다고 하겠다.

주석적 뉴스 생산과 2차 뉴스 생산이 보여주는 새로운 세계 인식의 기제가 전통 저널리즘의 그것을 정면으로 부정한다는 점에서 이는 전통 저널리즘에 대해 도전적 성격을 가지는 것은 분명하다. 더욱이 이 새로운 기제는 구체적인 형태를 갖추는 것이 아니라 유동적이다. 주석적 뉴스 생산이 보여주는 인식의 파편화 및 갈등의 노정이나, 2차 뉴스 생산의 다원적 인식의 추구 등은 이들의 세계 인식 기제가 규범적 성격을 갖기 어려운 불확정성을 갖고 있음을 보여준다.

이런 불확정성은 탈근대적 저널리즘의 대표적 현상이다. 김사승(2008)은 저널리즘의 근대성과 탈근대성을 저널리즘의 생산주체와 저널리즘의 대상이 되는 실체의 단순성과 다양성을 경계로 구분했다. 프로페셔널리즘으로 규범화된 생산관행과 뉴스조직 관행을 통해 객관적 사회 현실의 실체, 그것도 단일한 실체적 진실을 드러냄으로써 확실성을 추구했던 근대적 저널리즘에 비해 탈근대적 저널리즘은 저널리즘이 인식하려는 사회적 실체가 객관적으로 인식할 수 없는 대상이라고 전제한다. 그렇기 때문에 다의성, 다양성을 받아들이지 않을 수 없다고 보았다. 여기다 탈근대적 저널리즘은 인식주체의 숨음과 드러남이 반복되면서 객관적이고 단일한 실체에 대한 인식은 본질적으로 불가능하다고 파악했다. 이런 점에서 주석적 생산이나 2차 생산은 탈근대적 저널리즘의 속성을 지니고 있다고 판단할 수 있다.

## 6. 뉴스 생산과정의 변화와 저널리즘의 변화

뉴스 생산과정은 취재 기자 및 간부를 비롯해 뉴스 생산에 개입하는 다양한 주체가 뉴스의 대상이 되는 세계를 인식하는 과정이라고 할 수 있다. 저널리스트들의 세계 인식 행태는 뉴스 생산과정의 각 단계마다 다르게 나타난다. 외부세계의 사건을 가장 먼저 인식하는 주체는 취재 기자다. 취재 기자는 자신의 주관적 인식을 통해 실체적 세계에 접근한다. 뉴스 생산과정은 특정한 취재 기자의 특정한 방식에 따른 주관적 인식으로 시작된다. 그러나 이는 뉴스조직 내부의 통제 메커니즘에 들어오면서 간주관적인 객관화 작업을 거친다.

간부가 데스크 워크를 보는 것이나 편집영역이 취재영역의 생산물에 대해 평가하는 작업 모두 이런 간주관적 객관화 작업의 단계에 속한다. 그러나 이런 생산과정에도 불구하고 뉴스의 최종 생산물은 실체적 세계의 진실을 결코 객관적으로 보여주지 못한다. 가능하면 객관성을 좀 더 많이 가지려 할 뿐이다. 대신 실체적 세계에 대해 단일한 인식을 제시하는 것이 목적이다. 뉴스 텍스트가 리드 문장에 단일 주제를 제시하는 것이 기사 작성의 주요 관행인 예가 이를 보여준다. 결국 뉴스 생산이란 주관적 인식을 가능하면 객관화하기 위해 다양하고 복합적인 생산주체가 생산의 각 단계마다 개입하지만, 이런 과정을 통해 생산해내는 뉴스 텍스트는 실체적 진실이 아닌 간주관적 단일한 인식이라고 할 수 있다.

뉴스 생산과정에 나타나는 취재 기자의 뉴스정보 수집관행이나 뉴스조직 내부에서 간주관적 객관화 작업을 수행하는 간부의 통제관행은 디지털 테크놀로지를 이용한 새로운 뉴스 생산 방식에서 그 성격이 달라질 수 있다. 생산 주체의 성격 변화와 뉴스 생산 방식의 변화로 인해 인터넷 저널리즘은 전통적인 저널리즘이 세계를 인식하는 접근 방식과 다른 방식으로 세계를 이해하며, 이에 따라 이들이 생산해내는 뉴스의 개념도 다를 수밖에 없다.

주석적 인터넷 저널리즘이 주류 저널리즘 세계의 외부에서 전통 저널리즘의 뉴스 생산관행의 변화를 강요한다면, 2차 생산적 인터넷 저널리즘은 전통 저널리즘의 내부에서 변화를 요구하는 것이라고 할 수 있다. 전자는 인터넷 시티즌 저널리즘이라는 또 다른 이름으로 저널리즘의 의미를 확장해가고 있으며, 후자는 뉴스룸 통합 등 전통 저널리즘의 대응 전략을 통해 기존의 생산 방식을 바꿔나가고 있다. 어떤 경우든 세계를 인식하는 저널리즘의 생산과정과 생산관행은 새로운 기술의 등장으로 변화가 불가피한 상황이라고 하겠다. 이 지점에서 근대적 저널리즘의 한계가 드러나고 탈근대적 저널리즘의 새로운 저널리즘이 모습을 드러낸다고 볼 수 있다.

## 제3장 연습문제

1. 취재현장의 기자가 가장 먼저 찾는 취재원은 누구인가?

2. 새로운 출입처에 나간 기자가 출입처를 이해하기 위해 가장 먼저 하는 일은 무엇인가?

3. 부서장인 데스크가 취재 기자의 기사를 수정할 때 어디에 초점을 두는가?

4. 신참 기자와 고참 기자가 뉴스에 접근하는 방식의 차이는 무엇인가?

5. 취재원이 제공한 정보는 어떻게 확인하는가?

6. 취재현장에서 쓸 수 있는 가장 효율적인 디지털 기기는 무엇인가?

7. 간부가 부서를 운용하는 방식의 변화 중 인터넷으로 인한 가장 대표적인 현상은 무엇인가?

▪ **요약**

'언론이 힘이 있다' 혹은 '없다'고 말할 때, 그 '힘'이란 과연 무엇인가? 언론학자와 커뮤니케이션 연구자들은 흔히 그 '힘'을 현실적인 영향력, 특히 여론에 대한 영향력이라고 이해한다. 그리고 공중이 뉴스를 이용하면 과연 사회적 수준에서 여론의 변화가 일어나는지 탐구한다. 여론은 근대 민주주의의 기본 동력으로 인정받고 있다. 민주사회에서는 여론의 형성에 따라 한 사회의 중심적인 이슈가 결정되고, 여론의 변화에 따라 정치적 세력 판도가 변하게 되며, 여론의 결정에 따라 정치적·정책적 의사 결정이 이뤄진다. 따라서 여론에 영향을 행사하는 언론이란 곧 힘 있는 언론이 된다.

일반 시민들은 언론이 여론에 대해 영향력을 행사하는지 문제 삼지 않는다. 흔히 그럴 것이라고 간주하기 때문이다. 그러나 과연 그런가? 언론학자들은 언론이 어떤 과정을 거쳐서 누구에게 어떤 방식으로 영향력을 행사하는지 검토함으로써 언론이 여론에 영향력을 행사하는 과정, 대상, 내용을 구체적으로 확인하려 한다. 제4장에서 소개할 이론들, 즉 문화계발 효과 이론, 의제설정 이론, 점화 이론, 틀 짓기 이론, 정보처리 이론 등은 이 문제에 대한 구체적인 답변을 제시한다.

# 제4장 뉴스의 효과*

이준웅(서울대학교)

## 1. 문화계발 효과 이론

'대중매체는 우리가 현실을 인식하는 데 영향을 미친다.' 이 주장은 대중매체의 효과를 논하는 이론 가운데 가장 강력한 효과, 즉 현실 구성(construction of reality) 효과에 대한 것이다. 문화계발 효과 이론(The Cultivation Theory)은 대중매체의 바로 이런 현실 구성 효과를 설명하는 대표적인 이론이다. 이 이론의 핵심 주장은 다음과 같다. 대중매체가 묘사한 현실은 실재하는 현실과 다르지만 이용자는 대중매체를 통해 현실을 접한다. 따라서 이용자의 인식은 대중매체가 현실을 보여주는 것에 따라 구성된다.

문화계발 효과 이론은 텔레비전의 등장에 따른 매체 이용 행태의 근본적인 변화에 주목한다. 현대인은 텔레비전을 비롯한 대중매체와 더불어 보내는 시간이 점차 증가하고 있으며, 그 결과 현대는 텔레비전을 통해 사회적 규범과 규칙, 그리고 세상 돌아가는 일을 배우는 시대가 됐다. 예를 들어 우리나라 시청자는 주중에 하루 평균 두 시간 반 정도 텔레비전을 시청하며 주말에는 이

---

* 2002년 ≪신문과 방송≫에서 '언론 이론으로 본 언론 현실'이란 기획하에 1년간 연재된 기사 중 필자가 집필한 기고문을 재구성했다. 당시 기획을 담당한 조동시 팀장과 격월로 연재하면서 귀중한 의견과 제언을 줬던 양승찬 교수께 감사를 표한다.

보다 약 한 시간 더 많이 시청한다. 그리고 인터넷이나 신문에서보다 텔레비전을 통해 뉴스를 접하는 사람이 더 많다.

문화계발 효과 이론은 이렇듯 안정적이고 반복적이며 깊숙하게 침투해 사실상 피할 수 없는 텔레비전 시청 행위를 통해 유발되는 장기적이며 이념적인 효과에 초점을 맞춘다(Shanahan and Morgan, 1999). 따라서 이 이론은 어떤 방송사에서 특정 후보에게 편파적인 보도를 해서 유권자가 그 후보에 대해 부정적인 이미지를 갖게 됐다는 효과를 설명하기 위한 것이 아니다. 마찬가지로 이 이론은 어떤 시사 프로그램에서 범죄수법에 대해 자세하게 설명했기 때문에 그 수법을 모방한 범죄가 발생했다는 식의 효과를 설명하기 위한 것도 아니다. 문화계발 효과 이론은 대중매체를 통해 전달된 어떤 메시지가 특정한 개인에게 유발하는 인지적·정적 반응을 다루는 것이 아니다. 그보다는 방송이 '장기간에 걸쳐 반복적으로 전달하는 메시지 체계(a system of messages)'를 접한 이용자가 그로 인해서 '현실에 대한 하나의 고정된 (그것은 때로 현실과 거리가 있다) 인식'을 갖게 된다는 효과를 다룬다.

### 1) 문화계발 효과의 이론적 명제와 기본 가정

문화계발 효과 이론은 텔레비전 오락 프로그램에 나타난 메시지와 이미지가 현실과 거리가 있다는 관찰에서 출발한다. 즉, 텔레비전 세계가 현실세계를 반영하는 듯 보이지만 사실은 텔레비전이 묘사하는 세계는 현실과 다르다는 것이다. 예를 들어 미국 오락 프로그램에 나타나는 법 집행과 관련 있는 인물의 비율은 현실세계의 동일한 직종 인물의 비율보다 10배 이상 크다. 또한 미국의 주 시청시간대 오락 프로그램에 등장하는 인물 가운데 폭력을 행사하는 인물의 비율은 약 65%인데 실제 현실에서 폭력에 희생당하는 사람의 비율은 1%도 안 됐다(Gerbner and Gross, 1976).

문화계발 효과 이론의 주창자인 거브너와 그로스(Gerbner and Gross, 1976)

에 의하면, 이 경우 텔레비전 오락 프로그램을 많이 시청하는 사람은 적게 시청하는 사람에 비해 현실에서 법 집행과 관련된 인물의 비율이 10%에 가까운 정도로 많다고 응답하는 경향이 있다. 또한 이들은 현실적인 폭력의 비율도 높은 것으로 믿고 있다. 텔레비전을 많이 보는 시청자는 텔레비전이 묘사하는 폭력을 현실적인 것으로서 받아들이며 결국 현실은 '더럽고 야비한 곳'으로 인식한다. 이를 이른바 '삭막하고 너절한 세상 효과(the mean and dirty world syndrome)'라고 한다.

문화계발 효과는 텔레비전 오락 프로그램이 '시청자의 사회에 대한 인식'에 미치는 효과를 설명하기 위해 개발됐지만 텔레비전 뉴스의 효과를 이해하는 데도 도움을 준다(Adoni, Cohen and Mane, 1983). 현대인은 현대 사회의 복잡한 정치적·외교적·경제적 사건을 뉴스를 통해 간접적으로 경험한다. 방송과 신문을 통해 접할 수밖에 없는 정치·외교·경제 관련 사건은 현대 시청자가 인식하는 정치적·외교적·경제적 현실을 구성하는 것이다. 예를 들어 우리나라 시청자가 이스라엘과 팔레스타인의 갈등과 협상, 전쟁과 평화 같은 복잡한 사태를 어떻게 이해하는지 생각해보자. 또한 이러한 갈등과 분쟁의 정도와 실태의 책임자와 피해자가 누구라고 판단하는지 생각해보자.

중동의 갈등에 대한 우리나라 일반 시청자의 인식은 국제뉴스를 통해 구성된다고 볼 수 있다. 문제는 우리나라의 국제뉴스는 거의 미국이나 영국의 방송사 및 통신사가 제공한 자료를 기초로 제작되는데 그 뉴스의 시각은 흔히 이스라엘과 팔레스타인의 관계를 편향된 관점에서 다룬다는 것이다. 사실 우리나라 뉴스에 이스라엘과 팔레스타인의 갈등에 대한 팔레스타인의 관점이나 제3의 중립적 입장이 소개된 것은 최근의 일이다. 따라서 '편향된' 국제뉴스는 그동안 중동에 대한 우리의 인식을 특정한 방식으로 구성하는 결과를 초래했을 것이라고 볼 수 있다.

과도한 일반화의 위험이 없지는 않지만 우리가 접하는 국제뉴스는 대체로 미국을 비롯한 서방국가 중심의 시각으로 구성된다. 그 결과 제3세계에 대한 뉴스는 주로 재난, 갈등, 비정상적 사건 등과 관련된 주제를 다룬다. 반면 실업과 가난, 사회갈등 같은 문제는 미국을 비롯한 서방국가라고 해서 완전히 벗어날 수 있는 것은 아니지만, 우리의 국제뉴스에서 서방국가와 관련한 부정적인 주제가 다뤄지는 경우는 매우 드물다. 결국 이런 방식으로 구성된 국제뉴스를 장기간 접해온 한국의 시청자는 제3세계에 대해서 긍정적인 인식을 갖기 어려우며, 미국을 비롯한 서방국가에 대해서는 그 사회에도 부정적인 문제점이 엄존한다는 인식을 갖기 어렵다.

문화계발 효과는 텔레비전이 현대인에게 끼치는 장기적이고도 피할 수 없는 집단의식에 미치는 일종의 이념적 효과를 논하고 있다. 이 이론을 주장하는 연구자들은 문화계발 효과가 발생하기 위해서는 다음과 같은 세 가지 가정이 충족되어야 한다고 주장한다. 첫째, 현대인은 텔레비전을 통해서 사회규범을 습득하며 세상 돌아가는 일을 배운다. 둘째, 텔레비전이 묘사하는 세상은 현실과 동떨어진 것으로서 폭력과 억압 같은 정의롭지 못한 행위가 현실에 만연한 것으로 묘사하거나, 사회적 강자는 긍정적으로 약자는 부정적으로 표상하는 등 현실에 대해 특정한 방향으로 왜곡된 묘사를 제공한다. 셋째, 텔레비전을 많이 보는 시청자는 그렇지 않은 시청자에 비해 텔레비전이 묘사하는 현실을 더욱 현실적인 것으로 받아들인다.

### 2) 문화계발 효과에 대한 반론

문화계발 효과가 전제하는 가정은 항상 논란의 대상이 됐다. 즉, 텔레비전 메시지의 내용이 문화계발 효과에서 주장하는 것처럼 그렇게 현실과 동떨어진 내용을 묘사하는 것만은 아니며, 더욱이 그 내용이 모든 프로그램이나 장르에 걸쳐 획일적이지도 않다는 것이다. 또한 최근의 비판론자들은 문화계발 효과의 본질은 '장기적인 텔레비전 시청이 집단적 의식에 미치는 효과'라기보다는 '단기적이며 개인적인 인지효과가 조금씩 누적되어 발생하는 것'이라고 대안적인 설명을 내놓기도 한다.

그러나 문화계발 효과 이론을 주창하는 이론가들은 이러한 비판이 초점을 잘못 맞춘 것이라고 반박한다. 현대 대중매체의 메시지가 다양하다는 것은 부정할 수 없는 사실이다. 하지만 문제는 겉으로 보이는 수많은 메시지가 공통적으로 나누고 있는 사회적 현실에 대한 가정이다. 즉, 사회적 권력의 사용, 강자와 약자에 대한 표현, 폭력과 억압의 지속성과 편재성(遍在性) 같은 결정적인 사항은 겉으로 보이는 메시지의 다양성과 관계없이 메시지의 저변에 항상 깔려 있다는 것이다(Gerbner, Gross, Morgan and Signorielli, 1994).

또한 문화계발 효과 이론의 핵심적인 주장, 즉 텔레비전을 많이 보는 시청자는 그렇지 않은 시청자에 비해 현실을 '더럽고 야비한 것'으로 인식하게 된다는 주장이 현실적인 근거가 없다는 비판도 있다. 구체적으로 텔레비전 시청과 현실에 대한 인식의 관계는 전자가 후자에 영향을 미치는 인과관계가 아닐 뿐만 아니라 둘 사이의 상관관계는 시청자 거주지역의 범죄율과 같은 제3의 요인을 통제하면 사라진다는 것이다. 그러나 지난 30년 동안 수행된 문화계발 효과의 연구결과를 종합해보면 텔레비전의 문화계발 효과는 적지만 지속적으로 나타나는 것으로 보인다. 특히 문화계발 효과를 검증하는 데 성공했거나 실패한 연구, 그리고 반증적 결과를 보인 연구를 모두 종합해서 약 6,000개에 달하는 연구결과를 메타분석(meta-analysis)해본 결과 텔레비전 시청과 현실에 대한 인식 사이의 상관관계는 0.1(제3의 변인을 통제한 부분 상관계수는 0.09)인 것으로 나타났다(Shanahan and Morgan, 1999). 이 정도의 상관관계는 적은 규모라고 할 수밖에 없는 것이지만 부정적인 연구결과까지 모두 포함한 통합적인 결과라는 의미에서 문화계발 효과의 실체성을 보여준다.

### 3) 문화계발 효과의 발전과 언론에 대한 함의

문화계발 효과 이론은 자신의 이론에 대한 비판론과 논쟁을 통해서 발전하고 있다. 첫째, 문화계발 효과는 일종의 공명(resonance) 효과를 포함하기도 하는데 이는 텔레비전 세계의 부정적인 모습과 일치하는 사회적 환경에서 텔레비전의 효과가 더욱 커진다는 의미다. 예컨대, 전체적으로 보면 텔레비전을 많이 보는 시청자가 그렇지 않은 시청자에 비해 범죄에 필요 이상의 공포심을 갖게 된다. 그런데 이러한 효과는 범죄가 실제로 많이 발생하는 도시의 빈민지역에 거주하는 시청자에게 더욱 강하게 나타난다는 것이다.

둘째, 주류화(mainstreaming) 효과도 문화계발 효과의 하나다. 이는 어떤 사회적 이슈에 대해 서로 다른 인식을 갖고 있는 사회집단에 속한 시청자가 텔레비전을 많이 보면서 점차 동일한 인식을 갖는 효과를 의미한다. 예를 들어 보수적인 시청자와 자유주의적 시청자는 '낙태문제'에 대해 상반된 의견을 갖고 있다. 그러나 이러한 의견 차이는 텔레비전을 많이 보는 시청자 집단의 경우에는 최소한으로 좁혀져서 거의 차이가 없어진다는 것이다. 따라서 전체 사회 구성원을 기준으로 보면 한 이슈에 대해 보수적인 견해와 진보적인 견해가 반반씩 나눠져 이념적으로 분열된 경우라도 텔레비전을 많이 보는 시청자 집단만을 구분해서 따로 봤을 때 보수적 집단과 진보적 집단의 의견 차이가 최소화된다고 한다. 텔레비전은 시청자의 현실에 대한 인식과 의견, 태도 등을 주류적인 인식과 의견, 태도로 이끄는 효과가 있다는 것이다.

이런 주류화 효과는 대중매체가 현대 사회에서 강력한 이념의 동화자로서 기능한다는 것을 보여준다는 점에서 의미심장하다. 언론은 때로 논쟁적인 이슈를 다루면서 사회 구성원을 집단 간의 이익이나 이념에 따라 분열시키지만 장기적으로 보면 한 사회의 주류적인 관점을 형성하는 데 기여하기도 한다.

이 밖에 문화계발 효과 이론은 사회적 소수에 대한 인식에 미치는 미묘한 문제를 잘 설명한다. 예를 들어 유색인종 특히 흑인이 대중매체에 묘사되는 방식을 보면 다음과 같은 패턴을 찾을 수 있다. 흑인이 시트콤을 비롯한 오락 프로그램에서 묘사될 경우에는 정상적 수준의 생활을 누리는 것으로 나타나며 때로는 백인보다 더 부유한 것으로 묘사되기도 한다. 그러나 흑인이 뉴스나 시사 프로그램에 등장할 경우에는 주로 범죄자로 묘사된다. 따라서 오락 프로그램만을 주로 보는 시청자는 흑인의 사회경제적 지위를 높게 평가하는 반면, 뉴스 및 시사 프로그램을 주로 시청하는 시청자는 흑인의 사회경제적 지위를 낮게 평가하며 그들에 대한 부정적인 편견을 강화하는 경향이 있다(Amstrong and Neuendorf, 1992).

문화계발 효과 이론은 언론학에서 언급되는 효과 이론 가운데 가장 강력하고도 지속적인 대중매체의 효과를 논의하고 있다. 동시에 이 이론은 언론학에서 개발된 이론 가운데 다른 학문 분야에서 가장 많이 인용되며 언론학 내부에서는 항상 뜨거운 논란의 대상이 된다. 이 이론의 핵심적 명제는 일견 간단하게 보이지만 그 효과가 발생하기 위한 사회심리적 조건과 효과의 메커니즘에 대한 논쟁은 아직도 진행 중이다. 문화계발 효과 이론은 그 이론이 개발된 지 30년이 지났지만 아직도 해결된 문제보다는 해결해야 할 문제가 많은 '현재 진행형' 이론이라고 평가할 수 있다.

## 2. 의제설정 이론

현대 언론학에서 가장 많이 논의되는 언론의 영향력 중 하나가 의제설정 효과다. 뉴스는 여론의 내용과 향방에 직접적으로 영향을 미치기보다는 어떤 사안에 대한 여론이 중요한지를 결정하는 데 영향을 미친다. 의제설정 효과란 '언론이 특정 사안을 집중적으로 보도함으로써 시민이 그 사안의 중요성을 인식하게 만드는 효과'를 의미한다.

언론인이나 일반 시민은 언론보도의 양과 내용, 그리고 보도 방식이 여론에 영향력을 미칠 것이라고 가정한다. 그러나 구체적인 경험적 연구결과를 보면 언론이 개인이나 집단의 의견을 변화시키는 데 영향력을 행사하는지 분명하지 않으며 특히 행동을 변화시키는 데 효과가 있다는 증거는 찾기 어렵다. 결국 1970년에 들어서면서 언론학자들은 과거의 연구에서 개인과 집단의 의견과 행동의 변화를 유발하는 효과에 초점을 맞췄던 연구에 문제가 있음을 인정하게 된다. 언론학자들은 새로운 효과개념을 탐색하기 시작했는데 그 새로운 효과개념은 다음과 같은 특징이 있다. 첫째, 언론은 개인의 행동이나 그 동기에 직접적인 영향을 미치기보다는 주의 집중, 생각, 기억 등과 같은 인지적 차원에 효과를 미친다. 둘째, 언론은 개인이나 집단의 의견에 즉각적으로 대규모 영향을 미치기보다는 중·장기적으로 소규모 영향력이 축적되어 효과를 유발한다.

### 1) 의제설정 이론의 핵심적인 개념과 가정

의제설정 이론은 새로운 언론의 효과개념을 전제로 받아들인 대표적 이론 중의 하나다. 의제설정 효과를 '중규모 효과', '인지적 효과', '간접적 효과'라고 보는 것은 이런 이유에서다. 의제설정 이론의 주창자인 맥콤즈와 쇼(McCombs and Shaw, 1993)는 언론이 공중의 태도나 행동에 대해서 직접적인 영향력을 행사하는 데는 실패할지 모르지만 특정한 이슈를 강조해서 보도함에 따라 공중이 그 이슈를 중요한 것으로 인지하도록 만드는 데는 성공적이라고 주장한다.

의제설정 이론을 구성하는 핵심은 '의제(agenda)'라는 개념이다. 의제란 언론이나 공중의 논의대상이 되는 독립적인 이슈나 주제를 의미한다. 따라서 의제란 '물가 불안', '범죄 증가', '교육문제' 등과 같은 일반적이며 일상적인 내용부터 '성폭력 사범 실명 공개', '특정 연예인의 사생활', '누가 대통령 감인가' 같은 구체적이며 상황 의존적인 내용까지 어떤 것이라도 될 수 있다.

의제를 논하는 주체를 기준으로 구분해보면 의제는 크게 첫째, 매체의제(the media agenda, 언론이 강조해서 보도하는 사안), 둘째, 공중의제(the public agenda, 뉴스 이용자, 즉 공중이 중요하다고 인식하는 사안), 셋째, 정책의제(the policy agenda, 정부, 의회, 사회단체, 기업과 같은 정책 결정 기구나 집단이 중요하게 다루는 사안)로 구분할 수 있다. 의제설정 효과에 대한 연구는 결국 이 세 종류의 의제가 어떻게 상호관련되어 있으며, 어떤 의제가 어떤 의제에 영향을 미치는지 알아보는 데 초점을 맞춘다.

전통적으로 의제설정 효과라고 말할 때는 '매체의제가 공중의제에 영향력을 행사한다'는 의미인데 이는 의제설정 개념을 좁은 의미로 사용하는 것이다. 최근에는 의제설정이라는 개념을 매체의제, 공중의제, 정책의제를 결정하는 모든 과정에 적용해서 사용하는 추세다. 이 경우 매체의제를 결정하는 과정은 '매체의제 설정', 공중의제에 영향을 미치는 과정을 '공중의제 설정', 그리고 정책의제에 영향을 미치는 과정을 '정책의제 설정'이라고 구분해서 부른다. 또한 여론이나 정책 결정자가 정책의제를 형성하고 구체화하는 과정을 별도로 '의제구성(agenda-building)' 과정이라고 개념화하기도 한다(Rogers and Dearing, 1987).

의제의 특성과 관련해서 고려해야 할 중요한 가정은 의제가 '상호 경쟁적'이라는 점이다. 어떤 의제는 다른 의제보다 더욱 중요하며 따라서 더욱 주목을 받는다. 여러 의제를 놓고 각각의 중요성에 따라 순위를 매길 수 있다고 가정했을 때 한 의제는 시간적으로나 공간적으로 공중의 주목을 놓고 다른 의제와 경쟁한다는 것이다. 이 가정의 의미는 매우 중요하다.

먼저 매체의제가 상호 경쟁적이라는 명제를 생각해보자. 이는 언론인들이 수많은 '잠재적으로 중요한 사건이나 주제' 가운데 몇 가지만을 선택해서 기사화하며 또 그 가운데 일부만 그날의 주요 뉴스로 처리한다는 것을 의미한다. 즉, 신문과 방송의 취재·편집 시스템은 수많은 사건이나 주제 가운데 일부만을 취사 선택하고 선택된 사건이나 주제를 다시 중요도에 따라 다르게 재구성한다. 흔히 언론조직 내부의 게이트키핑(gate keeping) 과정이라고 알려진 이 과정은 매체의제가 '개별적인 언론사 내부의 뉴스 결정과정 내에서' 상호 경쟁적인 속성을 지닌다는 점을 보여준다.

매체의제가 상호 경쟁적이라는 명제를 약간 다른 맥락에서 생각해볼 수도 있다. 경쟁하는 두 언론사가 각각 서로 다른 사안을 강조해서 보도할 경우 또는 신문과 방송이 각각 서로 다른 사안을 강조해서 보도할 경우 이 상이한 사안은 상호 경쟁적인 매체의제가 된다. 예를 들어 특정 시점에서 '가'일보는 정부가 추진하는 대북정책의 혼선을 중요하게 보도하는 반면, '나'신문은 국회 내의 여야 대치를 강조해서 보도한다면 '대북정책 혼선'과 '국회 공전'이라는 두 사안은 지배적인 매체의제의 지위를 놓고 서로 경쟁하는 셈이 된다. 결국 집합적으로 규정된 매체의제란 다른 매체나 언론사가 강조해서 보도하는 많은 의제 가운데 현저한(salient) 의제를 의미한다.

공중의제와 정책의제 역시 '상호 경쟁성'이라는 특징을 갖는다. 개인은 모든 사건이나 주제를 중요한 것으로 인식하고 기억할 수는 없으며 단지 그 중 일부 사안만을 중요한 것으로 판단해 '현저한 이슈(salient issue)'로 기억한다. 따라서 공중의제를 구성하는 다양한 사안도 그 중요성 또는 현저성에 따라 상호경쟁하는 사안이다.

마찬가지로 어떤 정책 결정 기구라 할지라도 모든 사안을 다 중요한 것으로 간주하고 일일이 그에 대해 정책적 결정을 내릴 수는 없다. 시공간의 제약, 예산의 제약, 그리고 정책적 중요도에 따라 불가피하게 사안의 우선순위를 정하고 그에 따라 정책적 결정을 내릴 수밖에 없는 것이다. 정책의제 설정과정은 결국 다양한 이슈가 제안됐을 때 그중 어떤 사안을 중요한 것으로 간주하고 그에 대한 정책적 의사 결정을 내려야 할 것인지 판단하는 과정을 의미한다.

## 2) 의제설정 이론의 설명과 예측

의제설정 이론에 따르면 매체의제는 공중의제에 영향을 미친다. 즉, 언론이 현저한 이슈로 보도하는 내용을 공중도 중요하다고 인식한다는 것이다. 따라서 의제설정 효과에 대한 경험적 연구는 첫째, 매체의제, 둘째, 공중의제, 셋째, 정책의제를 각각 이슈의 현저성(salience) 혹은 중요성(importance)을 기준으로 측정하고 세 가지 의제의 인과관계를(혹은 사정이 허락하지 않으면 상관관계만을) 검증한다.

의제설정 이론을 현실에 적용해서 '여론의 변화'를 설명할 때 주의해야 할 점이 있다. 이 이론은 어떤 사안이 여론의 주목을 받는지 설명할 뿐, 여론의 변화 방향에 대해서는 특별한 예측을 하지 않는다는 것이다. 이런 점에 대해, 의제설정 이론의 주창자인 맥콤즈는 다음과 같이 설명했다. "언론이란 여론을 낳은 어버이다. 언론은 공중이 중요하다고 평가하는 사안을 낳는다. 하지만 어버이가 자식의 앞날을 완전히 결정할 수 없듯이 언론은 그 사안이 발전해서 어떤 방향으로 전개될지 결정할 수 없다."

최근 의제설정 이론을 확장한 2차적 의제설정 이론은 언론이 사안의 중요성만 강조할 뿐만 아니라 사안의 성격도 강조해서 보도함으로써 개인과 집단의 인식에 영향을 미친다고 주장한다. 즉, 특정 사안을 다루면서 그 사안을 구성하는 내용적 특징이나 가치 등도 강조하는데 이 역시 공중의 인식에 영향을 미친다는 것이다. 이렇게 확장된 2차적 의제설정 이론은 사안의 중요성뿐만 아니라 사안에 대한 인식의 방향에 대해서도 일정한 설명력을 갖는다. 그러나 확장된 '2차적 의제설정 이론'은 최초의 의제설정 이론의 미덕이었던 간결성, 인과성, 설명성 등을 상실하게 된다. 더 많은 것을 설명하려 하면서 원래 이론이 더 혼란스러워졌다고 평가할 수 있다.

### 3) 의제설정 이론의 현실적 적용과 그에 대한 논쟁점

의제설정 이론은 간단해 보이지만 실제로 현실에 적용하려면 복잡한 논쟁점을 가져온다. 그중에서 가장 논란이 되는 세 가지 문제점은 다음과 같다.

첫째, 누가 진정한 의제 설정자(the real agenda setter)인가? 고전적인 의제설정 이론은 신문, 방송 같은 언론이 의제 설정자라고 주장한다. 하지만 최근에는 언론이 중요하다고 판단하는 의제, 즉 매체의제가 독립변수가 아니라 종속변수라는 의견이 대두되고 있다. 매체의제가 공중의제나 정책의제에 영향을 미치는 것도 사실이지만 그 반대로 공중의제나 정책의제가 매체의제를 결정하기도 한다. 또한 순수하게 우연적으로 발생하는 사건이나 사고도 매체의제에 심대한 영향을 미친다는 것이다.

예를 들어 때로 정부나 정당은 언론인들이 무시할 수 없는 고급정보를 흘림으로써 매체의제를 형성하는 데 결정적인 기여를 한다. 대중적 인기를 끌기 원하는 연예인도 이와 유사한 방식으로 영향력을 행사할 수 있다. 또한 기업이나 사회운동 단체 같은 압력단체도 언론의 주목을 받기 위해 로비나 실력행사를 통해 자신의 이해관계를 돕는 방향으로 매체의제를 유도할 수 있다. 이 경우 언론은 무기력하게 특정 정보원의 정보나 보도자료를 받아쓰면서 사실은 의제를 결정한다고 믿게 된다.

그렇다면 매체의제를 형성하는 데 영향력을 행사하는 정부, 정당, 기업, 사회단체, 영향력 있는 개인 등이야말로 진정한 의제 설정자인가? 이러한 집단들은 물론 집합적 공중도 의제 설정자가 될 수 있다. 정부, 정당, 기업, 사회단체 등은 흔히 공중의 의견을 모니터하면서 그들의 관심과 주목을 끌기 위해 노력한다. 즉, 공중이 관심을 갖는 이슈, 또는 그들이 진정으로 중요하다고 생각하는 사안은 결국 정부, 정당, 기업, 사회단체 등의 중요한 관심사가 되는 경향이 있다. 다시 말해서 공중의제가 정부, 정당, 기업, 사회단체 등의 정책적 의제에 영향을 미치는 것이다. 예를 들어 '경기불안'이나 '교육개혁' 같은 이슈가 우리 사회에서 중요한 사안으로 끊임없이 제기되는 이유는 공중이 이러한 사안을 항상 중요하게 생각하고 결국 정부, 정당, 기업은 물론 언론도 이런 사안을 항상 중요하게 다룰 수밖에 없기 때문이다.

둘째, 의제설정 효과는 언제 어느 정도 이뤄지는가? 수많은 의제설정 연구가 수행됐지만 언론이 특정한 이슈를 중요하게 다루면 언제쯤 어느 규모의 사람들이 그 이슈를 '중요하다'고 인식하게 되는지에 대해서는 결정적인 대답이 없는 상태다. 과거의 연구에 따르면 정치경제적인 사안에 대한 전국적인 의제설정의 경우 그 효과가 발생하기 위해서는 약 4~6주가 필요하다고 했지만 최근의 연구에 따르면 방송은 약 1주일 정도, 신문은 그보다 더 오랜 기간이 필요하다고 한다. 일부 연구결과에 의하면 의제설정 효과가 모든 개인에게 일률적으로 발생하지도 않고 효과의 규모도 그리 크지 않다고 한다.

예를 들어 언론이 중요한 사안으로 다루는 국제관계 보도를 생각해보자. 언론사가 집중적으로 특정 사안을 보도하면 공중의 인식은 단기간 상당히 영향을 받는다고 할 수 있다. 하지만 국제적 사안에 대한 공중의 관여도가 크지 않기 때문에 그 영향력이 지속되지는 않는다. 이런 사례와 반대되는 경우도 있다. 예컨대 특정 언론사가 지속적으로 수행하는 캠페인을 생각해보자. 이런 캠페인 기사를 접한 특정 신문사의 독자는 그 내용에 대해 인식하게 될 것이다. 이런 효과는 그 규모는 적지만 지속적일 것으로 보인다. 결국 언론의 의제설정 효과는 그 규모와 지속성, 그리고 파급성에서 다양한 양태를 보인다고 해야 할 것이다.

셋째, 의제설정 효과의 범위는 어디까지인가? 의제설정 효과는 흔히 '어떤 이슈가 중요한가'에 대한 개인의 인지적인 평가에 따라 제한된다. 따라서 이런 효과는 '언론의 힘'이라고 하기에는 사소한 효과에 불과한 것이라는 지적도 있다. 다시 말해, 언론이 여론의 향방을 결정한다든지 혹은 언론이 특정 집단의 태도나 행동에 영향을 미친다는 효과와 비교해볼 때 '언론이 중요하게 다루는 사안을 시청자나 독자도 중요하게 인식한다'는 의제설정 효과는 대수롭지 않아 보인다.

그렇다면 과연 의제설정 효과의 범위는 개인적이며 인지적인 차원에만 머무는 것인가? 의제설정 효과를 측정할 때 공중의제를 '개인이 중요하다고 생각하는 사안'으로만 보지 않고 '국가가 직면한 중요한 사안'으로 보면 그 효과가 적지 않다는 연구결과가 있다(McLeod, Becker and Byrnes, 1974). 즉, 의제설정 효과는 개인적으로 중요한 사안에 대한 것이 아니라 국가나 지역사회가 직면한 중요한 사안일 때 더욱 의미 있게 나타난다고 한다. 예를 들어 '아파트 전세금 폭등'은 단순히 아파트에 전세를 살려는 사람에게만 중요한 기사가 아니다. 내 집 소유자와 모든 경제 활동자가 전세금 폭등을 경제적으로 중요한 사안으로 본다. 정치, 안보, 교육 등과 관련된 사안도 마찬가지다. 많은 사람이 개인적으로 이러한 사안에 관심을 보이지 않을 수 있겠지만 그러한 사람들조차도 이런 사안이 '국가적으로 중요하지 않다'고 생각하지는 않을 것이다. 언론은 이러한 문제에 대한 의제를 설정하는 데 결정적인 역할을 담당하는 것이다.

얼마 전까지만 해도 의제설정 효과는 '어떤 이슈가 중요한가에 대한 인지적 효과'만을 설명하므로 언론이 정치적 의견을 형성하고 변화시키는 데 미치는 영향력을 충분히 설명하지 못한다는 비판이 강력하게 대두됐다. 사실 이러한 비판은 의제설정 효과에 대한 치명적인 비판이었다. 그러나 최근 의제설정 효과를 검증하기 위한 실험연구가 활발하게 수행되고 그에 따른 연구업적이 축적되면서 이러한 비판에 대한 적극적인 반대비판이 제기되고 있다. 최근 연구결과에 따르면 의제설정 효과는 언론의 '일차적 효과'이며 더욱 강력하며 사회적 중요성을 갖는 '2차적 효과'를 유발하는 전제조건이라고 한다. 이에 대한 본격적인 논의는 언론의 점화효과(priming effects)와 틀 짓기 효과(framing effects)를 검토함으로써 알아볼 수 있다.


## 3. 점화효과 이론

점화효과 이론(The Theory of Priming Effect)은 의제설정 효과가 성립한 후에 발생하는 2차적 효과, 즉 여론의 변화 방향에 미치는 효과에 대해 논의하고 있다. 의제설정 이론은 언론의 효과가 인지적이라는 점을 강조한다. 언론은 여론의 사안에 대한 주목과 중요도에 영향을 미치는 데 중요하다. 그러나 언론은 또한 여론의 방향에 영향을 미치지 않는가? 민주사회에서 여론의 향방은 언제나 중요하다. 특히 사안에 대한 유권자의 찬반의견 변화와 정치인에 대한 호불호 평가의 변화 같은 정치적인 의견의 변화는 정부와 언론, 그리고 공중에게 언제나 중요한 문제다. 그러나 의제설정 이론은 이러한 의견의 변화 방향에 대해서는 설명하지 않는다.

점화효과 이론은 의제설정 이론이 설명을 멈춘 곳에서부터 출발한다. 이 이론은 '언론이 한 사안을 중요하다고 보도한다면 그 후에 여론은 어떤 방향으로 변화할 것인가?'라는 질문에 답하기 위한 이론이다. 간단히 말하자면, 점화효과 이론은 언론이 특정 사안을 강조해서 보도하면 공중은 언론이 강조한 사안을 기준으로 특정 정치인이나 정책을 평가함으로써 그 정치인이나 정책에 대한 여론의 향방에 영향을 미치게 된다(Iyengar and Kinder, 1987).

### 1) 점화효과 이론의 핵심적 가정과 이론적 명제

점화(priming)라는 개념은 원래 인지심리학에서 개인의 지식을 구성하는 요소인 개념 간의 관련성을 설명하기 위해 개발된 것이다. 인지심리학에서는 흔히 개인의 지식이 개념 간의 연결망(network)으로 이어져 있다고 한다. 예를 들어 어떤 개인의 지식체계에 '오바마'에 대한 지식이 포함되어 있다고 가정하자. 계속해서 이 개인의 오바마 개념은 '미국 대통령', '민주당', '대북정책' 등과 같은 개념과 연결망 구조로 결합되어 있다고 가정해보자. 이 경우 오바마라는 말을 들은 사람의 머릿속에는 오마바라는 개념과 더불어 이와 연결된 미국 대통령, 민주당, 대북정책 같은 개념이 동시에 떠오를 수 있다. 이러한 과정을 일컬어 개념의 활성화 확산(spreading activation)이라고 한다(Collins and Loftus, 1975). 하나의 개념이 다른 하나를 활성화시켜 생각으로 떠오르게 하는 것을 의미점화(semantic priming)라고 한다. 의미점화란 미국 대통령이라는 개념이 활성화되면 이어 이 개념과 의미적으로 관련이 있는 오바마와 대북정책 등이 활성화될 확률이 높아진다는 것이다.

아옌가와 킨더(Iyengar and Kinder, 1987)는 인지심리학에서 사용되는 점화개념을 정치언론학에 적용시켜 다음과 같은 설명을 제공했다. 대통령 후보에 대한 지지 여부는 후보에 대한 종합적인 평가에 의해 이뤄지고 이는 다시 후보의 인성, 정치적 이념, 과거의 경력, 국정 운영 능력, 소속 정당 등에 따라서 이뤄진다. 그런데 대통령선거 국면에서 언론이 특정한 사안을 강조해서 보도하면 그에 따라 의제설정 효과가 이뤄지고 의제설정의 결과, 특정 의제와 연관된 '용어와 개념의 집합'이 유권자의 머릿속에 활성화될 가능성이 높아진다. 이때 활성화된 '용어와 개념의 집합'이 후보를 평가하는 데 기준으로 사용된다.

결국 점화효과 이론이 제시하는 핵심적인 이론적 가정은 다음과 같다. 의제설정 효과가 발생하면 공중은 설정된 의제와 관련된 용어나 개념을 주로 사용하게 된다. 왜냐하면 이러한 용어나 개념의 중요성이 증가함에 따라 머릿속에 떠올리기가 쉬워지기 때문이다. 따라서 이러한 조건에서 어떤 정치인이나 정책에 대한 찬반의 의견을 물으면 공중은 스스로 중요하다고 판단한 그 용어나 개념을 기준으로 판단하게 된다.

대통령선거에 출마한 후보가 두 명 있는데 그중 한 명은 청렴한 정치인으로 인정받는 사람이며 나머지 한 명은 구시대의 정치인이지만 경제에 대한 식견이 있고 검증된 경영능력을 갖춘 사람이라고 가정해보자. 또한 언론이 대통령 캠페인 중에 때맞춰 발생한 정치인의 뇌물수수 사건을 중점적으로 보도한다고 가정하자. 이 경우 유권자는 일차적으로 '정치인 뇌물수수'를 중요한 이슈로 인식하며(의제설정 효과), 동시에 대통령 후보에 대한 평가를 내릴 때 '부패한 정치인인가 청렴한 정치인인가'를 중심으로 판단한다(점화효과). 만약 동일한 국면에서 언론이 나라의 경제적 침체와 금융위기를 강조해서 보도하면 유권자는 '경제적 위기'를 중요한 이슈로 인식하면서(의제설정 효과) 대통령 후보에 대한 평가기준은 '경제를 극복할 수 있는 지식과 전망이 있는가 없는가'가 된다(점화효과). 결국 언론이 정치인 뇌물수수를 중요하게 보도할 것인지 아니면 경제적 위기를 중요하게 보도할 것인지에 따라서 뉴스 이용자는 두 후보가운데 한 명을 더욱 선호하게 된다. 언론의 의제설정에 따라 유권자가 대통령 후보를 평가하는 기준이 달라질 수 있는 것이다.

아엔가와 킨더는 실험연구를 통해서 점화효과 가설을 경험적으로 검증했다. 그들은 '실업'에 대한 뉴스를 시청한 미국 시민이 그렇지 않은 시민에 비해 레이건(Ronald Reagan) 대통령의 실업문제 해결능력을 긍정적으로 평가한다는 사실을 발견했다. 그들은 또한 1980년 미국 대통령선거에 앞서 미국 언론이 '이란 인질사태'를 중점적으로 보도함으로써 카터(Jimmy Carter) 대통령의 외교능력에 대한 부정적 평가를 점화시키고 결국에는 카터가 레이건에게 참패하는 결과를 초래했다고 분석했다.

### 2) 점화효과와 이슈관리 전략

언론이 점화효과를 통해서 여론의 향방에 영향을 미칠 수 있다는 점이 확인됨에 따라 기업, 사회단체, 정치인, 정당, 대통령 등은 언론이 특정한 이슈를 사회적 의제로 부각시키는 일에 집중하게 됐다. 언론이 중요하다고 보도하는 사안은 그에 대한 사회적 인식을 증가시키며 동시에 여론의 변화에 영향을 미친다. 이는 다시 기업, 사회단체, 정치조직 등에 대한 평가에 2차적으로 영향을 미칠 수 있다. 이 사실을 알고 있는 기업, 사회단체, 정치조직은 언론이 특정한 이슈를 강조해서 보도하는 것에 대해 능동적으로 대처하게 된다.

현대 공중관계(public relations) 이론의 한 분야인 이슈관리(issue management)는 기업, 사회단체, 정치조직이 자신의 조직과 잠재적·현재적으로 관련 있는 이슈를 적극적으로 관리해야 한다는 것을 강조한다. 이슈관리의 관건은 기업이나 정당이 미래에 발생할 수 있는 사안이 자신의 조직에 어떠한 영향을 끼칠지 사전에 예측·진단하고 그에 대해 중장기적인 전략을 개발한다는 것이다.

과거의 기업, 사회단체, 정치조직은 언론과 직접 접촉해서 영향력을 행사함으로써 자신의 조직에 유리한 이슈 환경을 조성하려 했다. 과거의 이슈관리는 사실상 미디어 관계(media relations)의 관점에서만 수행됐다. 다시 말해, 언론에 보도자료와 홍보물을 배포하고, 이벤트에 언론인을 초대하고, 언론조직에 직·간접적인 압력을 행사하는 방법 등을 사용해서 언론이 자신의 조직에 유리한 기사를 싣도록 유도했던 것이다.

하지만 현대 이슈관리 이론은 언론의 의제설정 과정과 그 후속효과인 점화효과에 대한 지식을 기반으로 전향적인 관점에서 이슈 환경의 변화에 대처할 수 있게 된다. 기업, 사회단체, 정치조직 등은 자신의 조직에 대한 여론의 평가가 유리한 방향으로 전개될 수 있도록 과학적인 방법으로 사전에 사안을 관리하려 든다. 예를 들어 환경 친화적인 방식으로 상품을 생산하는 기업은 그 사실을 언론에 알림으로써 공시효과를 노리거나 공중에게 직접 홍보해서 여론을 유리한 방향으로 유도할 수도 있다. 하지만 이보다는 환경보호 및 환경 감시와 같은 사안이 뉴스를 더 많이 타도록 간접적으로 노력함으로써 좀 더 효과적인 결과를 얻을 수 있다. 언론이 환경에 대한 뉴스를 많이 보도할수록 공중이 환경이슈에 대한 중요성을 더욱 높게 평가하고, 그 결과 평소 환경사업을 많이 벌이는 기업을 긍정적으로 평가하게 될 것이기 때문이다.

기업, 사회단체, 정치조직 등은 자신의 조직에 대해 불리한 여론을 피하고 유리한 여론이 조성되도록 노력해야 하는데 이를 위해서 자신에게 유리하거나 불리한 사안의 등장과 소멸을 확인해야 한다. 동시에 기업, 사회단체, 정치조직은 자신에게 유리한 이슈 환경을 조성하기 위해 적극적으로 노력해야 한다. 점화효과에 대한 논의는 기업, 사회단체, 정치조직이 점화효과를 위해 언론에 무리하게 직접적인 영향력을 행사하는 것이 아니라 언론이 자발적으로 의제를 설정하도록 활용하는 편이 효과적일 수 있다는 것을 강력하게 시사한다.

### 3) 점화효과에 대한 논의

언론의 점화효과에 대한 이론은 비교적 최근에 확립이 됐기 때문에 아직 이

효과의 작동원리와 범위에 대해 논의가 충분히 이뤄지지는 못했다. 하지만 최근 연구결과가 축적되면서 이 이론에 대한 다양한 비판과 논쟁점이 제기되고 있다. 특히 그 비판 중에는 점화효과가 과연 현실적인 것인지에 대한 논쟁에서부터 이 효과의 예측 가능성에 대한 의심에 이르기까지 광범위한 내용이 포함되어 있다. 그 가운데 중요한 것 두 가지만 정리해보면 다음과 같다.

먼저, 언론의 점화효과를 의도적으로 발생시킬 수 있는가, 즉 점화효과의 발생을 예측하고 통제하는 것이 가능한가와 관련된 논란이 있다. 점화효과를 의도적인 효과로 보려는 대표적인 입장이 바로 이슈 관리적인 시각이다. 이러한 관점에서 본다면 점화효과를 의도적으로 노리고 이슈 환경을 특정 조직에 대해 유리하게 만들기 위해 특정 이슈가 언론에서 중요하게 다뤄지도록 전략적 커뮤니케이션을 시도할 수 있다.

그러나 점화효과는 뉴스 이용자의 머릿속에서 개념 간의 '의미점화(semantic priming)'가 발생하지 않는다면 일어날 수 없는 효과다. 언론이 강조한 사안에 사용된 용어 및 개념이 그 사안에 관련된 정치인 및 정책에 대한 의견을 형성하는 데 사용되어야만 효과가 발생할 수 있다. 경우에 따라서는 언론이 비록 특정 이슈를 중요하게 다루더라도 공중이 그 사안과 관련된 용어나 개념을 정치인이나 정책적 사안을 평가하는 기준으로 삼지 않을 수 있다. 이 경우 의제설정 효과는 발생하더라도 점화효과는 불발에 그치게 된다.

예를 들어 아옌가와 킨더는 카터 정권 때처럼 실업문제가 미국 사회에 만연한 경우 언론이 실업문제를 집중적으로 보도하더라도 이러한 사안이 카터의 국정 수행 능력에 대한 평가에 영향을 미치지 못했다고 분석했다. 당시 실업문제는 미국 사회의 전반에 걸친 중요한 문제였으며 미국 시민 대부분이 걱정하고 있던 문제다. 그리고 바로 이런 이유 때문에 (역설적으로) 실업문제를 강조해서 보도한 미국 언론의 보도는 카터의 국정 수행 능력을 평가하는 데 별로 큰 영향을 미치지 못했다는 것이다.

이론적으로 점화효과는 의제설정 효과가 발생한 후에 나타나는 2차적인 효과다. 이는 점화효과가 발생하기 위해서는 언론이 특정 이슈를 중요하게 다루는 것이 필요조건이라는 것을 의미한다. 언론이 특정 이슈를 중요하게 다루더라도 후속적으로 점화효과가 일어나지 않을 수 있다. 즉, 의제설정 효과는 점화효과의 필요조건일 뿐 충분조건이 아니라는 것을 알 수 있다.

둘째, 점화효과 이론은 언론보도의 내용이 산출하는 의미구성 과정을 무시하고 있다는 비판이 제기될 수 있다. 언론은 단순히 특정 이슈를 중요하게 보도함으로써 의제설정 기능만을 수행하는 것이 아니다. 언론은 보도를 통해 현실에 대한 구체적인 묘사와 설명, 진단과 대책을 제시함으로써 현실에 대한 구체적인 의미와 해석을 전달한다. 즉, 뉴스 이용자는 언론으로부터 어떤 이슈가 중요한가를 배울 뿐만 아니라 그 이슈가 무엇에 대한 것이며 동시에 그 무엇의 내용에 대해서도 배우는 것이다. 따라서 언론이 의제설정 기능을 통해서 점화효과를 실현하는 것은 언론이 수행하는 더 광범위하고 본질적인 효과에 비해 극히 일부에 지나지 않는 것일지도 모른다.

혹시 점화효과 이론이 설명하는 효과보다 더 근본적인 언론의 기능은 없을까? 언론은 현실에 대한 해석과 의미를 전달한다. 예를 들어 분단상황을 직·간접적으로 경험한 유권자에 대해서 남북 간 새로운 갈등 가능성에 대해 보도하는 것은 과거의 경험을 되살리는 악몽을 전달하는 것과 같다. 또한 대통령선거 국면에서 남북 간의 갈등 고조를 보도하는 것은 과거 대통령선거에 즈음해서 유사한 사건을 경험한 유권자에 대한 일종의 위협이다. 결국 유권자에게 이러한 뉴스는 자신이 과거에 경험한 이야기를 되살리거나 전형적인 상황에 대한 이야기를 전달하는 '현실적 의미구성'의 틀을 제시한다. 언론의 이러한 기능에 대해 점화효과 이론은 구체적인 설명을 제시하지 못한다. 언론의 이러한 기능에 대한 설명은 점화효과 이론의 한계를 넘어서 언론의 '현실 구성'과 관련한 좀 더 폭넓은 시각과 이론적 논의를 필요로 한다.

## 4. 틀 짓기 이론

흔히 언론을 빗대어 매체 이용자가 세상을 바라보는 창이라고 한다. 이 비유는 이용자가 언론을 통해 세상을 이해하고 해석한다는 것을 시사한다. 이 비유를 조금 더 확대하면 뉴스는 현실을 있는 그대로 보여준다기보다는 현실의 일부분을 선택·강조·요약해서 보여주며 이용자는 뉴스를 통해서 선택·강조·요약된 현실을 볼 수밖에 없다는 의미다. 특히 뉴스는 하나의 이야기로서 줄거리를 가지며 이를 통해서 현실에 대한 강력한 이해와 해석의 틀(frame)을 제공한다. 이렇듯 뉴스가 현실을 특정한 방식으로 선택·강조·요약해서 나타냄으로써 이용자의 이해와 해석의 범위에 일정한 한계를 설정하는 효과를 '틀 짓기 효과(framing effects)'라 한다.

틀 짓기 이론(The Framing Theory)을 설명하기 위해서는 언론의 '구성주의(constructionism)적 관점'을 먼저 언급해야 한다. 그 내용을 간단히 정리하면, 언론은 사회를 있는 그대로 반영하는 거울과 같은 존재라기보다는 현실에 대한 사회적 동의를 유도함으로써 오히려 현실을 만들어낸다는 것이다. 언론의 현실 구성은 이용자의 현실에 대한 이해와 해석과정을 포함한다. 즉, 매체 이용자는 언론의 보도내용을 이해하는 과정에서 사회적으로 동의할 수 있는 현실에 대한 명제를 '현실적인 것'으로 수용하게 된다. 이런 수용과정이 집합적으로 나타날 때 언론이 구성한 현실에 대한 명제는 현실 그 자체가 된다는 것이다.

### 1) 틀 짓기 이론의 배경과 기본 개념

최근 틀 짓기 이론이 각광받고 있는 이유 중 하나는 이 이론이 지금까지 뉴스의 효과에 대한 이론들이 설명하지 못한 미묘한 효과를 설명하기 때문이다. 대부분의 언론인은 같은 사건이라도 그 사건을 바라보는 시각이나 주요 인물의 설정, 그리고 이야기의 전개 방식에 따라 전혀 다른 뉴스 이야기를 구성할 수 있음을 알고 있다. 또한 언론인은 이렇게 다른 이야기로 구성된 뉴스는 당연히 뉴스 이용자에 대해 다른 효과를 유발할 것이라고 믿는다. 그런데 기존의 뉴스효과 이론은 이렇게 당연한 듯이 보이는 뉴스 이야기의 구성적 효과에 대해 분명한 설명을 제공하지 못했다. 따라서 뉴스 이야기가 구성되는 방식이 뉴스 이용자에게 미치는 영향을 적절하게 설명하지 못했던 과거의 이론들에 대한 반작용으로 틀 짓기 이론이 대두됐다고 말할 수 있다.

틀 짓기 이론은 같은 사안에 대한 뉴스라고 할지라도 그 뉴스 이야기가 구성되는 방식에 따라 이용자의 이해와 해석에 미묘한 효과를 유발한다는 것을 보여준다. 예를 들어 다음과 같은 사실이 있었다고 가정해보자. "2009년 11월 15일 오후 6시, 한국의 우익단체인 신국민운동본부가 여의도 국회의사당 앞에서 국가보안법 개정안을 발의한 국회의원들에 대한 규탄대회를 열고 행진을 시도하다가 출동한 경찰에 의해 30분 만에 해산됐다."

이러한 '사실'은 다음 날 아침 신문의 지면을 장식할 때 다음과 같이 완전히 다른 이야기로 구성될 수 있다.

- 뉴스 ①: 신국민운동본부가 국가보안법 개정안을 발의한 국회의원을 "배신자"라 규탄했다.
- 뉴스 ②: 일부 국회의원을 규탄하는 사회운동 단체의 시위로 여의도 일대가 최루가스에 덮이고 교통이 일시적으로 마비됐지만 경찰의 진압으로 평온을 되찾았다.
- 뉴스 ③: 극우 운동단체가 진보적 법안을 발의한 국회의원을 규탄하는 시위를 벌이는 등 이념적 대립이 격화되고 있다.

같은 사실이라도 주요 행위자에 대한 묘사나 사건이 전개된 방식, 그리고 특정 행위에 암시된 목적이나 결과에 따라 전혀 다른 이야기가 구성될 수 있다. 그리고 서로 다른 줄거리에 근거한 뉴스는 사실상 다른 뉴스가 된다. 뉴스

①은 신국민운동본부의 주장을 있는 그대로 밝히고 그들이 시위를 벌인 이유와 배경을 설명하는 데 반해, 뉴스 ②는 여의도 일대에 시위가 벌어져 혼란이 야기됐다는 점을 강조해서 전달하고 있다. 뉴스 ③은 우리 사회의 이념적 대립이 심각한 수준에 이르렀음을 지적하고 그에 대한 사회적 해결이 필요하다는 것을 암시하고 있다.

이렇듯 같은 사건에 대해서 서로 다른 뉴스를 만들어내는 뉴스 이야기의 줄거리 구성 방식을 '뉴스의 틀' 또는 '프레임(frame)'이라고 부른다. 어느 뉴스나 일정한 이야기 구조를 갖기 때문에 논평이나 분석기사는 물론 스트레이트 뉴스를 포함한 대부분의 사실기사도 뉴스의 틀을 갖게 된다. 틀 짓기 이론은 이렇듯 다른 방식으로 구성된 뉴스의 틀이 이용자에게 영향을 미치는 과정을 이론화하고 있다.

### 2) 뉴스 틀의 구조와 틀 짓기 효과의 과정

뉴스 틀에 대한 연구는 두 가지 문제를 동시에 제기한다. 첫째, 뉴스 틀은 어떻게 구성되는가? 둘째, 뉴스 틀은 어떠한 현실적 효과를 유발하는가? 첫째는 언론인이 어떻게 뉴스의 이야기 구조를 구성하는가를 묻는 것으로서 뉴스 담론의 특성에 대한 것이며, 둘째는 그렇게 구성된 뉴스가 이용자의 해석이나 판단, 의견에 대해 어떤 결과를 초래하는가를 묻는 것이다.

뉴스 틀의 개념에 대해서는 아직 논란이 많다. 과연 무엇이 뉴스의 틀이냐는 질문에 대해 합의된 대답은 없다. 어떤 연구자는 뉴스의 헤드라인과 도입 문장의 구성을 뉴스의 틀이라 하고, 또 다른 연구자는 뉴스가 선택적으로 강조하는 모든 내용적인 특성을 뉴스의 틀이라고 한다. 하지만 뉴스 틀에 대한 이론을 정립하는 데 큰 공헌을 한 갬슨(Gamson and Modigliani, 1989)이 뉴스의 틀을 '구성적인 줄거리(organizing story-line)'라고 개념화한 이후에 대다수의 연구자가 이러한 개념을 받아들이고 있다.

최근 뉴스 틀이 뉴스 구성의 세 층위, 즉 첫째, 표현요소, 둘째, 주제구조, 셋째, 함축된 가치 등에서 구성된다는 제안이 제시된 바 있다(이준웅, 2009). 어떤 뉴스라도 이 세 층위 또는 세 차원을 동시에 표상하는데 여기에서 뼈대는 층위, 즉 주제구조의 형성을 중심으로 전개되는 이야기다. 다시 말해, 누가 무얼 어떻게 했다는 사건의 전개와 결과에 대한 표상이 뉴스 구성의 핵심이라는 것이다. 그런데 이런 이야기 구성은 구체적 표현요소와 함축된 가치를 동반한다. 표현요소란 이야기의 전개를 나타낼 때 사용되는 도식이나 표현장치로써 표제나 도입을 통한 요약, 인용문과 그림 등 구체적인 뉴스 도식적 범주나 기타 수사적 장치를 사용해서 이야기에 살을 붙이는 과정을 말한다. 특히 방송뉴스의 경우에는 인터뷰, 자료화면, 그래픽, 그리고 리포팅 방식 등에 따라 이야기 구성이 영향을 받는다. 또한 뉴스 이야기는 사건에 대한 이야기를 통해 어떤 가치를 직접적으로 표현하거나 암시한다. 이렇게 강조된 가치에 따라 뉴스 주제구조의 범주인 행위자의 행위, 성격, 사건의 결과 등에 대한 내용이 목적과 의미를 갖는다. 결국 뉴스 틀은 이야기를 중심으로 형성되지만 표현요소와 가치가 서로 다른 수준에서 작용하면서 통합되기도 하는 복잡한 구성물이다.

틀 짓기 효과를 하나의 과정으로 본다면 다음과 같이 요약할 수 있다. 같은 사건에 대한 뉴스라 할지라도 언론인이 갖고 있는 동기나 시각, 또는 정치적 입장에 따라서 뉴스내용의 줄거리는 특별한 방식으로 구성될 수 있다(뉴스 틀의 구성). 어떠한 뉴스 틀은 그 주제와 내용이 현실적인 맥락과 더 잘 조응하기 때문에 다른 뉴스 틀보다 더욱 지배적인 뉴스 틀이 되기도 한다(뉴스 틀의 공명). 이러한 뉴스 틀을 반복적으로 접한 이용자는 한 사건에 대해 뉴스 틀이 제시 또는 암시하는 줄거리를 기초로 사건을 이해하게 된다(틀 짓기 효과).

그렇다면 뉴스 이용자는 뉴스 틀에 무방비 상태로 노출되어 있는 수동적인 존재인가? 뉴스 틀에 대한 연구는 이 문제에 대해 그렇지 않다는 점을 분명히 제시한다. 뉴스의 줄거리를 구성하는 뉴스 틀이 현실적인 영향력을 행사하기 위해서는 뉴스 틀이 어느 정도 이용자의 지식체계와 상호조응해야 한다고 주장한다. 일부 커뮤니케이션 이론가는 뉴스를 이해하는 데 사용되는 이용자의 지식체계를 수용자의 틀(audience frame) 또는 해석의 틀(interpretive frame)이라고 부른다.

수용자의 틀이라는 개념은 분명 혼란스럽게 보인다. 뉴스에도 틀이 있다는데 뉴스 이용자의 지식체계에 있다는 틀은 무엇을 의미하는가? 이를 이해하기 위해서는 인지심리학에서 가정하고 있는 지식의 구성체계에 대한 논의를 먼저 살펴봐야 한다. 이에 따르면 인간의 지식체계는 전부 혹은 상당한 부분이 이야기 구조로 구성되어 있다(Bruner, 1990; Schank and Abelson, 1995). 아마도 인간 지식이 모두 이야기 구조로 되어 있는 것은 아니겠지만(예를 들어 논리 연산에 대한 지식이나 구구단같이 반복 학습된 지식은 줄거리가 없다), 사회적 지식은 대체로 이야기 구조를 지니고 있다고 말할 수 있다. 뉴스 이용자는 특정 사건에 대해 기억하거나 어떤 판단을 위해 기억을 되새길 때 사실상 하나의 줄거리를 갖는 이야기를 활용한다는 것이다. 특정한 사건을 해석할 때 사용되는 이용자 지식의 이야기 줄거리를 이용자 틀 또는 해석의 틀이라고 한다.

결국 뉴스 틀이 이용자에게 구체적인 효과를 발휘하기 위해서는 그 이야기 구조 자체가 현실적인 맥락과 어느 정도 조응해야 하는 것은 물론이고 뉴스 이용자의 지식체계의 이야기 구조, 즉 수용자 틀과도 정도껏 맞아야 한다. 뉴스 이용자는 뉴스내용을 주어진 그대로 받아들이지 않는다. 대신 그들은 이미 알고 있는 전형적 이야기 구조에 근거해서 뉴스내용의 부족한 부분을 채우기도 하고 복잡한 부분은 간단히 요약해서 넘어가기도 하며 불분명한 부분은 스스로 추론한 정보로 대치하기도 한다. 수용자 틀은 뉴스를 해석하는 데 영향을 미치는 또 다른 중요한 요인이다. 즉, 뉴스 이용자가 보기에 '이야기가 안 되는 뉴스'는 틀 짓기 효과를 유발하지 못하는 것이다.

그렇다면 뉴스의 틀과 수용자의 틀이 일치하지 않을 경우에는 어떻게 되는가? 즉, 어떤 사안에 대한 뉴스의 이야기가 하나의 줄거리에 따라 탄탄하게 구성됐다고 할지라도 뉴스 이용자가 이해하지 못하거나 적절하지 않은 줄거리일 경우에는 어떻게 되는가? 이 경우 뉴스의 틀과 이용자의 틀 가운데 더욱 그럴듯한 줄거리를 따라 해석이 이뤄질 것이다. 비록 뉴스 이야기 구조와 이용자 지식의 이야기 구조가 조응하지 않더라도 이 둘 간의 불일치를 해소하는 추진력은 각각의 이야기성(narrativity)이다. 즉, 더 그럴듯한 이야기 구조가 강력한 해석의 근거가 되면서 이용자의 해석을 결정하게 된다.

### 3) 틀 짓기 효과의 특수성

뉴스의 틀은 이용자의 현실에 대한 이해나 해석에 영향을 미친다. 즉, 특정한 방식으로 구성된 이야기를 접한 뉴스 이용자는 사건 자체를 이해하거나 사건의 동기, 결과 등을 해석하는 데 그 이야기를 중심으로 이해·해석한다고 한다. 따라서 흔히 틀 짓기 효과의 가장 직접적인 효과는 현실에 대한 이해 또는 해석에 미치는 효과가 된다. 그런데 틀 짓기 효과가 중요한 커뮤니케이션 효과가 되는 이유는 이 효과가 단순히 이용자의 해석에 그치는 것이 아니라 이용자의 해석에 영향을 미침으로써 그들의 판단이나 의견에도 영향을 미치기 때문이다.

예를 들어 인터넷을 이용한 정보교환에서 성적인 정보의 유통에 대한 뉴스가 있다고 가정해보자. 인터넷에서 성적인 정보유통에 대한 언론의 보도는 한편으로는 정보의 자유로운 유통과 표현의 자유를 문제 삼는 '정보이용 및 사용의 자유'라는 관점에서 보도될 수 있다. 하지만 이 사안에 대해 다른 보도는 전혀 다른 이야기 틀을 구성할 수 있다. 즉, 성적인 정보의 유통에 따른 청소년의 음란물 접근 가능성과 그로 인한 폐해를 강조하는 '청소년 보호'에 관련된 보도도 있을 수 있다. 즉, 인터넷에서 성적 정보의 유통에 대한 뉴스는 이 두 뉴스의 틀 가운데 어떤 것을 중심으로 보도하는가에 따라 뉴스의 이야기 구성 방식이 달라진다. 그리고 이렇게 다른 방식으로 구성된 뉴스는 뉴스 이용자의 인터넷 사용에 대한 이해나 해석에 대해 다른 영향을 미치는 것은 물론 인터넷 규제의 범위와 규제의 주체에 대해 다른 판단을 내리게 할 수 있다. 즉, '정보이용의 자유'로 틀 지어진 뉴스를 주로 접한 이용자는 인터넷 규제가 최소화되어야 한다고 판단하고 규제의 주체도 인터넷 이용자에 의한 자율규제여야 한다고 판단할 것이다. 반면 '청소년 보호'로 틀 지어진 뉴스를 반복해서 접한 이용자는 인터넷 규제는 불가피하며, 그 규제 기관도 정부기구가 되어야 한다고 판단할 것이다. 또한 이 이슈에 대한 인식과 판단이 달라짐에 따라 결과적으로 인터넷 규제에 대한 찬성과 반대를 나타내는 집합적 의견마저 형성된다고 볼 수 있다.

틀 짓기 효과는 다른 커뮤니케이션 효과와는 다른 미묘한 효과를 의미한다. 뉴스의 틀 짓기 효과는 뉴스의 내용에 따라 이용자의 지식이 확대됨으로써 발생하는 '학습효과'와는 다르며, 이용자의 신념을 변화시킴으로써 발생하는 '설득효과'와도 다르다. 또한 틀 짓기 효과는 뉴스내용이 강조하는 개념을 이용자가 즉각적으로 활용함으로써 발생하는 '점화효과'와도 다르다.

이론적으로 말하자면, 틀 짓기 효과는 뉴스가 특정한 이야기 줄거리를 강조한 결과 이용자의 지식 가운데 일정한 이야기 구조를 이루는 개념 및 주제의 집합이 활성화되어 발생하는 것으로 볼 수 있다. 즉, 틀 짓기 효과는 '뉴스 틀의 이야기 구조와 이용자 지식 가운데 이와 조응하는 이야기가 활성화되어 사건에 대한 해석을 낳는 것'이다. 이런 견해는 이준웅(2009)의 '상황모형 이론'에 상세하게 제시된 바 있다. 상황모형 이론은 팬과 코시키(Pan and Kosicki, 1993)의 틀 짓기 효과에 대한 담론 구성적 모형 또는 프라이스와 트윅스버리(Price and Tewksbury, 1997)의 커뮤니케이션 효과로서 틀 짓기 효과 모형 등을 종합해서 뉴스 틀이 이용자의 해석에 미치는 효과를 이론화한 것이다.

틀 짓기 효과는 여론이 단순히 '언론이 기사내용을 결정하는 것'에 의해 결정된다기보다는 '언론이 기사의 줄거리가 구성되는 방식'에 따라서 미묘하게 반응한다는 것을 의미한다. 따라서 한 사건에 대한 특정한 뉴스의 틀이 일정

기간 반복해서 전달된다면, 뉴스 틀은 이용자 집단의 사건에 대한 해석에 상당한 영향을 미칠 수 있다. 특히 언론기관을 통해 전달되는 뉴스의 틀이 상호 내적 일관성을 지니고 사회적으로 강력하게 공명(resonance)한다면 그 효과는 더욱 커질 것이다.

틀 짓기 효과에 대한 논의는 아직도 뜨겁다. 한편에서는 틀 짓기 효과에 대해 구체적인 연구성과가 쏟아지는 반면, 다른 편에서는 틀 짓기 효과가 과연 이론적으로 타당한 효과인지에 대한 비판적 논의가 제기되고 있는 형편이다. 틀 짓기 효과에 대한 비판은 크게 보아 세 가지다.

첫째, 연구자가 뉴스의 틀을 정확하게 규정하지 않고 사용하기 때문에 연구자마다 정의한 뉴스의 틀이 상이하며, 뉴스의 틀이 정의된 경우에도 그 개념이 너무 포괄적이어서 과연 무엇을 뉴스의 틀이라고 할 수 있을지 알 수 없다는 것이다. 둘째, 뉴스 틀 짓기 효과의 범위가 불분명하다는 비판이 있다. 연구자마다 뉴스의 틀이 뉴스의 해석 및 이해, 사건에 대한 의견과 태도, 판단 등에 영향을 미친다고 하는데 과연 어디까지가 틀 짓기 효과의 범위인지 분명하지 않다는 것이다. 셋째로 가장 중요한 비판은 틀 짓기 효과의 인지적인 메커니즘이 분명하지 않다는 점이다. 의제설정 효과나 점화효과에 대한 이론적 논의는 상당히 발전해서 이제는 각 효과가 발생하는 인지적 조건을 비교적 명확하게 파악하고 있는 반면, 틀 짓기 효과는 아직도 어떤 인지과정을 거쳐 발생하는지 결정적인 이론적 명제를 제시하지 못한다고 비판을 받고 있다.

틀 짓기 효과에 대한 연구는 아직 진행 중이다. 따라서 이론의 완성도 측면에서 보자면 지금까지 확립된 이론적 명제보다는 앞으로 경험적 검증과 비판을 통해 새롭게 확립될 이론적 명제가 더욱 많다고 할 수 있다. 결국 위에서 제기한 틀 짓기 이론에 대한 비판은 모두 타당하지만 동시에 약간 성급하다고도 평가할 수 있다. 이 이론의 고유한 장점을 살리기 위해서는 아직 더 많은 연구와 이론적 작업이 필요하다.

그럼에도 틀 짓기 효과 이론은 뉴스의 이야기 구성에 의한 현실 구성 효과를 본격적으로 문제 삼는다는 점에서 특별하다. 틀 짓기 효과는 언론인이라면 누구나 암묵적으로 가정하고 있던 혹은 감으로 알고 있던 '뉴스의 이야기 구성이 이용자의 해석에 미치는 효과'를 본격적으로 탐구하고 있다. 다시 말해 언론인은 아무리 복잡하거나 어려운 사태라 할지라도 그 사태에 대해 '그럴듯하게 말이 되는 이야기'를 구성하면 이는 곧 누구나 이해할 수 있는 그럴듯한 현실이 된다는 것을 알고 있었다. 문제는 이를 이론적으로 파악하고 경험적으로 확증하는 일이다. 틀 짓기 이론은 뉴스에 대한 가장 오래된 명제를 이론적으로 확인하기 위해 개발됐다. 그 명제는 뉴스는 복잡한 현실에 대한 이야기를 전달해준다는 것이다.

## 5. 정보처리 이론

흔히 언론의 영향력을 과대평가하는 사람들은 누구나 언론매체를 쉽게 접할 수 있으며, 뉴스를 접한 사람 대부분이 그 내용에 주목하며 결국 그 내용을 받아들이게 된다고 본다. 그러나 이러한 가정은 현실적이라고 볼 수 없다. 대중매체가 편재하는 것은 사실이지만 그렇다고 누구나 뉴스에 쉽게 접근할 수 있는 것은 아니며 실제로 뉴스를 열심히 찾아보는 사람도 그렇게 많지 않다. 또한 뉴스를 접한다고 해도 누구나 내용에 심각하게 주의를 기울인다고 볼 수도 없다. 또한 뉴스를 심각하게 본다고 반드시 그 내용을 받아들인다고 볼 수도 없다.

### 1) 정보처리 이론의 등장 배경

정보처리 이론이 처음 등장한 이유는 대중매체의 효과가 일반 시민의 생각과는 달리 그리 크지 않다는 주장에 대한 이론적 근거를 제시하기 위해서다.

맥과이어(McGuire, 1969)에 의하면 하나의 정보가 이용자에게 도달해서 효과를 유발하려면 일련의 정보 처리 과정을 통해야 한다고 한다. 여기에서 정보 처리 과정이란 정보에 대한 노출(Exposure), 주목(Attention), 이해(Comprehension/Reception), 수용(Acceptance), 파지(Retention) 등과 같은 한 개인이 새로운 정보를 습득하는 일련의 과정을 의미한다. 예를 들어 "미국은 곧 이라크에 공습을 가할 것이다"라는 뉴스가 전달되는 상황을 생각해보자. 한 개인이 이 뉴스 메시지의 내용을 습득해서 정말 그럴 것이라고 믿게 될 가능성은 그 사람이 이 뉴스를 접할 확률, 이 뉴스에 주목할 확률, 이 뉴스가 의미하는 바를 이해할 확률, 이 뉴스가 정말 그럴듯하다고 믿을 확률, 그리고 계속해서 그 믿음을 유지할 확률을 모두 곱한 것이 된다. 이를 수식으로 나타내면 다음과 같다.

- p(Effect) = p(Exposure) × p(Attention) × p(Reception) × p(Acceptance) × p(Retention)

이 식을 이용해서 대중매체의 효과가 그리 크지 않다는 것을 간단히 보여줄 수 있다. 즉, 어떤 개인이 '정부는 부동산 보유세를 올릴 것'이라는 뉴스를 볼 확률이 0.9, 주목할 확률이 0.6, 이해할 확률이 0.8, 받아들일 확률이 0.5, 유지할 확률이 0.7이라면 그 사람이 '정부는 부동산 보유세를 올릴 것'이라는 내용을 장기적으로 믿게 될 확률은 0.15에 불과하다.

결국 맥과이어의 정보처리 이론은 대중매체의 효과가 제한적일 수밖에 없는 이유를 설명한다. 개인이건 집단이건 대중매체의 메시지를 항상 접하고 주목하고 이해하고 받아들이는 사람은 극히 일부라고 할 수 있다. 대다수의 이용자는 메시지를 선별적으로 접촉하고 그 가운데 일부분에 대해서만 주목하며 주목한 모든 메시지를 이해하거나 받아들이는 것도 아니기 때문에 대중매체를 통해 전달되는 메시지의 효과는 제한적일 수밖에 없다는 것이다.

정보처리 이론이 특별히 흥미로운 이유는 위에서 제시한 정보 처리 과정과 관련된 변수를 이용해서 커뮤니케이션 효과를 예측할 수 있기 때문이다. 예를 들어 맥과이어는 다른 조건이 다 같을 때, 지식(knowledge) 혹은 지능(intelligence)이 정보의 이해(reception)와 수용(acceptance)에 영향을 미친다는 전제를 근거로 지식과 커뮤니케이션 효과의 함수를 구성했다. 먼저 다른 조건이 같을 때 커뮤니케이션 효과는 이해와 수용의 함수다. 즉, 어떤 개인이 대중매체의 메시지를 더 잘 이해하고 그 메시지의 내용을 받아들일수록 대중매체의 커뮤니케이션 효과는 커진다고 볼 수 있다.

① 효과(Effect) = 이해(Reception) × 수용(Acceptance)
② 이해(Reception) = a × 지식(Knowledge) + b     (a > 0)
③ 수용(Acceptance) = a × 지식(Knowledge) + b    (a < 0)
④ 효과 = a × 지식(Knowledge)$^2$ + b × 지식(Knowledge) + c   (a < 0)

그런데 이해의 정도와 수용의 정도는 각각 지식의 함수다. 즉, 다른 조건이 다 똑같다면 지식이 많을수록 새로운 메시지를 더 잘 이해하게 되며 그 내용을 수용하는 데 인색해진다. 이 두 가정은 경험적으로 검증된 것으로 학습에서 기존 지식이 새로운 내용을 이해하고 파악하는 데는 도움이 되지만 그 내용을 자신의 신념으로 받아들이는 데는 오히려 방해가 된다는 결과에 근거한 것이다.

수식 ②와 ③을 수식 ①에 대입하면 수식 ④와 같은 결과를 얻는다. 이는 지식과 커뮤니케이션 효과가 2차 곡선의 관계를 갖는다는 의미다. 즉, 커뮤니케이션 효과는 지식이 증가할수록 일정 정도 증가하다가 어느 점을 지나면 오히려 지식이 증가함에 따라 커뮤니케이션 효과가 줄어든다는 것이다. 수식 ②, ③, ④를 차례로 나타내면 <그림 4-1>과 같다.

지식과 커뮤니케이션 효과의 2차 함수관계를 나타낸 것이 <그림 4-1>의 오른쪽 그래프다. 이 그림에 따르면 대중매체의 영향력이 가장 높게 나타나

<그림 4-1> 지식과 커뮤니케이션 효과의 관계

는 것은 지식수준이 높은 사람도 아니고 낮은 사람도 아닌 중간 정도의 사람이라는 것을 알 수 있다. 즉, 수식 ②, ③에 따르면 지식수준이 너무 낮은 사람은 메시지의 내용을 이해하는 데 어려움이 있고, 지식수준이 너무 높은 사람은 메시지의 내용을 받아들이는 데 어려움이 있다. 이도 저도 아닌 중간 정도의 지식을 가진 사람이 메시지를 적당히 이해하고 받아들여 상대적으로 큰 효과를 보인다는 것이다.

위의 내용은 신문의 독자 또는 방송뉴스의 시청자에게도 적용될 수 있다. 예를 들어 특정 신문을 구독하는 독자가 어떤 사회적 이슈를 형성하는 의견에 어떻게 반응하는지 생각해보자. 독자가 이 신문에 실린 기사를 모두 이해할 수 있는 것은 아니다. 또한 그 신문을 정기적으로 읽는다고 해서 그 신문의 논조를 받아들이는 것도 아니다. 그렇다면 특정 사회이슈에 대한 이 신문의 논조를 가장 많이 수용한 사람들은 누구일까? 수식 ④에 따르면 이 신문의 논조를 가장 많이 수용한 사람은 지식수준이 너무 낮은 독자도 너무 높은 독자도 아닌 '보통 수준의 독자'라고 예측할 수 있다.

2) 정보처리 이론의 새로운 발전

잴러(Zaller, 1992)는 맥과이어의 정보처리 이론을 원용해서 여론 형성 과정을 설명하려 했다. 그는 현대 정치환경에서 여론의 형성과 변화과정을 설명

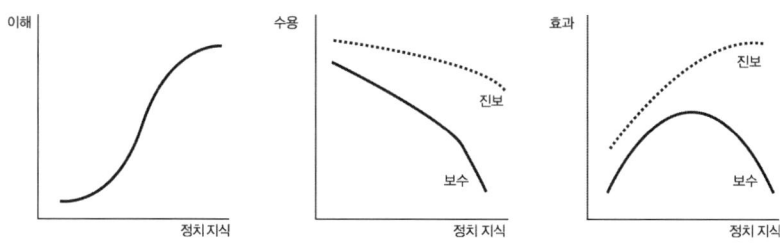

<그림 4-2> 정치 지식에 따른 보수·진보진영의 의견 분화

하기 위해 상반된 캠페인 진영의 형성과 그에 따른 여론의 분화과정에 주목했다. 잴러에 의하면 현대 선거전이나 정책적 캠페인의 대결 등은 대립하는 두 정당 또는 사회세력 간의 대중매체를 통한 대중 설득 과정으로 나타난다고 한다. 그런데 여론의 형성과 변화의 패턴은 이슈의 성격, 캠페인의 강도, 캠페인 당사자의 인지도 차이 등에 따라 달라진다는 것이다.

여론의 분화를 설명하기 위해 하나의 진보적인 정책에 대한 캠페인이 전개되는 상황을 설정해보자. 이를테면 시민운동 단체가 '환경세 신설'을 사회적 의제로 제시하고 그에 대한 논쟁이 격화되면서 언론이 시민운동 단체의 환경세 신설에 대한 뉴스를 대대적으로 보도하는 상황을 예로 들어보자. 이를 접하는 시민이 환경세라는 생소한 세금의 의의와 이 세금이 신설되는 이유를 제대로 이해하기 위해서는 어느 정도 배경지식이 필요하다. 즉, 지식이 적은 사람은 아무리 뉴스를 많이 접하더라도 이 세금의 필요성과 도입 배경, 그리고 구체적인 내용을 파악하기 어렵다. 역시 어느 정도 지식이 있어야 이 세금제도를 이해할 수 있을 것이다. 이 점이 <그림 4-2>의 왼쪽 그래프에 제시되어 있다.

하지만 환경세 신설에 대한 수용 여부는 이용자의 정치적 이념과 지식에 따라 달라진다고 볼 수 있다. 즉, 환경세 신설에 대해서 보수적인 정치적 이념을 지닌 사람은 진보적인 이념을 가진 사람에 비해 상대적으로 덜 찬성할 것이다. 즉, 보수적인 사람은 환경세 신설에 반대할 것이며, 특히 정치적 지식이

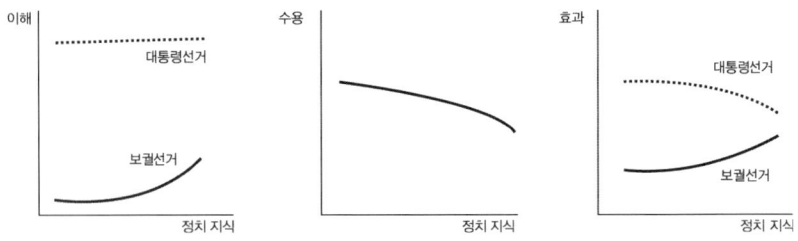

<그림 4-3> 캠페인 강도에 따른 효과의 차이

많을수록 더욱 그러하리라고 예상할 수 있다. 반면 진보적인 사람 가운데는 이러한 정치적 지식의 영향력이 보수적인 사람에 비해 상대적으로 적을 것이다(<그림 4-2> 가운데 그래프 참조). 결국 보수적인 사람과 진보적인 사람의 환경세 신설에 대한 의견은 서로 다르게 나타날 것이다. 그런데 그 차이는 <그림 4-2>의 오른쪽 그래프에 제시된 바와 같이 정치적 지식이 많은 사람에게서 가장 크게 나타날 것이다.

한 가지 예를 더 들자면, 보궐선거와 같이 후보자나 이슈가 잘 알려지지 않은 캠페인 상황과 대통령선거와 같이 후보자나 주요 이슈가 잘 알려져 있는 캠페인 상황을 비교해서 설명해볼 수 있다. 보궐선거의 경우, 정치적 지식이 높은 사람을 제외한 대부분의 사람이 후보나 이슈에 대해 잘 모를 것이며 따라서 전반적으로 (특히 정치적 지식이 낮은 사람에 대해) 정치적 이해의 수준이 낮을 것으로 예상할 수 있다. 반면, 대통령선거라면 정치적 지식과 관련 없이 모두가 후보나 이슈에 대해 잘 알고 있다고 가정할 수 있다. 따라서 <그림 4-3>의 왼쪽에 제시된 그래프와 같다.

대통령선거나 보궐선거의 경우 정치적 지식과 수용 간의 관계가 특별히 달라지리라고 생각할 근거가 별로 없다. 따라서 두 선거의 경우 모두 <그림 4-3>의 가운데 그래프와 같은 양상을 보일 것이다. 결국 대통령선거와 보궐선거의 경우 커뮤니케이션 효과에 차이가 발생하는데 그 패턴은 <그림 4-3>의 오른쪽 그래프처럼 될 것이다. 즉, 보궐선거의 경우 정치적 지식이 많을수록 캠페인 효과를 많이 받을 것으로 예상할 수 있지만, 대통령선거의 경우에는 반대로 정치적 지식이 적은 경우가 상대적으로 더 강한 효과가 나타날 것으로 볼 수 있다. 즉, 선거 캠페인의 강도에 따라 개인의 캠페인 메시지에 대한 이해의 정도가 달라지며 그 결과 캠페인 효과도 달라진다는 것이다.

### 3) 정보처리 이론의 현실적 함의

잴러의 확장된 정보처리 이론을 언론의 영향력과 관련해서 보면 다음과 같은 점을 확인할 수 있다. 첫째, 대중매체의 이용, 특히 언론매체를 정기적으로 이용하는 것은 여론 형성에서 중요한 중개변수가 된다. 즉, <그림 4-2>와 <그림 4-3>에서 제시된 중개변수인 정치 지식이란 사실상 대중매체를 통해서 형성되기 때문에, 그리고 정치 지식이 많을수록 정치적 매체 이용도 많아지기 때문에, 혹은 정치적 매체 이용이 많아지면 장기적으로 정치 지식이 축적되므로 앞에서 제시된 그림의 X축에 제시된 '정치 지식'을 모두 '정치적 매체 이용'으로 대체해서 설명할 수 있다. 이는 정치적 이념에 따른 의견분화 현상(<그림 4-2>)이나 캠페인 강도에 따른 커뮤니케이션 효과의 차이(<그림 4-3>) 같은 현상을 정치적 매체 이용으로 설명할 수 있다는 의미다. 예를 들어 <그림 4-2>의 경우는 정치적 매체 이용이 많아짐에 따라 정치적 이념에 따른 의견 분화가 더욱 강력하게 나타난다고 해석할 수 있다. 또한 <그림 4-3>의 경우는 보궐선거에서는 정치적 매체 이용이 많은 사람이 정치적 설득의 대상이 되지만 대통령선거에서는 정치적 매체 이용이 적은 사람이 오히려 정치적 설득의 대상이 된다는 것을 알 수 있다.

둘째, 신문과 방송의 효과가 다르게 나타난다는 것도 정보처리 이론을 통해 설명할 수 있다. 일반적으로 방송뉴스는 사건과 이슈의 내용을 집약시켜 정보를 단순하게 조직하는 한편, 핵심적인 정보에 따르는 영상과 음향정보를 통해 내용의 구체성과 설득력이 강조된다고 볼 수 있다. 반면 신문보도는 사건과 이슈의 내용을 충분히 풀어서 해석 및 분석과 함께 제시하지만 그 내용을 강조하는 보조적인 영상이나 음향 같은 정보는 제한된다. 따라서 같은 이슈에 대한 보도라고 할지라도 신문보도는 절대적으로 많은 양의 정보를 전달하는 데 비해 그 전달력은 방송에 비해 떨어진다. 반면 방송보도는 정보의 양은 적지만 그 전달력은 강할 것이라고 볼 수 있다. 이러한 차이를 수식 ②, ③에 대입시키면, 두 매체의 효과가 달리 나타난다고 예상할 수 있다.

셋째, 잴러의 확장된 정보처리 이론은 일견 일관된 것처럼 보이지 않는 언론의 영향력을 종합적으로 설명해준다. 언론현장에서 보면 언론의 영향력은 어떤 조건에서는 강력하지만 다른 조건에서는 미약하다는 점을 알 수 있다. 언론의 영향력, 이슈, 주요 행위자의 인지도, 정보 전달 양식, 그리고 가장 중요하게는 상반된 정보원의 대립 정도에 따라 각각 다르게 나타나기 때문에 흔히 언론의 영향력을 일반화시키는 것은 매우 어려운 일이다. 맥과이어와 잴러의 이론은 이처럼 다양하게 나타나는 언론의 영향력을 종합적으로 이해할 수 있도록 도와준다. 즉, 이 이론은 커뮤니케이션 효과가 발생하기 위해서는 정보에 대한 노출, 주목, 이해, 수용, 유지와 같은 일련의 과정을 만족시켜야 하며 각 과정에 미치는 변수에 따라 최종적인 효과가 다르게 나타날 수 있다는 것을 보여준다. 그 모든 변수를 결정하고 각각의 함수관계를 확인하는 것은 분명 어려운 일이다. 하지만 이 작업을 통해서 언론의 효과를 설명할 수 있다는 것을 보여준다.

## 제4장 연습문제

1. 환경문제, 민족문제, 인종문제 등이 사회적으로 논란이 되고 정책적 개입의 대상이 되는 과정에서 언론은 어떤 역할을 하는지 문화계발 효과 이론을 들어 설명하라.

2. 언론의 의제를 결정하는 요인에는 무엇이 있는가? 언론사 내부와 외부의 다양한 영향력과 사회세력을 들어 매체의제를 결정하는 영향력을 제시하고, 각 영향력 간의 상호 관련성 또는 충돌 여부에 대해 의견을 제시하라.

3. 국제뉴스가 대통령선거와 지방선거에서 유권자의 후보에 대한 평가에 미치는 영향력의 차이를 점화효과 이론을 들어 설명하라.

4. 환경개발과 오염에 대한 뉴스를 사례로 이런 뉴스가 장기적으로 시민들의 인식에 미치는 효과를 의제설정 이론, 점화 이론, 틀 짓기 이론으로 구분해서 설명하라.

5. 뉴스 텍스트를 구성하는 요소가 서로 다른 뉴스 틀 짓기 효과를 유발할 수 있겠는가? 인터넷 포털에 제시된 뉴스를 사례로 들어 설명하라.

6. 언론사가 이념적으로 양극화되어 특정 사안에 대해 상반된 보도를 하는 경우와 반대로 언론사가 이념적으로 포괄적인 보도를 하는 경우에 시민들은 그 사안에 대해 얼마나 알게 되고 또 얼마나 의견 변화를 보일지 정보처리 이론을 들어 예측하라.

### ▪ 요약

저널리즘의 과학적 연구는 저널리즘 현상을 이해하고 설명할 수 있는 과학이론을 창출하는 것이 목적이다. 제5장은 저널리즘 현상의 과학적 연구에 필수적인 사회과학 연구방법론의 핵심 내용을 기초 수준에서 개괄해 소개할 것이다. 이를 위해 저널리즘 연구가 연구대상으로 삼는 저널리즘 현상의 의미, 과학적 연구의 목적, 과학이론의 성격과 특성, 과학적 연구방법의 규칙과 절차를 정리한 6단계 연구과정 등에 대해 차례로 서술하고 각 내용별로 반드시 알고 있어야 할 주요 개념과 방법론 지식을 설명한다. 저널리즘을 공부하는 학생들은 이 장의 학습을 통해 표준화된 규칙과 절차에 따라 이론의 논리적 추론을 전개하고 경험적인 증거를 제시함으로써 탐구현상에 대해 진리 주장을 펼치는 과학이론과 과학적 연구방법의 상호 연관성을 충분히 이해하고 숙지할 필요가 있다.

### ▪ 주요 용어

저널리즘 현상, 과학이론, 논리적 추론, 연구가설, 경험적 검증, 표준화된 과학적 연구절차

## 제5장 저널리즘 현상과 사회과학 연구방법

김경모(연세대학교)

## 1. 저널리즘과 과학적 연구방법의 필요성

저널리즘이란 시민사회의 공적인 이해와 관심이 큰 시사 현안을 뉴스로 취재·편집해서 신문, 잡지, 방송, 통신, 인터넷 등의 매스 미디어를 통해 객관적인 사실로 보도하거나 사설·논평과 같이 의견과 비평의 형태로 주장·주의를 담아 알리는 지적 활동[1] 또는 이런 지적 활동을 전문적으로 하는 직업세계를 일컫는다. 그러나 일반적으로 언론(言論)이라고 번역하는 저널리즘은 좁은 개념이다. 넓은 의미에서 저널리즘은 언론 행위가 사회적으로 유발하는 영향력과 효과의 범위를 넘어 언론매체(매스 미디어)가 매개하는 오락과 광고현상, 언론활동이 일어나는 시공간적 환경요소인 언론법제와 정책, 그리고 역사·철학·윤리문제까지 포괄하는 인간 커뮤니케이션의 한 형식이다. 따라서 저널리즘은 인간의 역사만큼이나 기원이 오래된 사회현상이다.

고대부터 저널리즘이라 부를 수 있는 커뮤니케이션 현상이 존재했지만

---

[1] 뉴스란 어떤 사건이나 이슈를 '있는 그대로' 사실만 보도하는 기사형태를 말하는 반면, 사설과 논평은 주관적인 의견을 주로 제시하는 기사형태를 말한다. 뉴스지면(news page)과 의견지면(opinion page)을 구분해서 편집하는 신문의 지면 구성을 생각하라.

(Altschull, 1991) 현대적 의미에서 저널리즘 현상은 근대 사회의 산물로서 신문과 방송 같은 매스 커뮤니케이션의 발달과 밀접한 관련을 맺고 있다. 전통적인 저널리즘 교육과 연구 역시 근대 이후 새롭게 등장한 전문 직업인으로서 저널리스트(기자와 프로듀서)를 육성하는 교육제도와 프로그램의 운영에 집중됐다. 언론현장에서 일하는 언론인을 배출하고 재교육하는 데 주목적이 있었으므로 저널리즘 교육은 저널리스트에게 유용한 인문학적 소양을 키우거나 기사 작성, 촬영과 편집 등 취재보도 활동에 필요한 실무기술과 경험을 실용적인 지식체계로 제공하는 데 초점을 맞춘 경향이 있다. 저널리즘 대학의 학부 교과목 구성(curriculum)도 이론보다 실습과 인턴제에 높은 비중을 둔다. 산학 협력을 강조하고 체험을 통한 지식 습득(learning by doing)과 훈련(training)에 교육적 가치를 두는 실용주의 전통 때문이다. 저널리즘 연구 역시 저널리즘 교육이 추구하는 가치와 목표 ― 진실 추구, 시민의 알 권리에 복무, 언론의 자유와 독립 ― 를 효과적으로 실현하기 위해 저널리즘의 직업 전문주의(professionalism)와 윤리(ethics)를 강조하고 저널리즘의 원칙과 민주주의적 역할을 정당화하는 거시이론의 창출에 주력해왔다. 이 과정에서 저널리즘 연구자들은 어문학, 역사, 철학 등 인문학이나 법학 전통과 연계해 질적 연구방법론(qualitative methodology)을 주로 사용했다.

다분히 직업 한계적인 측면이 있지만 저널리즘 교육과 연구의 이러한 전통은 지금도 유용하고 가치도 크다. 그러나 저널리스트가 '진실을 향한 헌신, 열정과 근면, 그리고 뛰어난 글재주'만으로 저널리즘 세계에서 살아남는 것은 이제 불가능한 현실이 됐다. '미디어 빅뱅'이라고 부를 만큼 언론을 둘러싼 환경은 급속하게 변화하고 있다. 저널리즘과 매스 커뮤니케이션 현상도 뚜렷하게 구분하기가 어려울 정도로 경계가 흐려지는 추세이며, 전 지구화(globalization)와 커뮤니케이션 기술발전에 따라 폭발적으로 증가하는 정보량과 복잡한 사회변화는 전통적인 시각과 관습에 의존한 저널리즘 활동을 점점 어렵게 만들고 있다. 이에 대한 해결책으로 예전부터 제시되어온 한 지적 흐름은 '과학으로서의 저널리즘'에 대한 관심이다(Weaver and McCombs, 1980). 실제로 학문 분야로서 사회과학 전통에서 계량적 분석방법을 활용하는 매스 커뮤니케이션 연구와 인문학 전통에서 질적 분석방법을 활용하는 저널리즘 연구는 서로 수렴하는 경향을 보여왔다. 정밀 저널리즘(precision journalism)은 과학적 연구방법을 저널리즘 영역에 적극 도입해 언론활동을 전개하고 연구할 것을 제안한다(Meyer, 2002). 이 장은 이런 추세에 발맞춰 저널리즘 교육과 연구활동에 유익한 사회과학 연구방법론의 기초를 소개하려 한다. 저널리즘 현상에 대한 과학적 이해를 돕기 위해 과학이론과 계량적 연구방법(quantitative methodology)의 내용과 특성에 대해 개괄적으로 서술한다.

## 2. 저널리즘 현상과 과학이론

### 1) 저널리즘 현상의 특징

현대 사회에서 저널리즘 활동이 전개되면서 일어나는 여러 사회현상을 저널리즘 현상이라고 부를 수 있다. 좀 더 정확하게 말하면 저널리즘 현상이란 저널리즘 세계에서 독특하게 관찰되는 커뮤니케이션 현상을 말한다. 저널리즘 연구자가 주목하는 연구대상은 바로 인간 커뮤니케이션의 한 형식으로서 저널리즘 현상이다.[2]

하지만 사회과학 연구방법론의 관점에서 볼 때 연구자가 관심을 두는 사회현상이란 무엇을 말하는 것일까? 우리는 과학적 연구의 대상으로서 사회현상

---

2 인간 커뮤니케이션의 한 형식으로서 저널리즘 현상은 몇 가지 독특한 사회적 성격을 지닌다(임영호, 2005). 저널리즘 현상에선 보편적으로 주기성(regularity), 복제성(duplication), 공시성(publicity), 다양성(diversity), 기록성(documentation), 시의성(timeliness), 속보성(quickness) 등을 규칙적으로 관찰할 수 있다.

을 '사실과 사실의 관계' 또는 '사건과 사건의 관계'라고 정의할 수 있다. 사실(사건) 간의 관계로서 저널리즘 현상의 몇 가지 사례를 들어보자.

- 뉴스의 출처가 분명하면 사람들은 그 뉴스를 더욱더 진실하다고 믿는다.
- 신문이 특정 문제를 부각시켜 집중 보도하면 사람들은 그 문제를 우리 사회에서 가장 중요한 현안으로 인식하게 된다.
- 텔레비전 뉴스는 남성보다 여성을 더욱더 부정적으로 묘사한다.
- 한국 사회의 노동쟁의를 다루는 신문사설의 논조는 신문사의 정치적 이념을 반영한다.

위의 사례는 한결같이 어떤 사실(사건)과 사실(사건)이 서로 어떻게 연관을 맺고 있는지를 서술하고 있다. '뉴스 출처의 신뢰성'과 '뉴스의 진실성 인식', '보도사안의 현저성'과 독자의 '현저성 인식', '성별'과 '부정적 이미지', 그리고 '신문의 정치적 이념'과 '사설의 논조'라는 사실들이 제각기 독특한 관계를 맺고 있다는 것을 보여준다. 이런 사실관계는 모두 언론이 사회에서 일어나는 일을 취재해서 뉴스와 사설로 보도하고 이를 사람들이 알게 되는 커뮤니케이션 과정에서 자연스럽게 나타난 독특한 현상이다. 저널리즘의 과학적 연구는 이처럼 독특한 저널리즘 현상을 발견하는 일에서 시작된다. 저널리즘 세계를 주목하면서 하나의 사실(사건)과 또 하나의 사실(사건)이 어떤 체계적이고도 일정한 연관을 맺고 있음을 찾아내고 이에 대해 흥미를 갖고 면밀하게 관찰하는 일에서부터 과학적 연구가 본격적으로 출발한다는 것이다.

하지만 저널리즘 현상으로서 사실과 사실의 관계를 말할 때 연구자는 그런 관계가 지닌 공통의 성격에 주목한다. 저널리즘 연구자는 사실 간의 관계가 항상 일정하게 관찰되는 규칙성(regularity)을 띠고 있고, 어디서나 널리 누구나 관찰할 수 있는 보편성(universality)을 지니며, 그 관계가 학문적·사회적으로 새로운 의미(significance)를 드러낼 때 비로소 연구대상으로 연구가치가 있다고 여긴다. 만일 사실과 사실의 관계가 규칙적으로 반복되지 않고 일회성으로 끝나거나, 시간과 장소에 따라 관계 자체의 성격이 제멋대로 달라지는 우연한 일이거나, 이미 누구나 다 알고 있는 사실관계여서 우리에게 새로운 이해와 지식을 제공할 만한 여지가 별로 없다면 더 이상 관심 있는 연구대상으로 삼지 않는다.

### 2) 저널리즘 현상과 과학적 연구의 목적

인류가 새로운 지식을 찾아내거나 진리에 도달하기 위해 활용해온 접근 방법은 여러 가지가 있다.[3] 그러나 우리가 관심을 갖는 지식 획득 방법은 과학적 연구방법이다. 저널리즘 연구가 채택하는 과학적 연구방법을 살펴보자.

저널리즘 현상에 관심을 갖는 연구자가 주의 깊은 관찰과 추론을 통해 사실과 사실의 관계를 찾아내면서 과학적 연구가 시작된다. 그러나 사실관계가 규칙적이고 보편적인 성질을 띠는 것처럼 보인다고 섣부르게 이를 곧바로 진리라고 주장하지 않는다. 그 대신 과학자는 어떤 현상이 규칙성과 보편성을 띠면서 일어날 수밖에 없는 이유와 증거를 밝혀 사실 간의 관계가 항상 옳다는 점을 증명한 뒤에야 비로소 그것이 진리라고 주장하는 길을 택한다. 그 길을 조금 더 자세히 따라가 보자.

먼저, 사회과학자는 관찰현상에 대해 성급하게 진리를 주장하는 대신 그 나름대로 논리적인 추리를 펼쳐 그 현상이 어떤 조건하에서는 언제나 옳을 것이라고 일단 예측한다. 진리치를 잠정적으로 예상하고 추측해보는 이 같은 논리적 가정을 연구가설(research hypothesis)이라고 한다. 그다음, 연구자는 추론한 연구가설이 옳은지 그른지 판정하러 실제 세계에 존재하는 증거와 이유를 찾는 검증작업을 실시한다. 이러한 검증은 인간의 경험과 현실세계의 자

---

[3] 아집의 방법, 권위의 방법, 직관의 방법 등을 들 수 있다(Wimmer and Dominick, 1994).

료 분석에 의존한다는 점에서 경험적 검증 또는 실증(empirical verification)이라고 한다. 이처럼 과학적 연구방법은 실증과정을 거친 뒤에야 옳다고 판명된 지식을 체계적으로 정리하는데, 이렇게 정립된 지식체계를 비로소 과학이론(scientific theory)이라고 부를 수 있다. 말하자면 과학적 믿음(지식)으로서 과학이론은 객관적인 관찰과 분석과정을 거치면서 진리치를 실제 세계에서 직접 확인할 수 있는 경험적 증거를 통해 보증받는 것이다.[4] 검증과정을 거친다는 점에서 과학적 지식은 다른 유형의 지식과 구분되며 이 때문에 과학적 방법은 다른 지식 습득 방법보다 수월하다고 평가받는다.

따라서 과학적 연구과정은 객관적인 현상 관찰에서부터 분석적인 실증과정을 거쳐 현상에 대한 논리적이고 체계적인 지식을 과학이론으로 종합하는 이론 구축 절차를 밟는다. 이러한 관찰과 분석과 종합의 전 과정을 관장하는 규칙(rule)과 절차(procedure)를 따르는 것이 바로 과학적 연구방법이다. 한마디로 과학적 연구과정은 과학적 연구방법을 사용해 '과학이론의 발견과 구축'이라는 궁극적 목표를 향해가는 지적 여행인 셈이다.

과학이론은 사회현상을 더욱 풍요롭게 이해하고 이런 현상이 '왜' 그리고 '어떻게' 일어나는지 설명하도록 도와준다. 현실세계의 문제를 해결하거나 개선할 수 있는 지식과 대안을 제공하기도 한다. 그러나 지적 여정의 중간 기착지마다 작은 목적을 달성해가야 '과학이론의 창출'이라는 최종 목표에 안전하게 도달할 수 있다. 과학적 연구의 구체적인 목적들을 하나씩 살펴보자.

첫째, 과학적 연구는 연구대상으로서 현상을 잘 기술해야 한다. 기술(description)이란 어떤 주어진 현상을 있는 그대로 정확하게 관찰해서 객관적으로

---

4 따라서 가설은 비록 논리적으로 추론됐다 하더라도 검증을 기다리는, 아직 진위가 판명되지 않은 추측성 진술(conjectural statement)이다. 반면에 이론은 경험적 검증을 거침으로써 진리가 판명된, 정당성을 지닌 주장(justified argument)이라고 할 수 있다(신민철, 2007). 과학적 사유 방식의 특징은 논리적으로 유추한 현상의 관계에 대한 지식이 경험적으로 관찰된 사실관계와 일치할 때 비로소 과학적 지식으로 인정된다는 점이다.

묘사하는 일이다. 실제로 우리는 일상생활에서 관찰하거나 경험하는 사실을 진술하는 데 크게 불편해하지 않는다. 예를 들면 다음과 같다. "그 여자 키가 엄청나네", "이 강의실은 완전 찜통이군", "장동건은 정말 머리가 좋군요." 하지만 이런 발언은 과학적인 진술이 아니다. 모두 주관적인 표현이고 듣기에 따라 다른 의미로 해석할 수도 있다.[5] 그 대신 "그 여자의 키는 184센티미터다", "강의실의 실내온도는 섭씨 41도다", "장동건은 지능지수가 146이야"라고 말하는 것이 과학적인 기술에 가깝다. 일단 누가 봐도 동일한 의미로 해석되고 또 누가 진술해도 그렇게 기술할 수밖에 없는 객관성을 담고 있기 때문이다. 이처럼 과학적 연구에서 사실의 기술은 객관적 기준을 사용해서 사실의 속성(attribute)을 관찰하고 묘사할 때 가능하다. 과학자가 길이, 더위, 지능이라는 속성 등을 관찰하고 묘사할 때 사용하는 객관적 기준을 척도(scale)라 하고 척도를 사용해서 어떤 사실의 속성을 관찰하고 묘사하는 일을 측정(measurement)이라 한다. 따라서 과학적 연구의 기술이란 현상에서 관찰하는 사실의 속성을 척도를 사용해서 측정하고 보고하는 일이나 다름없다. 센티미터(cm), 섭씨(°c), 지능지수(IQ 테스트 문제)는 모두 사실을 기술하는 데 사용하는 척도다. 그렇다면 저널리즘 연구자가 관심을 갖는 인간의 심리, 정서, 행동이나 신문사설의 논조, 텔레비전 뉴스의 여성 이미지는 무슨 척도로 어떻게 측정해서 기술할 수 있을까?

둘째, 과학적 연구는 현상을 설명해야 한다. 설명(explanation)이란 연구하려는 현상의 사실관계가 규칙적이고 보편적으로 나타나는 이유와 근거를 밝혀 서술하는 일이다. '텔레비전의 폭력 프로그램을 많이 시청하는 아동의 놀이 행동은 폭력적인 성향이 높다'라는 연구가설을 예로 들어보자. 만일 텔레비

---

5 예를 들어 키가 206센티미터인 여성의 입장에서 184센티미터는 엄청나게 크게 느껴지지 않을 수 있다. 마찬가지로 열대지역에서 유학 온 학생에겐 강의실의 더위가 견딜 만 할 수도 있다. 또 '장동건은 그리 똑똑하지 않은 배우'라는 뜻을 비꼬아 표현한 것일 수도 있다.

전 폭력물에 자주 노출된 아동이 그렇지 않은 아동보다 또래와 놀 때 폭력적인 행동 성향을 더 자주 보인다면 그 이유는 무엇일까? 아동심리학의 학습이론(learning theory)은 텔레비전을 시청하는 아동의 행동 성향을 잘 설명해준다. 이 이론에 따르면 세상에 대한 자신의 행동규준이 아직 미성숙한 아동기의 지각단계에서는 무엇이든 따라하는 모방이 가장 손쉬운 학습행동이다. 아직 철들지 않은 아동은 사회관계에 대한 분별력이 떨어지기 때문에 친구를 때리는 것이 잘못이라는 자각 없이 그냥 텔레비전에서 본 대로 따라했을 뿐이다. 그런데 그것이 아동의 폭력물 시청과 폭력 성향 간의 관계를 설명하는 이유가 된다. 물론 이 같은 이론적 설명은 현실세계에서 실제로도 그런지 실증돼야 할 것이다. 이처럼 과학적 연구는 현상을 논리적으로 잘 설명해주는 이론의 획득을 지향한다.

셋째, 과학적 연구는 현상을 예측하려 한다. 예측(prediction)이란 어떤 현상의 발생을 예상하고 이를 사전에 정확하게 서술하는 일을 일컫는다.[6] 예를 들어 사회적 면역이론(social innoculation theory)에 따르면 교육수준이 높은 사람에게는 이중적 메시지의 설득효과가 더 클 수 있다. 만일 특정 후보를 위해 일하는 선거 캠페인 전문가(spin doctor)가 특정 지역 유권자의 교육수준이 높다는 사실을 알고 있다고 하자. 캠페인 전문가는 그곳에선 선거 메시지를 이중적으로 구성하는 전략이 후보자에 대한 지지를 더 많이 이끌어낼 것이라고 예측할 수 있다. 그러므로 그에 합당한 설득 메시지를 고안하려 할 것이다. 과학적 연구자는 그렇게 고안한 이중 메시지의 설득전략이 실제 선거에서 지지 득표로 나타났는지 확인할 수 있다. 만일 다른 조건이 모두 동일할 때 이중 메시지 전략을 실시했던 지역에서 고학력층 유권자의 득표율이 높게 나왔다면 사회적 면역 이론은 투표라는 정치적 의사 결정 행위를 예측하는 데도 유용

---

[6] 좀 더 엄격하게 말하면, '다른 모든 조건이 동일할 때 어떤 사건(X)이 일어나면 다른 사건(Y)도 일어날 것이다'라고 예상하는 것이다.

한 정치 커뮤니케이션 이론이라는 것이 증명되는 셈이다. 이처럼 과학적 연구는 어떤 현상에 대한 예측력이 높은 이론을 만들려고 노력한다.

마지막으로, 과학적 연구는 예측의 단계를 넘어 통제(control)를 시도하기도 한다. 통제란 연구자가 바람직하다고 판단하는 바에 따라 (가능하다면 사회적 합의를 바탕으로) 현상의 관계를 사전에 조정하려는 일을 말한다. 이론의 창출에 주력하는 순수과학에 비해 정책 제안과 제도 개선을 지향하는 사회공학, 정책과학 같은 응용과학 분야는 과학이론의 예측에 근거한 통제에 관심이 많다.[7] 예를 들어 한 저널리즘 연구자가 텔레비전 뉴스에서 여성 이미지가 남성 이미지보다 부정적인 이유가 여성 저널리스트가 부족해서 비롯된 문제고 성차별적 뉴스보도가 사회 전반의 성차별을 더욱 강화시키는 조건이라는 사실을 발견했다고 하자. 아마도 이 연구자는 부정적으로 보도되는 여성의 이미지와 성차별 사회구조를 개선하기 위해 방송사가 더 많은 여성 언론인을 고용해야 한다는 정책 대안을 제시할 가능성이 높다. 이러한 정책 대안은 남녀평등이라는 민주적 가치에도 부합하기 때문에 뜨거운 사회적 논쟁 없이도 통제로서의 정당성을 어느 정도 확보할 수 있을 것이다.

결국, 과학적 연구과정의 궁극적인 목적은 현상을 기술·설명·예측하고 만일 바람직하다면 통제할 수 있는 지식을 체계적인 과학이론으로 창출해내는 것이다. 저널리즘의 과학이론 역시 우리 사회의 저널리즘 현상을 기술·설명·예측·통제할 수 있는 체계적인 지식을 제공함으로써 언론에 대한 이해의 폭을 넓히고 이를 바탕으로 언론이 더욱 발전하고 사회에 기여할 수 있도록 도움을 줄 수 있다.

---

7 그러나 이 문제는 '이상으로서의 과학'과 '현실로서의 과학' 간에 긴장과 논쟁을 유발한다. 사회과학의 전반적인 이론수준은 아직 예측력이 매우 떨어져 예측오차가 심할 뿐 아니라 당위(should)를 다루는 이념이나 가치의 문제와 현실(be)을 다루는 과학 사이에 뚜렷한 간극이 있기 때문이다. 따라서 통제는 엄밀하게 말해 과학의 영역이 아니라는 주장도 강력하다. 당연히 철학적이고 윤리적인 논쟁이 일어난다.

### 3) 과학이론의 성격과 내용

과학적 연구과정의 궁극적인 목적은 과학이론의 창출이다. 그러므로 저널리즘의 과학적 연구가 관심을 갖는 과학이론의 일반 특성과 내용에 대해서 살펴보자.

과학적 연구과정의 결과물인 과학이론은 보통 '현상에 대한 추상적이고 체계적인 진술(statements)'로 정의할 수 있다. 좀 더 엄격하게 말하면 '경험적인 검증이 가능한 논리적으로 연결된 일련의 명제'이다(김광웅, 1999). 이론은 현상을 바라보고 이해할 수 있는 체계적인 시각을 제공하는데, 가장 기본적인 구문형태는 다음과 같이 사실과 사실의 관계를 표현하는 조건 진술문의 모습을 띤다.

- 어떤 조건 Z에서 만일 X가 일어나면 Y가 일어난다(Under the condition of Z, if X then Y).[8]

'일련의 조건 진술문의 연쇄적 집합'을 이론이라 할 때 이론을 이론답게 만드는 몇 가지 특성을 살펴보자. 첫째, 과학이론은 이론이 성립하고 적용되는 범위와 조건을 항상 전제한다. 이를 이론의 가정(assumption)이라고 한다. 예를 들어 사회적 행위 규준과 보상·처벌기제에 대한 의식이 분명한 어른에게 '텔레비전의 폭력물 시청이 폭력 성향을 유발한다'는 모방이론을 곧이곧대로 적용하기는 어려울 것이다. 성인의 경우 오히려 '텔레비전 폭력물 시청이 심리

---

[8] 그러나 사회현상은 우리가 생각하는 것보다 훨씬 복잡한 사실관계의 연쇄로 이뤄져 있다. 과학이론 역시 일련의 조건 진술문이 연쇄적인 조합을 이룬 진술형태를 띠는 것이 보통이다. 따라서 사실과 사실의 관계, 현상과 현상의 복잡한 연쇄관계를 추리하고 묘사하는 데서 발생할 수 있는 진술의 실수를 줄이고 간명하고 엄밀하게 이론을 표현하기 위해 사회과학자들은 수리적 진술(mathematical statements)을 선호한다.

적 긴장과 스트레스를 해소시킴으로써 잠재적 폭력 성향을 낮춰준다'는 카타르시스 이론이 폭력물 시청과 폭력 성향 간의 관계를 더 잘 설명해줄 수 있다. 따라서 모방이론은 아동의 시청 행위를, 카타르시스 이론은 성인의 시청 행위를 설명한다고 가정하는 것이 합당하다. 텔레비전 시청 행위와 폭력 성향의 관계라는 같은 현상을 설명할지라도 이론에 따라 가정하는 전제나 조건은 서로 다를 수 있다. 연구자는 어떤 현상에 대한 이론적 설명을 시도할 때 그 이론이 어떤 가정을 바탕에 깔고 있는지 전제와 조건을 주의 깊게 따져봐야 한다.

둘째, 이론의 정의가 말하듯 과학이론은 현상의 사실관계를 논리적으로 정연하고 경험적으로 검증할 수 있는 일련의 명제(propositions)로 표현한다. 명제라는 용어 자체가 '참과 거짓을 판별할 수 있는 문장'을 일컫는다. 그러나 이론이 '진리명제'가 되려면 설명하려는 현상의 사실 하나하나가 분명하게 정의된 추상적 개념(concept)으로 표현돼야 하고, 사실 간의 관계 역시 논리적 증명(논증)과 경험적 증명(실증)이 모두 가능한 진술형태여야 한다. 현상에서 관찰되는 '사실(사건)과 사실(사건) 간의 규칙적 관계'가 이론 차원에서는 '개념과 개념 간의 검증 가능한 논리적 관계'로 표현되는 것이다.

그런데 명제로서 이론에 필수적인 '개념의 정의'와 '검증 가능성'은 서로 불가분의 관계다. 과학적 연구에서는 이론을 구성하는 개념을 명확하게 정의하지 않고서는 개념 간의 관계를 검증할 수 없고, 관계의 검증을 거치지 않은 개념은 이론의 구성요소가 될 수 없기 때문이다. 따라서 과학자들은 이론의 용어를 사용하는 데 매우 엄격하고 이때 이론의 추상적 개념은 현실세계에서 직접 관찰하거나 경험할 수 있는 실체적 대상(tangible objects)으로 등치될 수 있어야 한다.[9] 하지만 추상적 개념이 실체적 대상으로 대체됐음에도 이들 간

---

9 과학적 연구과정에 용어 사용을 엄격하게 정의하는 과정을 개념정의(conceptual definition)와 조작정의(operational definition)라고 한다. 이론을 구성하는 개념들의 관계를 실제로 검증하기 위해서는 엄격한 용어 정의 과정을 통해 추상적 개념들이 우리가 쉽게 이

의 관계가 실제 세계에서도 유의미하다는 것을 구체적으로 밝혀내지 못한다면 개념 간의 관계는 경험적으로 검증됐다고 인정받을 수 없다. 따라서 추상적 개념은 검증(실증)을 거쳐야만 비로소 이론의 구성 요건이 된다.[10]

이처럼 과학이론의 추상적 개념은 실제 세계에서 직접 관찰하거나 경험할 수 있는 '구체성'을 띨 때 쉽게 이해할 수 있다. 따라서 추상적 개념은 경험적 검증을 위해 자신을 대표할 만한 현실세계의 실체적 대상(구체적인 사건이나 사물 등)으로 대체되는데 이런 실체적 대상을 변인(variables)이라고 한다. 이때 추상적 개념을 우리가 쉽게 이해하고 접하는 실체적 대상변인과 구체적으로 연결시키는 작업이 바로 측정(measurement)에 해당한다. 그러므로 개념정의와 조작정의를 통해 추상적인 이론적 개념을 구체적인 변인으로 대체시켜 측정하는 과정은 현상을 이루는 사실(사건)을 객관적으로 기술하려는 과학적 연구의 첫째 목적과 일치한다는 것을 알 수 있다. 개념과 개념의 관계를 변인과 변인의 관계로 치환한 뒤 변인 간의 실제 관계를 찾아내고 증명하는 실증분석(empirical analysis) 역시 현상의 관계를 설명하려는 과학적 연구의 둘째 목적에 부응하는 작업이라는 것도 아울러 짐작할 수 있다.

이론을 이론답게 만드는 셋째 특성은 이론의 구성에는 논리적 추론과정이 포함된다는 점이다. 논리적 추론(logical reasoning)이란 하나의 명제에서 알려지지 않은 다른 명제를 합리적으로 도출하는 과정을 말한다. 연역(deduction)

---

해할 수 있는 현실세계의 구체적인 사물이나 사건으로 연결돼야 한다. 더욱 자세한 내용은 참고문헌에 소개한 사회과학 연구방법론 교재를 참고하라.
10 우리는 자연현상이나 사회현상을 표현하기 위해 추상적인 개념(concepts)을 일상적으로 사용한다. 하지만 과학적 연구의 추상적 개념은 현실세계에서 관찰과 검증이 가능하도록 명확하게 정의해서 사용해야 한다. 따라서 과학자는 이론을 구성하는 추상적 개념을 일반 개념과 구별해 구성체 또는 구성개념(constructs)이라고 부른다(Kerlinger, 1986). 뉴스의제(news agenda), 보도태도(coverage attitude), 정보원 신뢰도(source credibility), 틀 짓기 효과(framing effect), 정보 처리(information processong) 등은 저널리즘 연구에서 자주 만날 수 있는 구성개념(구성체)의 사례다.

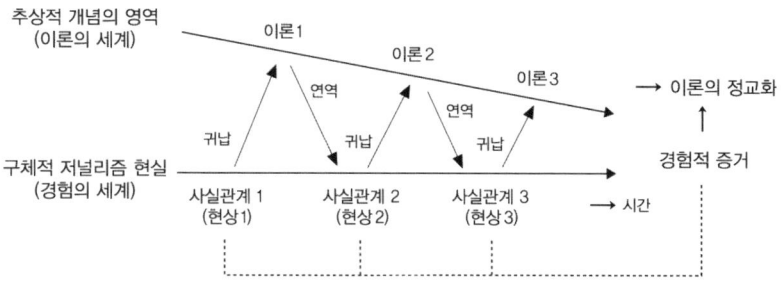

<그림 5-1> 과학적 연구의 순환과 이론의 정교화

과 귀납(induction)은 과학적 연구에서 널리 활용하는 논리적 추론 방식이다.[11] 실제로 과학적 방법을 사용하는 연구 자체가 이론이라는 추상의 세계와 현상 관찰이라는 경험의 세계를 오가는 동안 '이론에서 가설을 추론'하는 연역과 '가설을 검증해서 이론의 일반화를 시도'하는 귀납이라는 추론을 서로 반복함으로써 점점 이론을 논리적으로 정교하게 만들어가는 순환과정이기도 하다(<그림 5-1>). 물론 과학적 연구에서 논리적 추론의 타당성과 진리치는 실제 세계의 경험자료 분석으로부터 증거를 제공받아야 한다. 논리적으로 타당하다고 해서 항상 경험적으로도 타당한 것이 아니기 때문이다. 실제로 사회과학 연구에서는 동일한 현상에 대해 서로 다른 결론을 주장하는 경쟁이론(competitive theories)이 상당수 존재한다. 경쟁이론은 제각기 논리적으로 타당한 진리 주장을 내세운다. 이럴 때 어느 이론이 더 타당하고 현실을 설명하는 데 수월한지는 경험적 검증을 통해 확인할 수밖에 없다. 이처럼 과학적 지식은 경험적 증거(empirical evidence)를 함께 제시해야 한다는 점에서 경험주의(empiricism)는 논리적 추론과 더불어 과학이론을 지탱하는 중요한 특성이라고 할 수 있다.[12]

---

11 분명한 이론적 지침이 없이 연구를 시작할 때 연구자는 연구가설을 설정하기 위해 때때로 가추(abduction)를 사용하기도 한다.
12 경험주의(empiricism)란 인간의 감각기관을 통한 직·간접적인 경험(관찰)에 의존해서 지

과학적 연구가 진행되면서 이론이 정교해진다는 것은 결코 단 한 번의 연구로 이론이 완성될 수 없다는 말이다. 연구의 반복과 재검증을 통해 이론이 끊임없이 자기수정(self-correction)을 거치면서(Kerlinger, 1986) 점점 더 좋은 이론의 성격을 확보해간다는 뜻이다. 일반적으로 과학자는 이론이 적용되는 대상과 범위가 비교적 명확하고 복잡한 현상을 간단명료하게 설명하면서도 일반화 가능성이 높을 때 이를 좋은 이론으로 평가하는 경향이 있다(Babbie, 2004). 그것은 관찰(observation)과 추론(reasoning) 그리고 검증(verification)을 순환반복하면서 구축된 이론이라면 어느 정도 그 진실성이 판명됐다 하더라도 자신의 진위 여부에 대한 판별 가능성을 항상 열어놓고 있어야 하고 일반화 가능성을 둘러싼 새로운 논쟁에 대해 언제나 개방적이어야 한다는 것을 말한다. 따라서 검증 가능성(testability) 또는 반복성(replication) 역시 이론을 이론답게 만드는 과학이론의 중요한 구성요건이라고 할 수 있다. 이는 닫힌 지식으로서 도그마와 열린 지식으로서 과학이론이 구분되는 중요한 지점이기도 하다.

결론적으로, 우리는 저널리즘 현상의 과학적 연구로부터 도출한 저널리즘 이론이 이론으로서 구성요건을 충분히 갖추고 있는지 비판적으로 검토할 필요가 있다. 과학이론으로서 어떤 가정에 기초하고 있는지, 이론적 명제는 명확하게 정의된 개념의 관계구조로 진술되고 있는지, 이론이 보여주는 추론이

---

식을 산출하는 방식 일반을 지칭하는 개념이다. 감각기관을 통해 우리에게 들어온 정보를 감각자료(sensory data)라고 한다. 경험주의 연구는 감각자료를 분석해 사실관계를 증명한다. 예를 들어 '4대강 사업에 대한 언론의 부정적인 보도는 부정적인 여론을 형성할 것이다'라는 연구가설을 검증한다고 하자. 언론의 부정적인 보도라는 사실은 우리가 4대강 사업을 다룬 뉴스기사를 직접 관찰함으로써 파악할 수 있다. 여론은 직접 눈에 띠지 않는다. 그러나 여론조사라는 방법을 통해 간접적으로 관찰할 수 있다. 이렇게 직·간접적인 관찰을 통해 수집한 감각자료(뉴스기사의 논조자료와 여론조사의 4대강 사업 지지도 자료)를 분석해 부정적 논조점수가 높은 뉴스를 많이 본 사람일수록 정부정책 지지도 점수가 낮아지는 체계적인 관계를 밝혀냈다면 우리는 '정부정책에 대한 부정적 보도가 부정적 여론을 유발한다'는 저널리즘 현상을 경험주의에 입각해 연구했다고 할 수 있다.

논리적으로 정연하고 또 충분한 경험적 증거를 제시하고 있는지, 재검증이라는 학문적 도전의 반복에도 여전히 일반화 가능성이 높은 설명력과 지식의 개방성을 유지하고 있는지 확인해야 한다. 이러한 비판적 검토는 우리가 수행하는 연구도 이와 마찬가지로 과학이론으로서 구성요건을 충분히 갖춘 저널리즘 이론을 창출하기 위해 노력해야 한다는 것을 말한다. 자신의 연구에서 드러나는 이론적 문제점을 찾아 수정하면서 저널리즘 이론의 발전에 기여하도록 힘쓰는 자세가 필요하다.

## 3. 저널리즘 현상과 과학적 연구과정

과학적 연구과정은 과학적 연구방법의 규칙과 절차에 따라 과학이론을 창출하는 과정이다. 이는 ① 연구문제의 제기와 정의, ② 연구가설의 설정, ③ 연구설계의 수립, ④ 경험자료의 관찰과 수집, ⑤ 경험자료의 분석, ⑥ 분석결과의 해석과 보고라는 6단계로 구분해서 설명할 수 있다. 여기서 ① → ② 단계를 이론의 잠재적 발견과정으로, ③ → ④ → ⑤ → ⑥ 단계를 이론의 정당화 과정으로 구분해서 생각해볼 수도 있다(신민철, 2007).

### 1) 연구문제의 제기와 정의

과학적 연구과정은 좋은 연구문제를 제기하는 것에서 출발한다. 좋은 연구문제란 저널리즘 현상의 사실관계에 대해 적절한 의문을 제기하는 것이다. 만일 그냥 지나친다면 아무런 연관이 없을 것 같은 동떨어진 개별 사실인데 자세히 살펴봤더니 서로 어떤 체계적인 관련성을 맺고 있을 것 같다는 추측을 하게 됐다면 여러분은 좋은 연구문제를 막 제기한 셈이 된다.

연구를 시작하는 계기는 연구자마다 다르다. 개인적인 호기심이나 관심에서, 당면한 현실문제를 해결하기 위해, 아니면 현상에 대한 기존 지식에 의문을 품고 더욱 정교한 지식체계를 마련하기 위해 연구를 시작할 수도 있다. 하지만 연구의 계기가 어떠하든 연구의 '목적'을 분명하게 세워서 문제를 정의하는 것이 좋다. 유사한 연구문제라도 연구목적을 어디에 두느냐에 따라 연구과정의 설계와 기법, 해결책이나 제언이 달라질 수 있다.

저널리즘 연구자는 제기한 연구문제를 분명한 의문문의 형태로 서술하는 것이 좋다. 이 단계에서 연구자는 선행연구의 도움을 받을 수 있다. 비슷한 관심과 문제의식을 가진 선행연구의 성과를 살펴봄으로써 자신이 제기하는 연구문제가 과연 타당하고 연구가치가 있는지 가늠할 수 있기 때문이다. 선행연구에 대한 이해는 관련 분야의 기존 지식을 배우는 기회일 뿐 아니라 무엇이 부족하거나 어떤 연구가 더 필요한지도 알게 해주므로 연구자는 시간과 비용, 노력을 절약하는 효과를 얻을 수 있다. 선행연구에 접근하기 위해 연구자는 주로 도서관의 데이터 베이스와 전문 학술지를 꼼꼼하게 조사한다. 선행연구를 검토하고 이해하는 과정에서 연구자가 제기하는 연구문제가 더욱 선명해질 수 있다. 하지만 앞에서도 강조했듯이 과학적 연구에서 연구문제는 경험적으로 검증 가능하도록 제시돼야 한다.

### 2) 연구가설의 설정

과학적 연구과정의 둘째 단계는 연구자가 제기한 연구문제를 경험적으로 조사하고 분석할 수 있는 연구가설의 형태로 다시 진술하는 것이다. 가설(hypothesis)은 '아직 검증되지 않은 이론의 전(前)단계 진술문'을 일컫는데, 가설설정은 앞서 제기했던 연구문제를 경험적으로 검증할 수 있는 변인과 변인 간의 관계로 명제화하는 논리적 추론단계라고 할 수 있다. 연구자들은 '현상 관찰 → 이론적 근거 도입 → 가설추론'의 과정을 잘 이행함으로써 연구가설을 무난하게 설정할 수 있다.

예를 들어 평소 텔레비전 시청률 변화에 관심이 많은 저널리즘 연구자가 시청률 자료를 세심하게 들여다보다 노인층의 텔레비전 시청시간이 다른 연령층에 비해 훨씬 높다는 사실을 발견했다고 하자. 계절과 지역에 관계없이 이런 경향이 꾸준히 관찰된다고 했을 때 연구자는 왜 이런 일이 규칙적으로 일어나는지 또 사회적으로 무슨 의미가 있는지 알고 싶어질 것이다. 이러한 궁금증은 바로 연구문제가 될 수 있다. 연구자는 '노인층의 텔레비전 시청시간이 유달리 긴 이유는 무엇일까?'라고 문제를 제기하고 연구에 착수할 것이다. 아마도 그는 노인의 행동심리나 텔레비전 시청 행위에 관한 선행연구를 검토하면서 노인층의 시청시간이 긴 이유를 논리적으로 유추해보려 할 것이다. 이 과정에서 소외감이 높은 노인은 심리적 공허감과 고립 불안감을 해소할 수 있는 대상에 의존하려는 경향이 강해진다는 의사 사회관계(pseudo-social relation)에 관한 이론적 설명이나 미디어 이용 행위를 설명하는 이용과 충족이론(use and gratification theory)의 사회관계 유지 동기와 접목시켜 새로운 연구가설의 이론적 근거를 논리적으로 추론해낼 수 있다. '소외감이 높은 노인은 텔레비전 시청을 통해 사회적 고립감을 탈피하는 심리적 경험을 하고 이를 통해 사회관계 유지 욕구를 간접적으로 충족시키기 때문에 시청시간이 길 뿐만 아니라 시청 프로그램에 대한 몰입 정도도 더욱 높을 것이다.' 따라서 연구자는 자신의 논리적 추론을 경험적으로 검증할 수 있는 연구가설로 설정해 다음과 같이 추측성 문장의 형태로 제시할 수 있다.

- 연구가설: 소외감이 높은 노인일수록 텔레비전 시청시간이 길고 몰입도도 높을 것이다.

연구자는 개념정의와 조작정의를 통해 '소외감', '시청시간', '몰입도'를 각각 변인으로 측정한 뒤 이 변인 간의 관계를 체계적으로 분석해 실증하려 할 것이다. 이처럼 연구자는 어떤 현상에 대해 주도면밀하게 관찰하고 폭넓은

선행연구 검토를 통해 이론적 논증과정을 거침으로써 자신만의 독특한 연구가설을 설정해갈 수 있다.[13]

과학적 사유 방식의 핵심은 어떤 현상이 진실처럼 보일지라도 실제 세계에서 합당한 이유와 증거를 찾아내는 경험적 검증을 거친 후에야 비로소 그것에 대한 진리 주장을 펼친다는 점이다. 따라서 이론이 '둘 이상의 추상적 개념 간의 관계에 관한 확정적 진술'이라면, 검증 전 단계인 연구가설에서는 '측정할 수 있는 둘 이상의 변인 간 관계에 관한 추측성 진술'로 표현된다. 연구가설은 구체적 현실의 자료 분석을 통해 실증된 후에야 이론의 반열에 올라설 수 있다. 그러므로 연구가설을 설정하는 단계는 이론의 추상적인 구성개념을 현실세계에서 자신을 대표하는 구체적인 사물이나 사상인 변인으로 변환시키는 작업을 포함한다. 연구가설의 변인은 사실(사건)을 표현하는 서술장치(descriptive device)이므로 당연히 척도를 사용해서 측정해야 한다.

### 3) 연구설계의 수립

과학적 연구과정의 셋째 단계는 연구설계의 수립이다. 연구설계(research design)란 연구를 수행하기 위한 전략을 세우고 연구의 집행을 기획하는 일반 절차 또는 계획을 말한다. 연구자가 따라야 할 지침과 구체적인 분석방법을 제시하는 연구과정의 전체적인 밑그림이라고 하겠다.

연구설계는 연구문제에 대한 적절한 해답을 얻을 수 있도록 마련돼야 한

---

[13] 연구가설의 설정은 추상적인 이론의 입장에서 보면 이론적 명제의 경험적 검증 가능성(empirical testability)을 높이기 위한 작업이다. 따라서 과학이론은 경험적 증거를 제시해야 이론으로서 인정받는다는 경험주의 관점에서 볼 때 이론은 경험적으로 검증할 수 있는 연구가설이 많을수록, 연구가설은 실증할 수 있는 변인이 많을수록, 변인은 더 많은 양적지표(quantitative indicators)로 구성될수록 이론으로서 내용(substance)이 더욱 풍부해진다.

다. 이를 연구설계의 타당도(validity of research design)라고 한다. 연구자가 주어진 연구설계에 따라 연구문제와 가설을 분석하고 검증할 때 합리적이고 타당한 결론을 해답으로 도출할 수 있는 정도를 말한다. 연구문제에 대해 적절한 해답을 줄 수 있는 타당도 높은 연구설계라면 현상의 사실관계를 성공적으로 밝혀줄 것이다. 그러나 연구문제에 대한 해답을 효과적으로 도출하는 데 도움을 주지 못하면 타당도가 떨어진다고 할 수 있다. 한편, 연구설계는 짜임새와 실행이 정밀하고 구체적이어서 다른 연구자도 그 지침과 절차에 따라 동일한 방식으로 연구를 수행할 수 있어야 하고 분석결과 역시 동일한 결론을 해답으로 제시할 수 있도록 마련돼야 한다. 어느 연구자라도 제시하는 지침과 조치를 따른다면 동일한 연구결과를 산출할 수 있는 정도를 연구설계의 신뢰도(reliability of research design)라고 한다. 만일 연구설계의 지침과 절차가 엉성하거나 명확하지 못해 연구를 수행할 때마다 분석결과가 서로 다르게 나온다면 신뢰도가 떨어진다고 평가할 수 있다.

연구설계는 연구의 목적과 문제의 성격, 비용과 시간 등 연구수행의 효율성, 경험자료 수집의 가능성 등을 고려해 그때그때 최적의 유형을 선택[14]하는 것이 관례다. 하지만 어떤 유형이든 공통적으로 첫째, 분석대상(연구대상)을 명확하게 정하고, 둘째, 어떻게 경험자료를 모아 변인으로 측정하며, 셋째, 어떤 기법을 사용해서 변인 간의 관계를 실제로 분석할 것인지에 대한 전반적인 계획을 담고 있다. 우선, 분석대상을 명확히 하는 절차는 연구현상의 사실관계 성립에 관여하는 사회적 실체(social entity)와 사회적 산물(social artifacts)의

---

14 연구설계의 종류는 매우 많다. 연구자의 상황 조작에 따른 실험/비실험 연구, 연구장소에 따른 현장/비현장 연구, 연구시점에 따른 횡단/종단연구, 연구자의 개입 여부에 따른 개입/비개입 연구, 연구목적에 따른 탐색/기술/인과관계 연구, 경험자료의 성격에 따른 정성(질적)/정량(양적)연구, 설명 방식에 따른 해석/기능연구 등이 대표적인 연구설계의 유형이다. 각 유형의 자세한 내용과 특성은 참고문헌의 사회과학 연구 방법론 교재를 살펴보라.

단위인 분석단위(unit of analysis)를 결정하고 어느 규모로 분석대상을 경험자료에 포함할 것인지 범위를 정하는 표집절차를 포함한다. 다음으로, 경험자료를 모아 변인으로 측정하는 과정은 연구가설의 변인을 어떤 척도를 사용해서 구체적으로 측정해 분석자료를 모을 것인지 판단하는 척도 구성과 측정작업을 지칭한다. 마지막으로, 변인 간의 실제 관계를 분석하는 절차는 구체적인 분석기법과 통계적 검증절차를 말한다. 이 세 가지 절차는 서로 밀접하게 연관되어 있을 뿐 아니라, 과학적 연구과정을 실질적으로 구성하는 연구방법론의 핵심이다. 따라서 다음의 각 단계에서 조금 더 상세하게 설명한다.

### 4) 경험자료의 관찰과 수집

연구설계에 따라 경험자료를 관찰하고 수집하는 절차는 크게 첫째, 분석대상(연구대상) 선택, 둘째, 표본추출, 셋째, 측정과 척도 구성으로 구분해서 이해할 필요가 있다. 연구자의 관심은 논리적으로 추론한 저널리즘 현상의 사실관계를 경험적으로 확인하는 것이지만, 현상의 사실관계란 실제로는 사회적 실체나 이들이 만들어낸 사회적 산물을 결부시킬 때 비로소 관찰할 수 있다. 예를 들어 '정부정책에 대한 언론의 부정적 보도는 대통령에 대한 바판적 태도를 형성한다'는 저널리즘 현상은 원래 그렇지 않았던 사람들이 언론의 부정적인 정책보도를 접하면서 대통령에 대해 비판적인 태도를 지니게 됐다는 사실관계를 말한다. 곧 '언론의 부정적 보도'와 '대통령에 대한 비판적 태도' 간의 관계란 실제로는 언론이 생산해낸 뉴스라는 사회적 산물을 접한 '개인'이라는 사회적 실체를 연구대상(분석대상)으로 삼았을 때 관찰할 수 있다는 것이다. 이처럼 연구자는 적절한 이론의 기반 위에 연구문제와 가설의 성격을 고려해 연구대상을 선택해야 한다. 이때 어떤 수준에서 연구대상을 선택하거나 배제할 것인지를 판단하는 기준이 바로 분석단위가 된다. 저널리즘 연구가 연구대상(분석내상)으로 삼는 시회적 실체의 분석단위는 개인(시청자,

독자, 저널리스트 등), 집단(가족, 남녀, 고등학생, 인터넷 중독 집단, 서비스 이용 집단, 지역주민 등), 조직(교육기관, 정부기관, 기업, 언론사 등), 국가를 들 수 있다. 반면에 사회적 산물은 '사회적 실체가 만들어낸 유·무형의 생산물과 행동'을 말한다. 저널리즘 연구는 뉴스, 칼럼, 사설, 생산관행, 규범, 뉴스 가치, 편집정책, 언론문화, 보도 틀(news frame), 정치광고, 시청률, 여론독점, 블로그 댓글 등 저널리즘 세계의 수많은 사회적 산물을 분석대상으로 삼아 연구하는 데 관심이 많다.

개인이든 조직이든 또는 뉴스기사든 연구대상(분석대상)을 결정하고 나면 연구자는 어떤 범위와 규모에서 이들을 연구에 포함시킬지 판단해야 한다. 사실관계의 실증분석을 위해 어느 정도로 경험자료(empirical data)를 모을까 결정해야 한다는 것이다. 이처럼 연구조사에 포함시켜야 할 연구대상 사례의 크기를 결정해 자료를 모으는 일을 표집 또는 표본추출(sampling)이라고 한다. 여기서 연구대상이 되는 전체 사례를 전집 또는 모집단(population)이라 하고 선택된 모집단의 일부 사례를 표본(sample)이라 한다. 표본을 추출할 때는 표본이 모집단의 특성을 왜곡하지 않고 제대로 반영해서 반드시 모집단을 대표할 수 있도록 사례를 뽑아야 한다. 이를 위해 연구자는 확률이론의 무작위 원칙(principle of randomness)[15]에 따라 확률 표집 방법을 사용한다. 확률 표집 방법을 사용하지 않는 표집은 표집오차(sampling error)[16]가 너무 커서 연구가설

---

15 모집단으로부터 표본을 추출할 때 지켜야 할 원칙으로 확률표집 이론의 바탕이 된다. 무작위 원칙은 첫째, 모집단을 구성하는 모든 사례가 표본으로 추출될 기회가 균등하고, 둘째, 한 사례가 표본으로 뽑힐 때 그것이 다른 사례의 표집에 아무런 영향을 미치지 않아야 하며, 셋째, 표집 도중에 모집단에 변동이 없어야 한다는 것을 말한다.
16 아무리 표본이 모집단을 대표한다고 해도 모집단 그 자체는 아니므로 모집단과 표본 간에는 엄연히 차이가 존재한다. 표집과정에서 발생한 모집단과 표본 간의 차이를 표집오차라 한다. 가설을 검증하기 위한 통계적 분석 관점에서 보면 모집단의 성질을 나타내는 모수(parameter)와 표본의 성질을 나타내는 통계량(statistic) 간의 차이를 말한다. 따라서 사회과학 연구방법론의 표집이론은 표집오차를 줄일 수 있는 확률 표집 방법을 개발하고 실천하는 데 집중된다. 그러나 비확률 표집 방법도 유용성이 크기 때문에 이에

을 정확하게 검증하기 어렵게 만든다. 연구자는 추출한 표본을 대상으로 가설을 검증할 수 있는 경험자료를 관찰해 수집한다.

표본을 연구대상 삼아 경험자료를 관찰하고 수집하는 것은 표본의 사례를 대상으로 연구가설에서 검증하려는 변인의 값(value)을 측정하는 일을 말한다. 연구자는 척도를 구성해서 변인을 측정한다. 자료 분석 관점에서 볼 때 측정이란 연구자가 일정한 규칙에 따라 변인의 속성에 수치를 배정하는 절차를 말한다. 예를 들어 성별에 따른 언론매체 이용 차이를 조사한다고 할 때 표본의 연구대상이 남성이면 1, 여성이면 2라는 숫자를 부여하는 것이다. 성별이라는 변인의 속성은 남성과 여성으로 구분되기 때문이다. 마찬가지로, 연구대상이 이용하는 매체의 종류에 대해 신문에 1, 텔레비전에 2, 라디오에 3, 인터넷에 4를 부여하는 식으로 매체라는 변인의 속성 차이를 반영하는 수치를 일정한 규칙에 따라 배정하는 것이 측정이다. 이때 변인의 속성을 재기 위해 어떤 규칙을 적용하느냐에 따라 척도의 성격이 달라진다. 일반적으로 과학적 연구에서는 명목척도, 서열척도, 등간척도, 비율척도를 구분해서 사용한다.

위의 사례는 '성별'이나 '이용매체'라는 변인을 둘 다 명목척도를 사용해서 측정한 경우다.[17] 척도는 측정해야 할 내용(변인의 속성)을 정확하게 재야 할 뿐 아니라, 같은 척도를 사용한다면 측정결과도 항상 같게 나와야 한다. 이처럼 잴 대상을 바르게 재는 정도를 척도의 타당도(validity)라 하고 측정결과가 항상 일정한 정도를 척도의 신뢰도(reliability)라 한다. 척도는 타당도와 신뢰도가 모두

---

대한 이해도 중요하다.

[17] 명목에서 비율에 이르는 각 척도는 성격이 서로 다르기 때문에 어떤 사실(변인)을 어떤 수준의 척도를 사용해서 측정할 것인가를 결정하는 일은 매우 중요한 문제다. 같은 사실(변인)이라도 다른 수준의 척도를 사용해서 측정할 수도 있고, 척도의 측정수준이 다르면 동일한 현상의 사실관계일지라도 다른 통계기법을 적용해서 가설의 변인 간 관계를 검증해야 한다. 척도의 성격과 수준에 따라 담고 있는 정보량과 사칙연산의 적용 가능성이 서로 다르기 때문이다. 자세한 개별 척도의 내용과 특성에 대해선 사회과학 연구방법론 교재를 참고하라.

높아야 현상을 객관적으로 기술(description)하려는 과학적 연구의 목적에 잘 부합할 수 있다. 척도 구성의 타당도와 신뢰도가 떨어지면 측정오차(measurement error)[18]가 너무 커져서 연구가설을 정확하게 검증하기 어려워진다.

### 5) 경험자료의 분석

과학적 연구과정에서 경험자료의 분석은 경험적 관찰(변인 측정)과 통계절차를 통해 연구가설을 실증분석함으로써 이론적 명제의 진위를 실제로 판별하는 단계에 해당한다. 연구가설을 구성하는 변인 간의 관계는 자료 분석의 관점에서 보면 한 변인의 값과 다른 변인의 값이 서로 체계적으로 연관되어 있는 정도(association between variables)를 말한다. 일반적으로 계량자료에서 변인 간의 관계는 함수로 표현된다. 경험자료의 분석은 연구가설이 추측하는 변인 간의 함수관계(연관성)가 실제로 존재하는지 찾아내는 작업이다.

만일 연구목적이 사실의 기술이라면 자료 분석은 기술분석(descriptive analysis)에서 끝나겠지만 연구가설이 사실관계를 검증하는 것이라면 변인 간의 관계 특성을 고려해 적절한 계량분석을 실시해야 한다. 물론 경험자료를 실증분석할 때는 여러 가지 문제를 복합적으로 고려해서 최적의 통계기법을 선택해야 한다. 예를 들어 변인의 수가 몇 개인지 각 변인은 어떤 수준의 척도로서 측정됐는지 변인 간의 관계 성격이 상관관계(correlation)인지 인과관계(causal relation)[19]인지에 따라 가설검증에 적용하는 통계기법이 각각 달라진다. 따라

---

18 타당도와 신뢰도가 떨어지는 척도는 변인의 진정한 값(기댓값)을 잴 수가 없다. 이 경우 변인의 기댓값과 실제 측정값 사이에 차이가 존재할 수밖에 없는데 이를 측정오차라 한다. 따라서 변인의 타당도와 신뢰도를 높이려는 사회과학 연구방법론의 자료이론(측정이론)은 측정오차를 줄이거나 효과적으로 통제하는 데 집중된다.
19 한 변인의 값이 변할 때 다른 변인의 값도 함께 변하는 체계적인 연관성이 있을 때 두 변인은 '공변한다(covary)'고 하고 이를 상관관계라고 부른다. 한편, 첫째, 두 변인이 공변(公變)할 뿐 아니라, 둘째, 한 변인이 다른 변인보다 시간적으로 앞서 두 변인 간에 논리

서 저널리즘을 포함한 사회과학 연구에서 통계학에 대한 기본적인 이해는 필수다.

경험자료의 분석단계에서 연구가설의 통계적 검증과정은 간접 검증(indirect test)을 따른다. 이를 위해, 연구자는 연구가설의 논리적 대안인 영가설(null hypothesis)을 설정하고 통계이론의 확률적 기준에 따라 영가설을 기각함으로써 연구가설을 검증하려는 절차를 밟는다.[20] 실증분석 단계에서 간접 검증 절차를 따르는 것은 검증과정의 논리적 오류를 최소화할 수 있을 뿐만 아니라 가설이 성공적으로 검증됐다고 하더라도 혹시 있을 수 있는 오류 가능성을 객관적인 확률 수치로 제공해주는 장점 때문이다.[21] 포퍼(Karl Popper)가

---

적으로 원인과 결과관계가 성립하고, 셋째, 두 변인 사이에 다른 제3의 변인의 매개나 개입이 없어 원인과 결과의 관계에 대한 대안적 설명이 배제됐을 때, 두 변인 간에는 인과관계가 있다고 말한다. 인과관계에서 원인이 되는 변인을 독립변인(설명변인), 결과가 되는 변인을 종속변인(준거변인)이라 부른다. 자세한 내용은 사회과학 연구방법론 교재를 참고하라.

20 영가설의 논리적 의미는 '경험자료의 관찰에서 보이는 변인 간의 관계는 우연(무작위 오차)에 의해 발생한 일'이라는 뜻이다. 곧 '영가설이 참일 경우는 그저 우연일 뿐'이라는 말이다. 만일 통계적 검증이 그저 우연일 뿐인 영가설을 기각하게 된다면 논리적 대안인 원래의 연구가설은 필연(참)이 되므로, 연구가설의 변인 간 관계는 실제의 진짜 관계라는 결론을 내릴 수 있다. 이때 통계적 검증은 표본자료의 분석결과(통계량)를 모집단의 실제 모습(모수)으로 일반화(generalization) 추정을 하는 작업이다. 따라서 경험자료의 분석단계에서 통계적 검증의 일반화 추정은 이론의 논리적 추론에 확실한 경험적 증거를 제공하고 이를 정당화하는 과정이다.

21 통계적 검증을 통해 객관적 확률 수치로 확인한 오류 가능성은 연구과정에서 발생한 다양한 오차요인(측정오차, 표집오차, 비표집 오차 등)에서 기인한 것이다. 그러므로 연구자는 이제 오차요인의 부정적인 영향력을 줄여나가는 것을 목표로 새로운 연구문제를 제안할 수 있다(오인환, 1992). 따라서 과학적 연구의 순환반복을 통한 이론의 정교화는 경험자료의 분석 관점에서 보면 오차를 줄여서 더욱 엄밀한 이론을 지향하는 과정이라고 해석할 수 있다. 이런 특성 때문에 과학이론은 많은 경우 확률이론의 형태를 띤다. 과학적 연구는 이론의 오류 가능성을 인정하지만 추측(conjecture)과 반박(reputation)을 통해 오류를 제거해가는 역동적인 과정이다(Popper, 1968). 이는 경험자료의 반복수집과 재검증을 통해 오차를 줄여가는 실증분석의 엄밀화 과정이기도 하다.

제안한 반증주의(falsification)는 간접 검증 절차의 논리적 기초를 제공한다(Popper, 1961; 신중섭, 1992).

### 6) 분석결과의 보고와 해석

연구가설의 통계적 검증이 끝나면 이를 바탕으로 분석결과를 제시하고 연구문제에 대한 적절한 해답을 내리기 위해 분석결과의 의미를 해석한다. 연구자는 이를 학술논문이나 연구 보고서의 형태로 정리해서 발표한다. 이 단계에서 주의할 것은 연구자 멋대로 분석결과에 자의적인 의미를 부여하는 것이 아니라 연구가설이 기반하고 있는 이론과 검토했던 선행연구의 경험적 결과를 바탕으로 자신의 분석결과를 해석해야 한다는 점이다. 이 과정에서 연구자는 독창적인 해석을 담아 원래의 이론을 보완하거나 수정하기도 하고 전혀 새로운 연구가설을 제기할 수도 있다. 따라서 학술논문이나 연구 보고서가 나왔다고 해서 연구가 완전히 끝나는 것은 아니다. 분석결과의 해석과 보고는 또 다른 연구의 시작을 자극하기 때문이다. 예를 들어 논문과 보고서의 말미에서 연구자는 자신의 현재 연구가 지닌 한계점을 밝히고 새로운 연구방향에 대한 제언을 담는다. 이러한 정보는 연구현상에 관심을 가진 다른 연구자의 후속 연구를 유도하고 관련 연구가 반복됨으로써 과학적 지식의 누적과 정교화를 가능하게 한다.

## 4. 연구방법론의 중요성

위에서 설명한 과학적 연구과정은 표준화된(standardized) 절차라고 할 수 있다. 어느 연구자라도 동등한 과학적 방법과 절차를 따라 동일한 연구결과를 내놓는 검증 방식을 거치면서 과학이론을 도출하고 경험적 증거를 제시했다

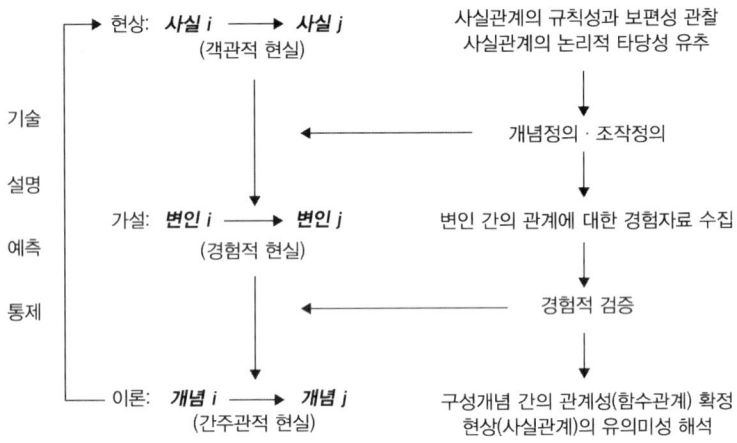

<그림 5-2> 현상 - 가설 - 이론의 인식론적 관계와 과학적 연구과정

면 타당도와 신뢰도가 높은 과학적 연구를 수행했다고 평가할 수 있다. 이처럼 과학이론은 표준화된 연구과정의 규칙과 절차를 따랐다는 점에서 하나의 지식체계로서 객관적 진실(objective truth)임을 인정받을 수 있다. 여기서 객관성은 실제로는 간주관성(intersubjectivity, 많은 주관 사이에서 공통적인 것으로 인정받는 성질)을 말한다. 따라서 표준화된 과학적 연구절차를 거쳐 성립한 과학적 지식은 '간주관성의 정당성'을 확보했다는 의미이기도 하다. 표준화된 과학적 연구절차의 핵심 내용은 <그림 5-2>와 같이 요약해볼 수 있다.

객관적 지식으로서 과학이론을 산출하기 위한 과학적 연구방법의 핵심은 표준화된 규칙과 절차를 통해 진리 주장의 논리적 타당성과 경험적 증거를 함께 보여준다는 데 있다. 저널리즘 연구의 궁극적 목적은 저널리즘 현상을 기술·설명·예측하고 필요하다면 통제할 수 있는 과학이론을 창출하는 것이다. 그러나 표준화된 규칙과 절차로서 과학적 연구방법에 대한 이해와 지식 없이 저널리즘 현상을 연구하고 타당한 이론을 창출하는 일은 불가능에 가깝다. 따라서 사회과학 연구방법론에 대한 이해는 저널리즘 현상의 체계적인 이해는 물론 저널리즘 연구를 원활하게 수행하기 위한 필수조건에 해당한다.

저널리즘이라는 학문 분과가 자신만의 정체성을 지니기 위해서는 고유한 연구현상에 대한 독창적인 이론과 체계적인 연구방법론을 반드시 갖추고 있어야 한다. 사회과학 연구방법론은 저널리즘 현상에 대한 독창적인 저널리즘 이론을 구축하려 할 때 가장 기초적인 방법론 지식을 제공한다. 전문 연구자가 아니라 저널리스트를 꿈꾸는 전공자에게도 연구방법론의 이해는 중요하다. 예를 들어 정밀 저널리즘은 언론현장 활동에 적용하기 위한 사회과학 연구방법론의 직업적 응용이나 다름없다. 이 장은 저널리즘을 전공하는 사람들에게 사회과학 연구방법론의 세계를 향한 첫 관문을 열어 보였다. 이를 토대로 연구방법론을 본격적으로 학습할 것을 권장한다.

### 제5장 연습문제

1. 저널리즘 연구 분야의 학술논문을 수록한 전문 학술지로 어떤 것이 있는지 목록을 작성하라. 저널리즘 연구자가 관심을 두는 저널리즘 현상은 어떤 것이 있는지 조사하라. 이 현상의 사실관계는 무엇인가? 각 사실관계는 어떤 추상적 개념으로 정의됐는가? 또 어떻게 변인으로 측정됐는가?

2. 칼 포퍼의 '반증주의'에 대해서 자세히 알아보자. 반증주의의 장점과 단점을 정리해서 제시하라.

3. 과학적 연구방법을 사용해 저널리즘 현상을 분석한 연구논문을 한두 편 찾아보자. 각 논문의 연구목적은 무엇인가? 연구문제와 연구가설은 어떻게 표현됐는가? 논문의 연구대상(분석대상)은 무엇인가? 논문에서 이론적 추론을 전개한 대목을 찾아 요약하라. 이론적 추론을 정당화하기 위해 경험적 증거로 제시한 대목도 찾아 요약하라. 논문의 전체 구성이 표준화된 과학적 연구절차와 어떻게 일치하거나 서로 대응하는지 정리하라. 서로 일치하거나 대응하지 않는 점이 발견된다면 그 이유가 무엇이라고 생각하는가?

4. 각자 관심 있는 저널리즘 현상을 하나 들어보라. 이 현상이 과학적 연구대상이 될 수 있는 이유와 연구가치를 설명하라.

제3부

# 저널리즘과 사회

▪ 요약

　언론과 정부가 너무 가까워지는 유착도 문제지만 둘 사이가 지나치게 적대적인 관계를 형성하는 것도 문제가 아닐 수 없다. 언론과 정부의 관계는 아름다운 거리를 유지할 필요가 있다. 언론과 정부의 관계에 영향을 미치는 세 가지 요인은 첫째, 이념과 정파의 유사성, 둘째, 언론과 정부조직 간 이해관계, 셋째, 언론보도와 정부 홍보의 만남이다.

　한국 사회에서 민주화 이후 언론의 정파성이 강화되면서 언론과 정부의 관계도 갈등과 적대관계로 향하게 됐다. 한국의 언론은 민주화 이후 스스로를 정치 권력화하고 이념적으로 보수화됐으며, 특정 정파에 편향된 보도로 충성도 높은 독자를 끌어들이는 상업적 전략을 구사하면서 정파성을 더해갔다. 언론의 정파성은 대통령 보도에서 비판과 공격보도로 연결됐다.

　언론과 역대 정부의 관계가 그저 안정적이고 평화로운 적은 없었지만 노무현 정부의 언론관계는 여러 가지 측면에서 논의할 만하고 나아가 바람직한 언론과 정부의 관계 수립을 위해서 적지 않은 교훈을 얻을 수 있는 사례다.

　민주주의 제도를 일찍이 정착시킨 선진국이라고 해서 언론과 정부의 관계가 항상 안정적이고 평화로운 것은 아니다. 오히려 언론과 정부의 관계는 갈등적인 것이 정상이고 일상이라고 말할 수 있을 정도다. 문제는 언론과 정부의 갈등관계를 어떻게 상생할 수 있는 방향으로 잘 관리해나갈 것인가다.


▪ 주요 용어

　언론과 정부의 아름다운 거리, 언론의 정파성, 공격보도, 부메랑 효과

# 제6장 언론과 정부

최영재(한림대학교)

## 1. 민주주의에서 언론과 정부의 관계

### 1) 언론과 정부의 '아름다운 거리'

세상에는 인간과 인간, 제도와 제도 같은 수많은 관계가 존재하지만 취재원과 기자의 관계만큼 미묘한 관계도 드물다. 기자는 취재원과 친해져야 중요하고도 내밀한 정보를 얻어 이를 보도할 수 있지만 너무 친해지면 유착관계로 빠져 언론의 권력비판 기능을 상실하기 십상이다. 취재원의 입장에서도 소속조직을 홍보하기 위해서는 기자와 친분관계를 유지해야 하지만 그러다 보면 조직의 속사정이 지나치게 노출되어 부작용이 일어나기도 한다. 가까이하고 싶지만 가까이하면 탈이 나는, 그래서 가까이하기엔 너무 먼 당신이 취재원과 기자의 관계다. 취재원과 기자 사이에는 '아름다운 거리'가 필요하다.

취재원과 기자의 관계를 분명하게 보여주는 사례는 언론과 정부의 관계다. 정부는 대국민 봉사기관이기도 하지만 국민 개개인의 권한을 수탁한 권력기관의 성격을 띠기 마련이다. 따라서 언론과 정부 사이에는 권력관계가 개입될 가능성이 높다. 표면적으로 정부는 언론을 통해 주요 정책과 이슈를 국민에게 전달하고 국민의 의견과 여론을 수렴한다. 또 언론은 정부의 중요한 정책을 국민에게 전달하고 국민을 대신해 정부가 하는 일을 감독하고 비판하는 권력감시 역할을 하기도 한다. 이렇게 정부와 언론은 상호 의존적인 동시에 상호견제하는 사이가 된다.

언론과 정부가 너무 가까워지면 이른바 '권언유착' 현상이 생겨 시민의 의견과 이익을 도외시함으로써 민주주의를 배반할 가능성이 높아진다. 때로는 언론이 대통령과 정부권력에 순응하는 이른바 언론의 권력 종속화 현상도 발생하는데 민주화 이전 언론과 독재정권 사이의 관계에서 사례를 찾을 수 있다.

언론과 정부가 너무 가까워지는 '유착'도 문제지만 둘 사이가 지나치게 적대적인 관계를 형성하는 것도 문제가 아닐 수 없다. 언론과 정부가 서로 소 닭 보듯 소원하거나 원수지간처럼 싸우기 시작하면 당사자들도 괴롭겠지만 권언 적대관계에서 샌드위치 신세가 되는 시민이 오히려 소외되고 피해를 볼 수 있다. 일부 시민은 적대관계에 빠진 언론과 정부 가운데 어느 한쪽 편을 들기도 한다. 하지만 상당수의 시민은 언론과 정부에 대한 신뢰를 모두 거두고 정치적 냉소로 빠져들기도 한다. 따라서 언론과 정부가 지나친 유착관계나 적대관계로 빠지는 것은 민주주의를 위해서 바람직하다고 볼 수 없다.

## 2) 언론 - 정부 관계에 영향을 미치는 세 가지 요인

언론과 정부의 관계에 영향을 미치는 요소는 다양하다. 그 중에서도 이념과 정파의 유사성이 언론과 정부의 관계를 좌우하는 경향이 있다. 가령 보수언론과 진보정권, 진보언론과 보수정권처럼 이념과 정파가 다른 정부와 언론의 관계는 갈등구조를 보이기 쉽고 때로는 적대와 반목으로 치닫기도 한다. 반대로 보수언론과 보수정권, 진보언론과 진보정권은 관계를 형성하는 과정에서부터 이념과 정파의 유사성으로 자연스럽게 유대관계를 형성할 가능성이 높다.

정파나 이념에 따른 언론과 정부의 관계 형성은 역사적으로 축적된 관계의 산물이기도 하지만 대체적으로 새로운 정부의 출범계기가 되는 대통령선거 기간에 이뤄진다. 대통령 후보는 저마다 정당을 대표하기 때문에 정파나 이념적 입장을 드러내는 것이 당연하다. 문제는 대통령선거를 보도하는 언론이 표면적으로는 어느 쪽 편을 들지 않는다는 불편부당을 내세우지만 실제로는 특정 정파나 이념을 지지하는 정파적 성격이 강해지고 있다는 것이다. 그 결과 대통령선거에서 지지하는 정파나 이념을 대표하는 후보가 당선됐을 경우와 그렇지 못했을 경우에 따라 개별 언론과 집권한 정부와의 관계는 판이하게 달라진다.

  언론과 정부의 관계에 영향을 미치는 둘째 요인은 조직 간 이해관계다. 정부는 다양한 국가정책을 수립하고 집행하는 조직으로서 정책집행 과정에서 언론을 통한 정책홍보를 필요로 한다. 언론은 정부와 시민의 의사소통을 연결해주는 매개체적 조직으로서 정부의 정책정보를 취재해 시민에게 보도하기도 하고 정부가 하는 일을 비판하고 감시하기도 한다. 언론과 정부는 독립적인 조직으로서 홍보와 보도의 역할을 수행하면서 업무적으로 서로 도움을 주고받는 관계를 형성한다. 그런데 언론과 정부는 이렇게 일상적인 업무를 통해 관계를 맺으면서 동시에 서로의 업무와 관련한 이해관계에 얽히게 된다. 예를 들면 언론사는 보도업무를 하면서 정부나 국회가 수립한 언론 관련 법의 영향을 받는데, 이 경우 정치권력이 어떠한 내용의 언론 관련 법을 추진하느냐에 따라 언론사는 직접적으로 경영과 보도활동 등에 변화를 겪는다. 언론 관련 법을 둘러싸고 언론사와 정부가 유대관계를 형성하거나 서로 갈등 관계에 빠지는 경우가 좋은 예다.

  정부도 영향력이 있는 언론사를 우군으로 두는 편이 정책수행 과정에서 훨씬 수월하기 때문에 언론사 조직과 좋은 관계를 맺으려 노력한다. 정부가 특정 언론사에 유리하도록 법과 제도를 고쳐나가거나 정부광고를 특정 언론사에 몰아주는 사례는 언론사와 정부의 이해관계를 잘 보여준다. 언론사와 정부의 이해관계는 언론사의 경영 및 편집 고위간부와 정부 고위인사의 잦은 만남을 통한 유대관계의 형성에서도 나타난다.

　언론과 정부의 관계에 영향을 미치는 셋째 요인은 언론 취재 기자와 정부 취재원의 만남이다. 예를 들어 문화관광부에서 관광정책을 담당하는 공무원과 문화관광부를 출입하는 기자의 만남은 단지 개인적인 만남에 그치는 것이 아니라 각자 소속된 기관과 조직을 대표하는 만남이기 때문에 자연스럽게 조직 간의 관계로 이어진다. 특히 출입 기자와 청와대 정부 부처 대변인의 만남은 언론과 정부의 제도적 만남이라고 할 수 있다. 정부 대변인은 특히 출입 기자와 소통하고 교류하면서 특유의 관계를 형성하게 되고, 그 관계를 기점으로 언론사 조직과 정부조직은 연결망을 형성하게 된다.

　출입 기자와 정부 취재원의 관계가 언론사와 정부의 관계에 영향을 미친 사례로는 노무현 정부 후반부에 논란이 됐던 정부 기자실 공간 재편문제를 들 수 있다. 당시 정부는 출입 기자와 정부 공무원의 만남의 절차, 만남의 공간을 관리·통제하려 했는데 이 때문에 출입 기자와 정부 대변인 사이에 상당한 갈등관계가 형성됐고 한동안 언론과 정부의 상호 비판·비난 관계가 지속됐다.

　요약하자면 언론과 정부의 관계에 영향을 미치는 세 가지 요인은 첫째, 이념과 정파의 유사성, 둘째, 정부와 언론의 조직 간 이해관계, 셋째, 출입 기자와 정부 취재원의 관계다. 이 세 가지 요인은 서로 영향을 주고받기도 하는데 대체로 이념과 정파의 유사성이 언론과 정부의 관계를 큰 틀에서 규정하고 그 안에서 언론조직과 정부조직의 이해관계에 따라 두 조직 간의 관계가 변화한다. 또한 이와 같은 조직적 이해관계의 우산 아래서 출입 기자와 정부 취재원의 미시적 관계가 영향을 받는다. 이 같은 요인은 언론과 정부의 관계에 위계적으로 영향을 미치는 경향이 있으므로 언론과 정부 관계의 위계적 영향 모델을 <그림 6-1>과 같이 그려볼 수 있다. 이 모델에 따르면 언론과 정부의 관계는 적대 - 견제 - 공생 - 협력 - 유착관계의 축에서 움직인다. 이러한 유동적인 관계는 먼저 이념과 정파적 유대관계에 따라 가장 크게 규정되고, 그다음으로는 조직 간 이해관계에 따라, 그리고 언론의 취재업무와 정부의 홍보

<그림 6-1> 언론 - 정부 관계의 위계적 영향 모델

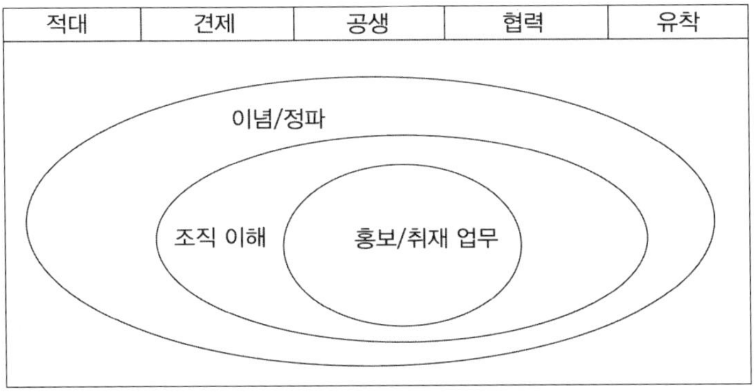

| 적대 | 견제 | 공생 | 협력 | 유착 |

이념/정파

조직 이해

홍보/취재 업무

활동의 만남에 의해 형성된다는 것이다. 물론 역으로 취재와 홍보업무 현장에서의 관계가 언론과 정부의 조직 간 이해나 이념과 정파의 변화 등에 영향을 미칠 수도 있다. 그러나 그 가능성이나 영향력의 범위는 제한적이다.

## 2. 정파적 언론과 정부의 언론관계

1980년대 말 민주화 이후 한국 언론은 크게 변화했다. 가장 큰 변화는 언론의 정파성 강화를 꼽을 수 있다. 특히 헌정사상 처음으로 10년 동안 진보정부가 집권하면서 보수신문과 진보신문의 경계가 더욱 분명해졌을 뿐만 아니라 정파적 편파보도에 따른 언론사와 정부 간, 심지어 언론사 간의 갈등도 심화되어왔다. 그 과정에서 언론은 겉으로는 불편부당, 객관보도를 표방하지만 정파적 입장에 따른 편파보도와 공격적인 보도의 사례가 빈발하고 있어 비판의 대상이 된다.

한국 언론이 정파성 경향과 관련해 언론의 정치 권력화, 보수신문의 시장 독과점(또는 이념적 보수화), 상업적 편향전략 등을 살펴볼 필요가 있다. 한국 언론은 민주화 이후 국가권력과 시민세력이 약화된 틈새를 이용해 스스로를 정치 권력화하고 민주화 이후에도 지배적인 이념으로 지속된 반공·민족 이데올로기에 기대는 보수적 성향을 띠고 있었다. 이 때문에 때마침 집권한 진보정권에 대해 편향적인 공격 저널리즘을 구사하는 특성을 보였다. 민주화 이후에 보수적 정파신문이 신문시장을 지배한 것은 선진국 사례에서 좀처럼 찾아보기 어려운 사례다. 이것은 분단상황이 만들어낸 한국적 현상이라고 할 수 있는데 특히 처음으로 등장한 진보정부와 영향력 있는 언론의 갈등과 반목의 결과로 해석할 수 있다. 이런 상황에서 언론은 중립적이고 객관적인 보도의 원칙에서 이탈해 특정 정파를 두둔하거나 공격하는 편향보도를 하는 경우가 잦았다. 편향보도는 언론의 독자성보다는 그런 편향보도를 읽고 만족과 쾌감을 느끼는 독자가 있기에 가능한 것으로 이를 상업적 편향전략이라고 부를 수 있다. 한국 언론의 정파성에 직·간접적으로 영향을 미친 정치 권력화와 이념적 보수화, 그리고 상업적 편향전략에 대해 좀 더 상술해보기로 한다.

### 1) 한국 언론의 정파성 논란

#### (1) 정치 권력화

한국 언론의 정치 권력화 과정의 두드러진 특징은 민주화 이후 드러나기 시작한 정치적·이념적 갈등과 균열 속에 언론이 적극적으로 뛰어들어 노골적으로 특정 정파를 편드는 편 가르기 식 당파화 과정을 겪었다는 점이다. 한국 언론의 정파성은 그동안 정치권력과 유착·공생했던 전력, 대통령선거에서 편향보도로 특정 후보를 지지하다 실패한 전력 등이 어우러져 한 번 발을 디딘 정파성의 늪에서 쉽게 빠져나오지 못하는 전근대적 타성 같은 것에서 비롯된 것이다. 여기에 오랜 권위주의 정치권력과 보수세력의 장기집권에 따른 보수 취향의 구매력 높은 독자시장이 존재하고 있었기 때문에 이를 겨냥한 광고시장 전략이 일정 부분 성공을 거두면서 한국 보수신문의 정파성은 정치적 세력과 경제적 이해 기반을 확보할 수 있었다.

(2) 이념적 보수화

민주화 이후의 구체제하에서 기득권 세력에 해당했던 ≪조선일보≫, ≪중앙일보≫, ≪동아일보≫에게는 정치적으로나 경제적으로 여전히 지배적인 시장인 보수시장을 상호경쟁 속에서 분배하는 것이 현명한 선택이었다. 더욱이 ≪한겨레≫와 같은 진보적인 신생신문이 기존의 좁은 진보 틈새시장을 파고들었기 때문에, 특히 ≪동아일보≫는 구매력이 높은 보수적 '강남 독자'를 ≪조선일보≫, ≪중앙일보≫와의 경쟁구도 속에서 독자층으로 끌어들이는 전략을 선택하지 않을 수 없었다.

이러한 결과로 민주화 이후 ≪조선일보≫, ≪중앙일보≫, ≪동아일보≫는 구체제와 연결된 기득권 세력에 편입됨으로써 민주화 이후 오히려 진보세력과 거리가 멀어진다. ≪조선일보≫, ≪중앙일보≫, ≪동아일보≫가 선택한 이념적 보수화의 경로를 보면 민주화 이후 이들 신문, 특히 ≪동아일보≫가 왜 김대중 정부에 이어 노무현 정부와 갈등관계로 나아갔는지를 알 수 있다. 요컨대, ≪조선일보≫, ≪중앙일보≫, ≪동아일보≫는 기존의 정치적 보수층과 중산층 이상의 부유층에 의존한 독자시장을 유지한 반면, 김대중 정부는 헌정사상 최초의 진보정권답게 재벌개혁과 언론개혁, 햇볕정책 등을 추진했기 때문에 ≪조선일보≫, ≪중앙일보≫, ≪동아일보≫의 정파적·공격적 저널리즘의 표적이 됐다.

(3) 상업적 편향전략

언론은 정부와 정당이 지지층(constituents)을 확보하고 관리하는 방식으로 이제 자사의 보도태도를 선호하고 지지하는 독자층과 호흡을 같이하며 보도의 방향을 조정하면서 독자를 관리한다. 보수언론은 보수적인 독자에게 보수적 취향의 기사를 제공하면서 독자적인 시장을 형성한다. 마찬가지로 진보언론은 진보적인 독자를 겨냥해서 진보적 코드의 기사를 제공하면서 남은 시장을 점유한다. 이때 언론과 정치권력, 언론과 언론의 관계는 소구하는 지지층에 따라

이합집산하면서 때로는 협력관계를, 때로는 갈등·적대관계를 형성한다.

한국 언론의 정파성은 언론 스스로가 언론조직의 존재를 감추는, 전통적인 '객관성 전략'을 폐기시키는 결과를 낳기도 한다. 특히 정치권력과의 갈등관계에서 언론조직의 이해관계가 공론장에 드러나버린 경우에 언론은 '객관성 전략' 대신 오히려 '편향전략(bias strategy)'을 사용한다. 취약한 지지 기반을 둔 정치집단이나 정치인을 공개적으로 공격함으로써 해당 정치집단의 반대편에 선 정치집단의 결속을 강화시킬 수 있기 때문이다. 특히 정치권력이 공격을 가해올 때 언론은 적극적으로 반격에 나섬으로써 해당 언론조직의 지지 세력에게 언론이 생존의 위협을 당하는 위기에 봉착했음을 알리고 지원을 구한다. 이처럼 언론과 정치권력이 적대적 역학관계에 빠져들수록 언론의 정파성은 높아지고 언론보도의 편향성은 더욱 심해진다. 때대로 언론조직의 이해관계와 관련된 보도가 전통적인 객관성 원칙이 실종된 채 정당의 성명서와 같이 주장과 공격, 비방으로 가득 차게 되는 것은 바로 언론이 정치 조직화됐음을 알리는 신호나 다름없다.

이때 보수신문은 보수적 이념과 언론의 권력비판 역할 이론에 기대어, 진보든 보수든 정부를 견제하고 감시하고 비판한다는 명분 아래 정부에 편향적 공격을 가할 수 있는 여지를 가진다.

### 2) 언론의 대통령 보도

1980년대 말 민주화가 진행되고 정권이 교체되는 과정에서 언론의 정부 보도, 특히 대통령 보도는 이전에 비해 확연히 정파적인 색채가 진해졌음을 보여준다. 언론은 이념적·정파적 유대가 가까운 대통령에 대해서는 우호적으로 보도하고 반대로 이념적·정파적 갈등관계에 있는 대통령에 대해서는 비판적이고 공격적으로 보도한 것으로 나타난다.

민주화 이후 노태우, 김영삼, 김대중, 노무현 대통령에 이르기까지 언론의

<표 6-1> 신문에 따른 대통령 보도의 공격성 차이

《동아일보》 Chi-Square=85.759(df=6, p<0.001)

|  | 노태우 | 김영삼 | 김대중 | 노무현 | 합계 |
|---|---|---|---|---|---|
| 우호 | 8 | 29 | 11 | 9 | 57 |
|  | 23.5% | 44.6% | 7.2% | 7.7% | 15.5% |
| 중립 | 6 | 24 | 23 | 24 | 77 |
|  | 17.6% | 36.9% | 15.1% | 20.5% | 20.9% |
| 공격 | 20 | 12 | 118 | 84 | 234 |
|  | 58.8% | 18.5% | 77.6% | 71.8% | 63.6% |
| Total | 34 | 65 | 152 | 117 | 368 |
|  | 100.0% | 100.0% | 100.0% | 100.0% | 100.0% |

《한겨레》 Chi-Square=19.28(df=6, p<0.05)

|  | 노태우 | 김영삼 | 김대중 | 노무현 | 합계 |
|---|---|---|---|---|---|
| 우호 | 2 | 5 | 9 | 12 | 28 |
|  | 2.6% | 3.2% | 11.7% | 13.3% | 7.0% |
| 중립 | 19 | 38 | 27 | 26 | 110 |
|  | 24.7% | 24.7% | 35.1% | 28.9% | 27.6% |
| 공격 | 56 | 111 | 41 | 52 | 260 |
|  | 72.7% | 72.1% | 53.2% | 57.8% | 65.3% |
| Total | 77 | 154 | 77 | 90 | 398 |
|  | 100.0% | 100.0% | 100.0% | 100.0% | 100.0% |

* 자료: 최영재(2005).

대통령 보도와 관련한 내용을 분석한 결과에 따르면, 첫째, 대통령 보도 건수가 기하 급수적으로 늘고, 둘째, 대통령 개인을 다루는 보도가 증가하고, 셋째, 대통령을 공격하는 보도가 급증한 것으로 나타난다(최영재, 2005). 언론의 대통령 보도경향은 《조선일보》, 《중앙일보》, 《동아일보》와 같은 보수신문과 《한겨레》, 《경향신문》과 같은 진보신문에 따라 상당한 차이가 있다. 한 가지 흥미로운 사실은 노무현 대통령에 대한 보도태도에서는 《한겨레》 같은 진보신문 또한 보수신문 못지않은 비판과 공격성향을 보이고 있다는 것이다. 이것은 당시 노무현 정부가 일부 인터넷 언론을 제외하고 기존의 신문들과 상당한 갈등관계에 있었음을 시사한다.

## 3. 노무현 정부의 적대적 언론관계의 교훈

언론과 역대 정부의 관계가 그저 안정적이고 평화로운 적은 없었지만 노무현 정부의 언론관계는 여러 가지 측면에서 논의할 만하고, 언론과 정부의 바람직한 관계 수립에 대해 적지 않은 교훈을 준다.

노무현 정부에서 언론과 대통령의 관계는 '아름다운 거리'를 유지했는가? 노무현 정부는 언론과 오랜 권언유착을 청산하기 위해 이른바 '건전한 긴장관계'로 움직이다 지나치게 긴장한 나머지 적대관계로 빠져버린 경우라고 할 수 있다. 언론과 정부가 적대관계에 빠졌다면 그 잘못은 정파적 언론의 문제에서도 찾을 수 있다. 하지만 궁극적으로 언론과의 관계를 건전한 수준의 갈등과 긴장관계에 묶어두지 못하고 적대관계로 빠지도록 방치한 대통령의 리더십도 문제가 아닐 수 없다.

노무현 정부의 언론 - 대통령 관계는 중요하고 근본적인 한국 언론의 문제를 드러내고 이를 개혁하려는 정책을 만들어내는 데 일정 부분 성공했지만 신뢰와 상생의 관계로 나아가는 데는 실패했다. 노무현 정부 5년 동안 정부와 언론의 관계 형성과정, 그 관계의 특성, 관계의 결과와 효과 등을 살펴봄으로써 언론과 정부의 관계에 대한 교훈점을 찾을 수 있을 것이다.

### 1) 노무현 정부 언론정책의 배경과 조건

노무현 정부의 언론정책은 출발부터 정치 권력화된 일부 보수언론의 공격저널리즘을 극복하고 언론과 정부의 '건전한 긴장관계'를 형성할 수 있을 것인가 하는 매우 어렵고 미묘한 숙제를 안고 있었다.

대통령을 비롯한 언론관계 정책 참모들은 보수언론의 정당성을 부인하고 있었고, 보수언론은 그 나름대로 선거에서 편파적 보도를 한 데 대한 심리적 부담감을 감추기 위해 오히려 노무현 정부에 대한 공격성을 드러내기 시작했다.

대통령 취임 초기 약 100일까지 언론이 대통령의 실수나 실언 등을 눈감아 준다는, 이른바 밀월(honeymoon) 기간은 미국 언론의 전통이지 노무현 정부에게는 해당되지 않았다. 오히려 2003년 취임 초 밀월 기간에 대통령에 대한 언론의 공격은 그 이후보다 더 심했다. 대통령에 대한 우호적인 기사는 ≪조선일보≫가 25건 중에 1건, ≪한겨레≫는 10건 중에 1건에 불과했다.

노무현 정부 들어 전반기 2년 동안 대통령 보도의 경향을 살펴보기 위해 ≪조선일보≫와 ≪한겨레≫의 1면에 난 대통령 관련 기사 약 1,500건을 분석한 결과는 보수신문의 공격을 적나라하게 보여준다(최영재, 2005). 신문의 얼굴이라고 할 수 있는 1면에 실린 대통령 관련 기사 가운데 공격적인 기사는 ≪조선일보≫가 10건 중에 4건, ≪한겨레≫는 10건 중에 2건을 차지했다. 공격적인 기사 중에는 대통령에 대한 거부감이나 혐오감, 심지어 적대감까지 드러내는 기사도 꽤 포함돼 있었다.

언론의 노무현 정부에 대한 공격적인 보도태도는 김대중 정부에 이어 지속되는 진보정부에 대한 보수언론의 정파적·이념적 괴리감과 함께 노무현 정부의 언론에 대한 적대적 태도로 인해 더욱더 심각해졌고 시간이 갈수록 타성화하는 경향까지 보였다.

### 2) 노무현 정부의 언론홍보 정책의 특성

#### (1) '건전한 긴장관계'

노무현 정부는 아마도 대한민국 건국 이래 언론과 '긴장관계'로 가겠다고 천명한 최초의 정부일 것이다. 이전의 정부는 실제로는 긴장관계였을지라도 '공생관계'를 지향하고 언론에도 그것을 요구했다. 노무현 정부가 언론과 긴장관계를 천명한 것은 긴장과 갈등관계로 갈 수밖에 없는 노무현 정부와 시장지배적 보수신문과의 현실적 관계에서 비롯된 것이었지만, 민주사회의 정부와 언론의 역할 차원에서 보면 정당하고 바람직한 선언이라고 볼 수 있다.

무엇보다 해방 이후 언론과 정부의 거리가 노무현 정부에서처럼 명실공히 '상호독립'이 가능한 거리로 유지된 적은 없었다. 이로써 과거의 권언유착관계는 획기적으로 청산됐다는 평가를 받고 있다. 노무현 정부가 초반부터 지향했던 언론과 정치권력의 '건전한 긴장관계'가 건강한 관계로 발전·유지됐는지에 대해서는 여전히 의문이 있지만 상호 독립적 위치로 인해 발생하는 상호견제와 긴장관계가 형성된 것은 비교적 분명하다.

> 과거엔 언론이 '권력의 시녀'나 '권언유착'이라는 말을 들었지만 이제는 그야말로 견제와 균형의 건전한 긴장관계로 변화 …… 국민을 상대로 서로 더 좋은 대안을 가지고 지지를 받기 위해 경쟁하는 관계, 즉 생산적인 경쟁과 협력의 관계가 그것이다(노무현, 2005. 10, 정책홍보 관리 담당자 간담회).

노무현 정부가 천명한 언론 - 정부의 건전한 긴장관계는 과거 언론과 정치권력의 관계가 물리적인 권력과 인맥에 의한 네트워크 등에 의해 강제하거나 유착하던 관계에서 벗어나 언론과 정부가 사람 간의 관계가 아니라 정책 이슈에 대해 토론하고 비판·감시·견제함으로써 국가 이슈에 대한 국민적 합의 절차를 만들어가자는 의미로 해석할 수 있다. 이러한 노무현 정부의 '건전한 긴장관계' 원칙은 언론법과 언론의 취재관행에 대한 개혁으로 이어졌다.

(2) 사회적 책임주의 언론개혁

'건전한 긴장관계'는 정부는 얼마든지 언론의 합당한 비판과 견제와 감시를 받을 테니 언론도 사실보도와 진실보도의 원칙에 충실히 임해 달라는 언론에 대한 정부의 역제의를 포함하고 있었다. 즉, 정부 못지않게 언론도 사회

<표 6-2> 정책홍보 업무의 처리기준

| | |
|---|---|
| 1. 대언론 홍보원칙: 개방, 공평, 정보 공개의 원칙 | 7. 사무실 방문취재: 원칙적 제한, 홍보 관리실과 사전협의 후 허용 |
| 2. 정보공개: PCRM, 홈페이지 게재방법으로 공개 | 8. 취재응대: 실명취재 응대 |
| 3. 브리핑: 정례 브리핑, 수시 브리핑, 언론 간담회, K텔레비전 생중계 활용한 직접 국민홍보 | 9. 언론보도 대응: 정책보도 모니터링 시스템 |
| 4. 취재 기회 부여: 공평 취재 기회 | 10. 과도한 편의제공 등 금지 |
| 5. 출입기자 등록: 등록제, 특정 언론사 차별금지 | 11. 가판구독 금지 |
| 6. 취재지원: 정책홍보 관리실을 통한 취재관리 | 12. 인터넷 보도: 일반 매체원칙 적용 |

* 자료: 국정 홍보처 자료.

적 책임에 입각해서 민주적인 언론 본연의 역할을 해달라는 것이고, 그렇지 못할 경우 국민의 신탁기관인 정부와 국회에 의해 책임을 강제당할 수도 있음을 의미하는 것이었다.

 노무현 정부는 시장 지배적 보수신문이 무책임한 오보와 부당한 정부 공격을 관행적으로 일삼고 있다고 보고 이에 대한 언론개혁에 나섰다. 이런 과정은 신문법의 추진과정과 야당과의 합의과정에서 다소 완화되긴 했지만 신문법의 내용에 잘 드러난다. 노무현 정부는 신문법을 추진하는 과정에서 보수신문의 언론시장 독과점 구조를 해체·완화하고 '아니면 말고 식'의 무책임한 오보를 차단하기 위한 제도적 장치를 마련함으로써 언론에 대한 사회적 책임을 부과하려고 했다.

(3) 개방형 취재 - 홍보 시스템

 언론 - 정부 관계를 '건전한 긴장관계'로 설정한 대척점에는 과거의 권언유착이 있었다. 노무현 정부는 권언유착이 발생했던 언론과 정부가 만나는 관계 지점, 즉 취재보도 관행에 개선을 도모했다. 노무현 정부가 시도한 브리핑제도 도입, 기자실 개방 등 취재보도 관행의 개혁은 근대 언론제도의 도입 이후 기자와 취재원의 관계를 가장 크게 변화시키는 조치로 풀이된다.

언론관계 정비의 원칙으로는 개방, 공평, 공개 등 세 가지 원칙이 적용됐는데 결과적으로 첫째, 과거 정부 취재원과 기자의 사적인 만남에 의한 유착관계를 청산하고, 둘째, 독과점적 언론의 부당한 특혜와 은밀한 거래를 차단하고, 셋째, 인터넷 시대에 다원화된 언론의 다양한 취재보도를 보장하는 정책 목표를 제시했다.

(4) 대국민 커뮤니케이션 정책

노무현 정부는 언론관계 정책을 수행하면서 때마침 인터넷의 획기적인 보급이라는 언론매체 환경의 변화에 발맞춰 정부가 언론을 거치지 않고 직접 국민을 대상으로 정책홍보를 구사하는 대국민 직접 커뮤니케이션 경로를 신설했다. 청와대 브리핑과 국정 브리핑의 정책 포털 서비스가 그것이다.

이런 대국민 커뮤니케이션 정책은 정파적·공격적인 언론의 통로를 피해 직접 국민에게 정책정보를 제공하고 국민과 대화하는(Going Public) 새로운 언론정책으로 평가할 수 있다. 그러나 이것의 효과는 기존 언론을 통하는 것에 비해 미미한 수준이어서 정부 홍보의 효율성 문제로 시달릴 수밖에 없었다.

3) 언론과 대통령의 적대관계와 부메랑 효과

'건전한 긴장관계'를 지향했던 노무현 정부에서 언론과 대통령의 관계는 결과적으로 적대적 갈등관계로 돌아서버렸다는 사실을 부인하기 힘들다. 어찌 됐든 언론과 대통령은 서로 공격했다. 노무현 정부가 표방한 언론과의 건전한 긴장관계는 민주주의 원리에 입각한 언론과 정부의 역할과 기능 측면에서 정당하고 합당한 것이다. 하지만 긴장관계가 건전함을 유지하려면 언론과 정부의 건전한 소통, 건설적인 커뮤니케이션이 전제되어야 한다. 그렇지 못할 때는 자칫 긴장관계의 고착화를 초래할 수 있다.

노무현 정부와 보수적 신문의 관계는 시간이 갈수록 건전한 긴장관계가 아니라 '적대적 긴장관계'로 빠져들었다. 건전한 긴장관계란 정부와 언론이 때로는 우호적으로 때로는 견제와 갈등관계로 줄타기하듯 움직일 수 있는 유동성이 전제돼야 하는데 정부와 보수신문이 적대관계로 고착되면서 결코 건전한 관계를 유지할 수가 없었다.

이런 적대적 긴장관계는 언론과 정부가 사사건건 소모적 갈등을 벌이게 하고 언론과 정부 모두가 시민의 신뢰와 지지를 상실하는, 모두 패자가 되는 결과를 만들었다. 대통령에 대한 언론의 공격보도는 언론과 대통령의 갈등 또는 적대관계를 반영할 뿐만 아니라, 이러한 공격보도로 언론과 대통령은 적대관계를 더욱 공고히 하기도 한다. 언론의 적대적 보도에 대해 대통령이 공개적인 발언을 하거나 언론정책을 통해 언론을 역으로 공격하면서 언론의 신뢰도에 흠집을 내기도 했고, 그럴수록 언론은 대통령을 더욱 적대적으로 대하는 적대관계의 악순환에 빠졌다. 언론과 대통령의 상호공격 현상은 궁극적으로 부메랑 효과를 발생시켜 대통령을 공격하는 언론에게, 그리고 언론을 공격하는 대통령에게 시민의 불신이라는 부메랑이 되어 날아들었다.

민주사회에서 언론이 권력을 비판하는 일은 매우 당연시되며 오히려 언론의 비판자적 역할을 권장한다. 언론과 정치권력이 갈등관계로 빠져들 때 언론은 권력이 비판적 목소리에 재갈을 물리려 한다고 공박한다. 또한 적지 않은 시민이 정치권력의 언론자유 억압을 공박하며 언론을 두둔한다. 언론이 비판적 기능을 상실한 채 지배권력의 하수인으로 전락하거나 권력과 공생관계를 형성할 때 더 이상 시민의 목소리가 들리지 않게 되고 권력의 부패가 시작된다는 사실을 역사가 말해주기 때문이다. 권력의 부패와 비리를 고발하고 권력을 감시하는 언론의 역할은 때로는 오보와 과장보도, 불공정성 등과 같은 부작용을 감내하면서까지 지켜야 할 저널리즘의 자산이다.

그럼에도 한국 언론이 정치권력을 비판하고 감시하는 태도와 방식은 언론의 규범적 역할 논쟁 이상의 사회적 파열음을 불러왔다. 언론의 권력비판이 정도를 넘어 정치권력과 기와 세를 겨루며 공격형 저널리즘으로 변질되어왔기 때문이다. 때때로 언론권력과 정치권력이 마치 정쟁을 벌이는 양상으로까지 비치기도 했다. 그러한 과정에서는 언론도 정치권력도 승자가 될 수가 없다. 더구나 언론과 정치의 틈바구니에 낀 시민은 얻는 것이 거의 없다. 환멸을 느낀 시민은 언론과 정치에 등을 돌린다.

### 4) 대통령 보도의 불공정 문제

대통령 보도의 정파적 편향과 공격 저널리즘의 가장 큰 문제는 보도의 불공정이다. 보도의 공정성은 쉽게 말하면 어떤 사안을 놓고 갈등관계에 있는 이해 당사자를 최대한 억울하지 않게 보도하는 태도다. 언론이 공정해지려면 갈등사안에 대한 섣부른 판단을 자제해야 한다. 언론의 공정성은 당사자들의 이야기나 주장을 최대한 이해하는 마음으로 경청하고 이를 충분히 객관적으로 보도하는 일에서부터 출발한다.

언론의 공정한 보도에는 이해 당사자에 대한 배려가 깃들어 있기 때문에 당사자뿐만 아니라 시민이 갈등사안에 대해 건전하고 생산적인 토론을 통해 해결책을 마련하게 만드는 공론장을 만들어낸다. 역으로 억울한 당사자를 만들어 서로 공격하게 하고 궁극적으로 공론장을 망가뜨리는 것은 언론의 섣부른 판단과 어설픈 공격 저널리즘 때문인 경우가 많다.

언론의 대통령 보도는 많은 경우 비난과 비방, 공격에 함몰되어 대통령을 객관적으로 보도하는 데 실패함으로써 시민들이 대통령을, 대통령의 정책을 이해하는 데 도움을 주지 못하고 오히려 방해요소로 작용했다.

특히 노무현 정부 시절, 보수신문은 대통령의 발언을 객관적으로 보도하는 대신 비난과 공격으로 일관했다. ≪한겨레≫와 ≪경향신문≫ 등 진보적 신문은 다소 객관적인 편이었지만, 사안에 따라 대통령과 의견이 다른 경우에는 섣부른 판단과 비판부터 시작했다는 점에서 예외는 아니었다.

언론의 대통령 발언 보도는 대통령의 주장을 먼저 이해하려는 노력이 선행되지 않았기 때문에 그다지 공정했다고 볼 수 없다. 대통령이 생각하고 있는 진보적인 사고, 장기적인 정책 등이 제대로 취급받고 생산적인 토론의 대상이 되기에는 언론공간이 너무 협소하고 편협했다. 언론의 대통령에 대한 여러 가지 문제 제기와 비판은 나름대로 정당한 것일 수 있다. 하지만 언론의 대통령 보도에서 많은 경우 대통령을 이해하고 그의 뜻을 전달하려는 노력이 생략되는 바람에 대통령은 억울해했다. 그 결과 상당수의 시민도 소외됐다.

### 5) 노무현 정부 언론정책의 효율성 문제

노무현 정부의 언론정책은 그 나름대로 개혁적이고 민주적이었다. 많은 경우 노무현 정부의 언론개혁 정책은 정책의 정당성을 확보하고 있었다. 하지만 정당한 정책이라고 해서 반드시 효율성이 보장되는 것은 아니다.

노무현 정부의 언론정책은 결과적으로 다음과 같은 효율성 문제를 초래했다. 첫째, 건전한 긴장관계가 결과적으로 언론과의 지나친 적대관계로 빠져 언론을 통한 정책홍보에서 언론의 긍정적인 도움이나 협조를 얻어내는 데 한계가 따랐다. 둘째, 진보진영조차 지적하는 것처럼 노무현 정부의 언론개혁 정책은 언론과 적대적인 관계를 형성함으로써 언론개혁의 핵심이었던 일부 신문사의 시장 독과점과 불공정 거래 행위 등을 시정하는 데 이렇다 할 성과를 내지 못했다(김영호, 2004).

## 4. 언론과 정부 관계의 궁극적 목표: 언론의 자유

### 1) 언론의 '언론탄압' 주장과 진정한 언론의 자유

노무현 정부 들어 언론, 특히 보수신문들이 언론의 자유를 침해당했다고 주장하는 일이 많았다. 정부의 언론정책이 언론탄압으로 이어지고 있다고 비판하고 보도하는 것은 언론의 자유영역이고 따라서 정당하다. 정부의 언론정책은 상당 부분 문제점을 안고 있기 마련이므로 이에 대한 비판보도는 사회적으로 유익하다. 하지만 당시 언론의 자유를 침해한다는 주장은 명백한 논리적 모순을 내포하고 있었다. 정부에 의한 언론의 자유 침해를 주장하는 언론보도야말로 정부를 비판하고 나아가 공격까지 할 수 있는 언론의 자유를 누리고 있기 때문이다. 유신시대, 5공화국, 6공화국 같은 권위주의 정권 시절에 언론은 탄압받고 있다고 말하는 것조차 제한을 받았다. 언론이 탄압을 받고 있었기 때문에 그 사실조차 보도할 수 없었던 것이다.

일부 언론이 언론자유의 침해나 언론탄압을 주장할 때 때로는 침해나 탄압의 대상이 언론의 자유라기보다는 기실 '언론사'의 자유를 지칭할 때가 있다. 정부가 언론사 간의 공정거래나 언론사 조직의 투명한 경영과 납세 등을 위해 규제를 가하는 것을 언론의 자유 침해와 연결시키는 것은 언론사의 일방적인 홍보에 가깝다. 물론 정치권력이 정부에 비판적이고 공격적인 일부 언론에 대해 세무조사나 신문시장 규제와 같은 정책카드를 꺼내든 전력이 있지만 언론규제 정책 자체를 언론자유 침해로 규정짓는 것은 곤란하다.

오히려 집권세력과 적대관계에 있는 언론이 정부에 대해 편향적인 공격보도를 할 경우 언론자유의 구현이 아니라 방종의 혐의를 받을 수 있기 때문에 경계해야 한다. 언론이 정부와의 적대적 관계에 함몰되어 자사의 정치적·경제적 이해관계에 따라 편향적으로 보도하면 다른 의견을 가진 시민의 언론자유를 심각하게 침해하게 되고, 언론이 오히려 공정한 여론 형성을 훼방하는 결과를 초래하기 때문이다.

### 2) '언론자유' 정책의 역설

정파적 언론이 지나치다 싶을 정도로 정부를 공격하는 보도를 일삼을 때 정치권력이 언론개혁이라는 명분으로 언론을 관리·통제하려는 시도는 얼마나 정당한 것인가? 언론이 정부를 지나치게 공격보도할 때 정부가 편파보도와 왜곡보도로 인한 명예훼손이나 중상모략과 같은 위법성을 발견한다면 법적 책임을 물을 수 있다. 그러나 언론이 정부에 대한 불공정·왜곡·편파보도를 했다고 이에 대해 대통령을 포함한 국가권력이 직접적인 통제에 나선다면 언론자유를 침해할 소지를 안게 된다. 정치권력이 나서서 언론자유를 남용하는 언론사를 치유하고 진정한 언론자유 정책을 시행하겠다는, 이른바 '개혁적' 발상은 오히려 언론자유를 규제하고 통제하는 역설을 가져온다. 역사적으로 정치권력의 언론개혁 시도가 대부분 실패로 돌아간 것은 이처럼 언론자유를 실현하겠다는 일이 언론자유를 방해하는 역설의 덫에 걸리기 때문이다.

### 3) 언론 - 정부 관계는 관리의 대상

노무현 정부의 언론정책, 특히 건전한 긴장관계의 원칙은 정책적으로 상당히 정당했다. 하지만 경직된 제도로 인해 커뮤니케이션 관리와 운용 의도를 제대로 살리지 못하면서 언론과 정부의 커뮤니케이션 단절현상마저 나타났다. 더욱이 《조선일보》, 《중앙일보》, 《동아일보》라는 풀기 어려운 적대적인 시장 지배적 언론의 존재는 매우 능숙하고 노회한 커뮤니케이션 전략과 관리가 필요했음에도 오히려 커뮤니케이션 빈곤현상을 보였다.

'대통령의 말'이 관리되지 못해 보수신문이 대통령을 공격할 수 있는 빌미가 됐다. 취재 기자와 정부 취재원 사이의 커뮤니케이션 단절현상은 언론과 정부의 적대관계로 이어질 만큼 심각했다. 노무현 정부는 '공개', '투명', '공평'과 같은 바람직한 언론관계의 원칙을 수립하는 데는 성공했지만 갈등관계에 있던 언론과 적대관계를 형성하면서 언론과 정부 사이에 '공감', '친분' '이해', '신뢰'를 쌓는 데는 실패했다.

새로운 시스템의 도입으로 기자와 정부관리의 유착, 특히 사적인 거래는 거의 근절됐다. 그러나 유착이 사라진 자리에 대신 들어서야 할 건전한 관계, 즉 이해와 공감대는 형성되지 못했다. 이해와 공감대가 제자리를 잡지 못한 사이, 유착관계를 청산한 기자와 취재원은 갈등과 적대관계로 빠져들고 말았다.

언론과 정부의 관계는 결국 관리의 대상이고 관리되어야 한다. 정파와 이념의 이해관계가 언론과 정부의 관계를 유착·적대관계로 고착시킨다면 거기서 시민은 어떠한 공익도 얻기 어렵다. 결국 언론과 정부는 서로 다른 정파적 터전과 서로 다른 입장을 가지고 있다 하더라도 민주적인 공론장에서 합당한 토론으로 상대방을 인정하고 소통할 때 상생의 관계로 나아갈 수 있다.

## 5. 선진국의 언론 - 정부 관계 사례

민주주의 제도를 일찍이 정착시킨 선진국이라고 해서 언론과 정부의 관계가 항상 안정적이고 평화로운 것은 아니다. 오히려 언론과 정부의 관계는 갈등적인 것이 정상이고 일상이라고 말할 수 있을 정도다. 문제는 언론과 정부의 갈등관계를 어떻게 상생할 수 있는 방향으로 잘 관리해나갈 것인가. 선진국의 언론 - 정부 관계를 몇 가지 소개한다.

### 1) 미국 루스벨트 대통령과 보수언론의 갈등관계

(1) 정파적 보수신문의 루스벨트 공격

1930년대 뉴딜정책에 노골적으로 반대를 표명한 언론사주 중에 가장 유명한 이는 허스트(William Hearst)였다. 허스트의 ≪뉴욕저널(New York Journal)≫은 1차 세계대전 전까지만 해도 '민중의 대변지'를 자처하면서 노동자의 권익을 열렬히 옹호하는 노선을 취했고, 1932년 대선 캠페인에서는 사설에서 루스벨트(Franklin Roosevelt) 후보를 지지했다. 그러나 허스트는 1935년 루스벨트의 정책이 너무 사회주의적이라는 이유로 그에 대한 지지를 철회하고 뉴딜정책의 강력한 비판자로 변신했다. 허스트는 자신이 소유한 신문을 통해 뉴딜 관련 법제, 예컨대 노조의 권리 증진을 규정한 전국노동관계법이나 실직보험을 도입한 사회복지법을 악감정이 담긴 수사(修辭)와 신랄한 용어를 동원해 비난했다(Emery, Emery and Roberts, 1999: 306).

매코믹(Robert McCormick)도 1932년 대선에서는 루스벨트를 지지했으나 얼마 지나지 않아 정치적으로 결별했다. 매코믹은 권위주의적인 성격의 소유자로서 편집국의 운영을 철저히 통제했으며, 정치적으로는 보수적인 중서부의 지역주의(provincialism) 정서를 옹호하는 쪽이었다. 매코믹은 사설 및 칼럼에서 '외국인', '동부 해안의 엘리트', '뉴욕의 금융업자'에 대한 혐오감을 공공연히 드러냈고, 뉴딜정책을 공산주의자의 정책이라고 비난했으며, 대외정책에서는 배타적 고립주의(isolationism)를 고수했다(Emery, Emery and Roberts, 1999: 306~307). 이로써 매코믹의 ≪시카고 트리뷴(Chicago Tribune)≫은 허스트의 ≪뉴욕저널≫과 더불어 1936년 워싱턴 주재 기자들에 의해 '가장 불공정하고 신뢰할 수 없는' 신문으로 선정되기도 했다(Emery, Emery and Roberts, 1999: 307).

(2) 언론 - 정부 간 상호 비판적 공생관계

루스벨트 대통령과 워싱턴 주재 기자들의 관계가 언제나 평탄했던 것은 아니다. 첫 집권 후 약 2년 동안 백악관과 취재 기자들 사이에는 밀월(蜜月)관계가 존속됐으나 이후 뉴딜정책의 효과와 향후 방향을 놓고 대통령과 기자들 사이의 견해 차이가 커졌다(차배근, 1983: 465). 취임 당시 대통령을 지지했던 ≪시카고 트리뷴≫의 매코믹과 ≪뉴욕저널≫의 허스트가 정치적 결별을 선언한 것도 이러한 관계 악화에 영향을 미쳤다. 이로 인해 루스벨트는 전국 신문의 85%가 뉴딜정책에 반대한다고 언론을 비판했고 몇몇 워싱턴 주재 기자들과 언쟁을 벌이는 일도 있었다. 이러한 관계 악화 속에서도 백악관은 대통령 기자회견을 위시한 대(對)언론 공보활동 체제를 계속 유지했다. 이런 점에서 본다면 1930년대 기자들과 백악관의 관계는 양자 간에 점차 불협화음이 커졌음에도 기본적으로는 서로의 필요에 의해 부단히 교섭(交涉)하는 공생적(symbiotic) 성격을 유지했다. 그리고 이러한 관계는 현대적 기준에서 볼 때 언론과 정부의 관계에 부합하는 것이었다.

### 2) 영국 언론의 정파성과 언론개혁 정책

#### (1) 영국 정론지의 형성과 과제

영국의 신문들은 20세기에 들어설 즈음 산업화와 대중화에 부응해 대중적 신문으로 변신하는 데 성공했지만 정치적 자유주의에 기반한 정파적 편향으로 많은 비판을 들어야 했다. 진보세력은 재벌 소유의 신문이 노동당이나 노동운동에 대해 적대적 보도를 일삼는다고 비판했고 보수당 또한 진보적 신문의 공격적인 보도를 불평하곤 했다. 1930년대 보수당 정부 수상을 지낸 볼드윈(Baldwin)은 보수언론 재벌 비버브룩(Beaverbrook)과 로더미어(Rothemere)가 신문을 정치적 영향력을 행사하기 위한 도구로 활용하고 있다면서 '정치적 모험가', '창녀 남작(prostitute baron)'이라고 공격했다(장행훈, 2004).

자유주의 이념에 따라 정부의 규제가 거의 없다시피 한 영국에서 정론지는 자율규제(self-regulation)에 따라 신문의 전문직화(professionalization)와 공정보도 규율 등을 축적해가면서 언론의 신뢰를 구축해갔다. 하지만 점차 치열해지는 신문시장 구조와 언론의 자유로운 정치적 표현문화로 인해 뉴스의 연성화·정파화 문제가 새로운 문제로 대두되고 있다.

#### (2) 영국 신문의 자율규제 실패와 개혁정책

그러나 왕립언론위원회가 영국의 언론개혁 운동이 실패했다고 지적한 것은 첫째, 언론문제에 대한 외부의 간섭과 규제가 언론자유의 침해가 된다는 고전적인 자유주의 언론관을 고수했기 때문이며, 둘째, 왕립언론위원회의 활동에 대해 언론자본의 저항이 거셌기 때문이다. 대신문의 사주들은 자유주의적 언론관을 방패로 언론개혁을 공격했다. 언론의 기득권과 경제적 이익을 제약하는 어떤 개혁에도 이들은 저항하고 공격했다. 셋째, 왕립언론위원회 활동에 활력을 불어넣을 수 있는 시민단체를 비롯한 개혁세력이 취약했기 때문이다. 개혁적인 정치인들조차도 자신의 정치적 이해관계 때문에 언론과 타협하곤 했다.

영국에서는 언론문제에 대한 정부의 규제 및 개입에 대해 여전히 논란이 진행 중이다. 하지만 최근 들어 오랜 기간 시행되어온 자율규제에 의한 언론개혁의 한계를 지적하며 독립적인 신문 지원 및 규제 기관을 설립해 '책임 있는 언론자유'를 실현하도록 제도적 개혁장치를 마련해야 한다는 목소리가 높아지고 있다.

현재 거론되고 있는 영국의 언론개혁 방향은 유럽의 다른 나라에서 시행하고 있는 것처럼 '미디어 다양성 위원회(Media Diversity Board)'를 설립해 여론의 다양성 유지 차원에서 언론기업의 소유 및 독점 규제를 가하는 방안 등이 논의되고 있다. 또한 유럽 국가의 신문 지원제도처럼 언론의 정확성, 공정성, 다양성의 실현 정도에 따라 정부 보조금을 지원하는 제도의 도입을 검토해야 한다는 제안이 있다. 영국에서는 현재 언론기업에 부가세를 면제하는 등 간접적인 신문 지원제도를 실시하고 있다.

법제 측면에서 언론개혁정책은 '1992~1993년 언론자유와 책임법안(Press Freedom and Responsibility Bill 1992~1993)'에 근거한 '독립신문위원회(Independent Press Authority, IPA)'를 발족시켜 언론불만처리위원회(Press Complaints Commission)의 기준을 신문이 의무적으로 이행하도록 강제화하는 방안도 논의된다(O'Malley and Soley, 2000).

언론개혁 방안에 대응하는 정부공보 정책의 개혁도 요구되고 있다. 영국 정부는 미국의 「정보자유법(Freedom of Information Act)」과 같은 정보 공개법을 적극 도입·시행해 정부정책 정보를 시민과 언론에 투명하게 공개한다는 요구를 받고 있다.

블레어(Tony Blair) 총리가 언론개혁을 위한 법제화 방안을 언급했으며 영국 하원도 2007년 언론문제에 관한 보고서에서 언론개혁과 규제 법안에 대한 검토를 제안했다.

### 3) 프랑스 언론의 정파성과 언론정책

(1) 프랑스 언론의 정파성 문제

프랑스 신문들은 특정 정당을 지지할 수 있는 자유를 가지고 있지만 오늘날 일반적으로 드러내놓고 과감하게 정파지를 선언하지는 않는 편이다. 이것은 상대적으로 노골적인 정파적 속성을 드러내는 영국의 신문과 대조된다. 정론지로 꼽히는 ≪르몽드(Le Monde)≫, ≪피가로(Le Figaro)≫, ≪리베라시옹(Liberation)≫은 각각 중도좌파, 우파, 좌파로 불리지만 이들 신문의 편집방향이 특정 정당이나 특정 선거후보의 지지와 반드시 일치하는 것은 아니다. 예를 들어 ≪르몽드≫는 1995년 대통령선거에서 우파인 발라뒤르(Edouard Balladur) 후보를 지지했다. 프랑스 신문은 정당으로부터의 분리를 추구하고 있을 뿐 아니라 전통처럼 되어 있던 이념적 성향을 점점 줄이고 있다. 이를 두고 프랑스 언론이 정치적 견해를 표명하는 데 미국 신문과 같은 다원주의로 나아가고 있다는 분석도 나온다(Charon, 2005: 113).

(2) 언론 지원 및 규제 정책

프랑스의 언론매체 소유 집중 현상은 유럽의 다른 나라에 비해 심한 편은 아니다. 예를 들어 영국의 머독(Rupert Murdoch)이나 이탈리아의 베를루스코니(Silvio Berlusconi)만큼 언론을 집중적으로 소유한 경우는 프랑스에 없다. 이것은 프랑스의 매체 내, 매체 간 소유 규제가 엄격한 데 기인한 바가 크다. 외국인의 프랑스 언론매체 소유에 대해서도 규제가 많아 글로벌 언론자본이 들어와 있지만 프랑스 언론의 대주주는 대부분 프랑스인이다. 프랑스의 언론매체에 대한 외국자본의 규제는 문화적·경제적 이유 때문에 프랑스 내 모든 정파로부터 지지를 얻고 있다.

프랑스의 언론 지원 정책은 총리실 산하 미디어청(DDM)에서 이뤄진다. 프랑스 정부는 공영·공공적 언론, 여론의 다양성 차원에서 보호해야 할 소수 목소리의 언론 등에 대해 직·간접적으로 지원한다. 대신 책임 있는 민주적 언론의 역할을 할 수 있도록 유도하는 정책을 구사하고 있다.

(3) 언론의 정치인 존중 문화와 탐사보도의 상존

언론개혁에는 언론인의 전문화된 문화와 윤리규범 등이 매우 중요한 요소로 작용한다. 프랑스 언론은 정치인을 존중해주는 문화적 규범을 가지고 있어 정치인의 사생활을 보도하지 않는다는 원칙을 고수하려고 노력한다.

물론 이러한 언론윤리는 자율규제 장치만으로 형성된 것은 아니다. 예를 들어 1970년 7월 17일 제정된 사생활 보도에 관한 법률은 사생활을 잘못 보도했을 경우 엄청난 징계를 받게 만들어 사생활 보도에 대한 '강제적 자율'을 유도했다고 볼 수 있다.

---

**제6장 연습문제**

1. 다음 개념으로 언론과 정부의 관계를 논술하라.
   - 언론과 정부의 '아름다운 거리'   • 정파적 언론
   - 편향보도 전략                  • 공격 저널리즘
   - 공격보도의 부메랑 효과          • 노무현 정부의 언론관계
2. 선진국과 우리나라의 언론 - 정부 관계를 비교분석하라.

▪ **요약**

제7장에서는 선거상황에서 후보자와 유권자 사이에 언론이 어떤 역할을 수행하는지, 바람직한 선거보도와 바람직하지 않은 선거보도가 무엇인지 그리고 선거를 공정하게 보도하는 것이 왜 중요한지를 살핀다. 아울러 언론의 선거보도 현황을 분석한 여러 연구를 검토함으로써 미국이나 우리나라 언론의 선거보도 특징이 어떠한지를 확인하고 이러한 특징이 다양한 선거보도 장르(텔레비전 토론, 여론조사, 정치광고)에서는 어떻게 구체화됐는지도 파악하려 한다. 마지막으로 선거뉴스 분석을 통해 언론의 선거보도 현황을 종합적으로 점검함으로써 언론의 바람직한 선거보도가 어떠한 방향으로 이뤄져야 하는지 논의한다.

▪ **주요 용어**

선거 저널리즘, 해석적 저널리즘, 부정적 선거보도, 텔레비전 토론 보도, 여론조사 보도, 정치광고 감시 저널리즘, 스키마

# 제7장 선거 저널리즘

김춘식(한국외국어대학교)

## 1. 언론과 선거

민주주의 체제의 선거과정에서 언론은 세 가지 중요한 기능을 수행한다. 첫째, 언론은 후보자와 정당에게 누가 공직에 적합한 자격을 갖췄는지에 관해 토론하는 공론장(公論場)을 제공하고, 둘째, 현재의 중요한 이슈에 대한 다양한 관점을 제공함으로써 식견 있는 유권자가 되도록 기여하며, 셋째, 정치인과 정부의 활동을 가까이에서 살필 기회를 얻기 어려운 일반 시민을 대신해서 정부관료의 정책활동을 꼼꼼히 비판하는 '감시견(watchdog)' 역할을 수행한다(Iyengar and McGrady, 2007). 이 과정에서 언론은 정치세력의 직접적인 통제를 받지 않는 대신 커뮤니케이션 메시지를 여과해 거르고 원래의 메시지를 바꾸거나 왜곡하며 때로는 무시하기도 한다.

### 1) 선거보도: 가장 중요한 정보원

후보자의 캠페인 메시지가 유권자에게 전달되는 경로는 <그림 7-1>과 같다. 유권자는 텔레비전 토론이나 정치광고 혹은 후보자 연설(경로 1), 친구나 가족 같은 주변 사람과의 대화(경로 6) 혹은 언론의 뉴스를 통해(경로 3) 텔레

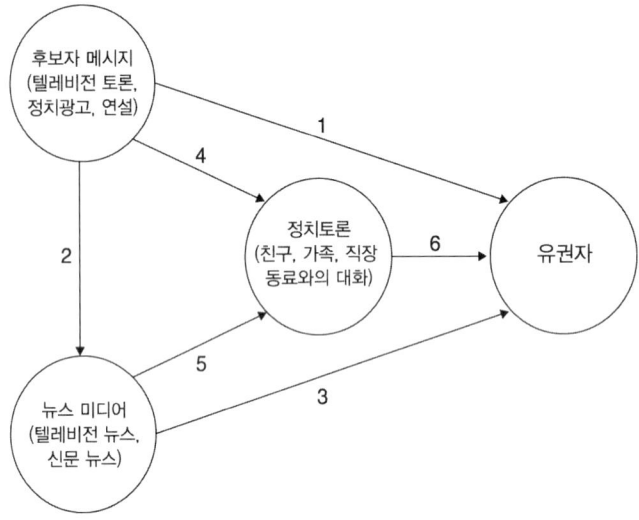

<그림 7-1> 선거 캠페인 정보의 흐름

\* 자료: www.umich.edu/~nes/nesguide/toptable/tab9a_31.htm. W. L. Benoit, *Communication in political campaigns*(NY: Peter Lang, 2007), p. 23 재인용.

비전 토론, 정치광고, 후보자 연설에서 후보자가 무슨 말을 했는지 알게 된다. <그림 7-1>에서 알 수 있듯이 선거상황에서 언론매체의 보도는 유권자는 물론 유권자의 친구나 가족 그리고 동료에게도 매우 중요한 정보원이다. 실제 2004년의 제17대 국회의원 선거기간에 이뤄진 한 여론조사에 따르면 우리나라 유권자의 절반 이상이 텔레비전 뉴스(34.7%)와 신문뉴스(20.6%)를 가장 중요한 정보원이라고 응답했다(권혁남·김춘식, 2005). 물론 주변 사람과의 대화(9.7%)를 비롯해 텔레비전 토론회(5.4%) 혹은 텔레비전 정치연설(3.7%), 그리고 인터넷(3.5%)이나 정치인의 홈페이지(2.2%)도 매우 유용한 정보원이라고 답했지만 응답자의 비율을 고려하면 뉴스가 얼마나 중요한 선거 정보원인지를 쉽게 짐작할 수 있다.

## 2) 바람직한 선거보도와 바람직하지 않은 선거보도[1]

대표적인 언론 관련 학술단체인 한국언론학회는 2002년에 「선거보도 가이드 라인 제정을 위해」라는 보고서에서 바람직한 선거보도와 바람직하지 않은 선거보도의 구체적 유형을 제시했다. 이 보고서가 제안한 바람직한 보도양식은 여섯 가지며 바람직하지 않은 보도양식은 일곱 가지다(<표 7-1>, 이준웅, 2002).

### (1) 바람직한 선거보도

첫째, 유권자에게 필요한 이슈와 정책을 분석해서 해설한 보도다. 유권자는 흔히 '누가 이기고 누가 지는가'에만 관심을 가질 수 있지만 언론은 누가 어떤 이슈에 대해 어떤 근거로 주장하는지 유권자에게 설명하기 위해 유권자가 필요로 하는 이슈와 정책을 분석·해설하는 기사를 제공해야 한다.

둘째, 후보 간의 공약과 정책을 비교분석하는 보도다. 유권자에게 필요한 것은 문제의 원인, 관련자의 이해관계, 문제 해결에 필요한 자원의 규모 등과 같은 구체적인 내용이다. 따라서 언론은 정치인이 제시하는 주장의 요지, 정책의 내용 등에 주목해야 하지만 동시에 그러한 주장과 정책이 공허하거나 막연한 것이 아닌지 일일이 점검해야 한다.

셋째, 후보의 공식적인 발언, 공약, 정책 등에 대한 사실을 검증하는 보도다. 선거과정에서 후보의 발언, 주장, 정책, 경력, 행위 등의 사실성은 매우 중요하다. 따라서 언론은 선거기간 중에 후보가 제시하는 중요한 발언이 사실인지를 검증해야 하는데, 이는 흔히 언론의 제1의 임무가 된다.

넷째, 언론의 선거보도 자체를 점검하는 보도다. 언론은 다른 언론이 제시한 기사, 해설, 논평에 대해서는 언제나 동의와 반박, 검토와 해설을 제시할

---

[1] 한국언론학회가 2002년에 개최한 '선거보도 가이드 라인 제정을 위해'라는 세미나에서 발표된 이준웅의 논문 「2002년 대통령선거 캠페인 보도 평가」의 내용을 부분 발췌하거나 요약해 제시했다.

<표 7-1> 바람직한 선거보도와 바람직하지 않은 선거보도의 구체적 유형

| 평가 항목 | 유권자에 대한 효과 | 주요 가치 |
|---|---|---|
| 바람직한 보도 | 긍정적 효과 | 보호되는 가치 |
| ① 유권자에게 필요한 이슈 해설 | 유권자·이슈 중심의 보도 - 합리적 선택 | 유용성 |
| ② 후보 간 공약 및 정책 비교 | 이슈 중심의 보도 - 합리적 선택 | 독립성, 유용성 |
| ③ 후보의 주장에 대한 사실 검증 | 검증된 정보에 근거한 판단 | 사실성 |
| ④ 언론의 선거보도를 비판 | 비판적 안목에 근거한 유권자 선택 | 공정성, 독립성 |
| ⑤ 부정적 캠페인 비판 | 비판적 안목에 근거한 유권자 선택 | 공정성, 독립성 |
| ⑥ 선거 참여의 의의 강조 | 유권자 동기화를 통한 선거 참여 | 민주적 참여 |
| 바람직하지 않은 보도 | 부정적 효과 | 훼손되는 가치 |
| ① 부정적 캠페인의 대변인 | 유권자의 정치적 냉소주의 유발, 참여 저하 | 공정성, 독립성 |
| ② 전략적 관점에서 보도 | 유권자의 정치적 냉소주의 유발, 참여 저하 | 유용성 |
| ③ 근거 없는 추측성 보도 | 불확실한 근거 제공, 합리적 선택에 방해 | 사실성, 합리성 |
| ④ 기자의 주관적 윤색 | 부적절한 감정적 반응 유발 | 독립성, 공정성 |
| ⑤ 무관심 선거 방조 및 강조 | 유권자 정치적 냉소주의 유발, 참여 저하 | 민주적 참여 |
| ⑥ 비과학적 설명 제시 | 비합리적 판단근거 제공 | 사실성, 합리성 |
| ⑦ 지역감정을 자극하는 보도 | 비합리적 판단근거 제공 | 유용성, 합리성 |

수 있어야 한다. 언론의 보도를 검토·감시·비판하는 기능을 담당할 수 있는 기구는 언론밖에 없기 때문에 언론이 이러한 검토·감시·비판·해설기능을 담당하는 것은 필요하며 바람직하다.

다섯째, 부정적 캠페인을 비판하는 보도다. 언론은 유권자에게 필요한 정보를 제공하기 위해서라도 후보에 대한 인신 공격, 추문 들추기, 자격 시비, 색깔론 등과 같은 부정적 캠페인을 비판적으로 보도해야 한다.

여섯째, 선거의 의미와 참여의 의의 등을 강조하는 보도다. 유권자의 선거 참여는 민주주의적 질서의 기초가 된다. 따라서 언론은 민주주의적 참여를 유도할 수 있도록 노력해야 한다. 이를 위해서 선거와 관련된 이슈를 개발하고 그에 대한 후보와 정당의 견해를 확인하고 선거의 주요 쟁점에 대한 논의를 촉발시켜 선거의 의의에 대해 논평하는 것이 필요하다.

(2) 바람직하지 않은 선거보도

첫째, 부정적 캠페인의 대변인 노릇하기 식 보도다. 언론은 부정적 캠페인 메시지를 있는 그대로 보도하기보다는 비판적인 해설과 분석을 통해서 설명해야 한다. 즉, 왜 특정 후보는 부정적 메시지에 호소할 수밖에 없는가, 이 시점에서 특정한 부정적 메시지를 제공하는 이유는 무엇인가, 유권자는 이러한 부정적 메시지에 어떻게 반응하는가 등과 같은 날카로운 질문을 던지고 이에 대한 언론인 또는 관련 전문가의 분석과 해설을 제시해야 한다.

둘째, 전략적 용어를 사용하는 보도다. 선거과정을 전쟁, 전투, 게임 등에 비유하는 용어를 사용하는 것은 언론의 오래된 관행 중 하나다. 이러한 용어를 주로 사용하는 뉴스를 '전략적 틀(strategy frame)'에 의해 규정된 뉴스라고 한다. 그런데 전략적 틀에 의해 구성된 선거보도를 많이 보는 유권자는 선거과정에 냉소적으로 반응하며, 결국 선거에 참여할 의사가 줄어들게 되기 때문에 언론은 전략적 용어를 사용하는 보도를 자제해야 한다.

셋째, 근거 없는 추측성 보도의 남발이다. 근거 없는 추측성 보도란 구체적인 정보원을 명시하지 않고 '~인 것으로 보인다', '~로 알려졌다', '~로 전해졌다', '~라는 후문이다' 등과 같은 표현을 사용해서 특정 사실과 관련된 정보를 제시하는 보도다. 추측성 기사는 우리 언론의 가장 큰 문제 중 하나다.

넷째, 기자의 평가나 감정으로 기사를 주관적으로 윤색해 인용하는 보도다. 예를 들어 '한 시민은 ~라고 분통을 터뜨렸다'라는 식의 기사가 이에 해당한다. 객관적인 사실과 구분되어야 하는 주관적인 감정이나 평가가 함께 섞여 제시됨으로써, 기사의 내용에 대한 유권자의 반응을 특정한 방향으로 유도하는 데 문제의 심각성이 있다.

다섯째, 선거 무관심, 불법 선거운동을 방조하는 듯한 보도다. 언론은 선거에 대한 무관심이 확대되는 것과 불법적인 선거운동이 전개되는 것에 대해 단순히 개탄조로 보도해서는 안 된다. 확실하게 그 문제점을 지적하고 개선을 촉구하는 보도를 해야 한다.

여섯째, 비과학적인 설명을 제시하는 보도다. 운세, 사주, 풍수지리 등과 같은 초자연적인 현상을 들어 선거결과를 예측하거나 설명하는 것은 시민의 투표 효능성에 대한 신뢰를 저하시킬 수 있기 때문에 자제해야 한다.

일곱째, 지역감정을 자극하는 보도다. 유권자의 모든 행위나 동기를 지역감정을 근거로 설명하는 듯한 기사는 선거과정을 유권자의 합리적인 행동의 선택과정으로 유도하기보다는 지역적 분열, 대립, 갈등, 그리고 타 지역 주민에 대한 배타적인 감정 표출 등과 같은 부정적 계기로 이끌게 된다.

### 3) 선거보도의 공정성[2]

뉴스의 공정성은 저널리즘의 기본 요소다. 따라서 언론이 선거를 공정하게 보도했느냐는 매우 중요한 문제다. 일부에서는 공정성이라는 개념 자체가 모호하고 공정성 개념에 관한 논란이 언론자유를 침해할 수 있기 때문에 법률에 근거해 언론의 선거보도를 규제하는 움직임은 문제가 있다고 비판하기도 한다. 하지만 선거보도가 유권자의 정치적 판단에 영향을 미친다는 점을 감안한다면 공정보도의 중요성은 아무리 강조해도 지나침이 없다.

우리나라의 선거법은 제8조 '언론기관의 공정보도 의무' 조항에서 신문과 방송, 인터넷 미디어가 선거를 보도할 때는 매우 공정해야 한다고 규정하고 있다(<표 7-2>). 2005년에 개정된 신문법은 정기 간행물과 인터넷 신문의 사회적 책임(제4조)과 공정성 및 공익성(제5조)을, 그리고 방송법은 방송의 공적 책임(제5조)과 방송의 공정성 및 공익성(제6조)을 각각 강조하고 있다. 선거법이 신문법 혹은 방송법과 다른 점은 법적 강제력을 행사할 수 있느냐 혹은 그렇지 않느냐에 있다. 전자인 선거법은 법적 구속력이 있어 언론사에 공정보도

---

[2] 필자가 2006년에 발표한 「한국의 미디어 선거 캠페인과 법적 규제」, 오택섭 외, 『현대 정치 커뮤니케이션 연구』(서울: 나남, 2006), 275~315쪽을 부분 발췌하거나 재구성한 것이다.

<표 7-2> 언론의 공정보도 관련 선거법 조항과 자율규제

| 구분 | 내용 |
|---|---|
| 선거법 제8조 (언론기관의 공정보도 의무) | 방송·신문·통신·잡지 기타의 간행물을 경영·관리하거나 편집·취재·집필·보도하는 자와 제8조의 5(인터넷선거보도심의위원회) 제1항의 규정에 따른 인터넷 언론사가 정당의 정강·정책이나 후보자(후보자가 되려는 자를 포함한다. 이하 이 조에서 같다)의 정견 기타사항에 관하여 보도·논평을 하는 경우와 정당의 대표자나 후보자 또는 그의 대리인을 참여시켜 대담을 하거나 토론을 행하고 이를 방송보도하는 경우에는 공정하게 하여야 한다. <개정 1997. 11. 14, 2005. 8. 4> |
| 선거법 제96조 (허위논평·보도의 금지) | 방송·신문·통신·잡지 기타 간행물을 경영·관리하는 자 또는 편집·취재·집필·보도하는 자는 특정 후보자를 당선되게 하거나 되지 못하게 할 목적으로 선거에 관하여 허위사실을 보도하거나 사실을 왜곡하여 보도·논평할 수 없다. |
| 신문윤리 실천요강 제9조 (평론의 원칙) | 제9조(평론의 원칙) 평론은 진실을 근거로 의견을 공정하고 바르게 표명하되 균형과 절제를 잃지 말아야 하며 특히 고의적 편파와 왜곡을 경계해야 한다. 또한 평론은 정치적 입장을 자유로이 표현할 수 있으며 논쟁적 문제에 대해 다양한 공중의 의견을 폭넓게 수용하여 건전한 여론 형성을 위해 노력해야 한다. ①(논설의 정론성) 사설은 소속 언론사의 정론적 입장을 대변해야 하며 특히 언론사의 상업적 이익이나 특정 단체와 종파의 이권을 대변해서는 안된다. ②(정치적 평론의 자유) 사설 등 평론은 실정법을 위반하지 않는 한 특정 정당 또는 특정 후보자에 대한 지지 또는 반대를 표명하는 등 언론사의 정치적 입장을 자유로이 표현할 수 있다. ③(반론의 기회) 사설 등 평론이 개인 또는 단체를 비판하는 경우 비판받은 당사자의 적절한 해명과 반론의 기회를 주도록 노력해야 한다. |

의무를 요구할 수 있지만 후자인 신문법은 선언적 차원의 규정이기 때문에 언론사로 하여금 신문법을 지키도록 강요할 수 없다.

이와 같은 법규는 한국 사회에서 언론의 공정한 선거보도가 매우 중요하다는 사회적 합의를 반영하고 있는 것으로 해석할 수 있다. 그렇다고 해서 이러한 법안이 문제가 없다는 것은 아니다. 예를 들어 신문의 선거보도에서 사실보도는 물론 논평기사마저 공정보도의 의무를 수행해야 한다는 것은 민주주의 국가의 신문법이 담기에는 부적절한 내용이기 때문이다. 신문사에게 균형성과 균등한 기회를 제공해야 한다고 주문할 수는 있지만 법에 근거해 강제로 요구할 수 있는 사안은 아니다. 다만, 지상파 방송이나 공영방송의 경우 채널이 한정되어 있기 때문에 방송의 공적 책임과 공정성 및 공익성을 요구하기 위해 법적 강제력을 동원할 수도 있다.

역대 한국의 선거에서 언론이 선거를 공정하게 보도했는가는 늘 쟁점이 되어왔다. 이런 맥락에서 음성적으로 이뤄지는 불공정 혹은 편파보도를 없애고 언론에 대한 신뢰를 높이기 위해서 신문이 사설을 통해 특정 후보에 대한 지지를 공개적으로 밝히는 제도(media endorsement)의 도입을 검토할 수 있다. 그런데 이 제도를 도입하려면 정당이나 후보자의 주장과 공직 적합성을 객관적으로 검증하기 위한 합리적인 기준과 절차를 마련해야 한다. 사실을 강조하는 스트레이트 기사에서 의견기사를 정확하게 가려내려면 무엇보다도 엄격한 편집권의 독립이 선행되어야 하고, 조직이나 외부로부터 언론인 스스로의 자율성을 보호할 수 있는 제도적 장치가 확보되어야만 한다.

## 2. 선거보도의 현황 및 특징

선거뉴스는 무엇을 관찰하고 보도할 것인지, 보도대상의 다양한 부분 중에 어느 측면을 강조하고 더 조명할 것인지에 대해 언론인과 뉴스조직이 내린 의사 결정의 결과물이다. 언론이 보도한 선거뉴스의 내용을 분석하면 언론이 무엇을 중시하고 어떤 것에 덜 관심을 두는지를 짐작할 수 있다는 의미다.

### 1) 전략과 게임 중심의 선거보도[3]

---

[3] 언론인들이 선거를 전략적 게임으로 바라보고 후보자 말을 덜 보도하는 이유는 무엇일까? 무엇이 선거뉴스 커뮤니케이션을 언론인 중심으로 바꿨을까? 학자들은 텔레비전의 등장과 대통령 후보자 선출과정의 변화에서 해답을 찾는다. 미국의 경우, 선거에 관한 언론의 보도 방식의 변화는 정당의 대통령선거 후보자 지명과정의 변화와 밀접한 관련이 있다. 1968년까지 대통령선거 후보자 지명은 정당의 지도자들에 의해 결정됐다.

일반적으로 유권자는 선거를 통해 지도자를 선택하고, 정치적·사회적으로 중요한 문제를 해결할 수 있다고 생각한다. 하지만 언론은 유권자의 기대와 달리 선거에서 누가 이기고 지는지와 같은 승패에 관심이 높고 전쟁이나 게임과 같은 경쟁에 관련된 언어를 사용해 선거를 보도하며, 후보자의 외모나 여론조사 결과에 관심이 많다(Patterson, 1993). 예를 들어 1960년부터 1992년까지 32년 동안 미국의 권위지인 ≪뉴욕 타임스(New York Times)≫의 1면에 보도된 선거기사가 어떤 관점에서 작성됐는지를 분석한 연구를 살펴보면 유권자가 바라보는 선거와 언론이 조명하는 선거는 분명히 다르다는 것을 확인할 수 있다.[4] 예를 들어 선거를 게임으로 바라보는 관점에서 작성된 기사는 1960년 이후 꾸준히 증가해 1992년에는 1960년의 두 배가 됐지만 유권자에게 선거에 출마한 후보자의 정책을 비교할 수 있는 기회를 제공하는 기사의 비율은 50% 이상에서 20% 이하로 줄어들었다(<그림 7-2>).

우리나라의 신문과 방송도 미국의 언론과 마찬가지로 선거를 바라볼 때 전략이나 게임적 요소에 관심을 갖는다. 2007년 신문과 방송의 제17대 대통령 선거뉴스를 분석한 연구에 따르면 우리 언론이 가장 빈번하게 다룬 주제는 선거전(선거전략, 정치인 갈등, 텔레비전 토론, 후보자 활동, 후보통합)에 관한 내용으로 분석대상의 33.9%(방송 33.3%, 신문 34%)를 차지했다. 후보비리가 30.6%(방송 45.4%, 신문 27.4%)로 그 뒤를 이었고 공약이나 후보자 정보(정책, 선거의미, 후보자 평가)에 관한 내용은 17.4%(방송 8%, 신문 19.4%)로 전략적 게

---

1968년의 격렬했던 대통령선거 이후 예비선거와 개방된 코커스(caucus)를 통해 후보자를 선출하는 것으로 제도가 변경되자 후보가 되려는 정치인은 유권자에게 직접 호소하는(going public) 캠페인 스타일을 채택하기 시작했다. 이러한 변화는 언론에게 새로운 역할을 부여했다. 즉, 유권자는 언론이 유권자의 의사 결정에 도움이 되는 정보를 제공해야 한다고 기대하게 됐고, 결과적으로 언론은 후보자와 유권자 사이를 중개하는 역할을 떠맡게 됐다.

4 전략이나 승패의 맥락에서 선거를 바라보는 시각이 두드러지면 게임으로 분류했고, 정책이나 리더십 문제, 이슈 등의 맥락에서 선거를 조명하면 정책으로 분류했다.

<그림 7-2> ≪뉴욕 타임스≫ 1면 선거기사의 스키마 틀(1960~1992년)

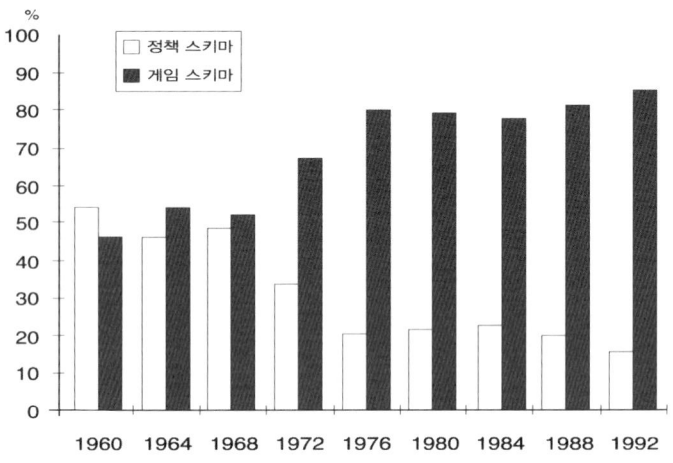

* 자료: T. E. Patterson, *Out of order*(New York: Alfred A. Knopf, 1993), p.74.

<그림 7-3> 2007년 한국 대통령선거 보도의 중심 주제

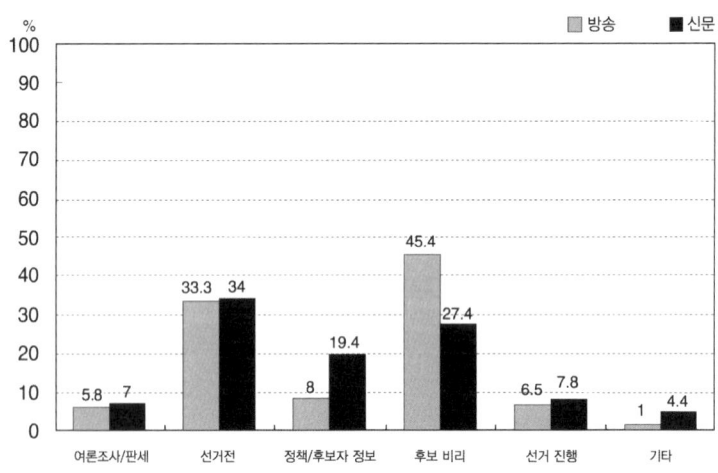

* 자료: 김영욱·김위근, 『미디어 선거와 그 한계: 17대 대선 보도 분석』(서울: 한국언론재단, 2007), 79쪽, 도표를 그림으로 재구성했음.

임 중심 보도의 절반에 불과했다(<그림 7-3>). 그런데 약 6.8%(방송 5.8%, 신문 7%)를 차지한 여론조사 및 판세 분석 보도가 전형적인 전략적 게임 중심의 관점에서 작성된 기사라는 점을 고려한다면 게임 스키마[5]를 통해 대통령선거를 조명한 기사의 비율은 40.7%(방송 39%, 신문 41%)에 달한다.

## 2) 해석적 선거 저널리즘

오늘날 신문이나 텔레비전의 선거보도에서 후보들의 말이 차지하는 분량은 과거와 비교했을 때 상당히 줄어들었다. 예를 들어 1968년 미국 대통령선거 당시 텔레비전 뉴스에서 후보자의 육성(肉聲, sound bite)이 보도되는 시간은 평균 42초였지만 1988년에는 10초로, 그리고 1992년에는 10초 이하로 감소했다. 후보자 육성보도에 할애된 시간이 줄어든 만큼 기자들의 의견과 판단이 방영되는 시간은 늘어났다. 예를 들어 1988년과 1992년 대통령선거 당시 텔레비전 뉴스에서 후보자의 육성이 보도된 시간을 1분이라고 가정했을 때 기자들은 이 6배에 달하는 6분 동안 선거 캠페인에 대한 자신의 해석이나 의견을 보도했다는 연구결과가 발표된 바 있다.

후보자의 메시지를 보도하는 기사의 양이 감소하는 추세는 신문의 경우에도 마찬가지다(<그림 7-4>). 1960년에 발간된 ≪뉴욕 타임스≫의 1면 기사에서 후보자의 말이 인용부호의 형태 혹은 쉽게 풀어쓴 방식으로 보도된 분량은 평균 14줄이었다. 하지만 1992년에는 6줄에 불과했다. 1960년과 비교했을 때 절반 이상의 분량이 줄어들었다.[6] 결과적으로 오늘날 신문과 방송의 선거뉴스

---

5 유권자는 정치를 지도자 선택과 문제 해결의 수단으로 생각한다. 그리고 언론인은 선거를 전략적 게임(a strategic game)으로 간주한다. 따라서 기자는 선거 중에 새로운 정보를 접하면 전략적인 틀 속에서 어떤 후보가 유리한 경쟁을 벌이는지 해석하려는 경향이 강하다. 패터슨(Patterson)은 선거에 대한 유권자 시각을 '통치 스키마' 혹은 '정책 스키마(governing schema)', 그리고 언론인의 관점을 '게임 스키마(game schema)'라는 용어로 설명한다.

6 1970년대 중반 ≪뉴욕 타임스≫는 지면 편집을 1면 8열 체제에서 6열 체제로 변경했다. 이에 따라 기사의 줄 수는 줄어들었지만, 한 줄에 들어가는 단어의 수는 25% 늘어났다.

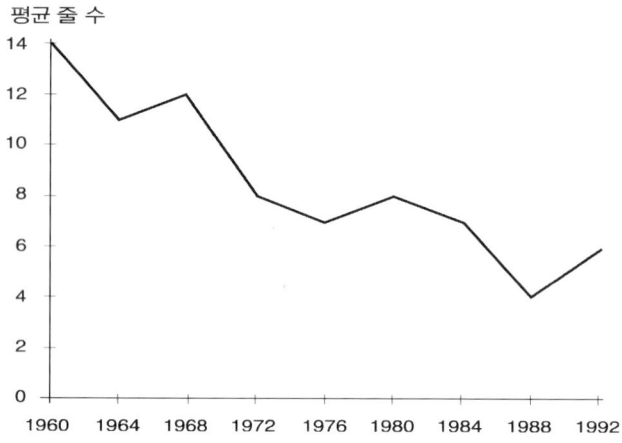

<그림 7-4> ≪뉴욕 타임스≫ 1면 선거기사에서 후보의 말이 차지한 기사의 양

* 자료: T. E. Patterson, *Out of order*, p.76.

에서 후보자의 말은 기자의 판단과 의견에 의해 대체되고 있다.

선거뉴스에서 후보자의 말이 보도되는 양이 줄어든 만큼 선거에 대한 기자의 판단이나 평가가 기사에 반영되는 비율은 증가했다. 이런 선거보도의 특성을 일컬어 해석적 저널리즘(interpretive journalism)이라 한다. 해석적 저널리즘은 언론이 후보자의 메시지를 단순히 재순환시키는 역할을 한다는 세간의 비판에서 벗어나기 위한 시도이자, 저널리스트의 자율성을 보호하기 위해 저널리스트들이 새로 채택한 취재관행이었다(자세한 내용은 220~221쪽에 기술된 '정치광고 감시 저널리즘의 등장'을 참조).

선거 캠페인을 보도하는 과정에서 기자의 의견과 판단을 중시하는 해석적 저널리즘은 오늘날 선거 저널리즘의 지배적 패러다임이 됐다. 예를 들어 ≪뉴욕 타임스≫ 1면에 게재된 선거기사를 분석한 연구에 따르면 선거 캠페인을 기자의 시각에서 재조명하고 해석한 기사의 비율은 1960년에는 8%에 불과

---

1976년 이전의 데이터는 이러한 변화를 반영한 것이다. 1960년 후보자 진술문의 평균 길이 14줄(6열 체제)은 원래의 8열 체제에서는 19줄이었다.

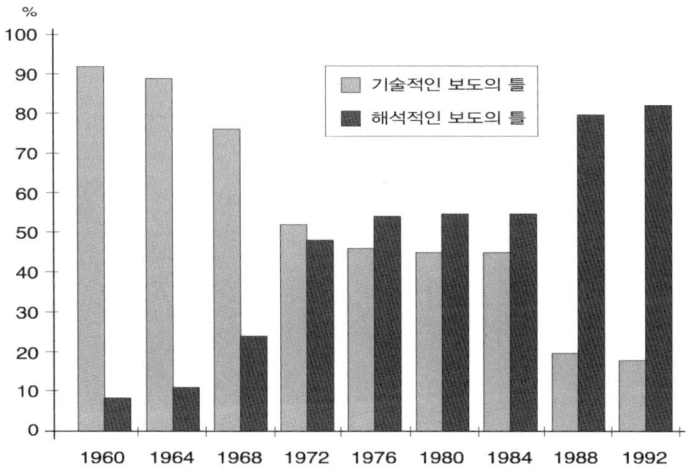

<그림 7-5> ≪뉴욕 타임스≫ 1면 선거기사의 보도 틀

* 자료: T. E. Patterson, *Out of order*, p. 82.

했지만 1992년에는 10배나 증가한 80%에 달하는 것으로 나타났다(<그림 7-5>). 기자의 관점이 부각되는 해석적 보도 방식이 객관적인 시각에서 정당이나 후보자의 캠페인을 단순히 기술하는 보도 방식을 초월한 시기는 1976년 대통령선거부터이며, 1988년 대통령선거 이후에는 해석적인 틀을 사용한 기사의 비율이 기술적인 틀을 사용한 기사의 4배가 넘을 정도였다.

### 3) 부정적 캠페인 보도

해석적 저널리즘의 등장과 함께 대통령선거 후보자를 부정적 관점에서 묘사한 보도(negative coverage)가 차지하는 비율 또한 급증했다. 1980년대의 후보자는 1960년대와 1970년대의 후보자보다 언론에 의해 상대적으로 비호의적으로 다뤄졌다. 특히 1980년 선거에서는 대통령선거 후보자에 관한 부정적 보도가 60%를 넘어 긍정적 보도(positive coverage)보다 많았다(<그림 7-6>). 예를 들어 1960년대의 경우 케네디(John F. Kennedy)와 닉슨(Richard Nixon)에게

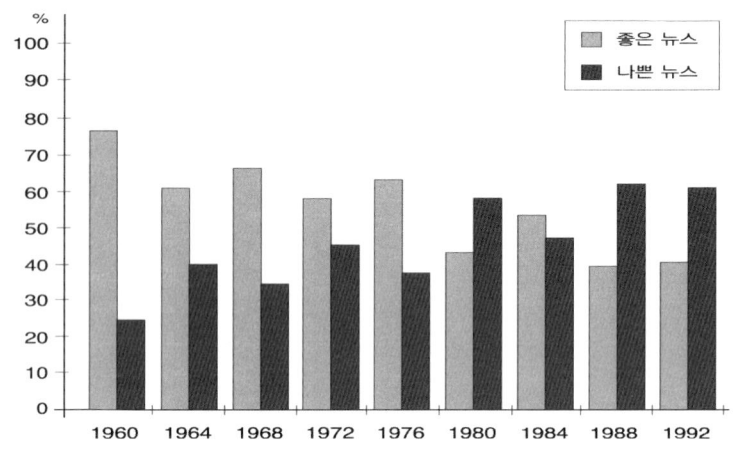

<그림 7-6> 대통령 후보자에 대한 부정적 보도

* 자료: T. E. Patterson, *Out of order*, p. 82.

호의적인 보도의 비율은 75%에 달했지만 1992년 클린턴(Bill Clinton)과 부시 (George H. Bush) 후보의 경우 긍정적인 보도는 40%에 불과했다.[7]

관련 연구에 따르면 우리나라의 경우에도 선거상황에서 후보자를 부정적 관점에서 보도하는 기사의 양이 상당하다. 앞서 제시한 <그림 7-3>에서도 알 수 있듯이 2007년 대통령선거 당시 방송뉴스가 가장 빈번하게 다룬 중심 주제는 후보자 비리에 관한 내용으로 선거뉴스의 45.4%를 차지했다. 신문은 27.4%를 차지했는데 선거전(선거전략, 정치인 갈등, 텔레비전 토론, 후보자 활동, 후보자 통합) 다음으로 많이 보도된 주제였다. 선거전에 관한 내용이 뉴스에서 차지하는 비율이 방송(33.3%)과 신문(34%) 모두 상당했고 선거전 보도에는 후보자 간의 정치갈등과 같은 부정적인 내용이 포함된다는 점을 고려한다면, 선거(후보자)를 부정적 관점에서 묘사한 보도가 차지하는 비율이 매우 높다는

---

[7] 1960년부터 1992년까지 미국의 대표적인 시사 주간지 ≪타임(Time)≫, ≪뉴스위크(Newsweek)≫의 4,263단락을 대상으로 후보자에 대해 긍정적(호의적) 혹은 부정적(비호의적)으로 언급했는지를 분석한 결과다. 경마적 성격의 언급을 제외한 다른 모든 평가적 언급은 분석에 포함됐다.

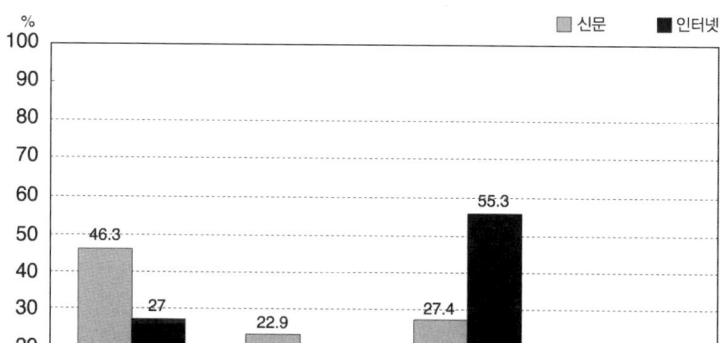

<그림 7-7> 2007년 한국 대통령선거 후보자 비리기사의 보도방식

* 자료: 김영욱·김위근, 『미디어 선거와 그 한계: 17대 대선 보도분석』, 63, 202쪽. 도표를 그림으로 재구성했음.

것을 미뤄 짐작할 수 있다.

눈여겨볼 대목은 후보자 비리에 관한 언론의 보도 방식이다. 지난 2007년 대통령선거 당시 후보자 비리를 다룬 신문과 인터넷 뉴스 미디어[8]의 보도 방식은 분명한 차이가 있는 것으로 나타났다(<그림 7-7>). 오프라인 신문이 가장 빈번하게 채택한 접근법은 스트레이트 기사로 후보비리와 관련한 수사상황 등을 보도하는 사실적 보도 방식으로 절반에 가까운 46.3%를 차지했다. 특정 후보의 비리에 대해 경쟁 후보자, 정당, 정치인, 기타 집단이 정치적 공방을 벌이는 모습을 중계하는 갈등적 보도 방식은 27.4%였으며, 이미 알려진 내용이나 보도된 내용을 토대로 후보자의 비리를 해석·분석하여 보도하는 해석적 보도 방식은 22.9%였다. 언론사가 후보의 비리를 직접 취재·분석해서 보도하는 탐사적 보도 방식은 3.5%에 불과했다.

---

8 인터넷 뉴스 미디어는 포털뉴스 서비스(네이버, 다음), 전국 일간지 닷컴(조선닷컴, 조인스닷컴, 인터넷한겨레), 통신사 닷컴(인터넷연합뉴스), 인터넷 신문(≪오마이뉴스≫, ≪프레시안≫)의 세 가지 유형으로 구분된다.

신문과 달리 인터넷 뉴스 미디어가 가장 빈번하게 사용한 보도 방식은 갈등적 보도 방식으로 응답자 비율의 절반을 넘는 55.3%에 달했다. 사실적 보도 방식은 27%였고, 해석적 보도 방식은 10.3%, 그리고 탐사적 보도 방식은 7.4%를 차지했다. 결과적으로 신문은 인터넷 뉴스 미디어보다 후보비리와 수사상황을 단순보도하는 사실적 보도 방식을, 그리고 인터넷 뉴스 미디어는 오프라인 신문보다 후보비리를 둘러싼 정치세력 간의 갈등을 중계하는 갈등적 보도 방식을 상대적으로 더 선호한 것으로 나타났다. 해석적 보도 방식은 인터넷 뉴스 미디어보다 신문이 더 빈번하게 사용했으며 오프라인과 온라인에 관계없이 신문들이 가장 적게 사용한 보도 방식은 탐사적 보도 방식이었다.

## 3. 캠페인 장르별 선거보도의 특징

### 1) 텔레비전 토론[9] 보도

텔레비전 토론에 관한 언론보도의 효과를 분석한 연구는 관련 뉴스보도가 시청자의 정치적 의사 결정에 영향을 미친다고 보고했다(Hellweg, Pfau and Brydon, 1992). 1976년 미국 대통령선거의 텔레비전 토론에 관한 언론보도의 효과를 검증한 랭 부부(Lang and Lang, 1984)는 후보자에 대한 유권자의 평가는 언론의 논평보도를 접한 유권자와 그렇지 않은 유권자 사이에 분명한 차이가

---

[9] 텔레비전 토론이 중요한 선거 캠페인 도구로 인식된 결정적 시기는 1960년 미국 대통령선거다. 텔레비전 토론에서 유권자로부터 호감을 얻은 상원의원 케네디가 현직 부통령인 닉슨을 물리치고 대통령에 당선됐기 때문이다(Ansolabehere, Behr and Iyengar, 1993). '대토론회(Great Debates)'라고 부르는 1960년 대통령선거 토론회는 미디어를 이용한 선거 캠페인의 영향력을 보여준 상징적 사건으로 평가받고 있다. 우리나라의 경우 1995년 제1회 전국 동시 지방선거에서 서울시장선거 출마 후보자를 대상으로 최초의 텔레비전 토론이 이뤄졌다. 이후 1997년 「공직선거 및 선거부정 방지법」이 개정되어 대통령선거 후보자 간 대담·토론회를 의무적으로 개최해 보도하도록 규정했다.

있었다고 보고했으며, 다른 연구는 텔레비전 토론에 관한 언론의 논평에 노출된 유권자 가운데 절반 이상이 자신의 정치적 의사를 변경했다는 결과를 발표하기도 했다(Steeper, 1980).

### (1) 텔레비전 토론 보도내용 분석

대통령선거 텔레비전 토론에 나타난 후보자의 담론을 분석한 연구는 모든 토론에서 후보자는 상대 후보의 부정적인 측면을 공격하는 수사(修辭, 공격)보다는 후보자 자신의 긍정적인 측면을 강조하는 수사('주장')를 더 많이 구사했다고 보고하고 있다.[10] 하지만 텔레비전 토론에 관한 언론보도, 특히 신문의 뉴스를 분석한 연구는 언론이 경쟁관계에 있는 특정 후보의 비도덕적인 모습이나 논쟁적인 이슈에 대한 입장을 비난하고('공격') 이러한 비난에 대해 자신의 입장을 반박하는 수사(修辭)인 '방어'에 상대적으로 높은 뉴스 가치를 부여한다는 연구결과를 발표했다. 예를 들어 1996년과 2000년의 미국 대통령선거 텔레비전 토론의 내용과 이에 관한 신문과 방송의 뉴스보도 내용을 비교한 연구는 신문과 방송의 뉴스는 공격이나 방어에 관한 언급을 더 빈번히 보도하고 주장에 관한 언급은 상대적으로 덜 보도한다는 결과를 제시했다(<그림 7-8>, Benoit and Curie, 2001). 즉, 언론이 후보자 사이의 정치적 갈등과 같은 부정적인 측면에 더 큰 관심을 보였다는 의미다. 예를 들어 1996년과 2000년 미국 대통령선거의 경우 공격에 관한 언급은 텔레비전 토론에서 33%와 24%였지만 신문 기사에서는 54%와 41%로 증가했고, 주장은 텔레비전 토론이 59%와 74%인 반면 신문 기사에서는 35%와 48%로 감소했다.

특정 후보를 비난하고 상대 후보는 이에 대해 반박하는 갈등적인 상황에

---

10 미국의 경우 1960년에 실시된 닉슨과 케네디의 토론(Benoit and Harthcock, 1999)은 물론, 1988년 대통령선거 토론(Benoit and Brazeal, 2002)과 역대(1976년, 1984~2004년) 부통령 후보자 토론(Benoit and Airne, 2005)을 분석한 연구 모두 부정적인 언급보다 긍정적인 언급이 많다는 결과를 보고하고 있다.

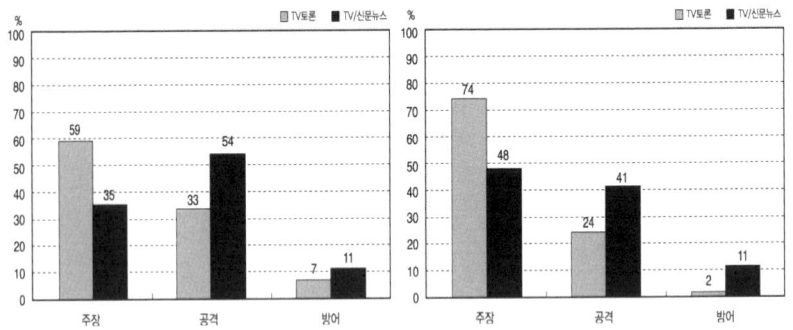

<그림 7-8> 1996년, 2000년 미국 대통령선거 텔레비전 토론 보도

\* 자료: W. L. Benoit and H. Currie, "Inaccuracies in media coverage of the 1996 and 2000 presidential debates," *Argumentation and Advocacy*, 38(2001), p. 34. 표를 그림으로 재구성했음.

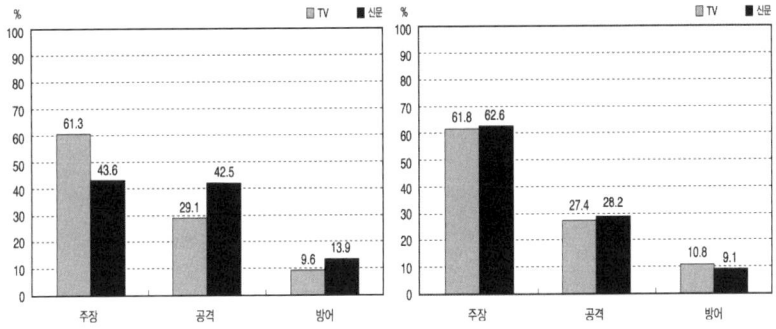

<그림 7-9> 1997년, 2002년 대통령선거 텔레비전 토론 보도

\* 자료: 김춘식·전영란,「텔레비전 토론회의 후보자 수사에 관한 언론보도 분석: 1997년과 2002년 대통령선거 비교를 중심으로」,≪커뮤니케이션학 연구≫, 제13권 2호(2005), 43~44쪽. 도표를 그림으로 재구성했음.

더 높은 뉴스 가치를 부여하는 결과는 우리나라에서도 부분적으로 발견된다. 구체적으로 1997년 대통령선거의 경우 텔레비전 토론은 신문뉴스보다 주장(61.3% 대 43.6%)에 관한 내용이 상대적으로 더 많았고, 공격(29.1% 대 42.5%)과 방어(9.6% 대 13.9%)에 관한 내용은 상대적으로 더 적었다(그림 7-9>). 하지만 2002년에는 텔레비전 토론과 신문보도에 나타난 후보자의 수사는 주장(61.8% 대 62.6%), 공격(27.4% 대 28.2%), 방어(10.8% 대 9.1%)의 순으로 두 매체

사이에 유의미한 차이가 발견되지 않은 것으로 나타나 선거별로 약간의 차이가 있었다(김춘식·전영란, 2005).

(2) 텔레비전 토론과 언론의 보도관행

우리나라의 경우 텔레비전 토론에 나타난 정치인 수사에 관한 신문보도가 1997년과 2002년의 두 대통령선거 사이에 차이를 보인 것은 신문이 어떤 기사형태로 보도했는가와 같은 보도관행에서 비롯됐을 가능성이 매우 높다. 우리나라의 신문은 정치적 편향이라는 우려를 불식시키기 위해 후보자들의 텔레비전 토론내용을 녹취록 형태의 '지상중계(紙上中繼)' 형식을 이용해 비교적 충실하게 보도하기 때문이다(김춘식·전영란, 2005). 예를 들어 ≪중앙일보≫의 경우 1997년에는 스트레이트 기사만으로 텔레비전 토론을 보도했지만 2002년에는 스트레이트 기사는 물론 녹취록 형태로도 보도했다. 분석에 사용된 모든 신문이 스트레이트와 녹취록을 함께 보도한 2002년의 경우 텔레비전 토론의 내용과 신문보도 내용은 유의미한 차이를 보이지 않았다. 지상중계는 후보자의 발언만을 요약해 보도한 기사라는 점에서 스트레이트 기사와는 분명히 차이가 있으며 선거 캠페인을 게임의 관점에서 보도하는 언론인의 게임 스키마는 녹취록 형태의 지상중계보다는 스트레이트 기사에서 더 빈번하게 나타날 가능성이 높다. 이러한 특성을 고려할 때 보도기사 유형이 1997년과 2002년 대통령선거 텔레비전 토론에 관한 신문보도 내용의 차이를 만든 원인으로 작용했다는 것을 미뤄 짐작할 수 있다.

선거의 게임적 측면을 강조하는 언론의 보도관행에 따라 텔레비전 토론의 내용과 이에 관한 신문의 보도내용이 차이를 보인다는 연구결과는 1995년부터 2006년 사이에 실시된 네 차례의 서울시장선거 텔레비전 토론회에 관한 신문의 보도내용을 분석한 김춘식과 전영란(2009)의 연구에서 좀 더 확실히 드러난다. 공격이나 방어 목적의 후보자 수사는 녹취록보다는 스트레이트 기사에서 더 빈번하게 발견됐는데 녹취록을 이용한 보도가 없었던 2006년 선

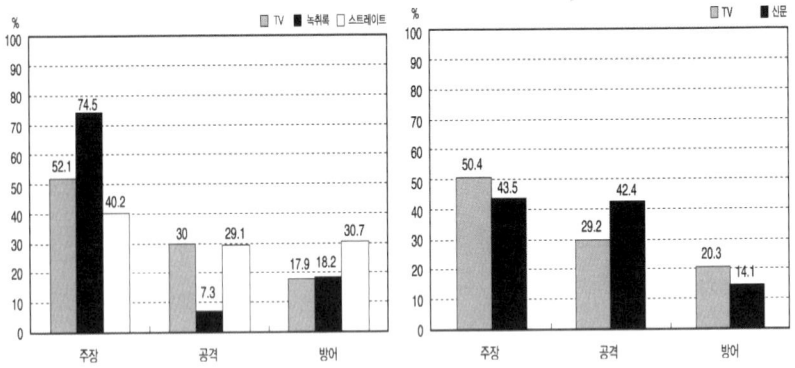

<그림 7-10> 2002년, 2006년 서울시장선거 텔레비전 토론 보도

\* 자료: 김춘식·전영란, 「서울시장선거 텔레비전 토론 참가 후보자의 캠페인 수사에 관한 신문보도 분석」, ≪언론과학연구≫, 제9권 3호(2009), 88쪽.

거에서 텔레비전 토론은 주장의 비율이 공격의 비율보다 현저히 높았지만 신문보도는 주장과 공격의 비율이 비슷한 것으로 나타났다(<그림 7-10>).

## 2) 여론조사 보도

(1) 선거법과 여론조사 보도

2005년 8월에 개정된 현행 공직선거법 제108조(여론조사 결과 공표금지 등) 1항은 "누구든지 선거일 전 6일부터 선거일의 투표마감 시각까지 선거에 관해 정당에 대한 지지도나 당선인을 예상하게 하는 여론조사의 경위와 그 결과를 공표하거나 인용해 보도할 수 없다"고 규정하고 있다.

2007년 대통령선거에서 2007년 1월 1일부터 12월 13일까지 신문(≪조선일보≫, ≪중앙일보≫, ≪동아일보≫, ≪한겨레≫, ≪경향신문≫, ≪서울신문≫)과 방송사(KBS, MBC, SBS)가 보도한 여론조사는 모두 179건이었는데 언론사가 외부 전문기관에 위탁해 의뢰한 조사가 52%(신문 48.1%, 방송 82.5%)로 가장 많았고, 언론사와 조사기관의 공동조사가 14.0%(신문 18.3%, 방송 2.1%), 언론

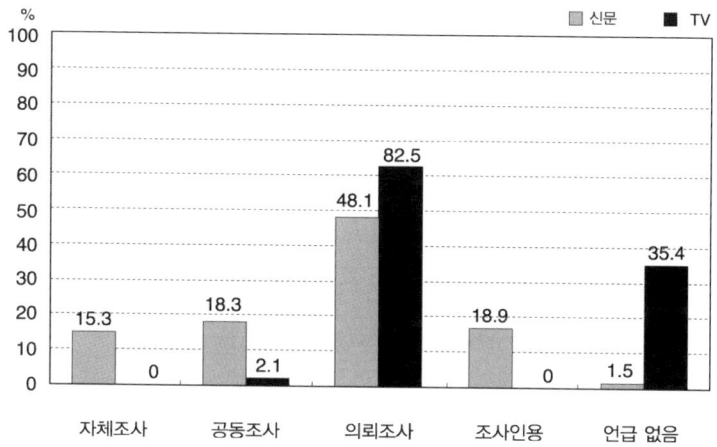

<그림 7-11> 매체별 2007년 대통령선거 여론조사의 유형

* 자료: 김영욱·김위근, 『미디어 선거와 그 한계: 17대 대선 보도분석』, 261쪽. 도표에서 매체별 종합결과 만을 발췌해 제작했음.

사 자체 조사는 11.2%(신문 15.3%, 방송 0%)를 차지했다. 다른 기관에서 실시한 여론조사를 인용한 보도도 12.3%(신문 18.9%, 방송 0%)에 달했는데 이는 모두 신문의 여론조사 기사였다. 여론조사의 스폰서와 조사주체를 밝히지 않은 채 여론조사 결과를 보도한 기사도 10.6%(신문 1.5%, 방송 35.4%)에 달했는데 방송이 신문보다 훨씬 더 많았다(<그림 7-11>).

(2) 저널리즘 관련 이슈

언론사가 외부에 의뢰하거나 자체적으로 조사를 실시하고 그 결과를 뉴스로 전달하는 여론조사 보도는 중요한 저널리즘 이슈의 하나다. 우리나라에서 여론조사 보도의 문제점이 학자들의 관심을 끌기 시작한 것은 1987년 제13대 대통령선거부터다. 선거 다음 해인 1988년에 신문과 방송의 여론조사 보도를 진단한 글이 처음 발표된 이후 많은 학자가 언론의 여론조사 보도가 지닌 문제점을 지적해왔다. 그동안 발표된 관련 연구를 종합해 정리한 한국 언론의 여론조사 보도의 문제점은 <표 7-3>과 같다(양승찬, 2007).[11]

<표 7-3> 선거 여론조사와 저널리즘 관련 이슈

| 여론조사 보도 | 저널리즘 관련 이슈 |
|---|---|
| 언론사 주관 여론조사 자체의 문제점 | • 표집과 설문작성 등 조사방법과 관련된 문제<br>• 조사에 사용된 설문의 문제<br>• 조사기획과 관련한 구조적인 문제 |
| 여론조사 관련 정보의 제공 | • 미국 여론조사협회가 정한 여론조사의 기본 요건에 의한 여론조사 기사 평가<br>• 공직 선거법 제108조 4항에 의한 여론조사 결과 공표의 기준에 의한 평가<br>• 과학적 분석에 적합한 용어를 이용해야 하는 문제점 |
| 여론조사 결과 해석, 제시에서 잘못된 보도 | • 표집오차를 고려하지 않은 여론조사 보도의 문제<br>• 표본의 일부인 하위표본과 소수의 응답자를 대상으로 한 추가적인 분석<br>• 단정적·확정적 수치를 사용한 여론조사 기사의 제목<br>• 조사결과 전달과 관련해 적절하지 못한 어휘나 표현의 사용<br>• 확대, 과장분석, 해석의 오류문제<br>• 비교근거, 결과해석의 이유나 설명을 제시하지 않는 문제<br>• 언론사 자체 조사나, 직접 관여한 여론조사 결과만을 보도하는 문제<br>• 결과를 설명하는 보조 그래픽과 영상 구성의 부적절성 |

* 자료: 양승찬, 「한국의 선거 여론조사와 그 보도에 대한 이슈 고찰」, ≪커뮤니케이션 이론≫, 제3권 1호(2007), 88~95쪽의 내용을 요약해 정리했음.

첫째, 언론사가 직접 여론조사를 주관하면서 발생하는 문제점이다. 표집과 설문작성 등 조사방법과 관련된 문제점이 대표적이다. 시의성(時宜性)과 속보성(速報性)을 중시하는 언론사의 관행 때문에 표본의 대표성을 담보하기 어려운 여론조사가 실시되는 경우가 많았다. 즉, 1~2일 내에 실시되는 전화 여론조사는 표본의 수를 채우는 것조차 쉽지 않아 표본의 대표성이 왜곡될 가능성이 매우 높다. 더구나 조사에 사용된 설문지에 가치 편향적인 단어를 사용하거나 제시한 양자 간의 주장이 불균형적인 경우, 그리고 사실관계가 존재하는 사항을 대상으로 추측성 질문이나 예측을 묻는 질문을 사용한 경우도 많았다. 예산의 제약과 비현실적인 예산책정으로 여론의 흐름을 측정하려는 기획이 부재하고 조사결과도 과대포장되어 보도되는 경우가 많아 조사기획

---

11 이하의 내용은 양승찬(2007)의 논문 가운데 선거 여론조사와 저널리즘 관련 이슈에 관한 부분(83~119쪽)을 요약·정리해 제시한 것이다.

과 관련한 구조적인 부분 또한 문제점으로 지적됐다.

둘째, 여론조사 관련 정보를 제공하는 과정에서 발생하는 문제점이다. 처음에는 미국 여론조사협회(American Association for Public Opinion Research)가 권고한 여덟 가지 기본 요건[12]을 준수하는지를 근거로 여론조사 기사를 평가했다. 우리나라의 공직선거법 제108조 4항은 여론조사의 결과를 공표하거나 보도할 때는 반드시 조사 의뢰자와 조사기관 및 단체명, 피조사자의 선정방법, 표본의 크기, 조사지역·일시·방법, 표본 오차율, 응답률, 질문내용 등을 함께 공표 또는 보도해야 하며 선거에 관한 여론조사를 실시한 기관 및 단체는 조사 설계서, 피조사자 선정, 표본추출·질문지 작성, 결과분석 등 조사의 신뢰성과 객관성을 입증하는 데 필요한 자료와 수집된 설문지 및 결과분석 자료 등 당해 여론조사와 관련 있는 자료 일체를 당해 선거의 선거일 후 6개월까지 보관해야 한다고 규정하고 있다.

셋째, 여론조사 결과해석이나 결과보도와 관련해 가장 빈번하게 거론된 문제점은 표집오차를 고려하지 않는 보도관행이다. 오차 범위 내의 차이를 거론하면서 순위를 언급하는 보도 방식인데 예를 들어 '오차 범위 내에서 1, 2위를 차지했다'라는 표현이 대표적이다. 이는 통계적으로 의미가 없는 수치임에도 순위 매김을 선호하는 언론의 경마 저널리즘 성향이 반영된 결과다. 지난 2002년 대통령선거의 경우 여론조사 기사의 약 30%가 오차 범위 내의 차이를 강조한 것으로 나타났다(양승찬, 2003). 더구나 통계적으로 유의미하지 않은 결과수치를 기사의 제목에 인용하거나 이러한 결과를 토대로 매긴 후보

---

12 여덟 가지 기본 요건은 ① 조사 의뢰자와 조사기관, ② 조사지침과 실제 조사에 사용된 설문, ③ 모집단에 대한 정의와 표본 틀, ④ 표집과정과 조사 대상자 선정 방식, ⑤ 표본의 크기, 설문 회수율, 응답자 스크리닝(screening) 절차에 관한 정보, ⑥ 표집오차, 통계적 가중치, 측정절차를 포함한 결과의 정확성에 관한 논의, ⑦ 하위표본을 사용 시 표본의 크기, ⑧ 자료수집 방법, 장소, 일시 등에 관한 정보이다. Asher, H. *Polling and the public: What every citizen should know*(Washington, D.C: Congressional Quarterly Inc, 2007), p. 121.

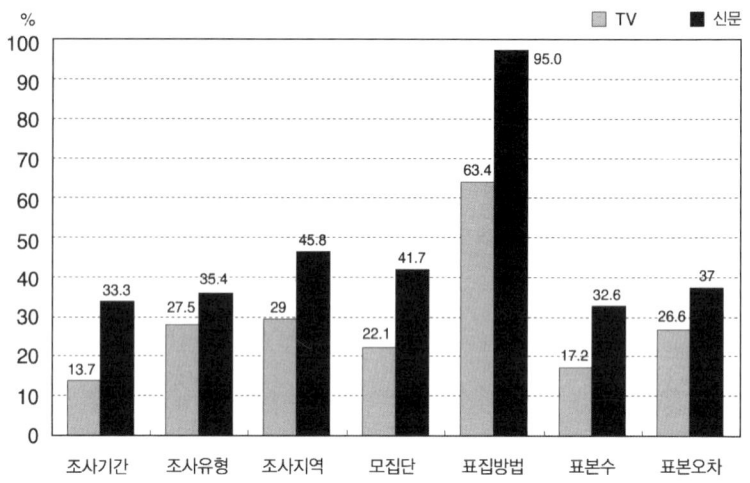

<그림 7-12> 2007년 대통령선거 여론조사 보도에서 언급하지 않았던 여론조사 관련 정보

\* 자료: 김영욱·김위근, 『미디어 선거와 그 한계: 17대 대선 보도분석』(서울: 한국언론재단, 2007), 261~269쪽의 도표에서 매체별 종합결과만을 발췌해 제작했음.

자 순위를 헤드라인에 사용하는 경우도 종종 발견된다. 조사 대상자의 일부인 하위표본을 대상으로 추가적인 분석을 실시해 결과를 '퍼센트(%)'로 보도하는 방식 또한 문제점으로 지적되고 있다. 하위표본 분석의 경우 오차가 더욱 커지므로 신중한 해석이 필요하기 때문이다.

대통령 직선제가 부활된 1987년부터 학계는 우리나라 여론조사 보도의 문제점을 꾸준히 지적해왔으며 이로 인해 여론조사 보도관행은 이전보다 많이 개선된 것이 사실이다. 하지만 <표 7-3>을 보면 개선되어야 할 문제점이 여전히 적지 않음을 알 수 있다. 예를 들어 2007년 대통령선거 여론조사 기사를 분석한 연구에 따르면 우리 언론의 여론조사 기사에서 가장 빈번하게 발견된 문제점은 표집방법에 관한 정보누락이었는데, 신문은 무려 95%에 달했고 텔레비전은 63.4%였다. 표집방법 외에도 조사기간, 조사유형, 조사지역, 모집단, 표본수, 표본오차를 밝히지 않은 기사 또한 적지 않았으며, 신문이 텔레비전 뉴스보다 여론조사와 관련된 정보를 전달하는 데 소홀한 것으로 나타났다(<그림

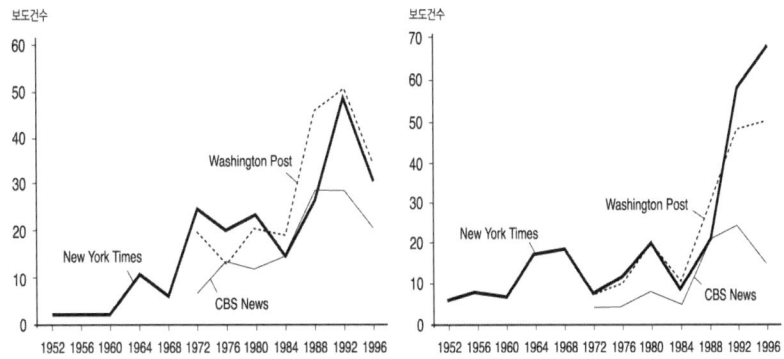

<그림 7-13> 정치광고 언론보도: 예비선거와 본선거(1952~1996년)

* 자료: D. M. West, *Air Wars: Television advertising in election campaigns, 1952~1996*(Washington, D.C.: Congressional Quarterly Inc, 1997), pp. 69~70.

7-12>). 매체별로 구분해 살펴보면 여론조사에서 보도하지 않은 일곱 가지 기본적인 요건이 차지하는 비율 모두 신문보다 방송이 높았다. 신문 여론조사 기사보다 방송 여론조사 보도의 문제점이 더 심각하다는 의미다.

### 3) 정치광고 보도

학자들이 정치광고에 관한 언론의 보도에 관심을 가지게 된 것은 1990년대 들어서부터다. 정치언론학자 웨스트(West, 1997)는 ≪뉴욕 타임스≫(1952~1996년, 467건), ≪워싱턴 포스트(Washington Post)≫(1972~1996년, 381건), CBS 저녁뉴스(1972~1996년, 209건)의 정치광고 관련 뉴스를 분석한 후, 1980년대와 1990년대에 정치광고 보도가 급증했으며 이는 일반적인 트렌드라고 주장했다. 예를 들어 CBS의 경우 1972년에 방영된 정치광고 뉴스보도는 11건(예비선거 7건, 본선거 4건), 1976년에는 19건(예비선거 14건, 본선거 5건)에 불과했지만 1988년에는 50건(예비선거 29건, 본선거 21건)으로 1972년보다 다섯 배나 증가한 것으로 나타났다(<그림 7-13>).

(1) 정치광고 감시 저널리즘의 등장

텔레비전 정치광고에 대한 언론의 관심 증가는 후보자와 유권자 모두에게 큰 변화를 가져왔다. 유권자는 뉴스라는 형식을 통해 언론의 평가가 더해진 형태의 정치광고를 접하게 됐고, 언론인은 광고의 목적이나 효과에 관한 유권자의 해석을 형성하는 데 매우 큰 영향력을 행사하게 됐다(West, 1997). 예를 들어 1988년 미국 대통령선거에서 공화당의 부시가 범죄에 대한 유연한 입장을 보이는 민주당의 듀카키스(Michael Dukakis)를 공격하기 위해 제작·방영한 광고(<Willie Horton>)에 관한 언론의 보도가 대표적인 사례다. 언론은 범죄와 죄수의 주말휴가에 관한 부시와 듀카키스의 캠페인을 객관성의 원칙에 근거해 폭넓게 다룸으로써 범죄는 중요한 캠페인 이슈로 발전했고 유권자들은 부시를 범죄에 대해 강경한 입장을 가진 정치인으로 간주했다. 그의 범죄정책은 선거결과에도 유리하게 작용한 것으로 분석됐다(Iyengar and McGrady, 2007).

1988년 대통령선거 이후 몇몇 뜻있는 언론인은 양적 균형 차원에서 정치컨설턴트에 의해 생산되는 편견적인 메시지를 단지 재순환시키는 언론의 역할에 의문을 제기하고 언론인 스스로의 자율성을 보호하기 위해 후보자의 행동을 해석하고 분석하는 데 중점을 둔, 좀 더 분석적인 형태의 뉴스보도로 전환할 필요가 있다고 강조했다.[13] 후보자는 유권자가 후보자나 정치이슈에 관한 대부분의 정보를 언론을 통해 획득한다는 정보환경을 감안해 자신이 직접 통제할 수 있는 정보를 광고를 통해 전달함으로써 유권자의 미디어 의존도를 최대한 활용하려 하기 때문이다.

선거 캠페인에서 정치광고가 점차 지배적인 캠페인 수단으로 자리 잡고 뉴미디어 테크놀로지가 미디어 메시지를 조작하는 새로운 수단으로 활용되자 언

---

13 1989년 칼럼니스트 브로더(David Broder)는 ≪워싱턴 포스트≫에 "언론이 광고의 정확성을 감시해야만 하는가?"(Should News Media Police the Accuracy of Ads?)라는 칼럼을 기고하여 선거를 기술적으로 묘사하는 보도관행에서 후보자 행위를 해석하는 보도로 전환할 필요가 있다는 것을 강조했다.

론인은 독립적인 정보의 제공이 매우 중요하다는 것을 깨닫게 됐다. 이러한 맥락에서 등장한 저널리즘 장르가 바로 '정치광고 감시 저널리즘(adwatch journalism)'이다(Kaid, McKinney, Tedesco and Gaddie, 1999). 해석적 저널리즘의 전형인 정치광고 감시 저널리즘은 화제가 되고 있는 정치광고를 소개하면서 광고에 담긴 후보자의 레토릭과 메시지 내용의 정확성을 평가하는 뉴스로 '후보자 광고의 거짓 혹은 과장을 검증하기 위한 뉴스비평'(Pfau and Louden, 1994: 326)으로 정의된다.

(2) 정치광고 감시 저널리즘 내용 분석

정치광고에 관련된 언론의 보도건수가 늘어나자 학자들은 언론이 정치광고를 어떤 내용과 논조의 기사로 다루는가에 깊은 관심을 표명하기 시작했다. 대표적으로 미국의 정치언론학자 웨스트(1997)는 1972년부터 1996년까지의 CBS 저녁뉴스에서 보도된 정치광고 관련 뉴스를 대상으로 광고에서 언급된 메시지와 광고에 관한 방송뉴스의 내용 및 논조가 어떻게 다른지를 비교분석했다.

<표 7-4>에서 볼 수 있듯이 광고에서 가장 빈번하게 묘사된 내용은 국내에서 대통령 임무수행 업적(domestic performance, 31%), 특정 정책설명(specific policy statement, 30%), 개인적 자질(personal qualities, 27%)의 순이었지만 정치광고 뉴스에서는 각각 정치광고의 3분의 1에서 2분의 1 수준인 10%, 15%, 9%에 불과했다. 정작 광고 뉴스기사에서 가장 빈번하게 다뤄진 주제는 후보자의 캠페인에 관한 내용이었으며 광고에서 다뤄진 비율(6%)보다 무려 11배나 높은 66%에 달한다. 이러한 결과는 언론이 정치광고에 묘사된 후보자의 인간적 특성이나 정책 이슈에 대한 후보자의 입장이 진실된 것인지를 심층적으로 확인하는 데 관심을 두기보다는 선거 캠페인 과정이라는 관점에서 정치광고에 접근한다는 것을 의미한다. 즉, 언론은 후보자들이 정책을 논의하지 않는다고 비난하지만 정작 언론의 경마 저널리즘 성향이 기자들로 하여금 캠

<표 7-4> CBS 뉴스보도의 내용과 논조: 1972~1996년

| 내용과 논조 | 각각의 내용에 할애된 기사의 비율(%) | |
|---|---|---|
| | 광고의 묘사 | 광고에 관한 뉴스기사 |
| 개인적 자질 | 27% | 9% |
| 국내의 임무수행 업적 | 31% | 10% |
| 특정 정책설명 | 30% | 15% |
| 국제문제 | 6% | 1% |
| 캠페인 | 6% | 66% |
| 정당 | 1% | 0 |
| 사례 수 | 209 | 209 |
| 부정성 수준(논조) | 65% | 52% |

\* 자료: D. M. West, *Air Wars: Television advertising in election campaigns, 1952~1996*, p. 73.

페인 메시지에 주목하도록 만든다고 웨스트는 지적했다.

부정성 수준(negativity level)에서도 차이가 있는 것으로 나타났다. 웨스트의 분석에 따르면 정치광고 감시 저널리즘의 취재대상이 되는 광고(65%)는 뉴스기사(52%)보다 더 부정적인 논조를 띠는 것으로 나타났다(<표 7-4>). 일반적으로 공격광고처럼 부정성 수준이 높은 광고는 논쟁의 대상이 될 가능성이 더 높아 언론의 주목을 받을 가능성이 훨씬 크므로 관련 기사의 내용 또한 더 많을 수밖에 없다.

긍정광고보다 부정광고를 대상으로 한 광고비평은 신문의 광고비평 칼럼을 분석한 연구에서도 재차 확인된다. 1992년, 1996년, 2000년 세 차례의 대통령선거 광고에 대한 신문의 광고 감시 칼럼을 분석한 연구(Min, 2002)는 논쟁의 대상이 되는 광고나 유머광고, 자극적이고 도발적인 광고가 비평의 대상이 되므로 긍정광고보다는 부정광고가, 그리고 광고 메시지의 진위 여부를 따지다 보니 이미지 광고보다 이슈광고가 더 많은 분석대상이 됐다고 보고했다.

우리나라 신문의 정치광고 보도도 미국처럼 후보자의 캠페인 전략에 초점을 맞추기는 마찬가지였다. 1992년부터 2000년까지 세 차례의 대통령선거를 대상으로 정치광고에 관한 신문뉴스를 분석한 민영(2005)은 분석에 사용된 신문 모두 후보자의 캠페인 전략이나 의도에 가장 높은 뉴스 가치를 뒀다는

<표 7-5> 우리나라 신문의 정치광고 보도의 중심 주제: 1992~2000년

| 보도주제 | 빈도(%) |
| --- | --- |
| 정치광고의 일반적 전략과 효과 | 27% |
| 정치광고의 구체적 내용 | 31% |
| 제작과정, 재정, 제작비화 | 30% |
| 광고기법, 형식, 스타일 | 6% |
| 정치광고 관련 논쟁 | 6% |
| 정치광고의 일반적 기능 | 1% |
| 기타(법, 규제, 단순 상황) | 209 |
| 합계 | 65% |

* 자료: 민영, 「한국 언론의 정치광고 보도경향」, ≪한국언론학보≫, 49권 5호(2005), 192쪽.

연구결과를 발표했다. <표 7-5>에서 알 수 있듯이 한국 신문의 정치광고 보도는 각 정치세력의 의도와 전략을 분석하는 데 가장 많은 지면을 할애했으며 시청률, 인지도, 여론, 호감도 등의 용어로 구체화되는 광고의 효율성에 가장 주목했다. 이 논문은 약 31%의 기사가 객관적이고 심층적인 검토 없이 광고의 내용을 단순히 소개한 경우가 많아 광고보도의 역기능이라고 할 수 있는 간접 광고 효과의 가능성을 배제할 수 없다고 지적했다. 또한 광고제작과 관련이 있는 재정문제나 제작과 관련된 뒷얘기에 주목하는 등 유권자의 일상적인 흥미 위주로 보도함으로써 뉴스 가치를 높이려 했다고 평가했다.

선행연구가 지적한 광고 감시 저널리즘 관행 혹은 정치광고 보도관행의 가장 큰 문제점은 언론은 광고에서 언급된 정책적 이슈를 분석하고 이것의 진위를 가리는 심층보도에 관심을 두는 것이 아니라 광고에 나타난 혹은 광고를 집행한 후보자의 동기나 캠페인 전략을 예측하는 것에만 관심을 둔다는 점이다. 즉, 후보자의 레토릭과 입장을 뒷받침하는 근거를 제시하면서 전략적 시각에서 '사건의 발생(what)'과 더불어 '배경이나 동기(why)'를 분석해 보도하는 경향이 지배적인 추세다. 즉, 뉴스는 '누가 앞서고 있는가?' 혹은 '누가 유권자로부터 더 높은 점수를 얻고 있는가?'와 같은 경마 저널리즘 시각에서 무대 뒤에 감춰진 후보의 전략과 의도에 관심을 가짐으로써 정치광고에 담긴 실질적이고 구체적인 정책 관련 내용을 소홀히 한다고 관련 연구들은 지적한다(Bennett, 1997; Iyengar and McGrady, 2007).

### (3) 정치광고 감시 저널리즘 평가

정치광고 감시 저널리즘의 효과에 대한 학자들의 평가는 엇갈린다. 일부는 정치광고 감시뉴스가 부정적 캠페인 사용을 견제함으로써 공격적인 정치광고의 스폰서에 대한 지지도에 부정적인 영향을 미친다고 주장한다(Cappella and Jamieson, 1996). 뉴스가 해석적 재프레이밍(interpretive reframing)을 통해 광고의 효과를 감소시킨다는 의미다. 또 다른 학자는 뉴스는 광고에 신뢰성을 부여할 뿐만 아니라 대규모의 유권자에게 도달하기 때문 정치광고에 대한 관심을 증폭시키고 오히려 스폰서의 목적을 달성하는 데 도움을 준다고 비판한다(Ansolabehere and Iyengar, 1995).[14]

앤솔라베헤어와 아이엥거는 정치광고 감시 저널리즘이 실패했다고 평가했는데 이들이 제시한 근거는 다음과 같다. 첫째, 언론은 광고 자체를 반복해 방영함으로써 광고에 대한 회상을 강화시키며 스폰서에게는 호의적인 정보를, 그리고 공격대상 후보에 대한 비호의적인 정보를 기억하게 만든다. 둘째, 후보자에 의해 사용된 용어로 이슈를 틀 짓는 뉴스는 광고 스폰서인 후보자의 메시지를 더욱 강화시킨다. 광고비평 시 스폰서 정치인이 사용한 용어를 반복해 언급하면 후보자가 부각시키려는 이슈가 더욱 현저해짐으로써 정치

---

[14] 정치광고는 선거뉴스와 상호작용해 유권자의 정치적 선택에 영향을 미친다. 앤솔라베헤어와 아이엥거(1994, 1995)는 '파도타기 가설(the riding-the-wave hypothesis)'과 '재순환 가설(recirculation hypothesis)'로 정치광고와 선거뉴스의 상호작용을 설명한다. 파도타기 가설은 정치광고가 뉴스에서 주요 의제로 다뤄진 쟁점이나 이슈를 주제로 삼을 때 광고의 효과가 극대화될 수 있다고 주장한다. 그리고 재순환 가설은 뉴스보도가 정치광고에 대한 관심을 증폭시켜 오히려 스폰서의 목적을 달성하는 데 도움을 준다고 가정한다. 즉, 뉴스는 광고에 신뢰성에 부여할 뿐만 아니라 대규모의 유권자에게 도달하기 때문이다.

광고의 의제설정 효과가 나타날 가능성이 높다. 셋째, 수용자는 정치광고 감시를 언론에 의한 불공정한 공격으로 간주할 수 있다. 특정 후보를 비평의 대상으로 끄집어내는 것은 광고 감시 뉴스가 형평성이라는 기본적인 저널리즘 규범을 위반하는 것이 될 수 있다. 역설적으로 정치광고 감시는 언론의 신뢰도를 저하시키고 보도대상 후보자에 대한 동정심을 이끌어낼 수 있다.

정치광고 감시 저널리즘이 애초에 의도한 효과를 거두기 위해서는 어떻게 해야 할까? 앤솔라베헤어와 아이엔가는 기사의 포맷을 변경하면 뉴스비평이 정치광고 감시자로서의 역할을 수행할 수 있다면서 다음과 같은 구체적인 해결책을 제시했다. 첫째, 광고의 반복적인 방영을 피해야 한다. 뉴스가 광고를 반복해 방영함으로써 광고의 비주얼이 기사를 더 매력적인 것으로 만들 수 있기 때문에 후보자의 메시지를 순환시키는 위험을 최소화하기 위해서는 실제 광고물을 보여주지 않는 것이 바람직하다. 둘째, 경쟁관계에 있는 두 후보가 방송한 광고에서 공통적으로 언급한 주제를 비평의 대상으로 삼아야 한다. 후보자의 의제가 미디어 의제로 전환될 가능성이 있기 때문에 특정 후보만의 정치광고를 보도대상으로 삼는 것은 피해야 한다. 셋째, 더욱 균형을 갖춘 시각을 제공하기 위해 광고에서 강조된 이슈에 관한 전문가의 논평을 제공해야 한다.

## 4. 맺음말

현대 대중사회에서 유권자는 주로 신문이나 텔레비전 그리고 인터넷과 같은 매스 미디어에서 전달해주는 뉴스를 통해 정당과 정치인의 선거 캠페인에 관한 정보를 얻는다. 정치인은 뉴스 미디어를 대상으로 자신의 정견을 밝히고 언론은 정치적 메시지를 해석해 유권자에게 전달한다. 결과적으로 매스 미디어는 정치인과 유권자 사이를 매개함으로써 유권자의 정치적 현실 구성 과정에서 매우 중요한 역할을 수행할 수밖에 없다. 따라서 선거 캠페인과 같은 정치적 환경에서 언론은 후보자나 정당의 선거공약이 무엇인지, 그리고 이들이 공직에 적합한 자질을 갖췄는지를 비교분석해 유권자의 올바른 정치적 판단을 돕는 뉴스를 제공해야 한다는 당위적 주장은 아무리 강조해도 지나치지 않다. 하지만 학자를 비롯한 전문가들은 언론이 이런 역할을 제대로 해내지 못하고 있다고 비판하면서 뉴스 미디어의 선거보도를 부정적으로 평가한다.

앞서 살펴본 것처럼 캠페인 장르별로 언론의 선거보도를 분석한 연구를 종합하면 미국은 물론 우리나라 언론의 선거보도의 가장 대표적인 문제점은 첫째, 선거과정을 전쟁이나 게임 등과 비유하는 용어를 많이 사용하는 '전략적 틀'에 의해 규정된 뉴스가 선거뉴스에서 차지하는 비율이 상당하며 시간이 흐를수록 증가하고 있다는 것이다. 둘째, 후보자나 정당의 부정적 캠페인을 비판하고 해석하기보다는 있는 그대로 보도함으로써 언론이 부정적 캠페인의 대변인 노릇을 한다는 점이다. 언론의 이런 보도태도는 정치와 정치인에 대한 유권자의 정치적 냉소주의(political cynicism)를 유발해 선거와 같은 정치과정에의 참여를 저하시키는 역기능을 초래한다는 데 문제의 심각성이 있다.

예를 들어 앤솔라베헤어와 그의 동료들(Ansolabehere, Iyengar, Simon & Valentino, 1994)은 실험연구를 통해 부정적 캠페인 메시지에 노출된 실험 참가자의 경우 투표에 참여하려는 의도가 5% 떨어진다는 결과를 발견했다. 그리고 1992년 미국 상원의원 선거가 열린 34개 주를 대상으로 신문과 텔레비전의 선거뉴스 내용 분석을 통해 부정적 메시지가 차지하는 비율을 산출하고 이를 주별 투표 참여지표와 비교한 결과, 부정적 메시지 비율이 높을수록 투표 참여율이 낮다는 것을 밝혀냈다. 이들은 부정적 캠페인 메시지가 유권자의 선거 참여를 저해한다는 연구결과를 '탈동원 효과(demobilization effect)'라는 개념으로 정리했다. 요약하면 인신공격이나 추문 들추기와 같은 부정적 캠페인이 유권자의 정치적 참여를 저해하므로 후보자의 부정적 캠페인을 비판적으로 검증해 보도하는 것 또한 언론에 주어진 중요한 역할의 하나라 할 수 있다.

유권자가 선거상황에서 정치적 현실을 어떻게 지각하느냐는 투표참여 및 투표결과에 영향을 미치기 때문에 매우 중요하다. 따라서 언론은 유권자가 필요로 하는 이슈와 정책이 무엇인지를 해설하고, 후보들의 공약과 정책이 어떻게 다른지를 비교분석해 누가 공직에 더 적합한 자격을 갖췄는지를 토론할 수 있는 마당을 제공하기 위해 노력해야 한다.

### 제7장 연습문제

1. 뉴스 미디어가 정당이나 후보자의 정책 비교와 정당(후보자)의 당선 가능성 가운데 어느 쪽에 더 관심을 두고 보도하는지 확인하고 이런 결과가 대통령 선거, 국회의원 선거, 지방선거에 따라 다른지도 비교해보자. 특히 언론이 어떤 용어(예, 게임이나 전쟁 관련 용어)를 사용해 선거 캠페인을 묘사하는지 살펴보자.

2. 소유구조와 논조에서 분명한 차이를 나타내는 ≪조선일보≫와 ≪한겨레≫를 대상으로 이 신문들이 특정 정당이나 후보에 상대적으로 호의적인지 혹은 비판적인지를 분석한 후 선거보도의 공정성을 평가해보자. 구체적으로 후보에 할당된 기사의 양(시간), 기사제목과 논조, 후보자 발언내용 등이 어떻게 다른지 비교해보자.

3. 신문의 선거보도에 나타난 선거 캠페인 관련 인용구(quotation)를 분석해보자. 인용구는 기자가 선거 캠페인 관련 기사를 보도하면서 관련 취재원의 말을 직접적으로 인용(direct quotation)하거나 간접적으로 인용(paraphrasing)하는 것을 모두 포함한다. 인용은 발화자의 반응을 생생하고 명확하게 전달하기 위한 도구로서, 좋은 인용은 기사의 리드를 보충해주며 기사에 나타난 정보를 구체화하거나 입증하는 역할을 수행한다.

4. 뉴스 미디어가 여론조사 결과를 보도하면서, 선거법 제108조 4항이 정한 바에 따라 조사 의뢰자, 조사기관 및 단체명, 피조사자의 선정방법, 표본의 크기, 조사지역·일시·방법, 표본 오차율, 응답률, 질문내용 등을 함께 보도하는지 확인해보자.

5. 텔레비전이 방영한 선거뉴스가 어떤 주제(국방, 경제, 범죄, 교육 등)를 다뤘는지, 보도의 논조가 긍정적인지 혹은 부정적인지, 그리고 이러한 결과가 후보별로 어떠한 차이가 있는지 비교분석해보자.

6. 신문의 한 컷 만평이나 네 컷 만평이 선거에 출마한 후보를 어떻게 묘사하고 있는지 분석해보자.

▪ **요약**

　언론과 경제의 관계가 밀접함에도 그 관계에 대한 명확한 이해는 부족하다. 제8장은 언론과 경제가 만나는 접점을 크게 언론기업, 경제 저널리즘, 경제정책 공론장 및 경제담론으로 구분해 그 관계를 설명한다. 이를 위해 첫째, 뉴스라는 상품을 매개로 광고비와 구독료로 운영되는 언론기업의 변화, 글로벌 현황 및 언론의 독점에서 비롯되는 부작용 등을 살펴본다. 둘째, 경제 저널리즘이 등장하고 성장하는 역사적 맥락, 경제뉴스의 차별성 그리고 국내에서 최근 경제 전문 매체가 급성장하는 배경과 그에 따른 문제점을 지적했다. 셋째, 경제정책에 대한 언론의 공론장 기능과 금융시장에 대한 해석과 평가를 통해 '정치하는 언론'의 모습을 지적했다. 마지막으로 경제담론의 생산과 유통을 통해 언론이 우리 사회의 지배적인 인식과 감성구조에 어떻게 개입해왔는가를 살펴보는 한편, 공동체 자본주의와 같은 새로운 경제모델에 언론이 어떻게 기여할 수 있는가를 논의했다. 이 장을 통해 언론, 경제, 정치가 만나는 접점을 이해하고 이윤을 목적으로 하는 언론기업의 개혁방향에 대한 성찰의 기회를 가질 수 있다.

# 제8장 언론과 경제

김성해(한국언론재단)

## 1. 언론, 경제를 만나다

MBC 드라마 <선덕여왕>을 통해 천 년의 역사를 가진 신라에 대한 관심이 높아졌다. 비록 고구려 땅을 포기한 반쪽짜리 통일이라는 평가를 듣지만 당시 가장 약체였던 신라는 화백제도와 화랑 및 당나라와의 연합을 통해 삼국의 주인이 될 수 있었다. 흔히 신라의 삼국통일에 가장 크게 기여한 인물로 태종무열왕 김춘추와 사후에 흥무대왕이라는 칭호를 받은 김유신 장군 등을 꼽는다. 그러나 화합과 조화를 강조하는 '화쟁사상(和諍思想)'을 통해 통일신라의 정신적 지주인 불교를 대중화시켰다는 점에서 원효대사의 역할도 결코 작지 않다. 원래 원효는 당대 최고 엘리트 조직이었던 화랑의 일원이었다. 현실 사회의 부조리와 고통을 넘어 삶에 대한 근본적인 문제를 고민하던 그는 당나라 유학길에 올랐다가 해골에 담긴 물을 마신 후 깨달음을 얻은 것으로도 유명하다. 태종무열왕의 딸인 요석공주와 혼인해 신라 최대의 석학으로 알려진 설총을 낳은 일화도 잘 알려져 있다. 그가 쓴 『금강삼매경론』에는 '심생즉 종종법생, 심멸즉 종종법멸(心生則 種種法生 心滅則 種種法滅)'이라는 구절이 있다.

인간 사회의 온갖 차별은 마음에서 비롯된 것으로 헛되고 망령된 생각을 하지 않으면 세상을 차별하는 법도 없어진다는 의미다. 흔히 '모든 것은 마음먹기에 달렸다'로 해석되기도 하는 이 주장은 실제 인간의 인식구조에 대한 정확한 통찰력을 보여준다. 즉, 우리의 '생각'은 특정한 언어를 통해서만 구체화되며 객관적으로 존재하는 외부세계와 우리가 언어를 통해 인식하는 '실체'가 반드시 동일하지는 않다는 의미다. 예컨대, '인간의 생활에 필요한 재화나 용역을 생산·분배·소비하는 모든 활동 또는 그것을 통해 이뤄지는 사회적 관계'로 정의되는 '경제'는 정치, 사회, 문화, 환경 등과 같은 '경제가 아닌 것'과의 구분을 통해 비로소 실체로 인식된다. 언어를 통해 현실이 규정되는 것은 인간의 인식체계가 갖는 가장 근본적인 특징 중 하나다. 즉, 우리는 참과 거짓, 선과 악, 아름다움과 추함 등의 '구분'을 통해 비로소 외부 환경을 인식하며 그 기준은 시대적·사회적 상황에 따라 달라진다. 그러나 일상생활에서 위의 보기와 같은 '진선미(眞善美)'가 갖는 추상성과 모호성은 쉽게 잊히고 이들 개념은 실체를 가진 그 어떤 것으로 편하게 받아들여진다.

 언론이 만나는 경제를 파악하기 위해 먼 길을 둘러왔다. 경제라는 것이 위에서 말한 추상적인 개념 중의 하나라는 것, 정치, 사회, 문화 등과 대비적으로 존재한다는 것, 그리고 비록 언어에 의해 매개되지만 '실체'가 있다는 것을 말하기 위함이었다. 일반적으로 경제에는 경제정책, 은행, 신용, 증권, 보험, 유통, 무역, 창업, 조세 및 부동산 등이 포함된다. 경제주체에 따라서는 정부가 기획·집행·관리·감독하는 재정정책, 통화정책, 환율정책, 조세정책, 물가정책과 무역정책이 있고, 기업주체와 관련된 산업동향, 기업체 실적, 개별기업 및 경영자 정보, 그리고 가계주체와 관련된 소득과 지출, 재투자, 취업정보 등으로 구분된다. 또 경제는 크게 실물경제와 화폐경제 부분으로 나뉘거나 생산·유통·소비영역으로 구분되며 전문 영역에 따라 보험, 증권, 외환, 신용, 투자, 조세, 창업 및 재투자 정보 등으로 분류할 수 있다. 그렇다면 가장 일상적인 언론과 경제의 접점은 어디일까?

 그 첫째 접점으로 시장경제 체제에서 대부분의 언론은 시장에만 맡겨둘 경우 수익성을 충분히 낼 수 없는 공공재(Public goods)의 일종인 '뉴스'라는 상품을 통해 이윤을 실현하는 민간기업이라는 점을 지적할 수 있다. 경제활동의 실질적인 주체로서 언론(사)은 소비자에게 뉴스와 광고를 전달하고 그 대가로 광고비와 구독료를 얻는다. 금융시장에서 언론기업은 출판, 오락 및 커뮤니케이션 산업의 하나로 분류되며 종이신문에 기반을 둔 신문사를 포함해 텔레비전, 라디오, 케이블 방송, 인터넷 등 다양한 매체가 이 분야에 진출해 있다. 크게 봤을 때 이 접점은 '경영전략, 기업인수와 합병, 광고시장' 등을 다루는 주류 경제학과 '언론기업의 이념적인 편향성, 독과점으로 인한 민주주의 위기, 경영권과 편집권의 갈등'에 초점을 맞추는 정치경제학 관점으로 구분된다.

언론이 경제와 만나는 둘째 지점은 경제, 금융과 비즈니스에 관한 정보를 의미하는 '경제·금융·비즈니스 뉴스' 분야다. 최근에 급성장하고 있는 이 분야는 글로벌 금융시장의 발달, 뉴 미디어의 등장과 특화된 소비계층의 성장에 영향을 받았고 이 분야를 전문으로 하는 언론사들을 통해 확산되고 있다. 국제적으로 블룸버그(Bloomberg), 로이터(Reuters), ≪월스트리트 저널(Wall Street Journal)≫과 ≪파이낸셜 타임스(Financial Times)≫ 등이 주도하고 있으며 국내에서는 기존 경제 전문지 외에 ≪머니 투데이≫, ≪이데일리≫ 및 ≪E 토마토≫ 등이 참여하고 있다. 경제뉴스에 관한 연구는 아직 초기 단계에 있으며 '이용과 충족' 이론에 기반을 둔 '경제뉴스의 성장배경과 현황, 경제뉴스의 특성 및 수용자 분석' 등에 집중되고 있다.

경제뉴스를 제공함으로써 이익을 실현하는 언론은 셋째로 경제교육, 경제현상에 대한 해설, 대내외 경제정책에 관한 여론 형성에 관여한다. 국민은 이 접점에서 비로소 경제정보를 단순히 받아들이기만 하는 수동적인 소비자가 아닌 능동적인 공중(public)이 되며, 언론이 구축하는 '공론장'을 통해 자신들의 경제적 이해관계에 직접적으로 개입하게 된다. 또한 언론은 정책 담당자, 이해관계자 및 일반 국민 간 '공적 숙의(public deliberation)'를 돕는 한편, 정책 분위기, 시장심리, 투자자 신뢰 등에 영향을 미친다. 이 분야에 관한 연구는 언론의 '사회적 책임' 이론을 기반으로 하고 있으며 '언론의 경제환경에 대한 감시기능, 대내외 경제정책에 관한 언론의 공론장 역할 및 경제 저널리즘의 정치적 편향성' 등을 주로 다룬다.

끝으로 언론은 대중적 경제담론을 생산하고 이를 전달하는 역할을 하며 이를 통해 경제에 관한 구조화된 지식, 가치 및 신념체계가 만들어진다. 언론은 '선택과 배제'를 통해 특정한 경제담론을 더 '중요하고 정당한' 것으로 전달하며 국민은 경제뉴스와 광고의 형태로 '대중적인 눈높이에 맞게' 가공된 경제담론으로 특정한 '세계관'을 형성하게 된다. 또 언론과 국민 간의 지속적인 상호작용을 통해 점진적으로 형성된 이 세계관은 권력질서를 형성한다. 이 접점에 대한 연구의 이론적 배경에는 비판적 문화이론이 있고 '경제담론의 이데올로기 효과, 담론을 통한 현실의 재구성, 미디어 담론의 정치성' 등이 주로 탐구된다.

물론 언론과 경제가 만나는 접점은 이외에도 무수히 많다. 그러나 기존의 연구경향이나 주요 논쟁은 위에서 지적한 네 가지 접점을 통해 비교적 잘 설명될 수 있다. 또 이 책의 목적이 저널리즘에 관한 일반적인 설명이라는 점에서도 이러한 접근 방식은 유용하다. 이 장을 통해 각 접점의 핵심 내용은 물론 언론과 경제를 둘러싼 쟁점 및 향후 개선방향을 찾아보자.

## 2. 언론의 기업화와 민주주의 위기[1]

오늘날 미디어는 이전보다 더 많은 미국인에게 다가서고 있지만 미국인들은 이전보다 더 적은 수의 미디어 소유자들에 의해 조종당하고 있다. 1983년에는

---

[1] 이 절에서 언론기업은 '저널리즘'을 주력사업으로 상업적 이윤 실현을 목적으로 하는 기업을 의미한다.

영향력 있는 큰 규모의 미디어 기업이 50여 개에 달했던 반면, 오늘날에는 겨우 5개에 불과하다는 사실이 이를 증명한다. 이 5대 기업[타임워너(Time Warner), 디즈니(Disney), 뉴스 코퍼레이션(News Corporation), 비아콤(Viacom), 베르텔스만(Bertelsmann AG)]은 미국 국민 대다수가 무엇을 배우고 또는 배우지 않아야 하는가를 결정한다(Bagdikian, 2004: 44).

만약 소방서와 교도소가 이윤을 목적으로 하는 민간기업에 의해 운영된다면 어떤 부작용이 발생할까? 민간 소방회사는 우선 매출은 늘리고 비용은 줄이려 할 것이며 이는 더 잦은 화재와 더 적은 인원으로 나타날 개연성이 높다. 또 부자가 사는 지역과 가난한 사람이 모여 사는 곳에서 동시에 불이 났을 때 부자가 사는 지역으로 우선 출동할 가능성도 있다. 교도소에서도 비슷한 일이 일어날 수 있다. 재소자가 많아져야 매출이 늘고 교도관의 숫자가 적어야 비용이 줄어들기 때문에 재소자에 대한 서비스는 자연히 악화된다. 또한 재교육이라는 명분을 내세워 재소자의 노동력을 착취할 수도 있다. 최악의 경우 정치권에 대한 로비 등을 통해 더 많은 범죄자가 생기도록 할 수도 있다.

이런 우려에도 미국에서는 교도소와 소방서를 민간이 운영하는 경우가 많다. 다른 국가에 비해 유달리 시장의 자율성을 존중하는 미국의 특성이 반영된 것일 수도 있고 미국의 기업권력이 너무 비대해져서 공적 서비스 분야까지 진출한 것이라고 해석할 수도 있다. 그러나 지역 공동체의 이해관계와 밀접하게 연결되어 있으면서 기업의 사회적 책임의식이 비교적 강한 미국에서 위의 우려가 현실적으로 드러난 경우는 많지 않다. 더구나 공기업을 민영화할 경우 가격이 폭등하고 서비스가 훨씬 악화될 것이라는 우려와 달리 많은 분야에서 민영화는 성공적으로 자리 잡고 있기도 하다. 물론 교도소와 언론기업은 전혀 다르다고 말할 수 있다. 그러나 설즈버거(Ochs Sulzberger) 가문이 소유하고 있는 ≪뉴욕 타임스(The New York Times)≫는 사원이 주주로 있는 ≪르몽드(Le Monde)≫나 공익재단에 의해 운영되는 ≪프랑크푸르터 알게마이너 차이퉁(FAZ, Frankfurter Allgemine Zeitung)≫과 크게 다르지 않다. 또 민간기업인 타임워너 소속인 미국의 CNN도 공영방송인 영국의 BBC처럼 언론의 역할을 비교적 성공적으로 수행하고 있다. 돈벌이를 목적으로 한다거나 가족소유라는 것만으로 무조건 삐딱하게 볼 일은 아니라는 말이다.

### 1) 미국 언론기업의 역사적 진화

모든 것에는 역사가 있다. 인간이 태어나고, 성장하고, 늙고, 죽는 것처럼 언론기업도 생명주기(life cycle)가 있다. 언론기업이 가장 잘 발달했고 그 부작용에 대한 고민이 치열했던 미국을 통해 이를 확인해보자. 미국에서 초기 신문은 정당의 대변지, 종교 선전지 또는 노예해방과 계급투쟁을 위한 투쟁지의 성격이 강했고 주요 재원은 후원금이나 비교적 고가의 구독료였다. 그 예로, 1789년 등장한 ≪유에스 가제트(The Gazette of the United States)≫는 해밀턴(Alexander Hamilton) 등이 정부의 입장을 전달하기 위해서 만든 신문사였다. 공화주의자인 제퍼슨(Thomas Jefferson)은 이에 대항해 1791년 ≪내셔널 가제트(National Gazette)≫를 창간했다. 또 1820년의 ≪구원자(The Emancipator)≫나 1831년의 ≪해방자(The Liberator)≫ 역시 노예해방이라는 정치적 목표를 추구했다.

미국에서 뉴스를 비즈니스 차원에서 다룬 언론기업은 1833년 ≪선(The Sun)≫과 ≪헤럴드(The Herald)≫ 등의 등장으로 막을 열었다. 페니 프레스(Penny Press)로 알려진 이 신문들은 구독료를 6센트에서 1센트로 파격적으로 낮추는 대신, 그동안 언론의 사각지대에 있었던 도시빈민을 새로운 독자층으로 끌어들임으로써 광고수익을 극대화했다. 의회를 중심으로 한 정치뉴스를 도시빈민의 주요 관심사인 범죄, 경찰, 흥미기사 등으로 바꿨고, 특정한 정치적 입장을 내세우지 않았다[2]. 언론기업의 정치적 중립성과 객관성 유지는 1844년에 발명된 전신과 미국 최초의 통신사인 AP(Associate Press)의 등장에도 영향을 받았다. 이때부터 의견 전달을 위주로 하는 에세이(Essay)가 줄어들고 사실 위주의 단신기사가 급격히 늘어났으며 미국 전역의 뉴스를 신속하게 수집하고 전달하기 위한 경쟁이 불붙었다. 1890년부터 1920년에 걸쳐 미국에서 옐로 저널리즘(Yellow Journalism)이 확산된 것은 이처럼 새로 등장한 비즈니스 모델과 무관하지 않다.[3] 그러나 이들 저가 대중지는 미국 중산층과 엘리트의 취향과는 맞지 않았을 뿐만 아니라, 미국 사회는 이미 '수준 높은 양질의 정보'에 목말라하는 상황이었다. 1896년 ≪뉴욕 타임스≫를 인수한 옥스(Adolph Ochs)는 이런 배경에서 '인쇄하기에 적합한 모든 뉴스'를 슬로건으로 권위지 시대를 열었고, 곧 이어 1908년 언론인을 전문적으로 육성하기 위한 저널리즘 대학이 미주리에 문을 열었다.

대략 미국에서 언론기업이 본격적으로 성장한 시기는 1940년대부터 1960년대 후반까지였고, 가넷(Gannet), 맥클래치(McClatch), 나이트리더(Knight Ridder)와 같은 복합기업(Chains)이 이때 탄생했다. 미국 경제의 지속적 성장, 텔레비전과 라디오 등 뉴 미디어의 등장, 경제적 여유를 가진 중산층의 증가와 광고시장의 확대가 그 배경이었다. 1882년 창간된 ≪월스트리트 저널≫의 발행부수는 1945년 5만 부에서 1961년 80만 부로 증가했고 ≪포춘(Fortune)≫과 ≪비즈니스 위크(BusinessWeek)≫ 같은 주간지도 최소 3배 이상 성장했다. 그러나 다른 산업과 마찬가지로 언론 기업들도 점차 '독과점' 시장을 형성하기 시작했고 막강한 정치권력을 행사하기 시작했다(Bettig and Hall, 2003; Bag-

---

2 1836년 프랑스에서는 ≪라 프레스(La Presse)≫가 등장했고 영국에서도 1860년 ≪데일리 텔레그래프(The Daily Telegraph)≫가 발간됐다. 1830년대에 언론기업이 처음 등장했다는 것은 당시 유럽과 미국이 비슷한 자본주의 발달과정에 있었고 언론기업의 전제조건인 충분한 규모의 '광고시장과 구매자층'이 형성됐음을 보여준다.
3 퓰리처(Joseph Pulitzer)의 ≪뉴욕월드(New York World)≫와 허스트(William Hearst)의 ≪뉴욕저널(New York Journal)≫ 등은 당시 스페인과의 전쟁을 부추기고 정치부패, 기업범죄, 교도소 참상, 유명인사의 사생활 추적 등 독자의 호기심을 충족시키기 위한 '추문 들추기(Muckraking)'로 큰 상업적 성공을 거뒀다.

dikian, 2009). 1947년 언론의 사회적 책임을 강력하게 요구하는 허친스 위원회(Hutchins Commission)가 꾸려지게 된 이유가 여기에 있다.

뉴스 비즈니스는 1970년대에 접어들면서 정체기에 접어든다. 국제적 경기 후퇴와 더불어 미국의 광고시장은 정체됐고 텔레비전, 라디오에 이어 케이블 방송이 등장함에 따라 언론기업 간의 경쟁도 격화되어갔다. 특히 신문사의 경우 텔레비전의 등장에 따른 석간신문의 퇴조, 신문 구독률과 독자층의 감소라는 도전에 직면해야 했다. 복합 신문기업들은 이에 「신문 보호법(Newspaper Preservation Act)」을 통해 가족이나 개인 소유의 소규모 신문사를 통합할 수 있는 제도적 장치를 마련하는 한편, 국민의 신뢰를 확보하기 위한 전략으로 정부와 다른 대기업에 대한 탐사기능을 확대했다. 1971년 6월 ≪뉴욕 타임스≫에 의한 국방부 비밀문서 보도(Pentagon Paper)와 ≪워싱턴 포스트(Washington Post)≫의 워터게이트(Water Gate) 사건 보도는 이러한 배경에서 가능했다. 신문기업의 위기는 1980년대 이후에도 지속됐고 1981년에는 140년의 역사를 자랑하던 ≪워싱턴 스타(Washington Star)≫가 폐간되기도 했다. 실제 1970년대까지만 해도 1,750개 수준에 머물렀던 미국 일간지의 숫자는 1980년대에는 1,745개, 1985년에는 1,676개 그리고 1995년에는 1,533개로 꾸준하게 줄어들었다(안병길, 2004: 44).

뉴스 비즈니스와 무관한 기업이 이 분야에 본격적으로 진출한 '도전·후퇴기'는 1990년대 이후 시작된다. 1996년 「통신법(Telecommunication Act)」은 미디어 산업의 소유와 통제에 관한 제한을 제거함으로써 커뮤니케이션 업체였던 클리어 채널(Clear Channel)이 미국 전역에 걸쳐 1,200개 이상의 라디오 방송국을 인수할 수 있는 길을 열었다. 또 1990년대 중반 이후 본격화된 인수·합병을 통해 미디어 재벌(Media Conglomerate)이 속속 탄생했다. 예를 들어 미국 3대 네트워크의 하나인 CBS는 1995년 웨스팅하우스(Westinghouse)가, ABC 방송국은 1996년 디즈니(Walter Disney)가, 그리고 NBC는 제너럴 일렉트릭(General Electronic)이 각각 인수했다. 2000년 이후에도 미디어 재벌에 의한 소유 집중은 가속화되고 있으며 2007년에는 ≪월스트리트 저널≫이 머독(Rupert Murdoch)의 뉴스 코퍼레이션에 인수되기도 했다. 그 결과, 2009년 현재 언론기업의 대부분은 ≪파이낸셜 타임스≫, ≪월스트리트 저널≫처럼 글로벌 언론재벌에 소속되거나, ≪뉴욕 타임스≫, ≪마이니치신문(每日新聞)≫, ≪르몽드≫처럼 독립적인 언론기업으로 명맥을 유지하거나, NBC처럼 미디어와 무관한 다국적 기업의 자회사에 소속되어 있다.

자유 민주주의에서 언론은 국가이익과 공공이익과 관련된 국내외 환경의 변화를 감시하고 전후좌우 맥락이 있는 정보와 다양한 관점을 전달함으로써 합리적인 토론과 합의를 유도하고 나아가 양질의 문화 콘텐츠를 제공함으로서 올바른 국가 정체성 형성에 기여한다. 미국의 언론기업은 민주주의의 핵심인 이 역할을 민간기업에 위탁한 모델이며 이들 기업이 사업적으로 성공할 수 있도록 정부는 제도적 지원을 아끼지 않았고, 언론의 자유를 법으로 보장했다. 그러나 극소수 기업에 의한 미디어(특히 언론)의 독점이 가속화됨에 따라 정부와 기업 등 광고주의 이해가 공공이익에 우선되거나 공정한 경쟁이 사라짐에 따라 혁신이 지체되고 가격 인상 등 서비스가 악화될 수 있다는 데 대한 우려가 커지고 있다. 또 자기 계열사에 속한 기업은 물론 다른 기업체에 대한 환경 감시가 소홀해지고 국제뉴스나 기획뉴스처럼 많은 비용이 드는 뉴스의 비중은 줄어들고 있다. 더구나 대중의 취향에 영합하는 쉽고 재미있고 자극적인 뉴스가 범람함에 따라 시민의 정치 무관심을 부추긴다는 우려도 크다.

## 2) 외환위기와 국내 언론의 기업화

국내에서도 신문사의 소유와 경영은 민간에 의해 이뤄졌고 광고비와 구독료가 주요 수익원이었다. 하지만 미국, 일본, 유럽 국가와 달리 한국의 신문사들은 공중파 방송에 진출하거나 다른 신문사를 복수로 소유할 수 없었다. 1990년 첫 상업방송인 SBS가 등장하긴 했지만 KBS와 MBC는 여전히 공영방송 체제며 정부는 인사권 등을 통해 경영에 깊이 관여하고 있다. 정부정책에 의해 철저하게 통제되어온 국내 언론사들은 경제적 이윤보다는 정치적 영향력 행사를 위해 운영되는 경우가 많았고 소유의 집중 같은 문제는 발생하지 않았다. 그 대신 대기업에 소속되어 있거나 특정 집안 (즉, 사주)에 속해 있는 경우, 경영진과 기자들 사이에 편집의 자율성을 둘러싼 알력이 있곤 했다.[4]

그러나 1997년 외환위기를 계기로 국내에서도 본격적으로 언론기업의 시대가 열리게 됐다. 위기 직후였던 1998년 재벌기업의 계열사였던 ≪문화일보≫와 ≪경향신문≫이 그룹의 구조조정으로 매각되어 사원 주주제 회사로 바뀌었고 부채비율이 너무 높은 신문사에 대한 금융기관의 지원도 급격히 줄었다. 국내 언론사의 기업화는 외환위기에서 벗어난 1999년 이후 본격화됐다. 1999년 삼성그룹에서 공식적으로 독립한 이후 ≪중앙일보≫는 신문을 중심으로 케이블 방송, 인터넷 매체, 매거진, 출판사 등을 아우르는 언론기업으로 전환했다. 2000년 이후에는 ≪오마이뉴스≫, ≪프레시안≫과 같은 종합지 성격의 온라인 매체는 물론, 금융과 경제정보에 특화된 ≪머니투데이≫와 ≪이데일리≫ 등이 속속 등장했다. 그러나 신문 구독률과 인쇄 광고의 지속적인 감소, 인터넷의 등장에 따른 대안 정보채널의 급격한 증가, 전통적 신문사에 대한 신뢰도 하락 등 국내 언론기업이 직면하고 있는 도전은 그 어느 때보다 심각하다. 다른 국가에 비해 영세한 규모에 머물고 있는 국내 언론기업(특히 신문사)들은 이에 부대수익 사업을 찾거나, 경제면을 확장하거나, 온라인 광고시장을 공략하는 등 다양한 시도를 하고 있다.

외환위기 직후 국내 언론은 정부와 대기업에 대한 감시기능을 제대로 하지 못했다는 비판을 받았다(제정임, 2002). 재벌의 계열사로서 당연히 재벌의 문제점을 비판할 수 없었고 정치권과 유착관계를 형성한 상황에서 정부의 정책

---

[4] 언론사의 사주는 인사권과 예산권을 통제함으로써 편집의 방향과 기사의 내용에 간섭한다. 김광원(2009)은 기자들의 직접투표를 통해 편집국장을 선출하는 언론사가 기업 관련 비리를 더 많이 다루고 정부정책에 대해서도 비판적이었다고 말한다.

을 제대로 감시하지 못했다는 지적이었다. 그러나 국내 언론은 그 이후 기업으로서 살아남기 위해 최대 광고주인 정부와 대기업에 더욱 의존할 수밖에 없는 상황에 내몰렸다. 인쇄매체의 광고는 줄고 온라인 광고가 증가하는 상황에서 방문자 수를 늘리기 위한 경쟁으로 좀 더 자극적이고 선정적이며 흥미 위주의 뉴스가 확대되고 있다. 또 중산층과 고학력자 등 핵심 독자층을 위한 맞춤형 뉴스가 늘었고, 그중에서도 주식, 부동산 및 소비자 금융을 주로 다루는 금융·경제면이 비대칭적으로 증가했다. 그로 인해 정부와 대기업 같은 광고주에 대한 비판적 기사는 위축되고 분석과 해설기능이 약화됐으며 국내외에서 일어나는 중요한 경제적 이슈는 다루지 못하고 있다(김광원, 2009; 김성해, 2009). 재벌과 일부 대형 언론사에 의해 여론이 좌우되고 정치적 의견의 다양성이 침해될 것이라는 우려에도 신문사가 방송에 진출하는 것을 허용하기로 한 신문법이 통과된 것은 이런 경제적 배경과 무관하지 않다.

### 3. 금융·경제·비즈니스 뉴스의 어제와 오늘[5]

경제보도는 경제지표의 변화, 증권과 각 기업의 동향, 아파트 시세나 가격 동향 그리고 시장의 물가정보와 같은 경제적 환경의 변화를 감시하는 한편, 국민이 국가적 현안과 경제정책 같은 복잡한 문제를 제대로 이해하고 이를 통해 올바른 여론을 형성하도록 돕고 그 여론을 수렴하는 기능을 수행한다. 또 경제보도는 아파트 가격, 농수산물 시세, 경제정책 및 경제지수 등과 같은 어려운 경제현상을 설명해주는 교과서로 기능하기도 하며 국내와 외국의 각종 시장정보와 경제정책의 동향을 신속하고 정확하게 전달해 자원의 효율적 배

---

[5] 이 절은 김성해·안병억(2007)이 쓴 『글로벌 시대, 금융 저널리즘의 이해』의 내용을 부분적으로 발췌·재구성한 것이다. 이 절에서 경제뉴스는 금융, 무역, 산업 등 경제 관련 뉴스를 모두 포괄하는 개념으로 사용된다.

분을 전제로 하는 자유주의적 시장경제의 원활한 작동을 돕는다(김승현·김균, 1997).

1) 국내 경제 전문 언론매체의 이해

뉴스 비즈니스는 종이신문이라는 17세기의 뉴 미디어를 통해 시작됐으며 그 이후 텔레비전, 라디오, 케이블 방송, PC 통신 및 인터넷 등 새로운 매체를 통해 꾸준히 진화해왔다. 유럽에서는 근대 산업혁명 이후 급성장한 중산층의 정치적 수요를 충족시키기 위해 뉴스사업이 발달했지만, 미국에서 이 사업은 주 인쇄업자(publisher)가 주도했고, 이들은 광고를 팔기 위해 곡물을 포함한 주요 상품의 가격동향과 소비자들의 흥미를 끌 수 있는 갖가지 일화를 소개했다. 캐리(Carey, 1997)는 이런 이유에서 일간지의 등장은 시장의 소식을 매일 전해야 하는 필요성과 무관하지 않았고 ≪월스트리트 저널≫처럼 채권소식, 시장상황, 물가동향 등을 주로 전달한 경제매체가 미국 언론의 전형이라고 말하기도 한다. 한국에서 경제뉴스가 어떤 역사적 과정을 거쳐 성장해왔으며 왜 경제뉴스를 소비하고 경제뉴스가 다른 뉴스와 다른 점은 무엇인가를 확인해보자.

국내에서 경제신문이란 호칭은 1946년 해방 직후 발행되어 1950년 ≪대구매일신문≫으로 개정됐던 ≪남선경제신문≫이 처음 사용한 것으로 알려진다. 그러나 경제뉴스가 전문적인 영역으로 취급되기 시작한 시점은 ≪서울경제신문≫, ≪한국경제신문≫ 및 ≪매일경제신문≫ 등이 발행된 1960년대 초중반으로 보는 시각이 유력하다. 물론 당시 경제뉴스의 호황은 4·19 이후의 정치적 상황에서 유래한 바가 컸으며 국내에서 국민경제의 본격적인 활성화, 민간기업과 금융시장의 성장 및 경제·금융·시장정보에 대한 사회적 수요의 증가와는 비교적 무관했다. 국내에서 경제뉴스는 1960년대의 태동기, 1970년대 국제보도의 확대를 통한 1차 변혁기, 1987년 민주화와 1990년 냉전 이후의 2차 변혁기, 1997년 외환위기를 전후로 한 질적 변화기(즉, 탐사보도 기능의 강화), 2000년대 이후 직접 금융시장의 활성화 시기 및 글로벌 시장 편입에 따른 도약기를 통해 이해할 수 있다.[6]

경제뉴스의 효시로 알려진 ≪서울경제신문≫은 1960년 8월 한국은행 부총재를 역임했고 서울경제연구소 회원으로 참가했던 장기영이 창간했다. 당시 ≪서울경제신문≫은 '경제의 안정과 부흥을 통한 국민경제의 자립화, 경제에 대한 국민의 인식 제고 및 국민경제의 옹호자면서 동시에 선도자'를 그 목표로 내세웠으며 '국가경제의 발전'이라는 당시 경제 엘리트들의 시대적 과제가 반영되어 있었다. 그러나 국내 경제뉴스의 주요 목적이 경제정책의 홍보, 우호적 여론의 형성, 기업 발전을 위한 정보 제공 및 국민의 경제교육이 된 배경에는 1961년 5·16 군사혁명과 뒤이은 박정희 정권의 '수출제일주의'와 '공업입국'과 같은 정책이 있었다.

1970년대 국제적인 경기침체, 인플레이션 및 원유를 포함한 원자재 가격의 폭등과 같은 외부적 도전은 국내에서 경제뉴스의 영역을 확장시키는 계기로 작용했다. 1973년 9월 한국무역협회는 이런 배경에서 ≪일간내외경제≫ 창간을 통해 '국가적·시대적 요청에 부응해 더욱 풍부하고 정확한 해외 산업 정보를 제공함으로써 우리 경제의 난국 타개에 일익이 될 것'을 목표로 내세우게 된다. 해외 경제정보를 확보하기 위해 이 신문은 대규모의 외신 팀을 구성하는 한편, AFP(Agence France Presse), 로이터, AP-DJ(Dow Jones) 등과 특별 계약을 맺기도 했다.

---

[6] 외환위기 이전 한국의 은행 시스템은 일반 국민의 장기저축을 바탕으로 정부가 정한 산업정책에 따라 은행이 기업에게 자금을 조달해주는 '간접금융' 방식이었다. 외환위기 이후 소비자 금융으로 전환한 은행에서 기업이 자금을 조달할 길은 거의 없었고 기업은 주식 또는 채권발행을 통해 금융시장에서 자금을 '직접' 조달해야 했다(직접금융). 외환위기 이후 외국인의 국내 주식시장 투자 제한이 없어짐에 따라 유가 증권시장은 크게 확대됐고 정기예금이 사라진 상황에서 국민은 직접 주식투자를 통해 재테크를 하게 된다.

1970년대 후반과 1980년 초반은 정부에 의한 적극적인 증권시장 육성정책, 시중 은행의 민영화 및 금융규제 완화 등에 따라 증권시장에 대한 국민들의 관심이 확대되는 시기였다. 1979년 등장한 ≪매경 이코노미≫(당시 ≪주간매경≫)는 이에 따라 국내에서 최초로 경제뉴스에 '증권면'을 포함시키기 시작했다. 종합지였던 ≪중앙일보≫ 역시 1984년 ≪이코노미스트(The Economist)≫ 한국판을 발행했고 그 목표로 국내외 경제정보에 대한 심층 해설, 분석 및 신속한 정보 제공을 목표로 내세웠다. 1980년대 후반 처음으로 한국은 무역수지 흑자를 기록했고 노태우 대통령의 6·29선언 등 민주화의 바람을 타고 경제뉴스는 짧은 도약기를 맞게 된다. 1988년에는 ≪제일경제신문≫과 ≪서울경제신문≫이 복간됐고, 1989년에는 ≪내외경제신문≫, 1995년에는 ≪한경 비즈니스≫가 등장했다. 그러나 1994년 선진국경제협력회의(OECD) 가입, 자본시장 자유화, 외국인에 대한 주식시장 개방 및 국제수지흑자 가속화 등을 계기로 활성화되기 시작한 경제뉴스 시장은 1997년 외환위기와 뒤따른 구조조정 및 광고시장의 침체로 심각하게 위축된다.

　국내에서 경제뉴스가 본격적으로 성장하게 된 시기는 1998년 이후였다. 외환위기로 국민은 그 어느 때보다 경제와 재테크에 관심을 가질 수밖에 없었고 경영난에 몰린 언론사 입장에서도 경제뉴스는 수익을 실현하는 데 가장 유리한 분야였다. 2000년 이후에는 온라인에 기반을 둔 ≪머니 투데이≫와 ≪이데일리≫ 같은 경제 전문 매체도 꾸준히 등장했다. 그리고 이들은 과거 경제지와 달리 그 목표를 '실시간 투자뉴스로서 주식실황, 종목뉴스, 투자전략 등 투자에 관한 모든 뉴스를 전달하는 것' 또는 '국내외의 경제, 금융, 증권, 기업 기타 가치 있는 뉴스와 정보를 빠르고 정확하며 차별 없이 제공하는 것'이라고 밝혔다. 그 이후에도 소비자 금융과 재테크 중심의 경제뉴스는 지속적으로 성장했으며, 2007년에만 ≪매경머니≫, ≪스마트 머니≫, ≪보험매일≫, ≪웰스 다이제스트≫, ≪머니위크≫, ≪일요경제≫ 및 ≪굿머니≫ 등이 창간됐다. 경제뉴스 시장은 인쇄매체를 넘어 케이블 방송으로도 확장됐고, 2009년 현재 MBN(매일경제TV)을 포함해 한국경제TV, E토마토, 이데일리TV, 비즈니스앤(Business&), 머니 투데이방송(MTN), 서울경제TV(SEN) 등이 참가하고 있다. 그렇다면 언론에서 경제뉴스는 실제 중요하게 다뤄지고 국민에게도 중요한 주제로 인식되고 있을까?

### 2) 경제뉴스 수용자 이해

김위근(2007)의 연구에 따르면 2006년 기준으로 국내 주요 신문사에서 경제뉴스가 차지하는 비중은 18%로 사회(22.6)보다는 적지만 정치(13.3), 생활/문화(11.3), 스포츠/연예(11.1), 국제(9.9), 남북/북핵(3.6), 의료/과학(2.8)보다도 더 높다. 신문의 1면 기사와 사설을 기준으로 했을 때 경제뉴스의 비중은 18.4%와 23.8%로 사회나 생활문화보다 더 많이 다뤄지고 있는 것으로 밝혀졌다. 안수찬과 동료들(2006)에 의해 진행된 연구에서도 신문에서 경제뉴스의 비중은 17.0%로 정치(13.9)와 생활문화(13.4)보다 높았으며 방송과 온라인에서도 그 비중은 각각 10.8%와 10.6%에 달했다. 외환위기를 계기로 경제뉴스의 내용도 변했다. 즉, 외환위기 이후 경제정책과 거시경제 뉴스는 줄고 '부동산 시세, 주식, 금융 등 수용자의 재테크 정보 및 가사 소비, 레저, 자동차 등 생활양식(Life Style) 기사, 정보통신/벤처'에 관한 기사가 큰 폭으로 증가했다.

경제뉴스가 증가한 것과 더불어 국민의 경제뉴스에 대한 수요도 증가했다. 황용석(1999)의 조사에 의하면 경제면에 대한 관심은 스포츠면과 정치면보다 높았고 특히 외환위기 이후 경제면에 대한 관심이 '매우 늘었다'와 '늘었다'의 비중은 각각 11.6%와 52.0% 증가했다. 연령과 직업과 무관하게 국민들은 공통적으로 '경제정책, 금융, 국제경제, 주식, 창업 및 대기업 활동' 등에 높은 관심을 보였다. 직장인이 더 필요로 하는 기사에도 '경제정책, 정보통신/인터넷, 창업, 부동산, 금융' 등을 꼽는 사람이 많았다. 유선영 외(2006)의 조사에서도 국민이 관심 있게 보는 기사 유형에는 '사회, 경제, 스포츠 및 정치기사'가 포함됐고 특히 경제뉴스는 화이트칼라와 자영업자, 교육수준과 소득수준이 높은 30대 이상의 남자들이 선호하는 것으로 밝혀졌다. 마지막으로 경제뉴스가 다른 뉴스와 다른 점은 무엇인지 살펴보자.

### 3) 경제뉴스의 특성

경제뉴스는 국제, 사회, 정치, 환경, 과학, IT뉴스 등과 구분되어 나타난다. 그러나 경제뉴스는 다른 뉴스와 마찬가지로 '일반 국민 또는 독자에게 자신의 삶에 영향을 미치거나 관심이 있는 분야에 대한 종합적이고 정돈된 형태의 대중적 정보'로 기능한다. 또 경제뉴스에는 '공정한 경쟁과 시장질서의 유지 및 경제적 안정'을 해칠 수 있는 외부적 환경에 대한 감시기능이 포함되어 있다. 그리고 국내외에서 벌어지는 경제적 이슈와 경제정책의 변화에 대해 독자 또는 국민을 교육하고 새로운 변화에 대응하도록 돕는 교육기능도 있다. 그러나 다른 뉴스와 구분할 수 있는 경제뉴스만의 특성도 있다.

첫째, 경제뉴스의 경우 반론 제기 또는 수정이 불가능하기 때문에 아주 엄격한 '정확성'과 '사실성'이 요구된다는 점이다. 물론 정치, 과학 및 문화 저널리즘에서도 '정확성'은 꼭 지켜져야 한다. 그러나 잘못된 정보일 경우 정정할 수 있는 시간이 있는 일반 뉴스와 달리, 경제뉴스에서 '정보의 부정확성, 오보 및 왜곡'은 시장에서 곧바로 반영되어 손실을 회복할 수 있는 기회가 거의 없다. 2008년 가을에 유동성 위기가 우려된다는 보도가 나간 직후 대림산업의 주가는 폭락했고 그 후에도 하이닉스, 두산, 금호 및 STX 등이 언론보도의 피해를 입었지만 보상받을 길은 없었다. 경제 저널리즘 분야로 전문 대학원 과정을 개설하고 있는 미국의 컬럼비아 대학교(Columbia University), 뉴욕 대학교(New York University)와 UC버클리 대학교(University of California, Berkeley) 등에서는 이런 이유로 '부정확한' 자료를 인용한 보고서는 무조건 낙제점을 주는 것으로 알려져 있다(김성해, 2007).

둘째, 경제뉴스는 그 영향력이 '직접적'이고 극히 '단기간'에 전달될 뿐만 아니라 '집단적'인 양상을 띤다는 특성이 있다. 글로벌 자본시장의 발달과 인터넷의 등장으로 모든 정보는 '동시'에 전달되며 그에 따른 반응도 '순식간'에 현실화된다. 미국 다우존스 주식시장의 폭락 소식은 다음 날 아침, 미처 시장 참여자들이 인식하기도 전에 한국 증시의 폭락으로 이어지고 특정 기업의 금전적 손실에 대한 정보는 곧바로 주식시장을 통해 반영된다. 즉, 다른 뉴스와 달리 경제뉴스의 효과는 금융시장을 통해 '지속적'으로 실현되며 정부와 기업체의 홍보전략도 실시간으로 이뤄져야 한다. 경제뉴스의 이러한 특성으로 금융시장에는 지나친 낙관과 비관이 공존하는 극도의 '불안정성'이 일상적으로 벌어진다. 2009년 기준으로 전체 국민경제에서 수출과 수입이 차지하는 비중(대외 의존도)이 90%가 넘고, 외환위기 이후 글로벌 금융시장에 깊이 편입된 한국 경제가 외신의 보도에 유독 민감한 것은 이런 이유에서다(심재철 외, 2009).

셋째, 경제뉴스가 이러한 영향력을 갖게 되는 것은 '금융, 경제 및 비즈니스' 영역이 비교적 전문적인 지식을 요구할 뿐만 아니라, 이들 분야에 대한 정보가 수용자의 자율적인 해석이 상당히 제약되는 '닫힌 텍스트(closed text)'라는 특성에서 비롯된다. 즉, 경제뉴스는 일기예보나 교통정보와 같은 사실 중심의 정보로 인식됨으로서, 전후좌우 맥락을 통해 전체적인 그림이 전달되지 않을 경우 합리적이고 건전한 판단을 크게 저해할 수 있다. 예를 들어 특정 기업의 수익악화가 신규투자에 의한 것이라거나 또는 원-달러 환율의 급격한 상승이 정부의 개입 또는 일시적 자금수요에 의한 것이라는 분석이 없는 상황에서 주어진 정보는 그 자체로 전혀 잘못된 투자 행위 또는 정책을 부추길 수 있다. 경제뉴스가 '객관적이고 중립적인 기술적 정보'라는 인식은 또한 이 분야가 특히 친기업적·친시장적·친자본주의적 이념적 편견으로부터 자유롭지 않다는 점을 간과하게 만든다. 하지만 최근 ≪파이낸셜 타임스≫와 ≪월스트리트 저널≫과 같은 외국계 금융 전문매체가 외국계 기업은 물론 해당 국가의 이익에 대한 '편견'이 있다는 점은 거듭 지적되고 있다(심재철 외, 2009).

넷째, 금전적 이해관계와 직결되어 있는 경제뉴스의 특성으로 이익의 충돌이 발생할 개연성이 높다. 즉, 경제뉴스는 다른 뉴스와 달리 '정보'를 제공하고 그 대가로 '광고'를 파는 영업전략보다는 정보 그 자체를 통해 수익을 실현하려는 욕망에서 자유롭지 않다. 예를 들어 특정 벤처기업이 주식을 공개하려 할 경우, 특정 기업체의 임원이 기업의 이미지를 제고하기 위해 캠페인을 벌일 경우, 경쟁사와 다른 신제품을 개발한 경우 등에 언론은 '이익 실현자'가 될 수 있다. 또한 정부의 경제정책, 개별 기업의 투자전략 및 다양한 형태의 '내부자 정보'에 더 쉽게 접근할 수 있는 경제보도 담당자들의 경우 '사적 이익과 공적 이익' 간의 충돌은 쉽게 예상된다. 실제 산업부에 근무하는 기자는 관련 업체로부터 각종 편의를 제공받는 경우가 많고 언론사는 주로 산업부에 출입하는 기자를 통해 광고주인 기업체를 관리하기도 한다. 언론이 주로 인용하는 금융시장의 전문가들 역시 자기 회사의 입장과 투자전략에 따라 제약을 받는다.

마지막으로 정부와 기업이라는 광고주를 대상으로 하기 때문에 이들과 '공생관계'가 형성되며 이로 인해 이들에 대한 비판기능이 제약된다는 점도 특징이다(제정임·이봉수, 2007). 즉, 핵심 정보원이 기업체의 홍보 담당자 및 금융시장 전문가인 현실에서 취재원과 안정적인 관계를 유지하면서 동시에 '환경감시' 기능을 수행하는 데는 근본적인 제약이 따른다. 또한 이 분야가 비교적 '전문 영역'으로 분류되기 때문에 일정한 기간 이상의 훈련이나 전문성이 확보되지 않은 상황에서 특정 정책, 기업 재무제표 및 산업동향 등에 대한 '비판적' 접근은 한계가 있다. 이로 인해 경제보도는 주로 정부, 기업 및 금융시장 전문가에 의해 제공되는 '보도자료'를 포함해 취재원에 지나치게 의존적이라는 비판을 받곤 한다.

## 4. 공론장, 시장, 그리고 대내외 경제정책

정책 담당자가 경제정책을 결정할 때는 정치적 문제, 행정적 효율성 및 관련된 이해 관계자 등 다양한 사항을 고려해야 한다. 이런 상황에서 언론이 신속하고 정확하게 국민에게 보도하고 그에 따라 즉각적으로 국민여론이 형성되면 정책 담당자가 국가이익과 국민이익을 생각하지 않을 수가 없다. 국민을 계속 설득할 수밖에 없는 것이다. 그럴 경우 좀 더 공정하고 국민을 위한 정책이 될 가능성이 높다. 그러나 언론이 너무 빠르게 정책의도와 다른 내용으로 보도할 경우 여론의 역풍을 맞는 경우가 있다. 교섭과 협상이 끝나지도 않았는데 보도로 인해 협상 대상국에 정부의 속내가 드러나버리는 경우가 생긴다. 정부가 국민여론에 따라 움직이는 것이 반드시 바람직한 교섭 방식은 아니라고 본다. 국민이 정확한 정보를 갖지 않은 상황에서는 언론이 조금 자제하는 것이 필요하다(국책 연구원 A 인터뷰, 김성해, 2008).

흔히 경제는 인간이 간섭할 수 없는 구조에 의해 움직이거나 '보이지 않는 손(invisible hand)'을 통해 자동적으로 조절된다고 알려진다. 사회과학 분야 중에서 유독 경제학에서 '수요와 공급의 법칙, 한계효용 체감의 법칙, 이윤율 평등화 법칙' 등 법칙(law)이 많이 사용되는 것은 이런 통념과 관련이 있다.[7] 하지만 영국의 저명한 경제학자 케인스(John Keynes)는 '장기적으로 우린 모두 죽는다'라는 말로 경기침체나 불황을 조절하기 위한 국가의 개입을 주장했고 이를 토대로 자본주의는 주기적인 공황의 공포에서 벗어났다. 보이지 않는 손에 의해 조화를 이루는 것처럼 보이는 시장(market)의 기저에는 공정하고 정당한 거

---

[7] 한계효용 체감의 법칙은 목마를 때 처음 마시는 물에 비해 갈증이 해소된 이후에 마시는 물의 '효용성'이 처음보다 낮아질 수밖에 없다는 것을 말한다. 또 이윤율 평등화 법칙은 장사가 안되는 업종에서 잘되는 업종으로 자본가가 이동하기 때문에 궁극적으로 이윤율 차이가 줄어드는 것을 의미한다.

래가 무엇인지, 부당한 방법으로 이익을 취했을 때 어떤 벌칙을 받아야 하는지, 그리고 쓰레기 발생과 같은 시장 외부효과에 대한 비용을 어떻게 처리할지에 대한 '문화적·법적·제도적' 장치가 있다. 즉, 경제는 정치나 문화와 유기적으로 엮여 있을 뿐만 아니라 인간의 개입을 통해 끊임없이 변화한다. 그리고 언론이 여론을 통해 정치에 직접 관여하는 것처럼 경제에서 언론은 '공론장' 운영과 '시장'에 대한 해석을 통해 정치적 결정에 영향을 미친다.

권위주의 정부 시절, 국민의 경제적 이해관계와 밀접한 연관을 가진 대내외 경제정책은 주로 소수의 정책 담당자에 의해 결정됐으며 언론은 국민을 대상으로 이 정책을 홍보하거나 교육하는 역할을 했다. 그러나 민주화가 이뤄진 현재 공공의 이해와 관련된 정책은 더 이상 밀실에서 결정될 수 없고 국민의 우호적인 여론을 얻지 못하는 정책은 성공할 수도 없다. 물론 국민이 모든 정책에 관심을 갖고 있는 것도 아니고 모든 정책이 투명하게 국민의 '토론, 합의 및 평가'의 대상이 되어야 한다는 것도 비현실적이다. 그렇지만 '아시아공동기금, 한미 FTA, 4대강 사업, 외환정책' 등 과거에는 크게 부각되지 않았던 정책도 이제는 국민이 직접 참여할 수 있는 '공공영역'으로 넘어왔다. 그리고 이 과정에서 언론은 '공론장'을 제공하는 한편, 여론 형성에 깊숙이 관여하고 있다.

1) 대내외 경제정책과 공론장

하버마스(Jürgen Habermas)에 의해 널리 알려진 공론장은 처음 살롱과 커피하우스처럼 여행자들이 정보를 공유하고 토론하는 장소를 의미했다. 그러나 오늘날 모든 공중이 참석할 수 있는 물리적인 공간은 불가능하며 정보의 홍수 속에서 신뢰할 수 있는 정보를 일반 국민의 눈높이에 맞는 '공공지식(public knowledge)'의 형태로 제공하는 기관은 많지 않다. 국민은 이런 이유에서 전문적인 직업윤리를 바탕으로 집단적으로 작업함으로써 법의 보호를 받는 언론에 주목한다. 그리고 공론장을 통해 언론이 다음과 같은 역할을 담당해줄 것을 기대한다.

첫째, 공동체의 구성원이라면 누구라도 언론이 운영하는 이 광장에 대한 접근이 '제약'되어 있지 않으면서 '자유의지'에 따라 드나들 수 있어야 한다. 즉, 이 광장에서는 구성원 중 누구라도 사회적·경제적 지위나 정치적·종교적 신념 등에 따라 차별받아서는 안 되며, 누구나 자유롭게 말할 수 있고 그 의견은 정당한 대접을 받을 수 있어야 한다. 만약 정치인이나 기업인처럼 상대적으로 힘 있는 집단만이 이 광장에 출입할 수 있고 자신의 '의견'을 말할 수 있으며 이것이 나머지 구성원에게 일방적으로 전달되기만 한다면 공공의 이익은 침해될 수밖에 없다. 그러나 현실적으로 언론에 접속할 수 있는 사람은 권력이 있거나 경제적으로 여유가 있는 계층 또는 지역의 사람일 가능성이 높다. 실제 국내 언론에서 경제관료, 기업인, 경제학자, 경제단체와 투자 전문가 등은 언론에 너무 많이 등장하는 반면, 노동자, 중소상인, 일반 시민의 발언권은 구조적으로 제약을 받는다. 언론은 이에 따라 경제적 약자의 입장을 반영하고 또 필요한 경우 이들의 시각을 대신 전달할 수 있어야 한다.

둘째, 여기서 논의되는 '의제'나 공유되는 경험은 공동체와 직·간접적인 '관련성'을 가지는 동시에 '중요성'과 '시의성'을 가져야 한다. 즉, 특정 정치집단, 경제집단 또는 이익집단만의 의제가 아닌 공동체의 이해관계와 관련된 '공공의 이슈'일 필요가 있다. 의제설정 이론(agenda-setting)에서 주장하듯 언론이 중요하다고 생각하는 의제는 국민에게도 중요하게 인식되고 궁극적으로 우리 사회가 우선적으로 해결해야 할 과제로 결정될 가능성이 높다. 또 정부의 경제적 우선 과제 역시 대기업, 강남 부유층, 글로벌 금융기관 같은 경제력을 장악한 집단에 의해 영향을 받을 가능성이 높다. 그로 인해 100만 명에 달하는 청년 실업자와 전체 노동인구의 50%가 넘는 비정규직이 존재하는 데도 '강남 부동산 재개발'이나 '4대강 사업' 등이 국가적 사업으로 선정된다. 국가이익과 공공이익에 부합하는 의제가 논의될 수 있도록 언론이 노력해야 하는 이유가 여기에 있다.

셋째, 공적 토론을 통한 '합의' 및 이를 통한 '정치적 참여'를 전제하는 이 공론장이 제대로 기능하기 위해서는 '정확하고, 객관적이고, 전후좌우 맥락이 있는' 정보가 필요하다. 거짓정보나 맥락이 없는 정보만으로 특정한 합의에 도달할 경우 '합리적이고 책임 있는 결정'이 이뤄지기 어렵다. 즉, 이 경우 특정한 세력에 유리한 방향으로 합의가 유도될 가능성이 높다. 환율에 대한 언론의 보도가 이를 잘 보여준다. 국내 언론에서 달러 대비 원화가치는 올라도 위기고 내려도 위기다. 원화가 오르는 평가절상의 경우 언론은 수출에 타격을 입기 때문에 경제위기가 우려된다고 말한다. 또 원화가 내리는 평가절하의 경우 외국자본이 한국을 떠나기 때문에 위기상황이라고 주장한다. 그래서 항상 원화가 올라도 내려도 '폭락'이라는 단어를 쓰고 정부의 개입을 요구한다. 물론 국내 언론의 이러한 보도는 수출경기에 따라 경제상황이 좌우되는 한국의 현실과 수출확대를 통해 달러를 벌어야 한다는 현실이 반영된 측면도 있다. 그러나 국내 경제매체 대부분이 최대 광고주인 대기업의 시각을 우선적으로 반영해왔다는 것도 무시할 수 없다. 더구나 원화가격이 높아지면 수입업자와 내수 중심 기업이 그 이익을 누리게 되고 반대로 원화가 낮아지면 수출을 주도하는 대기업에 그 이익이 집중된다는 점도 고려해야 한다.

넷째, 공적 숙의는 특정 집단이나 세력이 '권위, 권력 또는 관습' 등을 통해 다른 의견을 부당하게 억압하지 않는 가운데 가능하다. 즉, 구성원 간의 합의가 '권력이나 관습' 또는 '감정적 호소'가 아닌 '논리와 증거를 통한 토론'에 의해 이뤄져야 한다는 말이다. 만약 권력집단이 자신의 권력을 이용해 다른 구성원의 '합리적 지적과 비판'을 억압하거나 특정 집단이 '전통이나 관례'를 내세워 이를 막을 경우 이 광장은 제대로 기능할 수 없다. 더구나 공동체의 이익을 수호한다는 이유로 '정당한 비판'이나 '대안적인 시각'이 억압되고 그 결과 구성원이 집단사고에 빠지게 될 경우에도 공론장의 장점은 퇴색하기 마련이다. 최근 논란이 된 '미네르바 사건'이 이를 잘 보여준다. 미네르바는 인터넷 경제 대통령이라는 별명을 얻을 만큼 네티즌의 존중을 받았고 익명이었지만 그의 주장은 '논리와 설득력'에 의해 평가받았다. 그러나 그가 고등학교를 졸업한 실업자라는 사실이 알려지자 언론은 앞장서서 그의 입을 막았고 이는 '공정하고 정의로운' 중재자의 역할이 미흡했다는 것을 보여준다.

마지막으로 이 광장을 통해 정부, 언론 또는 국민이 제기한 특정한 정책에 대한 '토론, 합의 및 평가'가 이뤄져야 한다. 한미 FTA와 같은 특정한 의제가 제기된 제1단계에서 언론은 경제적 약자를 포함한 이해 관계자의 다양한 관점을 편견 없이 전달함으로써 공공토론(public deliberation)이 이뤄지도록 해야 한다. 그러나 다수결의 원칙이 적용되는 민주주의 정치체제에서 토론을 무한정 지속할 수는 없으며 언론은 이 단계에서 구성원 간의 '합의'를 이끌어내기 위해 노력하게 된다. 언론은 합의를 따르지 않는 집단에 대한 비판과 감시는 물론 '정책의 목표가 제대로 달성됐는지, 어떤 부작용이 있는지 부작용을 최소화하기 위한 대안은 무엇인지'에 대한 논의 공간을 제공한다. 토론을 통해 이뤄진 합의를 존중하고 정책의 성공을 위해 건설적인 비판을 하기보다는 자신이 지지하는 입장만 시종일관 고수하는 국내 언론은 이 점에서 문제가 있다.

### 2) 금융시장과 여론

공론장의 운영을 넘어 언론은 또 '시장정서(market sentiment)와 투자자 신뢰(investors' credibility)'와 같은 주관적 지표를 평가하고 해석함으로써 경제정책에 개입한다. 경제정책에 관한 여론에 언론이 어떻게 개입하는가를 알기 위해서는 우선 금융시장과 여론조사의 공통점을 이해할 필요가 있다. 첫째, 두 지표 모두 '단기적'인 '쏠림' 현상에 극히 취약하다는 공통점이 있다. 즉, 장기적으로는 실물경제를 반영할 수 있지만 한국과 같이 대외 의존도가 높은 상황에서 금융시장은 외부의 투기적 세력에 의해 주기적인 공황과 투기의 대상이 된다. 마찬가지로 궁극적으로는 국민의 진정한 여론을 반영하는 여론조사에도 단기적으로는 극단적인 쏠림현상이 있다.

둘째, 일상적인 정보의 불균형이 존재한다는 점도 공통적이다. 금융시장에서 정보는 참여자 사이에 불균등하게 분배되어 있으며 많은 정보를 소유한 쪽이 이익을 실현하는 데 유리하다. 동일한 관점으로 필요한 정보가 제대로 주어지지 않은 상황에서 익명으로 진행되는 여론조사의 특성은 신빙성을 떨어뜨리는 경우가 많다.[8]

셋째, 특정 세력이 유리한 환경을 조성한 다음 조직적으로 개입할 경우 '왜곡'된 여론이 형성될 수 있다는 점도 지적할 수 있다. 국제투기자금(핫머니)의 공격으로 영국의 파운드화가 폭락한 것이라든가 아시아 국가의 통화가 비정상적으로 하락한 경우가 여기에 해당한다. 일상적인 여론조사에서도 이런 현상은 자주 발견된다. 예를 들어 ≪조선일보≫와 ≪한겨레≫가 실시한 여론조사의 결과가 정반대로 나온다거나 특정인에 대한 여론재판이 가능해지는 것이 이와 유사한 현상이다. 마지막으로 이런 단점에도 둘 다 '합리적인 대중의 집단적 자각의 결과', 즉 '진정한 여론'으로 오용되기 쉽다는 특징이 있다. 그로 인해 주식과 환율의 등락은 곧잘 보이지 않는 손에 의해 결정되는 실질적인 '여론'으로 둔갑하는 경우가 많다.

2008년 가을 9월 위기설과 관련한 보도를 통해 이를 좀 더 자세히 살펴보자. 2008년 9월의 '위기설'은 외국인의 채권만기가 9월에 집중되어 있는 상황에서 외국인이 일시에 자금을 빼 나갈 경우 국내 주식과 외환시장이 붕괴

---

[8] 주식 내부자 거래의 경우가 여기에 해당한다. 특정 회사의 내부정보를 알고 있는 주주와 기관 투자자 등은 신기술 개발과 같은 호재와 대규모 적자와 같은 악재를 먼저 알 수 있다. 이 경우 시장에서 주식을 매입하거나 앞서 주식을 매도함으로써 이익을 실현할 수 있다. 여론조사는 단순히 의견만을 묻는 경우가 대부분으로 특정 사안에 대한 지식이 있는지 없는지를 확인할 수 없다. 그 결과, 언론 등을 통해 드러난 일부 사실로 의견을 형성할 가능성이 높고 이는 진정한 의미의 '평가'와는 거리가 멀다. 미국의 레이건 대통령 등이 여론조사에 따라 정치를 하면 1년도 지나지 않아 미국은 망하고 말 것이라고 우려한 것도 이 때문이다.

될 수 있다는 주장이었다. 8월 말까지만 해도 비교적 평온하던 금융시장은 9월에 접어들어 급락하기 시작했고 한국이 제2의 외환위기를 맞을 수 있다는 외신의 부정적 보도도 이어졌다.[9] 다음의 보도들은 금융시장의 불안이 어떤 식으로 정부정책에 대한 부정적인 '여론'으로 해석되는지를 잘 보여준다.

> 9월 위기설을 진화하느라 정부가 진땀을 빼고 있다. 정부는 위기가 과장됐다며 냉정을 찾을 것을 주문했다. 하지만 시장의 반응은 싸늘하기만 하고 정부는 시장에 농락을 당하는 느낌이다. 이러한 정부의 수모는 자처한 것이다. 자신의 잘못을 인정하지 않고 외부 환경을 탓하는 정부로 인해 한국 경제는 투자자 모두로부터 버림을 받는 지경에 이르고 있다(최배근, ≪경향신문≫, 2008. 9. 3).

> 위기설을 잠재우는 근본적인 해법은 땅바닥에 떨어진 정부 신뢰를 회복하는 데서부터 찾아야 한다. 그 첫 단추는 오락가락 환율정책으로 정부실패를 자초하고 시장의 신뢰를 잃은 강만수 장관을 비롯해 정책 라인을 교체하는 일이다. 새 사람으로 새 정책을 일관되게 밀고 나감으로써 잃어버린 신뢰를 되찾아야 한다. 일관된 시그널로 정책예측 가능성을 높여야 한다. 새 라인으로 리더십을 회복해 시장이 안심하고 따르게 해야 한다(김진동, ≪내일신문≫, 2008. 9. 4).

미국산 쇠고기에 대한 문제로 불거진 촛불시위 당시 이명박 정부는 여론에 귀 기울이지 않는 '불통'의 정부로 비판받았고 언론은 이 여론을 무기로 정부

---

[9] 9월 10일 만기가 된 외국인 보유 국고채 5조 6,827억 원어치는 전액 상환됐고 만기를 앞둔 이틀간 외국인은 8,047억 원어치를 순매수했다. 당시 위기설과 관련해 한 언론사는 "지난 1년간 한국인이 잃어버린 자산은 200조 원은 충분히 넘을 것으로 보인다. 그간의 원/달러 환율상승을 고려하면 한국인 재산은 반 토막 이하로 떨어졌다. 달러로 '전환'하면 2009년 한국인은 달러를 쥔 외국인 입장에게 재산을 바겐세일하는 국제 서민이나 다름없다"라고 말하기도 했다(≪머니 투데이≫, 2009. 3. 6).

의 정책 변화를 압박했다. 금융시장에서도 동일한 메커니즘이 작용한다. 미국 월가의 동향에 따라 국내 주식시장이 출렁이는 구조적 문제가 있는 상황에서 국내 경제상황과 정부의 정책은 주변적인 요소였다. 그러나 주식 하락은 외국 투자자의 신뢰상실에 따른 것으로 해석됐고 이 문제를 해결하기 위해서는 정책 담당자를 교체해야 한다는 논리가 만들어졌다.[10]

물론 금융시장은 경제 현실의 반영일 뿐만 아니라 투자자의 집단적인 의사를 집약적으로 표현한다는 측면에서 '여론'으로 볼 수도 있다. 그러나 미국 월가의 주가에 따라 일희일비를 거듭할 뿐만 아니라 '카지노 자본주의'라고 부르는 한국 상황에서 금융시장과 여론을 동일시하는 것은 문제가 많다. 실제 2009년 들어 금융시장이 급속히 안정되었음에도 이를 정부정책에 대한 여론의 지지라고 말하는 언론은 없다. 더구나 외국 투자자의 신뢰를 회복하기 위해서 또는 시장심리를 안정시키기 위해 금리 및 외환정책이 바뀔 경우 국민 다수의 이익은 희생될 수밖에 없다.

## 5. 경제담론과 현실의 재구성

본질적으로 위기는 급진적인 변화를 위한 좋은 계기가 된다. 위기에 직면할 때 지배적인 생각은 흔들리게 되고 기존에 있던 제도적 장치는 통제력을 상실하며 권력층의 현상유지 능력도 도전받는다. 특히 위기담론은 기존의 정치적 담론을 변화시키고 구성원들로 하여금 자신의 이해관계를 재평가하도록 한다. 그러나 변화의 방향과 폭, 속도가 위기에 의해 결정되는 것은 아니며 다만 새로운 변화를 위한 가능성이 열릴 따름이다(Panizza, 2009: 17).

---

10 강만수 장관은 결국 2009년 1월 사표를 제출했고 그 자리를 윤증현 장관이 물려받았다. 그러나 2009년 한국이 다른 국가에 비해 빠른 회복을 보일 수 있었던 것은 당시 정부의 정책이 유효했기 때문이라는 평가가 나오고 있다.

### 1) 경제지식과 권력

자연과학에서 가장 중요한 개념이 '에너지'인 것처럼 사회과학에서 '권력'은 그 무엇보다 중요하다. 흔히 '타인으로 하여금 내가 원하는 것을 하게 만들거나 하지 못하도록 하는 능력'을 권력이라고 말하며 '채찍과 당근'으로 당나귀를 길들이는 것을 생각하면 된다. 그러나 냇가로 끌고 간 당나귀가 물을 마시지 않으려고 할 경우에는 '왜 물을 마셔야 하는지, 물을 마시면 어떤 이로운 점이 있고 그렇지 않으면 어떤 나쁜 결과가 일어날 수 있는지'에 대한 설득이 필요하다. 즉, 이 경우 '타인의 선호도나 의식을 조작함으로써 그·그녀가 자발적이고 능동적으로 나의 이해를 실현하도록 만드는' 3차원적 권력이 요구된다.

군사력 또는 경제력과 달리 '상징권력(symbolic power)'은 눈에 보이지 않고 손으로 만질 수 없는 '문화, 지식, 신념 및 가치' 등을 다룬다. 종교기관, 교육기관과 미디어 등 다양한 상징권력 중에서 특히 언론은, 위에서 지적한 것처럼, 특정 국가에 소속된 구성원이 '지속적·정기적·일상적'으로 접하는 핵심 공론장을 형성한다. 정치체제를 가리지 않고 언론을 자신의 통제권에 두려는 이유는 바로 여기에 있으며 이 광장을 통해 국민은 '무엇이 중요한 의제며, 어떤 주장이 정당하고, 또 누구의 목소리가 더 권위가 있는지'를 알게 된다.

그람시(Antonio Gramsci)에 의해 널리 알려진 헤게모니(hegemony)는 지배적인 국가나 계급이 이러한 상징권력을 통해 '지적·도덕적 리더십'을 행사한다는 의미로 쓰인다. 그렇다면 지적인 설득과 도덕적인 정당성은 어떻게 확보할 수 있는 것일까? 푸코(Michel Foucault)와 사이드(Edward Said)를 통해 소개된 담론(discourse)에 그 열쇠가 있다. 신자유주의 담론, 영어담론, 반일담론 및 발전주의 담론 등에 사용되는 담론은 '논리적인 체계를 가진 세상을 이해하는 방식'을 의미한다. 풀어서 설명하면, 신자유주의 담론은 '신자유주의'라는 구호(slogan)를 정점으로 그 하부에 '자율성, 경쟁, 효율성, 개인주의'라는 가치와 '정부의 규제와 개입이 없을 때 시장은 가장 효율적으로 작동한다'는 특정한 세계관 및 '복지 프로그램의 축소, 긴축재정, 수출확대, 민영화, 외국자본 유치'와 같은 정책을 포함하는 빙산 같은 구조물이라고 생각하면 된다. 그리고 이 담론은 1980년대 미국의 레이거노믹스와 영국의 대처리즘의 경제정책을 정당화하기 위한 필요성에 따라 등장했고 핵심 정책의 일부가 변형된 뒤 외채위기를 당한 남미 국가들의 구조조정에 대한 이론적 근거로 기능하게 된다. 특히 이 담론은 경제정책을 담당하는 기술관료와 학자집단을 포함한 경제 전문가에 의해 생산됐기 때문에 학문적 권위가 있고 국민의 신뢰를 받는 언론에 의해 '정당한 공공지식'으로 유통된다는 점에서 과학적 진실에 반대되는 허위의식을 의미하는 이데올로기와도 구분된다.[11] 외환위기 이후 경제담론을 통해 한국 사회의 변화를 좀 더 자세히 살펴보자.

### 2) 경제뉴스와 담론정치

1997년 국제통화기금(IMF)의 지원을 받은 이후 한국은 사회 시스템을 근본적으로 바꾸는 대수술을 실시했다. 관치금융으로 경제 전반의 부실을 키웠다는 비난에 직면한 정부는 금융권에 대한 간섭을 중지하는 한편 외국 투자자본이 국내 금융시장에 자유롭게 진출할 수 있도록 각종 규제를 없앴다. 족벌 자본주의(crony capitalism)의 주범으로 비판받은 재벌도 부채비율 축소, 사외 이사제 도입, 교차소유 폐지 및 배당확대 등의 개혁을 실시했다. 전투적인 노동운동으로 해외 투자자의 불신을 조장한다는 비판에 따라 노동조합 역시 정리 해고제와 파견 근로제 등에 합의했다. 일반 국민 역시 정년축소, 비정규직 도입과 사회보장 축소 등을 받아들였다. 당시 김대중 정부의 주도로 진행된 이러한 국가적 구조전환 과정에서 국민은 비교적 '자발적이고 능동적'으

---

11 경제담론의 생산과 유통 및 이를 통한 미국 헤게모니에 대해 좀 더 자세한 내용을 얻으려면 홍성민의 『지식과 국제정치』 및 드잘레이(Yves Dezalay) 등이 쓴 『궁정전투의 국제화』를 참고.

로 협력했을 뿐만 아니라 이 변화를 더 나은 미래를 위한 불가피한 고통으로 받아들였다. 그러나 외환위기 이전만 하더라도 이러한 조치는 국민의 완강한 저항에 부딪혀 제대로 집행되지 못했다. 그렇다면 정부, 기업, 노동조합과 일반 국민 모두가 어제까지 그토록 반대하던 많은 조치를 받아들이고 나아가 묵묵히 협조하게 된 이유는 무엇일까?

당시 변화가 한국의 자발적 선택이 아니라 IMF와 미국의 강제에 의한 것이라는 설명이 있다. 그러나 2001년 8월 한국 정부는 IMF 관리체제에서 졸업했고 그 이후에도 구조조정에 대한 국민의 지지는 약화되지 않았다. 정권을 잡은 김대중 정부와 기득권의 대중 정보 캠페인에 의해 국민이 설득당했다는 주장도 가능하다. 하지만 당시 구조조정은 김대중 정부의 정치적 지지자인 중소기업과 노동조합에게 더 많은 희생을 요구했고 관료집단과 경제 엘리트도 많은 타격을 입었다. 그래서 언론을 통해 중재된 경제담론을 통해 지적·도덕적 설득이 일어났다는 설명이 가능하다.

멀쩡하던 사람이 갑자기 쓰러지면 제일 먼저 의사를 찾게 된다. 의사는 병의 원인을 진단하고 그에 합당한 처방을 내린다. 그리고 그 의사의 설명이 적절하고 신뢰할 수 있으면 환자는 처방에 따라 생활습관을 바꾸는 한편 처방된 약을 착실하게 먹는다. 외환위기 담론을 통한 한국 사회의 변화도 이와 유사하다. 그러나 병의 원인과 처방이 의사에 따라 달라질 수 있는 것처럼 당시 위기에 대해서도 정반대의 관점이 존재했다. 미국과 IMF는 아시아의 내부적 문제가 원인이라는 시각이었고 일본과 말레이시아 등 아시아 국가는 환투기가 가능한 국제통화 체제의 문제라고 생각했다(이찬근, 2001). 또 오로지 환자의 건강에만 관심이 있는 의사와 달리 정치적·경제적 이해관계로부터 온전히 자유로울 수 있는 전문가는 존재하지 않았다. 돈을 빌려주는 미국 정부와 IMF는 이번 기회에 '자본시장 개방, 외국인 투자제한 폐지, 재벌체제의 해체'와 같은 그들이 오랫동안 추구하던 대외정책을 달성하려 했다. 미국에서 공부한 국내 경제학자들은 글로벌 시대에 적합한 형태로 한국의 경제모델을 전환하려 했다. 건국 이후 처음으로 권력을 잡은 진보정권인 김대중 정부는 영남, 서울대학교, 관료 중심의 지배체제를 개혁하려 했다(김성해·이동우, 2009).

외환위기 담론은 이러한 배경에서 특정한 정치적 목적과 무관하지 않게 태어났다. 유기체처럼 진화하는 이 담론은 처음 위기의 근본 원인은 관치금융과 재벌로 대표되는 '아시아 경제모델'이며 작은 정부와 주주의 가치를 존중하는 '영미식 모델'이 해결책이라는 주장을 그 핵심 내용으로 담고 출발했다. 1998년 러시아와 브라질로 위기가 확산된 이후에는 글로벌 금융시장의 불안을 부추기는 투기성 자금(핫머니)에도 문제가 있다는 주장이 포함됐다. 이 담론은 또한 IMF의 모범생으로 알려진 아르헨티나가 2001년 다시 외환위기를 맞고 난 뒤 수정됐으며 2008년 미국발 위기를 계기로 논리적 정당성을 잃게 된다. 그러나 이러한 변화와는 별개로 이 담론은 우리 사회에서 구조화된 지식과 태도로 남아 있다. 우리 국민은 여전히 압도적으로 당시의 위기가 관치금융, 재벌, 부정부패와 같은 '한국의 내부적 문제'에서 비롯된 것으로 알고 있으며 이후에 진행됐던 구조조정이 불가피했던 것으로 믿고 있다.[12]

일반 국민이 외환위기 담론을 접하기 위해서는 누군가 이 담론을 생산해야 하고 누군가에 의해 정당한 지식으로 전달되어야 한다. 당연히 국내에서도 활발한 연구가 있었다. 그러나 이들이 참고한 문헌은 대부분 미국 재무부, IMF, 싱크탱크와 글로벌 투자은행에서 일하는 전문가들의 연구였다. 물론 달러체제의 문제라는 관점에서 이뤄진 담론도 일부 생산됐다. 그러나 미국 정부의 입장을 반영할 수밖에 없는 미국 언론에게 삭스(Jefferey Sachs), 스티글리츠(Joseph Stiglitz), 바그와티(Jagdish Bhagwati) 등의 대안적인 시각은 환영받지 못했다. 미국 언론을 통해 세상을 이해하는 데 익숙해진 한국 언론이 이들 미국 내 소수의 목소리와 일본과 말레이시아의 주장을 제대로 반영하지 못하는

---

[12] 외환위기 담론과 언론의 관계에 대한 좀 더 자세한 설명은 김성해·강희민·이진희의 『한국의 구조적 전환과 미디어 담론』을 참고.

것도 자연스러웠다. 그 결과 외환위기에 관한 지식의 많은 부분을 언론을 통해 얻을 수밖에 없는 국민 역시 특정한 시각을 지배적인 것으로 받아들이게 됐다.

물론 언론은 제1차적 담론의 생산자가 아니다. 그러나 언론은 다양하게 존재하는 많은 담론 중에서 더 '중요하고 믿을 수 있는 담론'이 무엇인가를 알려준다. 언론은 또한 미국 정부, IMF, 미국 경제학자, 국내 경제학자, 국내 시민단체 등에서 제공하는 전문적 의견을 국민이 쉽게 이해할 수 있도록 프레임(frame)이라고 하는 특정한 틀에 담는다. 그리고 경제위기와 같은 복잡한 문제에 대한 전문적 지식이 충분하지 않은 국민은 언론이 전달하는 프레임을 통해 현실을 인식하고 이를 기초로 행동하게 된다. 그 결과 지난 10년 동안 재구성된 우리의 현실은 다음과 같다.

> 외환위기 이후 소득, 자산, 직업 안정성, 가족 유대의 감소로 한국인의 불안감이 크게 늘어난 것으로 나타났다. 불안감이 구조화되면서 돈을 중시하는 물질주의적 가치가 팽배해 10년 전에 비해 성공의 조건으로 돈(35.8 → 60.5%)과 학벌(15.3% → 36.4%)을 꼽는 경우가 급증했다. 반면 개인의 노력(38.2% → 24.2%)이나 인간관계(36.9% → 21.4%)를 꼽는 경우는 크게 줄었다. 현재의 불안요소로 취업난·실업(43.8%)과 급격한 경기변동(26.1%)이 꼽힌 반면, 10년 뒤 불안요소로는 환경오염(28.2%), 기상이변(26.8%), 노후대책 미비(22.1%)가 꼽혔다(《동아일보》, 2007. 11. 12).

## 6. 언론과 경제가 만드는 좋은 미래

김춘수의 「꽃」이란 시를 보면 "내가 그의 이름을 불러주기 전에 그는 다만 하나의 몸짓에 지나지 않았다. 내가 그의 이름을 불러줬을 때 그는 나에게로 와서 꽃이 됐다"는 구절이 나온다. 이처럼 언론과 경제라는 막연한 주제가 이 글을 통해 좀 더 명확해졌기를 바란다. 또 민주주의의 꽃이라는 언론이 단순한 뉴스 비즈니스가 아니라 대내외 경제정책과 지식, 신념, 정서체계를 형성하는 데도 적극 개입하는 제도화된 기관이라는 점도 잘 전달됐으면 한다. 그리고 이 꽃이 제대로 된 향기와 빛깔과 자태를 뽐낼 수 있도록 몇 가지 제안을 덧붙이려 한다.

국내에서 언론기업의 역사는 비교적 짧지만 글로벌 시장의 형성과 인터넷이라는 뉴 미디어의 등장으로 언론의 기업화는 더욱 가속화될 전망이다. 영국의 로이터 통신이 이미 연합뉴스와 경쟁하는 상황에서 국제적 경쟁력을 확보하기 위해서는 신문의 방송 진출만이 아니라 복수의 신문과 방송국을 소유하는 언론기업의 등장을 무작정 막을 수도 없다. 공정한 경쟁과 효과적인 감시가 이뤄질 경우 미국식 언론기업 모델이 꼭 부정적인 것만은 아니며 재정적 안정을 바탕으로 고급 저널리즘이 실현될 가능성도 있다. 그러나 광고수익과 언론사 사주의 정치적·이념적 이익을 위해 언론이 도구화되어온 역사적 경험을 고려할 때 현재의 소유 및 편집구조를 지속하는 것은 문제가 있다. 특정한 집안의 소유권을 인정하더라도 사적인 이해관계가 영향을 미칠 수 없도록 '외부감시' 체제를 두고 경영과 편집의 독립을 더 강화하는 노력이 필요하다. 그리고 뉴스 비즈니스 모델이 정부, 정당, 이익집단 등으로부터 독립하기 위한 '진보적' 개혁이었던 것처럼 언론의 사회적 역할을 제대로 유지하기 위한 새로운 '모델'에 대한 고민도 시작되어야 한다. 예를 들어 북유럽은 물론 최근 미국에서도 공개적으로 논의되고 있는 언론의 지위를 비영리 기구(Non Profit Organization, NPO) 또는 자선단체(Charity Foundation)로 변경하는 방안을 생각할 수 있다.

국내에서는 외환위기가 직접적인 계기로 작용하긴 했지만 경제뉴스와 경제 전문 매체의 성장은 글로벌 사회의 보편적 양상이 되고 있다. 뉴스 중에서도 경제뉴스는 상품성이 높고, 광고수익을 실현하기 유리하다는 현실이 작용했기 때문이다. 그러나 앞서 살펴본 것처럼 경제뉴스는 정부와 기업과 같은 광고주 및 구매력 있는 일부 계층과 특수 관계를 형성할 수밖에 없고 경제적 관점과 효율성 같은 이념적 편견을 가진다는 한계가 있다. 더구나 국내 경제 전문 매체의 경우 소비자 금융과 재테크 등에 치중된 '정보 자판기(information vendor)'의 성격이 강하며 돈벌이를 위해 언론의 특권을 악용하는 사례가 우려된다. 그 결과 일찍부터 환경 감시 기능과 뉴스 비즈니스를 조화시켜온 미국과 달리 그 역사가 짧은 국내 경제매체들은 정부, 투자은행 및 기업체와 일종의 공생관계를 맺고 있는 실정이다. 국내에서 위기설이 반복되는 가운데 언론이 때로는 무용수로, 때로는 지나친 비관론자로 기능하는 것도 이런 이해관계와 무관하지 않다. 경제 저널리즘에 대한 교육을 강화하고, 특히 대기업에 대한 탐사보도 기능을 강화할 수 있는 방안을 찾아야 하는 것은 이런 이유에서다.

과거와 달리 대내외 경제정책은 더 이상 소수의 정책 담당자에 의해 은밀하게 결정될 수 없다. 우호적 여론을 확보하지 못할 경우 공공정책이 성공적으로 집행될 수도 없다. 이런 배경에서 언론은 공론장을 통해 경제정책에 개입하고 있으며 지금까지 그 역할이 만족스럽지는 못했다. 국내에서 경제 공론장은 경제관료, 대기업 연구소, 정부 출연 연구소, 외국 투자은행 전문가에 의해 장악됐고 언론은 스스로 이해 당사자가 되어 정책에 개입하고 있다. 또한 국가이익과 공공이익을 기준으로 우선 과제(의제)를 결정하기보다는 언론이 중요하다고 생각하는 특수 계층의 이슈가 더 부각됐다. 금융시장의 동향을 국민 여론으로 몰아가는 경우도 빈번하고 이를 통해 정치적 목표를 관철시키려는 경향도 많다. 그러나 언론이라는 공론장을 통해 경제정책에 대한 '토론, 합의 및 평가'가 제대로 이뤄지지 못할 경우 그 피해는 고스란히 국민에게 돌아온다. 따라서 언론이 제대로 된 공론장의 기능을 수행하고 있는가에 대한 평가 기준을 마련하고 이를 통해 언론에 대한 '감시'를 체계화할 필요가 있다.

미디어 정치, 여론정치, 이미지 정치 등의 핵심에는 담론이 있다. 선택과 배제, 강조와 은폐, 우대와 차별 같은 담론전략을 통해 언론은 지배적 담론의 형성에 개입하고 권력의 정당성은 이를 통해 확보되거나 도전받는다. 더구나 경제위기와 같은 특수한 상황에서는 다양한 담론이 경쟁을 하게 되고 앞에서 논의한 것처럼 언론은 대중담론의 핵심 생산자이면서 확성기로서 큰 영향력을 행사한다. 우리에게 너무도 익숙해진 '비정규직, 정리해고, 귀족노조, 족벌, 관치금융'과 같은 개념은 외환위기 이전까지만 하더라도 낯설었고, 언론의 지속적이고 반복적인 전달을 통해서 가능했다. '효율성, 경쟁, 소비자 복지'와 같은 가치도 언론을 통해 유통된 외환위기 담론을 통해 내재화된 것이다. 그리고 이러한 담론을 통해 우리는 과거와는 전혀 다른 현실을 만들어왔다. 언론이 만들고 유통시키는 담론이 누구의 이해관계를 우선적으로 반영하고 있는지, 왜 등장했는지, 어떤 가치와 세계관을 담고 있는지, 이 담론을 통해 '누가 값을 지불하고 누가 이득을 취하게 되는지' 질문해야 하는 이유는 여기에 있다. 그뿐만 아니라 인간을 중심으로 한 공동체 자본주의와 같은 새로운 미래는 언론을 통한 담론 경쟁에서 승리할 때 비로소 가능하다.

## 제8장 연습문제

1. 미국에서 언론의 기업화는 어떤 진화과정을 거쳐 오늘에 이르렀는가? 그리고 최근 미국 미디어의 소유권 집중은 어떤 부작용을 낳고 있는가?

2. 1997년 외환위기 이후 국내에서 언론의 기업화가 급속히 진행된 배경은 무엇이며 그로 인해 발생하는 문제점은 무엇인가?

3. 경제보도가 다른 보도와 뚜렷이 구별되는 특성은 무엇인가?

4. 언론은 공론장의 구축과 유지를 통해 대내외 경제정책에 개입한다. 이 과정에서 언론에 요구되는 규범적 가치는 무엇인가?

5. 정치에서 여론조사를 활용하는 것과 비슷하게 언론은 금융시장에 대한 평가와 해석을 통해 정책에 개입한다. 금융시장의 동향과 여론조사의 유사성은 무엇인가?

6. 글로벌 금융시장의 발달과 인터넷의 급속한 확산으로 국내에서도 언론기업이 더 활성화될 것으로 보인다. 이 경우 예상되는 문제점은 무엇인가?

7. 자본주의에도 영미식, 일본식 및 유럽식 모델과 같은 다양한 형태가 존재한다. 그러나 한국은 1997년 외환위기 이후 일본식 모델에서 영미식 주주중심 모델로 전환했고 이 과정에서 언론은 특정한 경제담론을 확산시키는 데 큰 역할을 했다. 따라서 인간을 중심으로 한 공동체 자본주의와 같은 새로운 모델은 언론을 통한 담론 경쟁을 통해 가능하다. 담론 경쟁을 한다는 것이 구체적으로 무엇을 의미하는지 그리고 이를 위해 어떤 제도적 개선이 필요한지 논의해보자.

### ▪ 요약

다양한 문화의 트렌드와 대중문화 현상 그리고 라이프 스타일이 출몰하고 소비되는 지구화와 혼성의 시대에 문화는 사회변화, 대중의 기호와 취향이 어떻게 형성되는가를 엿볼 수 있는 주요한 창구다. 문화는 또한 일상과 습속의 영역을 넘어서서 산업과 지식 생산의 차원에서도 매우 큰 영향력과 중요성을 제공한다. 제9장은 대중문화를 포함한 문화에 대한 복수의 정의와 용례를 제시하며 문화의 다양한 역할에 대해서 논한다. 나아가서 문화가 광범위한 저널리즘과 대중문화의 공간에서 재현되는 방식에 대해 고민하며 '문화 저널리즘'을 구성하는 중심적인 요소를 자리매김하려 한다. 마지막으로 문화를 대상으로 하는 비평과 재현 그리고 글쓰기 작업의 특성에 대해서 알아보고 문화 저널리즘이 활성화될 수 있는 일련의 방안을 제시한다.

### ▪ 주요 용어

문화, 대중문화의 혼성성, 문화비평, 문화 다양성, 문화연구, 문화 저널리즘

# 제9장 저널리즘과 문화[*]
'문화 저널리즘'과 문화비평의 역할과 위상

이기형(경희대학교)

## 1. 들어가기

21세기를 흔히 '문화의 세기'라고 부른다. 일단 우리의 주변에 넘쳐나는 대중 문화물의 소비와 수용, 빠르게 변화하는 문화 트렌드에 대한 대중과 미디어의 관심, 영상산업과 게임 그리고 연예산업을 포함한 문화와 창의산업 (creative industries)의 높아진 위상, 팬덤과 같은 문화 수용자의 활동, 그리고 문화를 주요한 주제어로 삼는 수많은 문화 관련 담론의 존재를 떠올리면 이는 어렵지 않게 수긍이 가는 표현이기도 하다.

나아가서 문화담론이나 대중문화에 대한 많은 관심은 문화를 통해서 사회적·제도적인 현상과 이슈에 대해 일정한 판단을 내리게 되고 사회변동에도 적극적으로 개입하는 '문화적인 문법'과 코드의 역할이 한국 사회 내에서도 매우 중요하게 작용하고 있음을 시사해준다(홍성태, 2006; 정수복, 2007).

주지하다시피 한국 사회가 1990년대 초반을 기점으로 문화 부문의 급속한

---

[*] 제9장의 일부는 필자가 문화 저널리즘 관련 세미나에서 발표한 원고(2006)를 수정해서 사용한 것임을 밝힌다.

팽창을 겪으면서 문화와 문화 관련 사안 및 현상을 다루는 저널리즘과 출판의 영역 역시 상당히 확장됐다. 먼저 문화의 역할과 함의를 깊이 있게 다루는 교양서와 지식 및 문화사 계열의 저작이 많이 등장하고 있으며 이러한 주제와 장르의 글에 대한 독자의 관심 역시 상당히 높아지고 있다. 동시에 인터넷에서는 대중문화 현상이나 영상문화에 대해 전문가 수준에 준하는 깊이 있는 분석을 시도하는 블로거와 네티즌의 활동을 쉽게 관찰할 수 있다. 또한 영상물과 연예와 오락 그리고 특정한 문화적 취향과 트렌드를 다루는 다수의 온라인 수용자와 팬 공동체가 활발하게 활동하고 있다(이동연, 2005).

한편 일간지 시장의 경우에도 ≪조선일보≫의 '토일 섹션', ≪한겨레≫의 'ESC 섹션' 혹은 ≪중앙Sunday≫의 'S Magazine' 등의 대중문화와 라이프 스타일 정보나 기획·탐방·특집 이슈를 다채롭게 제공하는 특성화된 문화 관련 지면이 등장하기도 했다. 텔레비전의 경우도 아직은 소수지만 대중문화에서 예술에 이르기까지 각종 주제를 다루는 문화 매거진이나 영향력 있는 도서에 대한 서평과 예술과 교양 영역의 작업을 소개하고 평가하는 프로그램이 방영되고 있다.

이처럼 다양한 사례는 대중독자와 네티즌의 대중문화를 포함한 문화 일반에 대한 지대한 관심과 일상 속에 녹아든 문화와 문화산업의 확장된 영향력을 반영하며 동시에 언론이 문화현상을 매개로 한 상업적인 가능성에도 상당히 관심을 갖고 대응하고 있다는 해석을 가능하게 해준다.

이 장의 목적은 문화에 관한 관심과 문화가 지닌 잠재력에 대한 평가가 높은 시대에 문화연구의 입장에서 '문화 저널리즘'을 정의해보고 그러한 저널리즘이 지향해야 할 주요한 논점을 자리매김하는 것이다. 좀 더 구체적으로 첫째, 지난 20여 년 동안 문화현상을 둘러싼 논의 속에서 지대한 영향을 끼쳐온 문화연구의 관점에서 문화의 개념과 위상에 대한 입장을 정리한다. 둘째, 아직 구체적으로 정의되지 않고 있는 문화 저널리즘의 성격과 저널리즘과 문화의 관계에 대한 다양한 논의를 일간지의 문화면과 문화비평을 매개로 제시한다. 셋째, 학계와 저널리즘의 장에서 체계화되지 못한 문화 저널리즘이 활성화되기 위해서 필요하다고 생각하는 일련의 방안과 가이드 라인을 제시한다.

## 2. 문화라는 개념의 복합성과 혼성성

문화란 구체적으로 정의하기가 상당히 까다롭다. 동시에 적절하고 세세한 문화의 개념을 제시하는 작업은 늘 어렵다. 그 이유는 문화가 포함하는 영역이 사회적으로 유포·재현·유용되는 의미와 이데올로기의 생산, 규범과 가치관, 특정한 스타일과 유행, 취향과 정서, 상징, 판타지와 욕망을 모두 아우르기 때문이다.

문화라는 단어는 일상적으로 많은 이들이 매우 다양한 방식으로 사용하고 있지만 기실 정의하기가 어려운 대상이다. 영국의 문화이론가 윌리엄스(Williams, 1976)에 따르면 서구에서 문화는 원래 전통적으로 농업활동에서 유래한 경작(cultivation)의 뜻을 담고 사용됐고 19세기 이후로는 문학과 예술 혹은 미학과 교육을 통한 인간의 능력과 창조성 계발이나 교화 등의 과정을 의미하는 개념으로 용례와 어의가 확장됐다.

조금 다른 각도에서 접근하면 문화라는 개념은 일상적인 차원에서 재연되고 반복적으로 형성되는 의례(ritual)에서 상징적으로 공유되는 관습이나 풍습, 가치 등으로 정의됐다. 나아가서 거시적인 차원에서는 문명(civilization)이나 집단적인 정체성을 기술할 때 사용되는 개념으로 확장되기도 했다.

한편 최근에 두드러지게 사용되는 신조어인 '문화경제'나 '문화 테크놀로지(cultural technology)'의 예에서 보듯이 문화는 물질이나 테크놀로지 혹은 제도적인 요인 같은 '문화 아닌 대상'과 종종 결합하고 때로는 강력한 화학작용을 일으키는 일종의 촉매제로서의 역능을 보여준다. 고도로 발전된 소비 자본주의 시대에 문화는 고부가 가치, 정보화, 지식 생산 그리고 취향의 형성과 불가분의 관계망을 형성하는 매우 중요한 질료로서 활용되고 있다. 문화는 자본이나 테크놀로지 그리고 사회적·제도적 요소와 결합하는 유연하고 유동적인 성질을 발휘하기 때문이다. 이제 문화가 지식산업에 등장하고 정보화와 세계화 시대의 주요한 자원으로써 적극 활용되고 새롭게 자리매김하고 있다는 측면을 부정하기란 어렵다(조용철 외, 2009).

문화가 현재 우리 사회에서 크게 주목받는 이유는 이른바 지식 정보화 시대에 문화가 상당한 부가가치를 창출할 뿐 아니라 쓰임새가 아주 많기 때문이다. 예를 들면 '문화가 바뀌어야 경제가 산다'라는 표현이나 문화의 산업적인 가치를 강조하는, 예컨대 한류현상을 둘러싼 지배적인 담론이나 최근 유행하는 문화 콘텐츠와 마케팅 담론의 일부는 변화하는 자본주의의 지형 속에서 문화를 이윤창출의 주목적으로 활용하는 새롭고 적극적인 욕망을 반영한다. 반면 문화 다양성이나 상업화되지 않는 문화의 공공적인 사용이나 가치에 대해 이 담론들은 크게 주목하지 않는다(강내희, 2000; 전규찬 외, 2007).

그렇다면 문화를 연구하고 논하는 이 시대의 대표적인 지식 실천의 유형인 문화연구학에서는 문화를 어떻게 정의할까? 문화 개념은 당대의 특정한 '삶의 방식(a whole way of life)'을 지칭할 뿐만 아니라 문화가 사회 혹은 사회 내의 다른 영역이나 층위, 예컨대 경제, 제도, 정치 등과 맺는 결합관계나 그런 결합의 결과로 형성되는 제도적이며 이데올로기적인 효과, 그리고 그러한 효과를 대중이 현실에서 체험하는 과정을 모두 포함한다(Hartley, 2005; Shunya, 2008). 그래서 문화의 개념 속에는 종종 특정한 이데올로기, 상징과 상상, 의미와 담론작용 같은 개념이 복잡하게 포함되기도 한다(원용진, 2006). 이와 비슷한 맥락에서 대중문화 비평가인 이동연(2002: 109)은 '문화는 쾌락의 장소면서도 이데올로기의 장소고, 소비의 장소면서 생산의 장소고, 개인의 자유가 실현되는 장소며 집단의 의지가 관철되는 장소'라고 설명한다.[1]

---

[1] 부연하면 문화는 일상 속에서 의미화와 재현을 구성하는 기본적인 질료(resource)이자

독자의 이해를 돕기 위해서 당대 한국의 문화 정경을 문화연구의 시각에서 조망하면 다음과 같은 '지형도'를 그릴 수 있을 것 같다. 현 시대의 미디어와 문화산업에 의해 상업적인 차원에서 조망받는 대중문화, 주류문화 같은 '지배적인 문화(dominant culture)', 하위 문화나 소수자 문화처럼 새롭게 생성되고 있는 '부상하는 문화(emergent culture)', 압축적인 근대화와 도시화의 영향으로 점차 사라져가는, 사회의 중심에서 상당히 밀려난 (전통적인 의미의 농촌문화나 유교문화 같은) '잔여 문화(residual culture)'가 혼재되어 문화 정경 속에 존재하는 양상을 어렵지 않게 목격할 수 있다.

이렇게 삼분된 문화의 개념은 일견 유용하지만 '누구'의 혹은 '어느 집단'의 관점에 의해 분류되느냐에 따라서 상당한 입장과 관점의 차이를 드러낸다. 탈전통화와 심화된 개인주의의 영향을 받은 청년세대와 전통적인 규범과 가치관의 일정한 영향권 안에 있는 부모세대 간에는 앞서 언급한 지배와 부상 그리고 잔여문화의 역할과 함의를 둘러싸고 의견의 일치와 애착의 정도가 매우 차별화될 수 있기 때문이다.

예를 들어 청년세대의 경우는 가부장적인 권위와 공동체에 대한 헌신 그리고 의례를 중요시 여기는 유교주의를 지배적인 규범이 아닌 현실 구속력이 크지 않은 일종의 문화적 '잔영(relics)'이나 점차 사라져가는 문화적인 퇴적물 정도로 생각할 개연성이 크다. 반면에 부모세대는 유교적 가치와 전통을 자신의 세계관에 상당한 영향을 주는, 아직은 상당히 유의미한 문화의 일부로 간주할 가능성이 크다(원용진, 2006).

또한 금융위기와 세계화의 파고가 생활세계 속에 넘치면서 한국 사회를 급진적으로 그리고 구조적으로 변화시켜온 영미의 시장적 자유주의 가치와 '효율성', '선택' 개인주의적인 가치와 취향, '무한경쟁'을 강조하고 강요하는 '아

---

동시에 의미와 이데올로기, 정서와 욕망과 같은 요소가 결합하는 공간을 만들어내기도 한다. 또한 그러한 공간으로서의 문화는 사회적인 권력과 그에 대항하는 상징적·제도적인 힘들이 충돌하고 경쟁하는 갈등의 장으로서 기능하기도 한다.

메리칸 스탠더드'의 제도화가 한국 사회에 형성됐던 전통적인 정서와 연대감, 집단적인 규범에 커다란 균열과 해체현상을 일으키고 있다는 점도 주지의 사실이다. 이러한 가시적인 차원의 일상과 사회경제적인 측면의 거시적인 변화는 개인의 가치체계와 습속에도 상당한 영향력을 행사해온 것이다.

이제까지의 논의를 정리해보자. 유동적인 자본과 정보화 기술, 전 지구적인 미디어의 확산으로 대표되는 세계화 그리고 탈지역화 시대의 '한국 문화'란 이미 외부에서 유입되는 외국의 대중문화와 세계화라는 제도적이고 물질적인 차원의 변화와 그러한 외부적인 압력에 대응하는 내부적인 반응이 불균등하고 혼성적인 방식으로 맞물린 상황에서 구축되는 산물이다.

그런 의미에서 당대의 한국 문화란 다양한 층위를 지닌, 은유하자면 마치 양파의 껍데기처럼 여러 겹의 단층과 결(textures)을 지닌 복합적이고 유동적인 구성물이라고 할 수 있다. 이것은 당대의 문화적인 지형은 고정된 것이 아니라 앞서 언급한 한국 내부와 외부에 존재하는 다양한 세력과 힘 — 문화산업과 자본, 새로운 문화의 확산과 유행 등 — 에 의해서 끊임없이 '탈영역화'되고 동시에 '재영역화'되는 매우 역동적이고 복합적인 과정 속에 있음을 의미한다.[2]

이 지점에서 현재 대중문화의 다층성과 혼성화(hybridization)의 경향을 돌아볼 수 있는 사례를 잠시 찾아보자. 흔히 문화의 탈영역화와 혼성화는 '미드'와 '일드'의 인기 속에서 찾아볼 수 있다. 일상적으로 미국식 소비주의와 개방적인 스타일, 개인주의적인 가치의 추구를 탄탄한 시나리오와 깔끔한 영상문법으로 구현하고 있는 미국 드라마 <CSI>나 <섹스앤더시티>는 대중적인 인기와 최근 '칙릿현상'의 부상에서 엿볼 수 있듯이 한국의 청년세대에게도 많은 관심을 끌고 있다. 또한 삶 속의 오밀조밀한 주제를 세밀하게 영상으로 옮긴 일본 드라마와 보통 사람을 스타로 만들고 엿보기 혹은 훔쳐보기의

---

2 정체성, 신세대, 소비 대중문화, 문화적 전환, 라이프 스타일, 다원주의, 탈전통화, 혼성성과 같은 키워드가 1990년대 이후 현재까지 급격히 변모하고 복잡해진 한국 사회의 문화지형과 일상의 특징을 단적으로 보여준다고 할 수 있다(이동연, 2005).

즐거움을 선사하는 <빅 브라더>나 <프로젝트 런웨이> 같은 일련의 리얼리티 프로그램은 케이블과 지상파 채널에서 일상적으로 접할 수 있는 영상장르가 됐다. 이러한 외국 프로그램은 국내에서 제작되는 영상물과 수용자의 취향에도 상당한 영향을 주고 있다. 다시 말해서 한국의 대중문화 공간은 이미 상당히 다양한 양식의 혼성적이고 다문화적인 이미지와 문화물이 출몰하는 곳이 됐다.

이번에는 힙합이나 테크노 혹은 인디음악 같은 도회적인 감성과 스타일을 구현하는 대중음악의 유형을 떠올려보자. 텔레비전과 인터넷을 매개로 일상적으로 소비되는 이러한 음악 장르는 대중문화의 융합과 혼성화가 우리의 일상 속에 얼마나 부드럽게 착종하고 있는지를 보여주는 하나의 지표로 해독할 수 있다. 예를 들어 청년세대가 열광하고 일상적으로 소비하는 힙합문화는 대중음악을 구성하는 중요한 요소다. 그런데 미국의 흑인 빈민지역 혹은 게토를 중심으로 형성된 에너지 넘치는 '거리의 음악'이자, 저항적인 요소나 제스처를 표방하며 소수민의 정서와 애환을 담은 특정 하위 문화(subculture)로 출발한 힙합은 얼핏 보아 한국적인 전통문화와는 상당히 거리가 멀어 보인다.

하지만 1990년대를 기점으로 국내에 소개된 넓은 의미의 힙합은 현재 한국의 청년세대에게 중요한 문화적·음악적 자원이자 취향의 구성요소가 됐다. 힙합과 랩은 발라드와 더불어 대중음악의 중심적인 축을 형성하고 있으며 나아가서 힙합 관련 패션과 스타일은 젊은 세대에게 강력한 소구력을 행사하고 있다. 반면에 기성세대에게 힙합이나 인디음악은 상대적으로 인지도가 낮고 아직도 매우 낯설고 다분히 이질적인 문화형식으로 기능한다.[3] 이렇듯 문화

---

3 다시 말해서 힙합은 애초의 발상지를 떠나 전 세계적으로 유포되고 청년세대의 감성을 자극하면서 '전유'되는 문화형식 중의 하나라고 정의할 수 있다. 여기서 전유(appropriation)란 문화물이 일정한 지역화와 개입을 거쳐 변화되는 양상을 뜻한다. 젊은 세대에게 힙합은 상상되고 '번역'된 동시에 부분적으로는 특정 지역의 정서나 감성과 결합한 새로운 음악문화라고 할 수 있다.

는 세대와 개인의 기호와 욕망을 가로지르며 매우 차별화된 취향과 수용의 단면을 만들어내는 부드럽지만 강한 힘이다.

### 3. 문화 저널리즘이란 무엇인가?

1) 언론의 문화면과 문화비평으로 문화의 트렌드를 자리매김하기

그렇다면 문화를 분석의 대상으로 하는 넓은 차원의 저널리즘 작업은 어떻게 정의할 수 있을까? 김영욱(2004)은 문화 저널리즘이 다루는 차원을 심미적 경험의 대상에 대한 보도, 대중문화와 전통문화, 부상하는 문화와 인디문화 등을 포함하는 다양한 문화현상과 문화적 감수성의 발현에 대한 보도, 문화산업의 동향과 문화정책의 취재, 문화산업이나 기획사 같은 문화권력에 대한 비판과 감시 등의 작업을 포함한다고 매우 포괄적으로 정의했다.

필자도 이 정의에 동의하며 첫째, 주제의 측면에서 봤을 때 문화 저널리즘은 신문과 방송 혹은 온라인 미디어 같은 매체와 이들 매체와 관련 있는 저널리스트와 문화 비평가들이 광의의 문화를 구성하는 하위의 영역 — 예컨대 영상에서 문학, 교양 혹은 예술 등의 분야 — 을 정보의 전달과 분석의 대상으로 삼아 수행하는 취재와 해석작업을 포함한다. 즉, 문화 저널리즘은 온라인과 오프라인 언론이 문화라는 대상과 문화 관련 테마 및 이슈를 재현하고 이 대상에 대해 대중이 필요로 하는 정보를 제공하며 변모하는 문화의 트렌드나 문화산업의 동향 혹은 문화정책과 같은 주제를 정리·해석하는 행위를 지칭한다.

둘째, 생산의 주체라는 측면에서 접근했을 때 문화 저널리즘은 좁게는 기자와 비평가, 담론 생산자와 논객을 포함하는 문화 관련 저널리스트의 활동을 말하며 넓게는 그들이 온라인과 오프라인에서 생산해내는 기사와 비평을 포함한 담론 그리고 그러한 과정 속에 내포되는 특정한 시각과 관점으로 구

현된다.

셋째, 수용과 대안적인 담론, 해석의 생산이라는 측면으로 접근하면 문화 저널리즘의 영역 내에 기자나 문화 비평가, 교수 같은 기존의 전문가 집단 외에 온라인의 일부 네티즌과 (파워) 블로거를 중심으로 매우 다양한 주제를 가지고 담론을 생산하는 영역이 존재한다. 이러한 측면을 결합시키면 문화 저널리즘은 언론매체가 문학과 예술 그리고 다매체 영역에서 이뤄지는 문화적인 재현과 예술적·심미적 가치를 추구하는 작업 외에도 그에 대한 해석을 정리·전달하고 문화생산과 수용의 단면을 탐사하는 일련의 활동과 실천이라고 정의할 수 있다.[4]

저널리즘의 장에서 이뤄지는 문화 저널리즘의 양상을 돌아보기에 적절한 사례는 신문의 문화면과 서평란이 있다. 주지하다시피 언론의 문화면은 역사적으로 학예면을 중심으로 형성됐고, 과거에는 문학과 예술 분야에 대한 정보와 서평 그리고 '문예비평'을 주로 생산해왔다(정재철, 1996). 현재는 과거보다 훨씬 확장된 대중문화와 방송영상, 예술과 멀티 미디어, 지식·교양, 공연 등의 영역을 대상으로 하는 기자들의 보도와 외부 필진의 분석이 활발하게 이뤄지고 있다(김세은, 2009).[5]

언론의 문화면에 관련한 한 분석에 따르면 ≪조선일보≫, ≪중앙일보≫, ≪한겨레≫, ≪경향신문≫의 문화면에서 출판과 문학의 비중이 상대적으로 높은 것으로 나타났다. 이것은 아직도 문화면이 기존 문예면의 전통을 이어받았고 주말판의 서평이나 북리뷰 기사가 문화면에서 고정적으로 다뤄지며

---

4 결론부터 미리 말하자면 아직까지 학문적인 측면에서 문화 저널리즘의 위상과 정의는 체계적으로 잡혀 있지 않고 개념 역시 명확하게 설정되어 있지 않다. 현재 대학이나 대학원에서 사용되는 저널리즘 교재 가운데 문화 저널리즘을 독립된 테마로 설정한 연구를 찾아보기란 상당히 어렵다.

5 비교하면 독일의 경우, 문화 저널리즘(Kulturjournalismus)이라는 용어와 전통이 어느 정도 확립되어 있으며 전·현직 문화부 기자들의 경험을 중심으로 구체적인 문화 저널리즘의 방법론을 논한 작업이 존재한다(김영욱, 2004).

상대적으로 많은 지면을 할애하기 때문인 것으로 보인다(이기형, 2006). 일반적으로는 출판과 문학 관련 기사를 선두로 방송과 연예, 대중음악, 무용, 사진과 건축 분야를 포함하는 넓은 의미의 예술과 영화 분야의 기사 비중이 상대적으로 높은 편이다.[6]

현재 대중문화의 큰 축을 담당하는 영화나 영상 관련 기사의 양이 문예 혹은 문학 관련 기사보다 적은 이유는, 예컨대 '한국 영화의 위기'나 '영상산업과 한류현상' 같은 특집이나 기획물의 형태로 실리는 기사 외에는 일상적으로 영화 관련 보도가 문화면의 다수를 차지하지 않기 때문이다. 또한 학술 관련 기사는 일간지의 지면을 통해서 어느 정도 다뤄지고 있지만 전반적으로 문화면에서 상대적으로 낮은 비율을 차지하고 있다. 이를 통해 신문의 문화면이 어떤 독자층을 대상으로 학술이나 출판기사를 포함해서 문화면 기사의 심층성을 구현하는지 일부분 엿볼 수 있다. 학술과 관련된 기사의 경우 대중성을 고려해서 자주 다뤄지지 않는다. 주요한 저작의 발간이나 번역 혹은 규모가 큰 학술대회나 특집기사 등과 연관됐을 경우에 비교적 상세하게 다뤄진다. 하지만 그런 경우도 심층적인 해설이나 해석이 추가되기보다는 스트레이트 기사나 단신의 형식으로 주로 등장한다.

김세은(2009)의 연구에 따르면 문화현상이나 이벤트에 대한 정보를 주로 제공하는 스트레이트 기사가 매우 큰 비중을 차지하며, 특히 저널리스트 개인이나 외부 기고자의 주관적인 의견이 실리거나 심도 있는 관점이 발현되는 칼럼은 상대적으로 적은 편이다. 특히 문화정책이나 대중문화의 트렌드와 수용의 양상을 제도적인 관점에서 조명하거나, 인터뷰 혹은 탐방기 등의 질적인 방법론을 활용해서 심층적으로 분석하는 기사 역시 매우 소수에 그치고

---

6 이러한 경향성은 강명구(1991)가 수행한 신문 문화면에 대한 내용 분석의 결과와도 크게 다르지 않다. 흔히 비중이 높을 것으로 예상했던 연예 관련 기사도 일간지의 경우 문화면에서 차지하는 비율이 높지 않은 편이었다. 물론 지면의 배치 측면에서 스포츠 신문이나 무가지의 경우, 연예기사는 매우 높은 비중을 차지한다.

있다. 문화면의 기사 중에서 특정 문화와 관련된 사안이나 이벤트, 프로그램에 대한 비교적 단순한 수준의 정보를 제공하는 스트레이트 기사 이외에 특정한 문화현상이나 문화정책, 문화 트렌드 등을 구체적으로 분석하며 깊이 있는 관점이 투사된 기사는 문화 관련 전체 콘텐츠 중에서 소수를 차지하는 것으로 보인다.

또 다른 예로 현재 주요 일간지에 등장하고 있는 문화 관련 칼럼을 논해보자. 다수의 일간지는 문화면과 더불어 문화라는 단어를 표제어로 사용하는 특정 칼럼을 운용하고 있다. 예를 들면 '문화산책', '문화비전', '문화비평', '문화수첩', '문화 프리즘' 같은 명칭의 칼럼이다. 이 칼럼 속의 글쓰기는 통상적으로 원고지 8~10매 안에서 이뤄지며 자사의 기자보다는 외부 필진이 대다수를 차지한다. 특히 문화 관련 영역 – 예컨대 문학, 예술, 영화, 미술, 음악, 학술, 대중문화와 연예 등 – 의 전문가가 칼럼을 맡아서 꾸려나가는 형식이다.

이 칼럼의 내용에 대한 질적 평가를 내려본다면 문화 관련 칼럼은 일간지에 실리는 정치칼럼이나 정치비평과 비교해 일차적으로 저자의 정파성이나 특정한 가치관이 두드러지게 발현되지 않는다. 이것은 문화를 논하는 칼럼의 관행과 관습 속에서 문화, 교양 그리고 예술과 관련된 다양한 테마와 관점이 다뤄지기 때문인 것으로 보인다. 문화칼럼 속에 정치영역, 특히 특정 정치인이나 정당 혹은 정치세력에 대해 구체적으로 언급하거나 편들기, 정치영역과 문화의 관계를 설정하는 것이 어렵다. 좁게 정의된 정치적인 발언이나 이슈를 문화를 논하는 내용 속에 제기하는 기고는 소수를 차지하고 있다.

대체로 문화칼럼을 쓰는 필자는 전문 기자나 언론인이 아니기 때문에 신문의 관습적인 글쓰기 방식에 익숙하지 않다. 그래서 문화칼럼은 주제의식과 주장이 명료하게 드러나기보다는 개방적이고 다양한 형식의 글이 많다. 주관적인 감상평이 주종인 '에세이' 형식, 특정 문화현상이나 세태를 꼬집는 '풍자형', 논리적인 설명이나 해석을 생략하고 다소 피상적인 글쓰기 형식으로 이슈를 드러내거나 문제를 제기하는 '단순 의견 제시형', 그리고 비교적 구체적인 내용의 주장을 담고 있으며 글의 주제에 대한 전문 지식과 해석이 유기적으로 녹아 있는 '주장·해석형'의 글이 혼용되어 등장하고 있다.

하지만 문화 관련 전문 칼럼의 운용을 통해서 독자에게 자신의 존재를 알리고 특정 문화, 예술, 교양, 지식 분야에 대한 전문성과 관점을 알릴 수 있는 활동을 수행하는 문화부 기자는 소수며, 문화칼럼은 주로 외부 기고자에게 의존하고 있다. 또한 외부의 전문가 집단을 매개로 '빌려온 권위'에 관습적으로 의존해왔기 때문에 문화부 기자는 그들의 글쓰기와 취재의 전반적인 방식에 대해 문제의식은 있지만 이를 극복하거나 넘어서려는 움직임을 집합적으로 보여주지는 못한다. 전반적으로 문화부의 특성을 키우기 위한 지원 시스템의 도입이나 근본적인 변화에 대한 의지와 실천이 미약한 현실이다.

이번에는 문화 저널리즘을 구성하는 하위 장르를 통해 접근해보자. 문화 저널리즘을 포괄적으로 분류할 때 현재 가장 인기 있는 분야는 영화와 영상문화다. 다소 거칠게 표현하면 현재 문화 저널리즘의 주도적인 유형은 영상비평과 대중문화비평이라는 등식도 가능하다. 한국 영화가 관객 1,000만 명의 고지를 달성하고 영화산업은 대중적인 기획과 배급력을 앞세워 부상하고 있다. 각 신문사의 주말판과 방송사의 문화 프로그램에 영화와 관련된 정보가 어김없이 소개되며, 특히 온라인 사이트에는 평론가와 네티즌의 영화평을 비롯해 영화 마케팅 담론이 넘쳐나고 있다.

온라인과 오프라인을 아우르는 저널리즘 영역에서 ≪무비위크≫, ≪씨네21≫ 등을 비롯해 상당히 전문적인 영화 관련 기사를 담고 있는 영화매체들이 있으며 온라인상에서도 매우 많은 블로거가 직접 영상과 영화 관련 정보 및 비평을 제공하고 있다. 텔레비전의 경우, 연예와 영화 담당 프로그램이 많은 공간을 영화제작이나 스타의 동향을 다룬 기사와 현장 리포트에 할애하고 있다.

또한 연예 저널리즘의 이름으로 연예산업 관련 정보와 스타의 동향을 다루는 영역이 포털과 방송의 연예 관련 프로그램을 중심으로 상당히 활성화됐다. 포털과 방송영역에는 수준 높은 문화 관련 심층보도와 비평작업이 소수나마 존재한다. 그러나 전반적으로 선정적이고 표피적인 수준의 정보를 제공하거나 문화산업의 입김에 휘둘리는 연예 저널리즘이 전문적이고 질적으로 우수한 기사를 제공하는 문화 저널리즘을 압도하는 경향을 보인다.

정리하면 제도화된 저널리즘의 장에서 문화는 많은 경우 깊이 있는 관찰과 탐색의 대상에서 주변화되어왔으며 특정한 문화현상을 본격적으로 연구하기 위한 방법론의 운용 역시 아직은 상대적으로 취약한 수준이다. 영상 미디어, 온라인의 포털과 웹진을 바탕으로 한 문화 관련 기사의 양적 증가, 이를 기반으로 한 표출공간의 확대, 기존 신문의 지면이 확장된 이후 미디어와 라이프 스타일을 포함하는 문화면의 확대와 주말판의 등장 등을 고려할 때 문화에 대한 저널리즘적인 관심과 공간이 늘어난 것은 사실이다. 그러나 체계적인 제도화의 수준까지는 이르지 못하고 있다.

### 2) 한국 사회의 '문화적 전환'과 문화비평의 일상화

주지하다시피 문화 저널리즘이라는 공식적인 명칭을 사용하진 않았지만 1990년대 초반 이후 우리 사회를 강타한 '문화적인 전환'의 결과 문화비평(cultural critique)이라는 이름으로 수행되는 작업이 활발하게 등장하기 시작했다.[7] 특히 학술지와 온라인을 중심으로 문화적인 이슈에 대한 분석과 문화담론의 '성황'에 고무되어, 인문과학과 사회과학 분야에서는 상당히 오랜 시간 동안 문화와 관련된 다양한 주제와 문화이론, 문화 분석, 장르와 테마 비평 등이 천착되어왔다(이동연, 2010; 심광현, 2003; 고명섭, 2005).[8]

---

[7] 문화적 전환이란 대중문화를 포함한 문화영역의 급속한 팽창이 가져온 전 사회적인 중요성을 함축하는 표현이다(Chaney, 1994).
[8] 1990년대 이후 인문과학과 사회과학 분야에서 문화를 분석의 중심으로 삼는 문제의식 그리고 문화로 매개되는 일련의 다양한 주제 ― 예컨대 신세대, 정체성, 주체, 담론, 욕망, 탈전통화, 민족주의, 다양성, 다문화주의, 노마디즘, 영상문화, 성정치학과 '삶의 정

여기서 잠시 1990년대 이후 본격적으로 이뤄진 문화와 미디어의 정경을 둘러싼 변화상을 되짚어보자. 한국 사회에서 지난 수십 년 동안 이뤄진 소비사회의 등장과 자본논리의 심화는 다매체, 정보화, 고도 소비사회의 기반 조성과 출현에 심대한 영향력을 행사했다. 이는 미디어와 대중문화의 이용과 심화된 소비를 중심으로 이전과는 비교하기 어려울 정도로 문화 현실을 변화시켰다. 정보와 게임산업의 성장 그리고 영화산업과 다채널로 대표되는 케이블의 성장은 소비현상의 견인체로서 그리고 사회적 의미를 생산해내는 재현의 주체로서 영상영역과 문화산업이 일상에서 차지하는 비중을 크게 증가시켰다. 다양한 종류의 매체가 생산하는 혼성화된 장르와 프로그램을 대중이 일상적으로 접하고 적극적으로 소비하는 삶의 변화가 일어났고 그 결과 대중문화와 문화영역의 외연이 몰라보게 확장된 것이다(윤선희, 2005; 김기봉 외, 2007).[9]

문화연구의 입장에 속해 있는 일군의 학자들은 한국 사회가 경험한 문화적인 영역의 성장을 분석하는 데 상대적으로 능동적인 수용자(active audiences)나 프로슈머와 팬이 만들어내는 의미 생산과 대안적인 문화 실천에 분석의 초점을 뒀고 이는 그간 커뮤니케이션의 주류였던 효과이론의 전통이나 주류 저널리즘적인 전통에서 종종 무시되던 수용자와 '영리한 대중'이 다양한 문화 경험과 활동을 통해 문화 현실에 개입하고 상징적인 질서의 형성에 능동적으로 참여하는 과정에 관한 이해를 심화시키게 했다.

예를 들어 한국 사회에서 1990년대를 풍미한 신세대론과 포스트모더니즘은 이른바 '스타일과 감각 그리고 감수성의 혁명'을 상징하는 키워드이자 새로운 문화이론으로 미디어와 문화 연구자를 포함한 지식인의 주목을 받았다

---

치(life politics)' 등 — 에 대한 관심이 폭증한 것이다. 문화연구는 이러한 지적이고 문화적인 관심을 매개로 부상했다.
9 다시 말해, 과거에는 전통이나 관습과 같은 영역으로 한정되거나 경제나 사회적인 층위에 비해 부차적인 것으로 치부되던 문화가 고부가 가치 산업이자 대중의 욕망을 주도적으로 견인하는 중요한 기제로서 인지되기 시작한 것이다.

(정재철, 1998; 전경갑·오창호, 2003; 이진경, 2007). 특히 미디어 문화와 소비문화의 역할에 대한 지대한 관심과 이러한 사회문화 현상을 새롭게 조명하려는 다양한 이론이 부상하면서 구조주의와 기호학, 포스트모더니즘과 욕망이론, 수용자론 등과 같은 이론이 활발하게 사용되기 시작했고 이들 중 일부는 저널리즘과 문화비평의 담론 속으로 수용되기 시작했다.

1990년대 이후 문화 인프라와 지식공간의 확산은 문화와 관련된 논의를 적극적으로 생산하는 담론 생산가로서 문화담론의 생산자와 문화 비평가들이 출몰할 수 있는 기반을 제공한다. 이들은 사회과학의 엄정함과 인문과학의 상상력 사이를 누비며, 동시에 기존의 학제적인 경계를 가로지르면서 다양한 스타일의 문화비평을 온라인과 오프라인에서 활발하게 생산하기 시작했다. 또한 새로운 문화 기획과 생산의 주체로서 온라인을 중심으로 다수의 문화 비평가와 담론 생산가, 논객들이 출현했으며 이들은 제도권 안팎에서 혹은 '비주류'의 입장에서 기성의 지식권력을 해체하거나 권위에 도전하는 대안적인 지식 생산자로서의 기능을 활발히 수행하기 시작했다. 새로운 문화이론과 문화비평의 주요한 수행자로서 강준만과 진중권을 들 수 있다. 이들은 풍부한 독서와 다양한 주제를 가로지르는 지적인 관심 그리고 자료의 치밀한 활용을 기반으로 정치하고 비판적인 글쓰기의 전형을 제시했다. 강준만(2006)은 ≪인물과 사상≫ 시리즈로 성역이 없는 '실명 비판'과 현실 개입적인 측면의 글을 정치담론의 분석과 사회비평이라는 테마와 방식을 중심으로 제시했으며 『강남, 낯선 대한민국의 자화상』, 『전화의 역사』, 『대중매체: 이론과 사상』, 『대한민국 소통법』, 『역사는 커뮤니케이션이다』, 『대중문화의 겉과 속』 등 인문학과 사회과학을 종횡무진 가로지르는 주제로 한국 사회의 현안에 대해 활발하게 발언하고 있다.

진중권(2003)은 『미학 오디세이』 연작을 중심으로 미학과 대중예술, 언론, 사회철학의 영역을 누비며 문화비평의 새롭고 전복적인 ― 해체적이며 장르가 혼합된, 동시에 패러디와 반권위주의 정신에 기반을 둔 ― 글쓰기의 대표적인 유형을 제시했다. 그는 온라인과 오프라인을 오가며 사회문화적인 쟁점에 대해서 속도감 있고 탄력적이며 개입적인 해석을 제시함으로써 많은 고정 독자층을 확보했으며 상당한 영향력과 인지도를 구축하게 됐다. 한편 문화비평 영역의 또 다른 대표적 인물이라고 말할 수 있는 고종석(2000, 2006, 2007)은 문학과 사회적인 이슈 그리고 언어학의 주제를 매우 세밀하게 다루는 작업을 지속적으로 선보이고 있다. 그는 특히 언론매체를 통한 주기적인 기고와 깊이와 품격이 있는 글쓰기를 통해 기존 언론의 문화 관련 저널리스트들이 시도하기 까다로운 주제를 다뤄왔다.[10]

한편 1990년대 말의 ≪딴지일보≫와 DC 인사이드를 중심으로 부상한 패러디 문화는 과거에는 보기 어려웠던 특이한 내용의 웹진의 등장을 넘어 기성 권위에 대한 희화와 문제 제기, 소수자적이고 때에 따라서는 냉소적인 감성을 구현하는 대중적인 글쓰기와 상상력을 새롭게 제기하기 시작한 매체에 대한 대중의 관심을 반영해왔다(고길섶, 1998; 김기봉 외, 2007). 촌철살인의 패러디를 구사하고 인터넷 매체의 대중화에 기여하면서 보수언론에 대한 대항매체로서의 가능성과 기능을 보여줬던 ≪딴지일보≫와 ≪컬티즌≫, 그리고 미디

---

[10] 현직 기자로는 드물게, 구본준(2008) 기자는 『한국의 글쟁이들』을 발간했다. 이 책은 장르를 가로지르며 현재 상당한 성과와 대중적인 인기를 얻고 있는 김용옥, 정민, 이주헌, 이덕일, 한비야, 임석재, 정재승 등의 저자에 대한 평가와 그들이 글쓰기와 자료수집 등의 사안과 관련해서 제공하는 제언을 일목요연하게 정리해주고 있다. 이 책은 난해한 개념이나 복잡한 문장구조에 의존하지 않고 명쾌한 서술 방식으로 대중적인 인지도를 구가하고 있는 각 저자의 관심사와 글쓰기 특징을 그려낸다. 또한 문화와 지식의 영역을 천착해온 고명섭(2005) 기자는 『지식의 발견: 한국 지식인들의 문제적 담론 읽기』에서 민족주의, 국가주의, 근대성, 오리엔탈리즘, 계몽주의, 지식인 같은 까다로운 테마를 긴 호흡과 유려한 문장으로 다루고 있다. 역사와 사상, 사회철학, 정치 등의 영역을 넘나들며 밀도 있는 해석과 주장을 펼치는 이 책은 장문의 리뷰와 서평, 비판적 글쓰기 등의 스타일을 채용하고 있다. 이러한 테마가 평단의 문화 비평가나 전문 학자도 공략하기가 쉽지 않은 주제임을 감안할 때, 이 책은 지식 생산의 측면에서 매우 의미 있는 작업이라고 평가할 수 있다.

어묾을 계승하는 다양한 – 하지만 최근 들어서는 부침을 거듭하는 – 문화웹진과 인터넷 사이트의 등장은 기존 제도권 언론이 제대로 포착하지 못하는 사회문화적인 욕구와 변화를 향한 열망이 존재함을 확인시켜줬다(강준만, 2006).

나아가서 대중 역시 문화의 수용과 문화를 대상으로 한 의미의 표출과정에 적극적으로 개입하기 시작했다. 포토샵과 UCC로 무장하고, 대중문화에 대해 상당한 지식을 소유한 문화 생산자로서 변화한 대중은 이들이 이제 새로운 '문화세력'으로 확연하게 부상하기 시작했음을 시사한다. 이는 팬덤이나 온라인을 매개로 한 얼리어답터(early adopter)와 네티즌의 사례에서 알 수 있듯이 대중이 문화의 장에 상당히 주체적이고 능동적으로 개입하고 있다.[11]

정리하면, 대중문화와 온라인 영역에서는 영상을 위주로 다양한 라이프 스타일과 취향의 발현을 주제로 하는 글쓰기와 비평활동이 매우 활발하다. 이러한 결과 네티즌 사이에서 블로거로 구성된 제도권 바깥의 문화 매개자의 역할과 활동이 상당한 존재감을 드러내고 있다. 하지만 대중문화판이 소수의 문화산업이나 기획사 그리고 포털을 포함한 매체의 영향력에서 자유롭지 못하며, 이러한 측면을 문화 저널리즘의 관점에서 심도 있게 논의해야 한다는 과제가 남아 있다.

## 4. 문화 저널리즘의 활성화를 위한 제언

전체적으로 조망할 때 관행적인 측면에서 문화 저널리즘의 영역에는 전통적으로 강세를 이뤘던 문학, 예술, 음악, 레저, 라이프 스타일 같은 매우 다양한 요소가 포함되어 있다. 기실 이러한 테마면의 다양성 혹은 장르적인 측면

---

[11] '개똥녀 사건', '루저녀 사건', '디워 사건' 등에서 예시되듯이 경우에 따라서는 온라인과 대중문화 공간은 영리하지만 쉽게 흥분하는 네티즌에 의해서 일시적으로 휘둘리는 부정적인 면모가 부각되기도 한다.

의 혼성성은 오히려 문화에 대한 욕구가 점증하는 시대에 문화 저널리즘의 강점이라고 말할 수 있을 것이다.

예를 들어, 주요 신문의 주말판을 보면 서평과 인터넷상의 패러디와 팬덤 현상을 포함한 다양한 유형의 트렌드 분석, 영화와 드라마 비평, 대중예술과 음악에 대한 소개 등을 주기적으로 접할 수 있다. 특히 주말판과 섹션 편집이 강화되면서 다양한 장르와 테마 그리고 정보를 제공하는 기회가 양적으로 늘어났으며 언론사들은 대중문화와 레저, 소비문화, 여행 같은 대상이 주제인 취재에 비교적 능동적으로 대응하고 있음을 알 수 있다.

그렇지만 내용이나 스타일면의 다양성과 풍부함이 때로는 일관된 관점이나 통찰력이 부족한 백화점식 정보의 나열이나 심층적이고 밀도 있는 분석이 결여된 피상적이고 관행적인 기사의 양산을 불러온다는 비판이 제기되기도 한다. 이것은 문화 현실에 대한 전문적인 기사나 심층적인 취재와 기획이 언론에 의해서 체계적·지속적으로 이뤄지지 않고 있다는 점에서 문화 저널리즘이 장기적으로 해결해야 할 과제다.

또 온라인을 매개로 한 다양한 문화가 존재하며 지식 관련 논의의 생산이 매우 활발하고 관련 정보가 범람하는 현실 속에서 문화 저널리즘을 질적으로 신장시키기 위해서는 무엇보다도 다양한 종류의 문화 관련 이슈를 발굴하고 논의할 수 있는 전문적인 식견과 역량을 지닌 인력을 육성할 필요가 있다. 저널리즘의 분야에서 활발한 저술과 대중문화 현상에 대한 비평활동을 펼치고 있는 강준만은 '넷의 권력화' 시대에 문화 저널리스트가 지녀야 할 전문성에 대해서 다음과 같은 의견을 개진했다.[12]

인터넷의 무한복제 파워가 과거에 비해 문화 저널리즘을 왜소하게 만들었다는 점에도 주목해야 할 겁니다. 아니, 이젠 문화 저널리즘이 그 복제파워를 추

---

12 필자와의 이메일 인터뷰를 통해서 강준만 교수는 이러한 답변을 제시했다.

종하지 않을 수 없게 된 형국이지요. 이제 문화 저널리즘은 그 복제파워의 주체인 익명의 네티즌을 경쟁대상으로 삼아야 합니다. 그렇다면 남는 건 흔히 하는 말로 '내공'이 아닐까요? 전문성을 표나게 드러내지 않으면서 독보적인 전문성으로 상대적 우월성을 보여줄 수 있는 실력이 필요하게 된 거지요.

제도언론의 위기와 온라인 매체, 네티즌의 부상으로 상징되는 미디어의 급속한 환경 변화 속에서 '어떻게 문화 저널리즘의 질을 향상시킬 수 있는가'라는 간단한 질문은 답하기 어려운 숙고의 과정을 필요로 한다. 이 지점에서 문화 저널리즘의 제도화와 가시화를 위한 몇 가지 제언을 해본다.

첫째, 현재 벌어지고 있는 대중문화 공간의 확산과 문화를 매개로 표출되는 대중의 관심과 열망을 고려할 때 무엇보다도 문화 저널리즘이 상대적으로 독립되고 전문화된 영역이자 고유의 가치를 지니는 저널리즘의 주요 하부 영역이 될 수 있다는 점을 저널리스트와 문화 비평가가 주체적으로 자각할 필요가 있다. 동시에 문화 저널리즘의 활성화와 제도화를 위해서는 과거로부터 물려받은 관행에 입각해서 문화 저널리즘을 단편적인 문화 관련 이슈의 취재와 표피적인 기술로 접근하거나 난해하고 인상주의적인 비평작업과 결부시키는 기존의 시선을 극복하기 위한 노력이 이뤄져야 한다.

둘째, 무엇보다도 언론사는 당위의 수준을 뛰어넘어서 문화 관련 전문 저널리스트를 키우고 그 과정에 과감히 투자해야 한다. 이 점은 현재 가장 활발하게 이뤄지고 있는 영화나 영상비평이라는 특정 장르에 대한 관심을 넘어서서 학술, 문학, 대중예술, 건축, 사진, 대중음악, 멀티 미디어, 게임 등의 분야에 해박한 지식과 현실감각을 지닌 전문 기자 제도를 적극적으로 운영할 필요성을 제기한다. 필요시에는 장기간 문화 관련 취재를 가능하게 해주는 인력풀과 지원제도를 보강하고 해당 영역에 대한 전문성과 해석의 깊이를 확보함으로써 궁극적으로 대중의 변화하는 관심과 기호를 유연하고 발 빠르게 포착할 수 있어야 한다(고명섭, 2007; 구본준, 2008).[13]

셋째, 인터뷰 전문가를 등용하거나 심층취재 혹은 연작취재에 제한적으로만 사용되고 있는 심층 인터뷰와 포커스 그룹, 다큐멘터리적인 방법론과 르포의 활용, 그 밖에 자전적인 글쓰기를 포함하는 질적인 방법론을 사용함으로써 문화영역에 대한 입체적인 분석을 강화하고 문화면 기사 속에 투영되는 현장감이나 취재대상에 대한 기술에 좀 더 관심을 기울일 필요가 있다(김창남, 2003; Iorio, 2004).[14] 즉, 문화 관련 기사와 해석을 제공하는 데 활용되는 방법론과 포맷의 측면에서 기존의 관습적인 규준(norm)의 정형성이나 완고함을 고수하기보다는 질적인 개선과 발상의 전환이 필요하다는 점을 강조한다. 대중문화의 현장에 대해 단순한 일회성에 그치는 피상적 차원의 보도나 탐방기사가 아닌, 특정 문화현장의 독특한 리듬을 포착하고 다양한 관점으로 미시적인 문화 현실을 세밀하게 재현하는 독창적인 기사와 심도 있는 일련의 기획탐사가 요청된다는 점을 강조하고 싶다.[15]

또한 저널리즘의 보도관행에 대한 비판적인 연구에서 대중문화와 문화사를 포괄하는 다양한 주제를 논해온 언론학자 강준만은 현재 관심이 크게 일

---

13 물론 언론계에서 학술 전문 기자나 대중문화 전담 기자제도가 현재 일부분 개설됐고 운용되고 있으며 분야별로는 상당한 수준의 전문성을 갖춘 기자들이 있지만(고종석, 2000, 2006), 아직 그 수는 소수에 그치고 있다. 이들의 전문화를 지속적으로 유도하고 보완해줄 제도적인 지원책 역시 아직은 상당히 미진한 편이다.
14 아이오리오(Iorio, 2004) 등이 참가한 책은 문화연구의 주요한 방법론인 텍스트 분석, 포커스 그룹 연구, 민속지학, 참여 관찰, 사례 분석, 인터뷰 등의 질적인 연구방법론이 저널리즘 영역에서 좀 더 적극적으로 활용될 수 있는 구체적인 사례와 함의를 제시하고 있다.
15 대중문화의 주변부에 있지만 부상하는 새로운 문화의 기류와 대안적인 감성을 담고 있는 인디문화나 하위 문화(들) 혹은 문화적이고 음악적인 측면의 혼성성이 적극적으로 발현되는 대중음악 영역에 대해서 언론사는 준비된 인적 네트워크나 일정한 깊이와 식견과 전문가적인 지식을 지닌 전문·객원 저널리스트를 보유하고 있지 못하다. 그 결과 장르적으로 세분화되고 일정한 깊이를 가진 문화 저널리즘이 ― 이 경우 음악비평과 대중음악의 중요한 트렌드에 대한 심층적인 취재나 개성 있는 글쓰기 등이 ― 충분히 발현되지 못했다는 비판을 받고 있다.

고 있는 미시사나 신문화사의 측면에서 문화 저널리즘이 새로운 방향성과 성과를 얻을 수 있는 가능성이 존재한다고 제언했다.

> 이른바 '신문화사'가 '문화'를 매개로 기존의 정치사나 사회사가 소홀히 하거나 보지 못했던 것을 새로이 발굴하려 하는 것처럼 이제 문화 저널리즘도 '신문화 저널리즘'으로 패러다임 전환을 할 필요가 있다고 봅니다. 문화 저널리즘이 정치·경제·문화를 분리하는 기존 3분법의 문법에 따라 문화영역만을 취재와 탐구의 대상으로 삼는 걸 '구문화 저널리즘'이라고 한다면 '신문화 저널리즘'은 그런 3분법의 한계를 뛰어넘어 3자간 연관성을 규명하면서 문화적 현상의 근본과 본질을 드러내고 대중의 일상적 삶과 연계시켜 대중이 문화 소비자로만 머무르는 것을 넘어서게 만드는 데 기여하는 저널리즘이라고 정의할 수 있겠지요.

문화 저널리즘의 이름으로 발현되는 문화면과 문화칼럼을 통한 글쓰기와 해석 작업이 작은 주제를 세밀하게 혹은 대안적으로 접근하려 할 때, 미시사나 신문화사적인 관점이 문화 저널리스트에게도 상당한 통찰력을 줄 수 있다. 주지하다시피 신문화사는 문학적인 개념과 장치를 적극적으로 수용하면서 역사와 사회성을 구현하는 내러티브에 대한 심도 있는 이해를 바탕으로 역사적인 사건이나 인물 그리고 상징을 매우 잘고 세밀하게 형성된 텍스트와 담론으로 변환시킨다(Franklin, 2005; 강준만, 2007; 안수찬, 2013).

이러한 대안적인 접근은 문화현상을 좀 더 유연하고 대안적으로 – 혹은 아래로부터 – 파악하는 유용한 방식이며 현재 한국 사회에서 상당히 조명받고 있는 팩션이나 미시적인 역사와 판타지 장르에 대한 대중적인 관심과도 유기적으로 연계될 수 있다. 그러기에 현재 대중도 크게 주목하는 미시사나 문화사적인 작업과 관점이 문화 저널리즘에 기여할 소지가 상당하다.

이러한 사례가 시사하는 점은 더 긴 시간을 두고 체계적이고 심층적으로 이뤄지는 문화 관련 특집이나 '뚝심과 개성이 있는' 테마기획, 특정 문화현상에 대한 단순한 기술이나 정보의 제공을 넘어서서 대안적인 프레임과 유연하고 심도 있는 해석을 제시하는 방식이 활성화되어야 함을 의미한다. 동시에 특정 문화적인 사안과 쟁점을 다루는 데 있어서 미디어는 기존에 구축된 인적인 네트워크의 협소함을 벗어나 새로운 신진 인력과 문화 비평가들을 자문단과 필진으로 발굴하고 그들과 상시적으로 교류할 필요가 있다. 이는 언론과 학계 그리고 비평영역을 연결하는 워크숍과 모임의 정례화, 문화 담당 저널리스트의 재교육과 대안적인 커리큘럼의 개발을 통해서 일정 부분 이뤄질 수 있다고 생각한다.[16]

넷째, 문화 저널리즘에 대한 체계적인 분석과 구체적인 설명 틀을 제시하는 데 미디어 관련 학자들 역시 상당히 수동적이거나 필요한 만큼의 관심이나 열의를 구체적으로 실천하지 못하고 있다. 미디어 연구 분야의 경우 대중문화나 영상문화에 대한 관심과 분석작업이 상당히 축적되어 있고 강의와 세미나 등을 통해서 일정 부분 문화와 관련된 지식과 담론 현상이 문화 연구자를 중심으로 비교적 활발하게 이뤄져왔다.

그러나 학술적인 수준의 관심을 넘어서서 적극적으로 문화 저널리즘에 접근하고 그 위상과 내용을 정리·분석하며 외국의 사례와 비교하거나, 현업에 종사하는 언론인과 문화와 저널리즘 간의 관계 외에 문화보도와 글쓰기라는 화두를 놓고 씨름하는 학자는 아직 소수에 불과하다. 이 점은 미디어 학자들이 현직 기자들에게 요구할 일이 아니라, 스스로가 문화생산과 분석과정 속

---

16 물론 현재 미디어 교육이나 콘텐츠 영역에서 일부 관련된 연구와 방법론이 등장하고는 있다. 필자는 이런 측면에서 국내의 언론 관계 대학원 과정에서 문화 저널리즘 관련 커리큘럼이 적극적으로 개발·제공되고 언론인의 재교육, 미디어 연구자와 언론인 간의 협업을 통해서 문화 저널리즘을 구성하는 콘텐츠와 외연이 좀 더 튼실해져야 한다는 측면을 강조하고 싶다. 저널리즘 교과서가 전통적으로 제시해온 포맷을 과감하게 넘어서서 문학과 문화비평, 문화사, 매체미학 등의 분야에서 선택한 자료로 구성된 문화 저널리즘 프로그램이 제시될 필요가 있다.

의 행위자로서 더 구체적인 관심과 노력을 보여줘야 한다는 필요성을 강하게 시사해준다.

현재 이미 상당한 수준의 문화권력과 특화된 전문성을 발휘하고 있는 파워 블로거들 그리고 실제로 문화면을 제작하는 기자들의 활동과 비교할 때, 미디어 관련 학자들은 소수를 제외하고는 문화와 교양을 다루는 질적으로 수준 높은 저널리즘 작업, 특히 딱딱하고 관습적인 저널리즘의 문법을 넘어서서 문화현상을 탄력적으로 진단하는 유연하고 비판적인 관점과 방법론을 충분히 제공하지 못하고 있다.

이는 현재의 복잡다단한 문화 현실을 입체적으로 반영하는 저널리즘으로 문화 저널리즘을 수행하는 데 변화무쌍한 문화 트렌드의 함의를 포착하는 작업에서 학자들이 오히려 현장의 기자나 문화 비평가보다 때로는 뒤처져 있고 날카로운 문제의식도 정련하지 못한 학계의 현실을 반영한다. 물론 문화가 언론학이나 미디어 연구에서 단일하게 중요한 테마라고 말할 수는 없겠지만 다수의 언론학자는 미디어 산업과 정책 혹은 미디어 효과 같은 특정 주제에만 관심을 투사하고 문화 관련 이슈를 해석하고 비평하는 작업에 관심을 충분히 기울이지 않고 있다.

달리 말하자면, 문화가 시대의 화두인 세상에 저널리즘 분야의 정치 관련 테마에 대한 과도한 관심, 그리고 문화와 문화 저널리즘에 대한 상대적인 무관심이나 홀대를 넘어서서 빠른 속도로 변화하는 문화지형과 트렌드에 대한 정치한 연구와 지식 생산 측면의 개입을 소수의 문화 연구자만이 아닌 다양한 집단의 언론학 학자들이 적극적으로 모색하고 공동작업을 시도할 필요가 있다.

마지막으로 급속히 변화하는 대중문화의 트렌드와 재편을 거듭하는 현재의 미디어와 문화 정경 속에서 저널리스트와 문화 비평가들을 포함한 제도화된 저널리즘 영역 속의 전문가 집단이 네티즌과 대중이라는 문화 수용자와 주기적으로 소통하고 교류하는 통로를 유지할 필요가 있다. 예를 들면, 온라인을 매개로 소수의 기자가 관여하고 있는 블로그를 통해 수용자와 직접 접촉하고 상호작용을 더욱 활성화하거나 주기적인 집단 회의를 개최하는 등 인적인 교류를 통해서 독자의 의견과 반응을 구하는 방안을 운용함으로써 일정 부분 이뤄질 수 있다고 본다.[17]

문화라는 대상을 다루는 일은 매우 매력적이고 현실적인 함의와 성취도도 높지만 문화 저널리즘의 활성화와 제도화는 상당히 까다롭고 힘든 작업이다. 참신한 발상과 진지하고 상상력이 넘쳐나는 문화와 저널리즘을 연결짓는 분석과 비평 작업이 많이 등장하기를 기대한다.

---

17 전자의 경우 기자에게 수용자와 교류할 수 있는 기회를 주는 반면, 노동의 강도가 필연적으로 늘어나기 때문에 이를 보완하는 물질적인 보상이나 연수 혹은 재교육 등 인센티브의 부여와 같은 지원책이 마련되어야 할 것이다.

## 제9장 연습문제

1. 문화란 어떻게 정의할 수 있는가?

2. 대중문화의 역할은 무엇이며 문화가 변화하는 과정을 통해서 우리는 무엇을 알 수 있는가?

3. 세계화 시대에 문화의 '혼성화'를 예시하는 현상은 무엇인가?

4. 다양한 문화현상을 관찰하고 기술하는 언론의 비평작업과 글쓰기의 특징 및 함의(implication)는 무엇인가?

5. '문화 저널리즘'은 어떤 방식으로 정의할 수 있는가? 또 어떤 구성요소를 갖고 있는가?

6. 문화 저널리즘은 정치·경제·사회적인 사안을 다루는 저널리즘과 어떻게 차별화되는가?

7. 문화 저널리즘은 어떻게 활성화될 수 있는가?

▪ **요약**

    상업적인 전통 저널리즘이 사회 공론장을 위축시켰다는 인식 아래 지금까지 공론장을 회복하기 위한 많은 논의와 구체적인 운동이 있어왔다. 기존의 언론이 사회 엘리트 계층을 주요 취재원으로 보도하던 관행에서 벗어나 일반 대중을 공론장으로 끌어들이려 했던 노력이 그것이다. 전통 저널리즘을 대체한다는 의미에서 대안언론이라는 이름으로 진행됐던 일련의 노력은 사회 공론장에 대한 개념의 변화와 인터넷 매체의 등장에 따른 것이다.

    제10장은 대안언론의 등장과 사회적 역할, 대안언론의 유형 등에 대해 살펴보고 새로운 저널리즘의 형태로 도입된 공공 저널리즘의 태동, 공공 저널리즘이 추구하는 가치 및 지향점에 대해 논의할 것이다. 나아가 시민생활과 관련해 사회자본 형성을 위한 공공 저널리즘의 실천방법도 개략적으로 함께 설명한다.

# 제10장 대안언론과 공공 저널리즘

강내원(단국대학교)

## 1. 대안언론의 등장

'지금 텔레비전에서 나오는 이야기가 정말 사실일까? 사실 여부를 떠나 내 삶과 저 뉴스가 무슨 관계가 있을까?' 언론을 전공으로 선택한 학생이라면 한 번쯤은 이와 같은 마음으로 텔레비전이나 신문을 마주한 경험이 있을 것이다. 대체 저들의 뉴스 가치는 무엇인지, 왜 보통 사람의 삶과는 동떨어진 소식이 매일 신문의 1면이나 방송보도의 첫머리를 장식하는지 의문을 갖는 것은 당연하다. 특히 전통 저널리즘의 뉴스 가치 ─ 시간의 근접성, 저명성, 사회적 갈등, 인간적 흥미 등 ─ 와 저널리즘의 역사에 대해 비판적 학습을 했다면 궁금증은 더할 것이다. 근대 이후 인류의 역사가 표현의 자유를 확장해온 역사라면 어째서 저널리즘의 뉴스 가치는 저명성과 사회적 갈등 같은 '엘리트'의 이야기 위주로 다뤄지는 것일까?

위와 같은 모순은 언론이 상업화되면서 생긴 구조적인 악순환에 기인한다. 광고를 의식할 수밖에 없는 언론은 전통적인 뉴스 가치에 따라 그 나름대로 '독자를 위한 기사'를 썼으나 독자는 자신의 삶과 동떨어진 뉴스에 무관심했다. 사람들은 '자신들의 공론장'을 되찾고 싶어했고 이러한 노력은 시민운동과 대안언론의 등장으로 이어졌다.

## 1) 사회 공론장의 확대와 대안언론의 등장

### (1) 전통 저널리즘의 역기능과 사회 공론장의 재봉건화

물론 처음부터 생업에 종사하는 시민들이 '공론장을 되찾겠다'며 기존 언론과는 다른 새로운 매체를 만든 것은 아니다. 몇몇 학자가 전통 저널리즘의 역할을 비판했고 이러한 비판이 시민사회의 공감을 얻으면서 대안언론의 논의가 확산된 것이다.

공론장 개념을 정립해 전통 저널리즘 비판의 이론적 토대를 마련한 것은 독일의 철학자 하버마스(Jürgen Habermas)다. 그는 1962년에 펴낸 『공론장의 구조 변동(Strukturwandel der Öffentlichkeit)』에서 '공론장의 재봉건화(refeudalization)'라는 표현을 사용하며 "매스 미디어가 현대 사회의 공론장을 위축시켰다"고 주장했다. 공론장을 형성하고 성장시키던 언론이 점점 상업화되면서 오히려 공론장을 억압하게 됐다는 것이다. 대중은 신문과 라디오, 텔레비전 등에서 친밀감을 느껴 대량소비를 하며 공론장에 접근하려 했지만 판매를 극대화하기 위해 상업화된 대중매체가 대중을 수동적 참여에만 만족하도록 했다는 것이 그가 주장하는 '재봉건화'의 핵심이다(조맹기, 2007). 언론의 발달이 사상의 자유로운 시장을 성장시켜 표현의 자유가 극대화될 줄 알았더니 역으로 '미디어 경영자'라는 새로운 계급만 생겼을 뿐 시민은 다시 봉건적 상황에 놓이게 됐다는 것이다.

이후 매스 미디어에 대한 비판과 반성은 여러 학자에 의해 끊임없이 제기됐다. 미디어 액세스권을 주장했던 배론(Barron, 1973)은 "미국 수정헌법 제1조가 보장하는 표현의 자유는 미디어 경영자들만의 독점물"이라며 현대 매스 미디어 사회에서 시민은 봉건적 상황에 놓이게 됐다는 하버마스의 비판에 동조했다. 패터슨(Patterson, 1980)은 "기존의 전통적인 저널리즘은 정치보도에서 시민의 관여나 토론을 증진시키지 못하고 있다"고 주장했으며, 캐리(Carey, 1993) 역시 "언론은 공중으로 하여금 기자와 정치인, 전문가 간의 토론을 구경꾼과 같은 방관자의 입장에서 지켜보도록 소외시키는 정치 시스템의 한 부분이다"라고 비판했다. 비록 뉴스가 보도하는 정치이슈가 선거와 같은, 일반 시민이 꼭 알아야 할 사안이라 하더라도 언론이 그들의 목소리를 능동적으로 낼 수 있는 공간이 아닌 이상 시민은 방관자가 될 수밖에 없다는 것이다.

특히 전통 저널리즘에 대한 비판은 이를 매일 사용하는 대중 사이에서도 강하게 제기됐다. 1994년 ≪타임스 미러(Times-Mirror)≫의 여론조사 결과에 따르면 미국인 가운데 71%가 사회문제를 해결하는 데 언론이 오히려 방해가 된다고 답했다. 이 조사에서 언론이 사회문제를 해결하는 데 도움이 된다고 답한 사람은 25%에 불과했다. 또한 베네시(Benesch, 1998)가 1997년에 실시한 공공의제에 관한 조사결과에서는 조사자의 79%가 언론이 하는 일은 나쁜 뉴스를 보도하는 것이라고 답했다. 이러한 결과를 반영하듯 미국 신문협회가 발표한 성인 신문구독 인구의 비율은 1964년 80.8%에서 2007년 48.4%로 43년 동안 32.4% 포인트가 감소했다.

### (2) 사회 공론장의 확대

이처럼 미디어 저널리즘에 의해 사회 공론장이 위축되고 있다는 우려가 확산되고 있었지만 한편에서는 '사회 공론장은 개념이 바뀌었을 뿐 여전히 활발하게 존재한다'는 주장이 제기되기도 했다. 카페나 선술집에서 동료와 나누는 대화, 가정에서 가족과 하는 이야기가 여론을 형성하는 데 기여하고 나아가 정치에도 반영된다는 논리다. 시민은 일상에서 텔레비전이나 신문에 직접 자신의 의견을 반영시키지는 못해도 다양한 논조의 언론 중 일부를 선택해 대리만족을 느끼고 사적 대화의 소재로 삼는다. 우리는 지난 2008년 미국산 쇠고기의 재수입을 계기로 촉발된 촛불집회를 겪으며 출범 초 지지율이 아무리 높은 정권이더라도 국민의 지지를 얻지 못하는 상황에서는 제대로 정책을 펼 수 없다는 것을 확인할 수 있었다. 집회에 참석한 사람들 대부분은 평소 언론에 접근할 권한을 가지지 못했던 일반 시민이었으나 이들은 사적 공간에서 나눈 공적인 대화를 바탕으로 적극적인 정치적 요구를 실천했다.

오늘 하루 친구나 가족과 사적인 자리에서 나눈 공적 대화가 우리가 사는 사회에 영향을 줄 수 있다는 것이다. 반리어(VanLear, 1987)의 연구에 따르면 사적 대화내용 중 65%의 대화가 공적 항목에 할애되고 19%가 반(半)사적인 묘사, 그리고 단지 2%만이 개인적인 비밀이라고 한다. 즉, 우리가 일상에서 나누는 대화가 사회에 대한 시민의 태도를 형성하는 데 중요한 요인임을 입증했다. 현대 사회의 특성상 하버마스 등이 말하는 공론장을 형성하는 참여적 언론이 존재하기는 힘들지만 사적 공간에서 이뤄지는 공적인 대화를 '공론장의 대화'로 포함시킬 경우 사회 공론장은 곳곳에서 활성화되는 것이다.

공적인 자리가 아닌 사적인 공간에서 나누는 대화의 내용이 오히려 '진실한 의견 형성'에 도움을 준다는 연구도 있다. '멍석 깔아주면 잘하던 짓도 못한다'는 속담처럼 사람들은 사석에서는 자유롭게 대화를 나누다가도 토론과 같은 자리에 나가면 아는 것도 일부러 말하지 않는 경향이 있다. 실제로 엘리아소프(Eliasoph, 1998)는 자원 봉사자와 사회 운동가를 대상으로 한 민속지학적 현장조사를 바탕으로 "사람들은 오직 사적 영역에서만 자유롭게 정치 이야기를 한다"는 결론을 내렸다. 사람들이 '무대'에서 이야기를 할 경우 자신의 정치적 견해나 관심을 '불가사의하게 줄이는' 경향이 있는 반면, '늦은 밤, 친밀한 달빛 대화'를 속삭일 때는 정치사안에 대해 스스럼없이 이야기한다는 것이다. 사람들이 토론 등을 필요로 하는 공적인 자리에서는 침묵의 소용돌이에 빠져드는 반면, 가족이나 편한 사람과 대화할 때는 더 자유롭게 대화하는 경향이 있는 것이다.

한편 인터넷은 사회 공론장의 확대를 가져왔다. 인터넷으로서 가능해진 송수신자 간 상호작용 — 온라인 저널리즘과 블로그(blog)를 활용한 1인 미디어 등 — 으로 가상세계에 새롭게 공론장이 생성된 것이다. 가상세계에서 사람들은 이러한 상호작용을 활용해 서로의 의견을 교환하고 공공생활에 능동적인 참여자가 될 수 있는 기회를 얻게 됐다.

특히 블로그를 활용한 1인 미디어는 '기자 - 독자'의 수직적인 관계를 수평적 관계로 만들어 기존 언론의 한계였던 정보의 일방성과 같은 단점을 극복하는 데 중요한 역할을 하고 있다. 포털 다음의 경우 개인 블로거들의 '블로거뉴스(bloggernews)'라는 코너를 통해서 뉴스를 소개하고 있다. 2008년 기준으로 약 9만 명이 넘는 블로그 기자가 활동 중이며 많이 본 블로그 뉴스의 경우 조회 수가 수십만 건을 넘고 있다(도준호, 2009). 인터넷으로 상호작용이 가능해진 가상세계에서는 독자의 안건을 언론에 직접 알리고 의견을 교환하는 등 공론장이 확대된 것이다. 이제 과거처럼 정보나 내용이 일방적으로 전달되는 것이 아니라 커뮤니케이션 기술에 의해 매개된 환경이 만들어지고 이 환경을 이용자가 체험하는 상호작용이 일어나고 있다.

물론 최근 '미네르바 사건'과 '촛불집회' 등을 겪으며 인터넷에서 형성되는 여론 및 공론장의 건전성에 대한 논란도 끊이지 않고 있다. 확인되지 않은 정보의 대량유통으로 부정확한 정보를 접한 대중이 잘못된 여론을 형성해 정책의 혼선을 가져오는 결과를 낳는다는 지적이다. 하지만 이러한 견해에 대해 뉴욕대학교 교수이자 미디어 컨설턴트인 자비스(Jeff Jarvis)는 '오해하는 경우가 많지만 한 명의 블로거가 ≪뉴욕 타임스(The New York Times)≫와 경쟁하는가, 그렇지 않은가의 문제가 아니다. 수백만 명의 블로거가 한데 뭉쳐 거대 미디어에 대항하게 됐다는 점이 중요하다'고 말한다. 인터넷 여론의 건전성을 논하는 것도 중요하지만 인터넷으로 형성된 사회 공론장이 매스컴과 사회의 기존 관계를 바꿀 만큼 커다란 영향력을 지니게 된 것을 인정해야 한다는 것이다.

2) 대안언론의 태동

대안언론(alternative journalism)의 등장은 전통 저널리즘에 대한 비판과 사회 공론장 위축에 대한 논쟁, 그리고 인터넷과 같은 뉴 미디어 기술 발달을 바탕으로 한다. 기존의 미디어는 민주주의와 여론의 관계에서 공론장을 형성하는 데 실패한 반면, 사회 공론장에 대한 대중의 의식은 전통 저널리즘이 실현할 수 없는 '사적 공간에서의 공적 대화'를 공론화시킬 수 있는 대안적 매체를 원하게 된 것이다. 앞서 언급한 바와 같이 전통 저널리즘에 대한 학자들의 비판적 견해는 대중적 공감대를 얻고 다양한 시민 언론운동을 바탕으로 대안언론이 태동하게 된다.

맥체스니(McChesney, 2008) 같은 학자는 주류 언론의 현실적인 실패가 그들의 상업적인 소유구조, 친기업적인(pro-corporate) 공공정책, 그리고 이른바 '전문 언론(professional journalism)'에 대한 신화와 깊은 연관이 있다고 주장한다. 대안언론은 주로 시장 중심적인(market-oriented) 언론이나 정부 소유의(government-owned) 언론에 대한 대안적 형태를 말한다. 대안언론의 옹호자들은 주류 언론은 편향적이라고 주장한다. 대안언론의 주제나 내용도 종종 편향적이긴 하지만 대안언론의 편향성은 주류 언론의 편향성과는 차이가 있다. 오히려 대안언론 매체는 주류 언론과는 다른 자신의 편향성을 자랑스러워하기도 한다. '대안'이라는 용어 자체가 사회적 비주류화(self-marginalization)의 의미를 가질 수도 있기 때문이다. 한편 대안언론 중에는 '대안'이라는 용어 대신 '독립(independent)'이라는 용어를 사용해 스스로 '독립언론'이라 부르기도 한다.

대안언론은 기존 언론이나 정치권력 등과 같은 기득권 세력에 대항하는 저항의 성격을 가지고 있기도 하다. 그래서 대안언론은 노동운동 혹은 민중운동 진영에서 지하언론 형태로 제작·배포한 경우가 많아 민중언론 혹은 대항언론 등으로 개념화되기도 한다(최형묵, 2005). 특히 소유구조나 중심 의제 차원에서 기존 주류 미디어와는 분명한 차별성을 가졌다는 것이 대안언론과 기존 언론을 구분하는 중요한 차이점이다. 즉, 대안언론은 자본과 권력에 대해 독립적이고 기존의 언론에 대항해 시민이 비영리적으로 운영하는 매체다.

시민의 욕구가 대안언론의 등장으로 이어진 것은 나라마다 약간의 시차를 두고 있다. 해밀턴과 애턴(Hamilton and Atton, 2001)은 1960년대 이후 미국과 유럽에서 신사회 운동(new social movement)의 전개와 정치적·경제적 종속에 대한 저항이 분출하면서 대안 미디어의 사례가 확산됐다고 언급한다. 독일의 경우는 1973년을 대안신문의 출발 원년으로 보고 있다. 독일에서 좌파적 사회운동 및 학생운동이 활발하던 1960년대가 지나고 1970년대에 와서 학생운동이 와해되는 등 변화의 조짐이 보이자 공동체 의식이 부각되면서 '대안'이라는 개념이 자리를 잡았던 것이다. 아울러 여러 주변 문화가 이 공동체 의식을 지향하면서 하나의 공통분모가 형성되는데 콩방디(Cohn-Bendit, 1988)는 이런 분위기를 대안언론의 잉태기로 봤다.

## 2. 대안언론의 사회적 의미와 유형

### 1) 대안언론의 사회적 의미

서두에서 대안언론의 배경에 대해 논의한 것처럼 이 운동은 자본과 권력에서 자유롭지 못한 기존 저널리즘의 대안으로 등장했다. 주류 언론이 '객관성의 신화'를 무기로 엘리트 계층에 주목하는 동안 가려지고 드러나지 않았던 소수계층의 현실을 반영하며 그들의 목소리를 대변한 것이다. 이러한 대안적 매체는 기존의 언론이 주목하던 엘리트 계층이 아닌 여성, 노동자, 농민, 유색인, 동성애자 등을 대상으로 주류 미디어에서는 사장되는 정보나 도외시되는 주변적 인물 또는 소수집단을 취재·보도하기 시작했다(박선희, 2001). 그래서 기존의 언론이 중심부 인물을 중심으로 기사화하는 데 비해 대안언론은 주변부의 도외시되고 천대받는 사람들을 기사화한다(허미영, 2004). 결과적으로 대안언론은 전통 저널리즘에 의해 주목받지 못하던 소수자에게 미디어 접근 기회를 제공하고 나아가 민주주의에 기여할 수 있다. 상업화된 기존 미디어로 인해 수직적으로 정보를 수용하기만 하던 일반인들이 대안언론을 통해 자신들의 목소리를 내며 사회 구성원으로 참여할 수 있기 때문이다.

대안언론이 기존 매체에 대해 '대항적 목적'을 지니고 있더라도 위와 같은 대안언론의 사회적 의미와 역할은 기존 매체를 보완하는 것으로 보이기도 한다. 전통 저널리즘이 엘리트 계층에 초점을 맞추며 전문적이고 상업화된 내용을 다룬다면 대안언론은 비상업적이며 비전문적인 특성으로 일반인의 목소리를 담아내 다양한 사회의 가치를 반영한다. 즉, 대안언론은 우리 주변의 소외된 목소리를 낼 수 있는 '사회의 모세혈관'과 같은 역할을 수행하며 일반 시민의 의견이 공론장으로 드러날 수 있는 작은 언로의 역할을 하고 있는 것이다.

### 2) 대안언론의 유형

대안언론은 매체의 종류와 기사의 소재 등에 따라 다양한 유형을 보인다. 국내에 도입된 대안언론을 유형별로 살펴보면 다음과 같다.

#### (1) 매체 종류에 따른 분류

대안매체의 유형을 크게 나누면 대안신문, 대안방송 혹은 자유방송, 비디오 그룹, 실험적 영화 및 사진 그룹 등으로 분류할 수 있다. 이중 전달되는 영역이나 다양성으로 볼 때 인터넷 신문과 같은 대안신문이 가장 핵심적 분야다(박춘서, 2006).

① 인터넷 신문: 1998년 7월 4일에 창간한 ≪딴지일보≫는 기존 신문을 패러디한 우리나라 대안신문의 효시로 꼽힌다. 인터넷을 이용하기 때문에 탈자본화·탈중심화라는 대안매체의 특징에 충실할 수 있으며 전통 저널리즘에서 다룰 수 없었던 통쾌한 읽을거리를 제공해 독자들의 관심을 얻었다. 이 밖에도 전북지역 시민단체 인사를 중심으로 도민의 후원금을 모아 2002년 11월에 창간한 ≪참소리≫, 2003년 12월 29일 창간한 ≪브레이크 뉴스≫ 등이 있다.

② 대안방송: 대표적인 대안방송으로는 RTV(시민방송)가 있다. 1980년대 말 국민주 신문인 《한겨레》 창간 이후 국민주 방송을 만들기 위해 방송 민주화 운동을 주도해온 시민단체와 방송 전문가들이 모여 2002년 개국한 RTV는 일반인에게 영상촬영과 편집 등을 교육하는 시민제작지원센터(Citizen's Network Center, CNC)를 운영하며 시민 제작의 활성화를 꾀하고 있다. CNC는 자체 스튜디오와 기자재, 편집 교육실을 개방해 시민의 미디어 활용능력을 높이고 있다.

하지만 방송통신위원회의 시청자 참여 프로그램 정책 변화에 따라 2009년부터 RTV에 대한 지원금이 전면 중단되면서 운영의 위기를 맞고 있다. <이주 노동자 세상>, <나는 장애인이다> 등 10여 개 정규 시청자 참여 프로그램이 2008년 12월을 기점으로 방송을 종료한 상태다.

(2) 기사 소재에 따른 분류

① 농촌: 전국귀농운동본부에서 귀농하는 사람들을 위해 발행하는 귀농잡지로 1996년 2월 창간한 《귀농통문》이 대표적인 대안언론으로 꼽힌다. 귀농의 필요성과 귀농 준비, 농사일 적응과정과 현실적인 어려움을 게재하기 때문에 크게는 귀농문제뿐만 아니라 자본주의적 삶에 대한 대안적인 삶의 가능성을 제시한다(허미영, 2004).

② 노동운동: 전국민주노동조합총연맹에서 발관하는 기관지로 1997년 3월 18일 창간한 《노동과 세계》, 최초의 노동 관련 종합 일간지로 기존의 관급 기사에 의존하는 취재관행에서 벗어나 대안적인 취재 방식과 편집 방식을 추구하는 《노동일보》 등이 대표적이다.

(3) 지역 미디어

현행법상 주간으로 발행하고 있는 지역신문은 윤전기 없이도 발행이 가능하기 때문에 대자본의 도움 없이도 시군지역을 중심으로 10명 내외의 인원으로 제작과 배포가 가능하다는 점에서 대안언론의 성격을 띠고 있다(장호순, 2001). 대표적 지역언론으로는 충북 옥천군의 ≪옥천신문≫, 강원 속초시의 ≪설악신문≫, 충남 홍성군의 ≪홍성신문≫ 등이 있다. 인터넷판 ≪옥천신문≫의 신문사 소개를 보면 다음과 같은 내용이 있다.

> 모든 것을 아우르려는 거대 언론들, 수많은 카테고리를 만들어 등급을 매기면서 신문사의 입맛대로 모든 것을 정렬하는 거대 언론들에게 지역은 늘 '변방'이었습니다. 그와 반대로 서울지역에 사는 힘 있는 사람들, 그들은 언제나 주인공이었습니다. …… 지역 안에서 또 하나의 '작은 권력'이 아닌 '조그만 징검다리'가 되고자 합니다. ≪옥천신문≫에서는 여러분이 바로 주인공입니다. …… 하고 싶은 이야기, 마음속에 담아뒀던 이야기들 오래 묵혀두지 마시고 표현하십시오. 전화를 하셔도 좋고, 이메일로 보내도, 편지로 써도, 직접 기사를 쓰셔도 좋습니다.

여느 대안언론처럼, 자신의 지역이 주류 사회나 주류 언론으로부터의 소외당하거나 비주류로 여겨지는 데 대한 반동으로 시작됐음을 강조하고 지역사회와 함께하는 언론의 역할을 하겠다고 밝히는 것이다.

## 3. 공공 저널리즘의 가치와 한계

### 1) 공공 저널리즘의 대안적 성격

우리는 일상 대화에서 종종 신뢰를 얻기 위해 '나 그 내용 신문에서 봤어'라는 말을 쓴다. 사람들은 신문에 나온 사실을 쉽게 '진실'로 받아들이며 언론을 통해 전파되는 내용은 충분히 신뢰할 수 있다고 생각한다. 그동안 전통 저널리즘이 추구해온 객관성과 과학성의 결과라 할 수 있다. 하지만 언론이 기반을 두고 있는 이러한 객관성이나 과학성이 무너지는 사례는 적지 않다. 한미 FTA 협상이 진행되던 2006년 주요 언론은 자신의 입장에서 가장 '객관적이고 과학적인' 보도를 했으나 각 언론사가 보도했던 뉴스의 내용에는 상당한 차이가 있었다. 전통 저널리즘이 견지하고 있다고 믿었던 객관주의는 어쩌면 '신화'에 불과한 것인지도 모른다.

주류 매체가 수요자를 최대한 확보해 이윤을 올리는 것을 주 목적으로 삼는다면 대안언론은 새로운 사상을 전파하고, 정치적 권력을 탈중심화시키며, 사회변화를 선도하려는 목적을 지닌다. 이처럼 대안언론은 기존의 언론이 견지하려 했던 객관성보다는 특별한 의도와 목적을 띠는 경향이 있다. 한편 주류 언론에서 정치와 시민사회의 괴리, 사회문화적 소외나 분화의 심각성, 엘리트 중심의 언론 등에 대한 반성에서 출발한 공공 저널리즘은 성격과 특징에서 대안언론의 한 유형으로 오해받기도 한다. 전통 언론에 대한 대안적 성격과 일반 시민의 이야기를 주요 소재로 다룬다는 유사성 때문이다. 하지만 실행주체와 목표에서 엄연한 차이가 있다.

'공공 저널리즘'이 대안언론과 혼동되어 오해를 받는 이유 중의 하나는 영어 명칭을 번역했을 때 비슷하기 때문이다. 시민사회의 목소리에 주목하는 공공 저널리즘(PUBLIC journalism)은 시민 저널리즘(CIVIC journalism)이라고도 부른다. 한편, 대안언론은 주류 언론의 종사자가 아닌 일반 시민에 의해 주로 운영되기 때문에 시티즌 저널리즘 혹은 시민 저널리즘(CITIZEN journalism 혹은 CITIZEN-oriented journalism)이라고 부른다. 문제는 영어의 형용사 'civic'과 명사 'citizen'이 모두 '시민'으로 번역되어 사용되면서 개념에 혼란을 가져온 것이다. 요컨대, 주류 언론의 객관성을 비판한다는 관점에서는 공공 저널리즘과 대안언론이 유사하지만 두 저널리즘은 목표와 실행주체에서 차이가 있다. 공공 저널리즘의 목표가 전통 미디어 안에서 새로운 저널리즘의 관행을 만드는 것이라면 대안언론으로서 시민 중심 저널리즘의 목표는 전통 미디어에 대한 대항적·대안적 미디어와 담론 생산의 시스템을 모색하는 것과 관련된다. 이러한 연유로 전자는 언론운동 차원의 문제 제기며, 후자는 시민운동 차원의 문제 제기라고 비유되기도 한다(최영묵, 2005).

언론의 '객관주의 신화'에 대한 반성과 재조명은 공공 저널리즘이 등장하는 데 중요한 배경이 됐다. 기존 언론이 엘리트 계층을 주요 취재원으로 다룬 것이 엘리트 계층에 대한 신뢰에서 비롯됐다면 객관성을 일종의 '신화'로 간주하는 공공 저널리즘 주창자들은 이러한 엘리트 위주의 취재보도 행태를 지양하려 했다. 허상에 불과한 객관성을 지키기 위해 엘리트들을 취재하는 동안 일반 시민의 언론과 정치에 대한 무관심이나 냉소만 커졌다는 것이다.

이와 같은 공공 저널리즘에 대한 학문적·철학적 이해는 공중과 언론의 관계에 대한 리프만(W. Lippmann)과 듀이(J. Dewey)의 논쟁에서 찾을 수 있다. 사람들은 자신의 선유 경험과 지식을 바탕으로 세상을 이해하기 때문에 지식의 폭과 깊이가 적은 일반 사람은 정부정책을 제대로 이해할 수 없다는 것이 리프만의 입장이다. 따라서 리프만은 언론이 다양한 분야의 전문가로부터 '객관적 사실'을 취재해 시민에게 알려야 한다고 말한다. 반면 듀이는 민주주의의 발전을 위해 공중의 참여를 강조하고 언론이 커뮤니케이션을 위한 이성적인 공적 담론(public discourse)의 장을 끌어내야 한다고 주장했다(Whipple, 2005).

공공 저널리즘은 듀이의 관점과 깊은 관계가 있다. 로젠은 공공 저널리즘이 바로 "듀이를 말하려 했던 바"(Rosen, 1999a: 24)라고 말한다. 공공 저널리즘은 엘리트 계층이 아닌 일반 시민의 삶과 밀접한 문제에 접근하는 언론활동을 통해 시민을 공론장으로 참여하도록 유도하는 특정 목적을 지닌다. 요컨대 공공 저널리즘은 시민에게 공공생활과 지역 공동체의 문제 등에 대한 토론의 장을 제공할 뿐만 아니라 시민의 관심사를 언론보도의 중심적 의제로 삼으려는 것이다(김은규, 2003).

공공 저널리즘은 지역을 저널리즘의 '대상'이 아닌 참여하도록 만들어야 할 '목표'로 바라본다. 그래서 시민이 체감할 수 있는 지역 밀착형 기사가 프로젝트(또는 캠페인)의 성격을 띠고 장기적으로 다뤄진다.

## 2) 공공 저널리즘의 태동과 추구된 가치

1980년대 후반부터 미국에서 수행된 공공 저널리즘은 애초에 신문운동으로 시작됐으나 점차 공영방송, 상업방송, 공영 라디오 방송, 그리고 상업 라디오 방송으로 퍼져 나갔다. 공공 저널리즘은 독자의 외면과 수익의 감소로 인해 위기감을 갖게 된 신문 경영진, 현대 사회에서의 언론의 역할을 재조명하려던 학자, 이에 공감한 유관재단에 의해 태동한 것이다(Rosen, 1999b; Sirianni and Friedland, 2001). 이들이 추구한 공공 저널리즘은 점차 확대되는 정치와 시민사회의 괴리, 시민의 사회문화적 소외나 분화의 심각성, 엘리트 중심의 언론 등에 대한 반성에서 출발했다.

미국 캔자스 주 위치토(Wichita)의 공공 저널리즘은 성공적인 사례로 자주 언급된다. 이 지역 공공 저널리즘의 핵심적 역할을 수행한 사람은 지역신문인 ≪위치토 이글(The Wichita Eagle)≫의 편집장 메리트(Davis "Buzz" Merritt)다. 그는 기존 언론의 보도관행에 대해 다음과 같이 지적한다.

> 지역사회 시민생활의 상당 부분은 저널리스트의 일반적인 시야를 벗어난 곳에서 이뤄진다. 저널리스트는 단지 사회적 이슈의 외연적 상징(signs)이나 징후에 반응하거나 공직자가 그 이슈를 어떻게 다루는가에 반응할 뿐이다. 그보다는 독자나 시청자에게 존경과 신뢰를 얻을 수 있는 진정성(authenticity)을 갖고 이슈를 보도하는 것이 중요하다(PCCJ, 1996: 3).

메리트는 공공 저널리즘이 언론의 진정성을 구현할 수 있는 방법이라 믿고 실천에 옮긴 것이다. 요컨대, 공공 저널리즘의 기본 원칙은 많은 사람을 공공의 토론장에 나오게 만들고 그들의 목소리를 장기적으로 언론에 반영해 궁극적으로는 정책입안에 시민이 참여할 수 있는 장을 마련해야 한다는 것이다. 즉, 공공 저널리즘은 공공문제에 대한 시민의 토론을 활성화시키고 언론과 시민을 연결시키는 데 주안점을 두고 있다(Rosen, 1999b). 따라서 공공 저널리즘은 언론과 시민, 시민과 시민, 엘리트와 시민사회 구성원 간의 활발한 상호작용의 필요성을 강조하는 것이다.

이러한 상호작용이 원활하게 이뤄지면 그 사회의 사회자본(social capital)은 증대된다. 사회자본이란 "공동의 이익을 위한 협조나 협동을 용이하게 하는 연결망, 규범, 신뢰 등과 같은 사회구조상의 특질"이라고 정의할 수 있다(Putnam, 1993: 35~36). 사회자본에 관한 본격적인 논의를 불러일으킨 퍼트넘(1995)은 사회자본의 쇠퇴에 관한 종단적 연구를 통해 오늘날 사회자본 쇠퇴는 예전의 공동체적 생활의 실천과 참여 민주주의의 기능을 약화시키고 있다고 주장했다. 공공 저널리즘의 지향점이 사회 내 시민생활의 회복과 공론장의 활성화라고 할 때 이러한 사회자본에 관한 학문적 논의는 공공 저널리즘의 실천적 논의에 하나의 준거점이 될 수 있다. 여러 유형의 사회문제를 성공적으로 해결하기 위한 중요한 요소로 사회자본이 작용할 수 있으며 그러한 사회자본은 공공 저널리즘을 통해 더욱 활성화될 수 있을 것이다.

일반적으로 특정 사회에 쟁점이 발생하면 그 해결은 엘리트를 중심으로 이뤄지는 경우가 대부분이다. 왜냐하면 엘리트는 사회 내의 여러 자원(資源)을 통제하고 있으며, 또한 특정 문제나 논쟁이 발생할 때 이에 관한 의사 결정의 과정을 적극적으로 조직하고 조정하기 때문이다. 물론 이러한 엘리트 중심의 의사 결정 과정이 전적으로 일반 대중을 제외시키는 것은 아니지만 민주적 의사 결정 과정이라는 기준에서 보면 엘리트가 이들 일반 대중의 의견이나 주장을 제대로 반영하고 있는가 하는 점이 중요한 문제로 대두된다. 이러한 문제점은 언론매체의 보도에서도 나타난다. 언론은 공공의 문제를 다룰 때 주로 엘리트 집단, 권력가, 정부기관 등의 의견을 반영하는 경향이 있다.

프리드랜드와 맥러드(Friedland and McLeod, 1999)는 이러한 엘리트 중심의 사회 연결망 구조와 그를 반영하는 언론매체의 역할에 대해 재검토했다. 이들은 엘리트와 여러 대중집단의 관계에서 이 사이에 위치하는 중계적 차원(intermediary level)의 조직이나 단체의 중요성을 강조한다. 즉, 프리드랜드와 맥러드는 이러한 중계적 위치에 있는 조직이나 단체가 사회 구성원이나 그들의 연결망을 동원하는 역할뿐만 아니라 엘리트 연결망 중심의 의사 결정 과정에 제한을 가할 수 있는 역할을 동시에 할 수 있음에 주목하고 이러한 중계적 조직들이 지역사회 내의 민주적 참여에서 중심적 역할을 해야 한다고 주장한다. 이러한 개념화에 근거해, 이들은 사회통합의 '3층위 모델(three-layer model)'을 제안했다. 맨 위의 층위는 공공기관이나 조직을 포함하며 엘리트 연결망이 위치한다. 둘째 층위는 여러 유형의 시민단체나 자생적 단체(중계적 단체)를 포함하며 엘리트와 대중 간의 연결이 이뤄지는 곳이다. 그리고 셋째 층위는 대중과 그들이 구성한 연결망이 존재한다.

프리드랜드와 맥러드의 주장은 기존의 엘리트 지향적 뉴스보도 관행에 대한 비판적 시사점을 지닌다. 사실 기존의 저널리즘 관행에 대한 하나의 대안으로 등장한 공공 저널리즘은 사회문제를 취재·보도하는데 이러한 세 층위 간의 관계를 아우르는 새로운 취재보도 방식이며 성공적인 사례가 상당수 보고되고 있다.

간단히 말해, 공공 저널리즘은 뉴스와 민주주의의 관계와 연관된 새로운 언론 형태다. 본질적으로 민주주의란 '정보에 정통한 공중(informed public)'을 필요로 하는데 여기서 말하는 공중이란 자신의 문제점을 생각하고 그 문제점에 대해 어떠한 행동을 취할 수 있는 능력을 갖춘 이들의 집합체를 말한다. 만일 민주주의가 이러한 시민을 길러내지 못한다면 신문이나 방송은 필요 없는 존재가 되고 만다. 또한 언론이 없다면 시민이 공중의 형태로 모양을 갖추기란 어렵다. 이러한 인식이 공공 저널리즘 운동의 핵심이다.

### 3) 공공 저널리즘의 지향점과 보도 방식

공공 저널리즘은 시민의 민주적 참여와 공공 토의를 활성화시키는 것이다. 또한 공공 저널리즘은 시민이 공동의 관심사에 관여할 수 있는 수단을 구축하고 일종의 공동체 의식을 가질 수 있도록 도움을 줘야 한다. 다시 말해, 공공 저널리즘은 정치적·사회적 문제에 대한 공론장의 활성화를 통해 '사회자본'의 축적을 지향한다. 사회 내에 여러 갈등적 문제(선거, 교육, 환경, 사회범죄 등)가 발생했을 때 다양한 사회 층위를 형성하는 구성원의 숙의(deliberation)를 통해 해결책을 모색하려고 시도하는 공론장의 기능을 공공 저널리즘이 제공할 수 있는 것이다. 따라서 공공 저널리즘은 언론의 관행을 새롭게 구축하려는 기술적 차원의 노력이라기보다는 시민생활 그 자체에 관한 것으로서 민주주의의 건강성, 지역사회의 연결, 시민 참여 등의 목표를 지닌다(윤태진·강내원, 2001).

시민생활은 단순히 정보만을 수용하는 것으로 유지되거나 발전할 수 없다. 이런 점에서 시민생활의 유지와 공공 저널리즘의 가치는 서로 연관되어 있다. 공공 저널리즘은 시민이 공공생활에 다시 참여하도록 새로운 언론양식을 채택하고 있다.

공공 저널리즘적 보도 방식의 대표적인 특징은 '시민 중심의 보도'와 '과정 중심(process-oriented)의 장기적인 보도'라고 할 수 있다. 공공 저널리즘적 시각에서 보면 기존 언론의 보도양식은 사회 지배층이나 전문가 등과 같은 사회 엘리트를 중심으로 이뤄졌으며 시민의 목소리나 관심거리가 상대적으로 소외됐다. 따라서 공공 저널리즘을 추구하는 언론은 시민사회와 일정한 거리를 유지하면서 감시자적인 역할만을 할 것이 아니라 시민사회 내부에 들어가서 공공생활에 참여하고 거기에서 발생하는 여러 문제의 해결에 조력자적 역할을 수행해야 한다고 보는 것이다.[1]

---

[1] 공공 저널리즘이 활성화됐던 미국의 성공적 사례에 대해서는 메리트(1998), 로젠(2000),

기존 언론의 보도관행은 공공생활과 관련된 이슈나 문제점을 보도할 때 대안 없는 일회성 문제 제기의 수준을 벗어나지 못한다는 비판을 받는다. 또한 공공생활과는 거리를 두고 극단적인 대립을 부각시키는 사건 중심(event oriented)적 보도행태는 많은 지적을 받았다. 이와 달리, 공공 저널리즘은 사건 중심이 아닌 이슈나 과정 중심적 보도를 추구한다. 즉, 사회 갈등적인 문제를 다룰 때 관련된 주요 이슈를 부각시키고 공공 토의에 붙여 그 해결책을 모색한다거나 그 문제와 관련된 원인 규명, 다양한 입장 간의 견해 차이, 문제 해결의 방안 등과 같은 일련의 문제 해결을 위한 과정을 지속적으로 보도하는 것이 필요하다고 본다.

### 4) 공공 저널리즘 평가

공공 저널리즘에 대해서는 호응도 많았지만 그에 못지않게 비판도 많았다. 이러한 비판은 크게 첫째, 기존의 전통적 저널리즘이 고수한 객관성의 훼손, 둘째, 고유의 감시기능을 포기한 채 특정 목적을 위한 노골적인 옹호 혹은 후원, 셋째, 재정적 수익을 얻기 위한 상업적 전략, 넷째, 새로울 것이 없는 기존 기법의 포장, 다섯째, 한국과 미국의 상이한 언론 토양을 고려하지 않은 무비판적 수용 등으로 정리할 수 있다.

이중에서 객관성의 문제와 한국과 미국의 서로 다른 언론 배경에 대해서만 간략하게 살펴보자. 공공 저널리스트들은 시민생활 안에서 취재·보도하는 참여자로서의 기능(혹은 시민으로서의 언론인) 때문에 언론이 지켜야 할 원칙 중 하나인 객관성이 훼손된다고 비판한다. 하지만 이러한 지적에 대해 메리트는 객관성의 개념이 과연 현실세계로 옮겨질 수 있느냐고 반문한다. 그는 공공 저널리즘을 객관성이나 균형성, 공정성의 포기 차원에서 이해할 것이 아니라

---

하스(Hass, 2007) 등을 참조하라.

언론이 현실적 문제에서 떨어져 기능해서는 안 된다는 차원이 더 강조되어야 한다고 주장한다.

또한 한국 학계에서는 지역시민을 대상으로 한 공공 저널리즘의 수용을 경계하기도 한다. 한국 사회가 미국과는 달리 중앙 중심으로 움직이고 있어 공공 저널리즘을 그대로 적용하는 것은 많은 무리가 따를 수 있다고 지적하는 것이다(김민남, 1998). 또한 한국 언론은 초기 출발부터 객관주의적인 보도보다는 계도적인 입장에서 시민사회에 지나치게 개입하는 계몽주의적 특성을 보여왔기 때문에 공공 저널리즘보다는 오히려 객관성을 견지하려는 노력이 필요하다는 주장도 있다(안병길, 2003). 즉, 미국과 전혀 다른 언론 풍토를 갖고 있는 한국 언론에 공공 저널리즘이 '만병 통치약'인 것처럼 도입되는 것은 무리가 있다는 것이다.

## 4. 사회자본 형성을 위한 공공 저널리즘적 실천

### 1) 시민생활에 대한 이해와 노력

공공 저널리즘을 실행하기 위해 언론이 어떻게 시민생활에 근접해갈 수 있는가? 또한 공공 저널리즘은 어떻게 시민생활 내의 사회자본 축적에 기여할 수 있는가? 여기서는 유사한 맥락에서 퓨 공공 저널리즘 센터(Pew Center for Civic Journalism, PCCJ)[2]가 제시한 방식을 중심으로 논의하려 한다.

지역사회의 공공 저널리즘 실행을 위한 근원은 시민생활 전반에 대한 일반적인 이해에서부터 시작해야 한다. PCCJ는 공공 저널리즘의 근원이 되는 지역

---

[2] 1993년 설립된 PCCJ는 10년간 1,300만 달러를 들여 미국 전역의 공공 저널리즘을 지원했으며 2003년 5월 사업을 종료했다. 이로 인해 공공 저널리즘이 큰 타격을 입었다고 보는 시각이 있다.

사회의 시민생활을 알아가는 데 필요한 네 가지 틀(civic life frameworks)을 제공하고 있다(PCCJ, 1996). 즉, 공공 저널리즘을 목표로 하는 기자가 고려해야 할 시민생활의 틀에는 시민생활의 층위 탐구, 상이한 지역에 대한 올바른 이해, 지역사회 지도자의 유형 숙지, 시민과의 관여(engagement) 등의 사항이 있다.

(1) 시민생활의 층위 탐구

저널리스트는 최소한 다섯 가지 유형의 시민생활 층위(차원)를 탐구하고 이해해야 한다. 즉, 지역사회의 공직자 층위('official' layer), 시민조직이나 옹호단체 등에 관여하는 조직이나 사람을 포함하는 층위('quasi-official' layer), 교회, 공회당, 식당 등 함께 모여서 뭔가를 할 수 있는 시민대화와 시민공간의 층위('third-place' layer), 마켓, 커피숍, 공원과 같이 시민의 비정형의 상호작용이 일어날 수 있는 시민생활의 층위('incidental' layer), 사생활이 보장되는 시민의 가정에서 형성되는 층위('private' layer) 등을 탐구해야 한다.[3]

(2) 상이한 지역에 대한 올바른 이해

지역에 따라 정치사회적 특성이 다르므로 기자는 각 지역의 유사점과 차이점을 면밀히 이해해야 한다.

(3) 지역사회 지도자의 유형 숙지

일반적으로 '지도자'를 선출된 공직자로 생각하기 쉬운데 지역사회에는 최소한 네 가지 유형의 지도자가 존재한다. 첫째, 선출직, 정부조직 종사자, 거대 기구의 장 등이 포함되는 공직의 지도자, 둘째, 종교단체나 시민단체와 같이 지역사회 내의 인지도가 높은 시민 지도자, 셋째, 여러 조직과 시민과의

---

[3] PCCJ의 이러한 층위 구분은 앞서 언급한 프리드랜드와 맥러드(1999)의 사회통합 "3층위 모델"과 일맥상통한다. 그들은 엘리트와 여러 대중집단 사이에 위치하는 중계적 차원의 조직이나 단체의 중요성을 강조한다.

대화를 가능케 하는 연결자(connectors), 넷째, 지역사회에 대한 전문적 견해와 정보를 전달해주는 역할을 하고 일상생활에서 지역민의 존경을 받는 촉매자(catalysts)로 지역사회의 지도자를 구분할 수 있다.

(4) 시민과의 관여

시민생활을 알아간다는 것은 현장에 가서 시민의 목소리를 듣는 것 이상을 말한다. 따라서 저널리스트가 시민의 생활이나 관심사에 대한 이해, 나아가 그들의 생활과 관심사가 시민생활에 어떻게 연관되는지를 심도 있게 이해하기 위해서는 그들과 직접 부대껴야 한다.

2) 저널리스트의 시민생활 알아가기 단계

PCCJ(1996)는 저널리스트가 지역사회 내의 시민생활을 알아가기 위한 노력이 필요하다고 보고 ≪위치토 이글≫의 편집장인 메리트가 공공 저널리즘 실천을 통해 구축한 시민생활 알아가기 단계를 소개한다. 지역사회에서 발생한 이슈나 문제와 관련해 공공 저널리즘을 구현하기 위한 구체적인 실천 단계를 살펴보면 다음과 같다.

(1) 제1단계: 타겟지역 결정(Where to Explore?)

언론사에서 타겟으로 하는 지역을 확실히 하라. 즉, 지역사회 전체를 대상으로 할 것인지 그중 일부만을 대상으로 할 것인지 결정하라. 그리고 그 지역의 어떤 면을 탐구할 것인지 결정하라(예: 경제, 환경, 범죄 등).

(2) 제2단계: 언론사 내부 대화(Newsroom Conversation)

언론사는 이미 지역사회에 대한 많은 지식을 갖고 있는데 그러한 자원을 적극적으로 활용하는 것이 중요하다. 언론사 내부의 대화 기제를 마련하기 위해 기자, 사진 기자, 편집인, 연구자 등으로 구성된 팀을 조직할 수 있다.

(3) 제3단계: 시민 지도자와의 인터뷰(Civic Leader Interviews)

시민 지도자는 지역사회에서 인터뷰를 시작하기에 가장 쉬운 집단이다. 타겟지역에 따라 언론사는 이미 일부 시민 지도자와 안면이 있을 수 있다. 시민 지도자와의 대화를 통해, 저널리스트는 타겟지역에 대한 전체적인 그림을 그리는 데 도움을 받을 수 있다. 시민 지도자는 또한 언론이 인터뷰할 만한 다른 시민 지도자나 촉매자(catalysts)를 확인해줄 수도 있다.

(4) 제4단계: 촉매자 접촉(Tapping Catalysts)

이 단계가 핵심이다. 촉매자에 대한 정보는 언론사 내부 대화를 통해서 또는 공직자나 시민 지도자 인터뷰를 통해 얻을 수 있다. 저널리스트는 촉매자를 통해 시민공간(civic spaces)이나 시민의 대화에 접근할 수 있게 된다. 촉매자는 성직자, 변호사, 의사, 교사에서부터 가게 주인, 이발소나 미용실 종업자 등에 이르기까지 다양하다.

(5) 제5단계: 시민과의 대화(Conversation with Citizens)

인터뷰 과정의 마지막 단계는 타겟지역의 사람들을 모아놓고 저널리스트가 알아낸 것을 그들과 함께 확인하거나 추가적인 정보를 얻는 것이다. 이 단계에서는 포커스 그룹 형태의 인터뷰를 수행할 수 있다. 또한 합동 인터뷰에는 시민 지도자나 촉매자를 제외시키는 것도 좋은 방법이다. 왜냐하면 그들이 일반 시민의 대화를 압도해버릴 수 있기 때문이다.

한국의 언론 현실을 감안할 때 공공 저널리즘은 한국 언론의 선거보도나 지역사회의 문제를 해결하기 위한 보도 등에 활용하면 효과를 거둘 수 있을 것으로 보인다. 즉, 주어진 취재 조건하에서 유권자와 시민 중심의 보도를, 사건보다는 과정 중심의 장기적인 보도를 해나간다면 이 또한 공공 저널리즘적 취재·보도가 이뤄지는 것이다. 공공 저널리즘은 궁극적으로 정치사회적 문제와 관련된 공론장을 활성화하고 사회자본의 축적을 지향한다. 이를 위해서는 언론은 많은 사람이 시민생활의 현장에 나올 수 있게 지속적으로 노력하고 그들의 목소리를 적극적으로 언론에 싣는 데 힘써야 할 것이다.

### 제10장 연습문제

1. 대안언론과 공공 저널리즘 주창자들이 전통 저널리즘을 비판하는 근거를 공론장의 개념을 중심으로 생각해보자.

2. 인터넷의 등장은 사회 공론장 확장에 어떠한 기여를 했을까?

3. 대안언론의 특징을 알아보고 우리 주변에서 찾아볼 수 있는 대안언론을 파악해보자.

4. 언론의 책임 측면에서 대안언론의 사회적 역할과 의미는 무엇인가?

5. 대안언론과 공공 저널리즘의 차이는 무엇인가?

6. 공공 저널리즘이 추구하는 방향과 기존 저널리즘과의 차별화된 보도 방식은 무엇인가?

7. 자신을 공공 저널리즘을 실행하는 기자라고 가정하고 기사 소재 발굴에서 취재 및 기사 쓰기까지 일련의 실천계획을 구상해보자.

▪ **요약**

　첫째, 글로벌 시대의 저널리즘은 지구촌 내의 문화적 다양성을 인식하고 이를 충실히 전달함으로써 문화권 간 의사소통과 상호증진을 위해 노력하는 것을 목표로 삼아야 한다.

　둘째, 『언론의 4 이론』에서 제시한 자유주의 언론이론과 사회책임 언론이론은 자유세계의 언론철학으로 큰 영향력을 발휘해왔다. 아울러 현실 민주주의에 존재하는 언론체제의 다양성에 대해서도 인식할 필요가 있다.

　셋째, AP(Associate Press), 로이터(Reuters) 등 서방 뉴스 통신사가 전 세계 언론에 대부분의 외신을 공급하고 있으며, 개발 도상국은 국제뉴스 유통의 불평등성 및 개발 도상국 보도의 양적·질적 빈곤현상에 대해 비판해왔다.

　넷째, 1990년대 이후 CNN 등 24시간 생방송 뉴스 텔레비전 채널의 국제적 영향력이 증대됐으며 이런 현상이 미국의 문화적 패권 유지에 기여하리라는 주장이 제기된 바 있다.

　다섯째, 서방 저널리즘 모델이 비서구 세계에 미친 문화적 영향력은 복합적이며 알자지라(Al-Jazeera) 뉴스방송의 사례가 보여주는 것처럼 비서구 문화권에서 지역적 정체성의 강화를 촉진하기도 한다.

▪ **주요 용어**

　글로벌화, 규범적 언론이론, 자유주의 언론이론, 사회책임 언론이론, 뉴스의 국제 유통 구조, 글로벌 텔레비전 뉴스

# 제11장 글로벌 시대의 저널리즘

김남두(정보통신정책연구원)

## 1. 글로벌화의 복합적 의미

언제부터인가 글로벌(global)이라는 단어는 우리에게 친숙한 단어가 됐다. '글로벌' 시대를 맞아 한국의 정치, 경제, 문화 등 각 부문이 '글로벌 스탠더드(global standards)'에 맞도록 변해야 한다는 주장도 각종 매체를 통해 쉽게 접할 수 있게 됐다. 종종 이런 주장은 국가 경쟁력 강화를 앞세우는 정부나 규제완화를 희망하는 기업의 입장을 정당화하기 위해 등장하곤 한다. 하지만 '글로벌화(globalization)'가 의미하는 것이 정확히 무엇인지, 글로벌 스탠더드의 구체적 내용이 무엇인지에 대해서는 다양한 해석과 주장이 존재한다.

글로벌화는 맥락에 따라 여러 의미로 통용된다. 일반적으로 글로벌화라는 용어는 세계 각 지역의 다양한 사회, 경제, 문화가 전 지구적(global) 범위의 커뮤니케이션 네트워크에 의해 상호 연계성이 높아지는 현상을 지칭하기 위해 사용된다. 특히 글로벌화의 과정 전반은 경제적 글로벌화에 의해 촉발되는 것으로 이해되는 경향이 있다. 경제적 차원에서의 글로벌화란 상품, 서비스, 자본, 노동의 국제적 이동을 규제해온 국가 간 장벽이 철폐되거나 완화됨으로써 국가 단위의 시장경제 체제가 전 지구적 시장경제 체제로 통합되는 현상을 가리킨다.

하지만 글로벌화는 경제적 차원의 변화를 가리키는 데 한정되지 않는다. 최근에는 사회적·문화적 차원의 글로벌화에 대한 관심이 증대되면서 글로벌화의 의미는 더욱 복잡한 양상을 띠게 됐다. 흔히 문화적 차원의 글로벌화는 커뮤니케이션 기술의 발전 및 서구 문화산업(cultural industry)의 시장 확장 전략에 따라 세계 각지에서 소비문화에 기반한 동질적 취향과 감수성이 계발되는 과정으로 이해된다(Herman and McChesney, 1997). 하지만 문화적 차원의 글로벌화를 단지 동질적인 소비문화의 전 지구적 확산으로 파악하는 것은 곤란하며 오히려 외래적 요소와 지역 고유의 요소가 접합하면서 새로운 문화적 정체성이 부상하는 '글로컬화(glocalization)'의 과정으로 보아야 한다는 의견도 힘을 얻고 있다(Pieterse, 1995).

또한 글로벌화가 사람들의 가치체계, 세계관, 도덕적 판단기준 등의 형성에 미치는 영향을 중시해 사회철학적 배경에서 그 의미와 영향력을 규정하는 논의도 있다. 글로벌화에 비판적인 논자는 글로벌화로 인해 서구(혹은 미국)의 가치체계는 보편적인 것으로, 지역적 가치체계는 특수하거나 후진적인 것으로 간주하는 서구(혹은 미국) 중심주의적 세계관이 강화되고 있다고 주장한다(Said, 1997). 반면 일부 논자는 글로벌화의 진정한 의미가 다양한 지역문화 간의 의사소통 및 상호이해의 필요성에 대한 세계 각지 시민사회의 자각이 높아지는 현상에 있다고 보면서 이와 관련해 전 지구적 범위의 시민사회에 통용될 수 있는 공통의 커뮤니케이션 윤리 또는 언론윤리를 모색하는 작업을 진행한다(Christians and Traber, 1997).

이처럼 글로벌화는 여러 의미를 지니고 있으나 이중 마지막으로 언급한 글로벌화의 의미야말로 글로벌 시대의 저널리즘이 궁극적으로 추구해야 할 기준에 가장 부합한다고 하겠다. 커뮤니케이션 기술의 발전에 힘입어 지구촌(global village) 내 지역 간 거리가 유례없이 축소됐으나 이러한 변화가 반드시 경제적·문화적 글로벌화를 주도하는 세력이 희망하는 방식으로 경제적 통합과 문화적 동질화가 진행되고 있음을 뜻하지는 않는다. 오히려 글로벌화로 지구촌 내의 민족, 인종, 기타 공동체 사이의 갈등이 더욱 심화되는 양상도 나타나고 있다. 글로벌 시대의 저널리즘은 지구촌 내에 존재하는 정치적·경제적·문화적 다양성을 인식하고 '우리'와 '그들' 사이에 상호이해를 증진할 수 있는 공통의 인식 기반을 조성하기 위해 노력할 필요가 있다.

## 2. 전 세계의 언론모델: 『언론의 4 이론』과 그 이후

### 1) 언론의 4 이론

세계 각지에는 다양한 언론매체가 활동하고 있다. 과연 저널리즘 활동에 종사하는 세계 각국의 언론기관을 어떠한 기준에 따라 분류할 수 있을까?

언론체제(media system)의 분류문제와 관련해 오랫동안 영향력을 발휘한 저작으로 1956년 미국의 시버트(Siebert), 피터슨(Peterson)과 슈람(Schramm)이 출간한 『언론의 4 이론(Four Theories of the Press)』이 있다. 여기서 적용된 기본 전제는 특정 사회에 속한 언론에 부여되는 자유 혹은 반대로 가해지는 통제의 정도는 그 사회에서 널리 수용되는 규범적 언론이론에 따라 결정된다는 것이다. 저자들은 이러한 규범적 언론이론을 권위주의(authoritarian) 언론이론, 자유주의(libertarian) 언론이론, 소비에트(Soviet) 언론이론, 그리고 사회책임(social responsibility) 언론이론의 네 가지 유형으로 분류했다.

#### (1) 권위주의 언론이론

16세기 영국에서 인쇄술의 발전으로 새로운 정보와 사상이 전파되기 시작하자 이에 불안감을 느낀 지배층이 권위주의 언론이론을 내세우게 됐다. 이 논리에 따르면 일반 대중은 사리를 분별하는 지적 능력이 낮아 언론이 잘못된 사상을 전파한다면 이들의 정신적 질서를 어지럽힐 위험이 있으므로 언론은 통제될 필요가 있다. 이러한 근거에 따라 정부는 신문사 설립 허가제, 사전 검열제, 비판적 언론인의 구금 등 여러 제재수단을 동원해 언론활동을 규제했다. 오늘날에는 독재정권이 지배하는 국가에서 언론통제를 정당화하기 위한 명분으로 사용된다.

(2) 자유주의 언론이론

고전적 자유주의 사상에서 파생된 자유주의 언론이론은 권위주의 언론이론과는 달리 개개인이 스스로 판단과 결정을 내릴 수 있는 이성적 존재라고 전제했다. 아울러 이 이론은 개인이 참과 거짓을 분간하고 올바른 판단을 내리기 위해 다양한 정보와 주장을 접할 필요가 있음도 강조했다. 진리는 '사상의 자유시장(free marketplace of ideas)'에서 거짓이 패배하고 참이 승리하는 과정을 통해 발견된다고 봤다. 자유주의 언론이론은 정부의 통제에 대항해 언론의 자유를 쟁취하는 역사적 과정 속에서 형성되고 발전했으며 오늘날에도 언론과 표현의 자유를 옹호하는 근거로 상당한 영향력을 발휘하고 있다.

(3) 소비에트 언론이론

『언론의 4 이론』에서는 이 이론을 권위주의 언론이론의 변형으로 봤다. 1917년 러시아에서 공산혁명을 주도한 레닌(Lenin)은 노동자의 계급의식을 고취하고 공산당의 정책목표를 달성하기 위해 언론매체에 선동·선전 및 교육의 역할을 부여했다. 구(舊)소련의 공산주의 이론에 따르면 공산당과 국가는 노동계급 혹은 '인민'을 대표하며 언론은 국가의 소유가 됨으로써 인민의 목소리를 대변하게 된다. 하지만 현실의 공산주의 체제 아래에서 언론은 국가에 철저히 예속되어 공산당의 관료화와 부패에 대한 비판의 목소리를 전혀 내지 못했다. 1980년대 후반 소련과 동유럽 사회주의 체제가 붕괴하면서 소비에트 언론이론의 영향력은 크게 쇠퇴했다.

(4) 사회책임 언론이론

이 이론은 20세기 대중사회에 접어들어 고전적 자유주의 언론이론에 대한 회의가 증가하면서 등장했다. 우선 언론이 기업화하고 언론기업의 소유가 집중되면서 개인이 언론을 설립해 자신의 의견을 자유로이 전파한다는 관념은 점점 비현실적인 것이 됐다. 또한 사회 각 분야가 전문화되면서 일반 대중이 복잡한 쟁점을 올바로 이해하고 판단할 수 있는 이성적 존재인지에 대해서도 의문이 제기됐다. 사회책임 언론이론은 이러한 상황 변화에 대응해 자유주의 언론이론의 대안으로 등장했으며 1947년 미국의 허친스위원회(Hutchins Commission) 보고서에서 처음 제시됐다. 언론의 사회책임 이론은 자유주의 이론의 논리를 대체로 수용하지만 언론에 대한 자유 방임적 입장에서 벗어나 언론이 대중을 위해 '전문적인 공공봉사의 의무'를 수행할 사회적 책임이 있다고 규정한다. 일반적으로 사회책임 언론이론은 언론의 자율적 책임 수행을 강조한다고 알려져 있지만, 이 이론의 모태가 된 허친스위원회 보고서에서는 언론이 사회의 기대에 현저히 어긋날 경우 정부나 외부 기관의 개입 가능성도 배제하지 않았다.

2) 언론의 4 이론에 대한 비판

이처럼 『언론의 4 이론』은 네 가지의 규범적 언론이론을 제시해 세계 각국의 언론 유형을 분류할 수 있는 근거를 제공했으나 점차 시일이 흐르면서 언론이론의 다양성을 제대로 반영하지 못한다는 평가를 받게 됐다. 참고로, 네덜란드의 언론학자 맥퀘일(McQuail, 1984)은 기존의 네 가지 이론에 더해 발전 언론이론(developmental media theory)과 민주적 참여 언론이론(democratic participatory media theory)을 추가했다.

(1) 발전 언론이론

1950~1960년대 출현한 근대화(modernization) 이론 및 발전 커뮤니케이션(developmental communication) 사상에서 파생된 이론으로 그 핵심 내용은 개발도상국의 언론인은 국가경제 발전, 국민통합, 사회 민주화 등 공동체의 발전에 기여할 책임이 있다는 명제로 요약된다. 언론의 사회적 책임을 강조한다는 점에서는 사회책임 언론이론과 유사하나 자유주의 전통 속에 있는 사회책임 언론이론이 객관성과 공정성 등의 보도규범을 중시하는 반면, 개발 도상국 특유의 발전 언론이론은 경제발전 등의 공동체적 가치를 강조한다.

(2) 민주적 참여 언론이론

이 이론은 언론체제보다는 사회운동에 적용되기 적합한 규범적 언론사상으로 이른바 '대안언론'이나 '풀뿌리 언론'에 대한 논의도 넓게 보면 이 범주에 속한다. 1960년대 이래 서구사회에서는 기성매체에 대한 비판이 증가하고 일반인이 이용할 수 있는 뉴 미디어 기술이 보급되면서 급진적 언론이론이 형성되기 시작했다. 이 이론은 기성매체에 접근하기 어려운 일반 시민 또는 지역 공동체, 권익단체, 하위 문화 집단 등에 속한 구성원이 소규모 매체를 이용해 벌이는 언론활동을 참여 민주주의의 활성화라는 시각에서 옹호하는 것을 핵심 내용으로 한다.

일부 학자는 언론체제를 분류하면서 '이론'과 '현실'의 차이를 지적하기도 한다. 알철(Altschull, 1984)은 전 세계의 언론을 언론기관이 속한 사회체제에 따라 시장언론, 마르크스 언론, 발전언론의 모델로 분류하면서 각 사회체제의 언론은 진실 추구, 사회적 책임수행 등에 관한 독자적인 이념체계를 갖고 있지만 실제로는 모두 해당 사회체제를 유지하기 위해 지배권력의 대리인 역할을 수행한다고 주장했다. 알철의 견해는 지나치게 급진적이며 상대주의적인 것으로 보일 수 있으나 한 사회에서 수용되는 언론에 관한 이론과 실제 현실이 동일하지 않다는 그의 지적은 경청할 필요가 있다.

『언론의 4 이론』으로 돌아가면 이 저작은 미국과 소련의 냉전(the Cold War)이 고조됐던 시기에 미국식 자유주의의 이상을 기준으로 삼아 전 세계의 언론 유형을 분류한 성격이 짙다. 즉, 소련의 언론이론을 권위주의 이론의 변형으로 간주하고 미국의 사회책임 언론이론을 자유주의 언론이론의 후계자로 상정하는 분류체계를 제시함으로써 전 세계의 언론 유형을 '자유세계'와 '공산세계' 언론으로 양분하려는 의도를 반영하고 있다. 이 때문에 혹자는 『언론의 4 이론』이 네 개의 이론을 제시한 것이 아니라 실상 하나의 이론적 관점에 네 가지 사례를 제공한 것에 불과하다고 혹평하기도 한다(Nerone, 1995).

이런 이분법적 언론 분류체계는 소련과 동유럽 사회주의가 몰락한 오늘날에 적용하기에는 효용성이 떨어질 뿐 아니라, 현실 민주주의 제도 속에 존재하는 언론 유형의 다양성을 고려하지 않는다는 약점이 있다. 아울러 자유주의 전통에 입각한 언론 분류체계는 언론의 자유를 '국가권력으로부터의 자유'로 축소해 정의하는 경향이 있어 현실세계에서 언론의 자유를 제약하는 여러 요인(예컨대 자본에 의한 언론통제)을 소홀히 취급하는 문제점을 안고 있다.

### 3) 서방 민주주의 언론체제의 다양성

할린과 맨시니는 기존의 언론 분류체계가 북미 특유의 역사적 경험을 보편적 준거처럼 절대시하는 문제점이 있다고 지적하면서 규범적 이론보다는 경험적 현실을 반영해 서방 민주주의 내 언론 유형을 지중해 모델, 북·중유럽 모델, 북대서양 모델 세 가지로 구분했다(Hallin and Mancini, 2004). 각각의 언론모델은 언론이 속한 정치체제의 특성을 반영해 양극화된 다원주의(Polarized Pluralist), 민주적 조합주의(Democratic Corporatist), 자유주의(Liberal) 모델로도 명명될 수 있다. 할린과 맨시니의 언론체제 분류는 서방 민주주의 국가에 국한된 것이지만 현실의 민주적 정치체제 속에 존재하는 언론 유형의 다양성을

<표 11-1> 서방 민주주의 언론의 3 모델

|  | 지중해 모델 (양극화된 다원주의 모델) | 북·중유럽 모델 (민주적 조합주의 모델) | 북대서양 모델 (자유주의 모델) |
|---|---|---|---|
| 국가 | 프랑스, 그리스, 이탈리아, 포르투갈, 스페인 | 오스트리아, 벨기에, 덴마크, 핀란드, 독일, 네덜란드, 노르웨이, 스웨덴, 스위스 | 영국, 미국, 캐나다, 아일랜드 |
| 신문산업 | 낮은 신문 판매부수, 정치적 지향의 엘리트 언론 | 높은 신문 판매부수, 대중지의 조기발전 | 중간 신문 판매부수, 영리적 대중지의 조기발전 |
| 정치적 병행관계 | 높은 수준의 정치적 병행관계, 외적 다원성, 논평 지향적 저널리즘; 의회/정부에 의한 방송지배 모델 및 방송대비 정치우위 체제 | 외적 다양성(특히 전국신문), 역사적으로 강력한 당파지, 중립적 영리 신문으로의 변화 추세; 자율성을 보유한 방송 내부의 정치개입 체제 | 중립적 영리신문, 정보 지향의 저널리즘, 내적 다양성(영국의 경우 외적 다양성); 전문직주의에 의한 방송지배 및 공식적인 자율체제 |
| 전문직화 | 낮은 수준의 전문직화, 도구주의(언론관) | 높은 수준의 전문직화, 제도화된 자기규제 | 높은 수준의 전문직화, 제도화가 미약한 자기규제 |
| 언론체제 내 국가 역할 | 강도 높은 국가개입, 언론재정 보조(프랑스, 이탈리아), 검열시기 존재, "야만적 탈규제"의 사례(프랑스 제외) | 언론자유가 보호되는 강도 높은 국가개입, 언론재정 보조(특히 스칸디나비아), 강력한 공공 서비스 방송 | 시장에 의한 지배(영국과 아일랜드의 강력한 공공 서비스방송은 예외) |

\* 자료: Hallin and Mancini(2004), p. 67에서 인용.

보여준다는 점에서 의의가 있다. <표 11-1>에서 보듯이 민주주의 국가라 할지라도 정치체제, 신문산업, 방송체제 등의 성격에 따라 저널리즘이 수행되는 방식에는 상당한 차이가 존재한다.

(1) 지중해 모델

여기에 속한 국가 군(그리스 등)에서는 신문사의 재정 자립도가 낮아 대부분 정파지적 성향을 띠며 민주주의 내 여론의 다양성을 위해 상이한 정치적 성향의 언론매체가 경쟁하는 외적 다양성을 중시한다. 대체로 언론 전문직화의 제도화 수준이 낮고 논평을 중시하는 주창 저널리즘(advocacy journalism)의 전통이 유지되고 있다. 반면 방송 부문의 경우 중앙 집중적인 통제구조가 대부분이다.

(2) 북·중유럽 모델

여기에 속한 국가 군(노르웨이 등)에서는 신문과 정당 간 정치적 병행관계(political parallelism)가 지속되면서도 언론 전문직화의 제도화 수준 또한 높게 나타나는 경향이 있다. 이는 사회 각 부문의 정치적 조직화 및 전문화 수준이 모두 높은 민주적 조합주의 체제의 특징을 반영하는 것으로 이로 인해 일견 상충되어 보이는 특징(언론의 정파적 성향과 대중지의 발달, 언론자유의 전통과 국가의 신문매체 후원 등)이 공존할 수 있는 것으로 보인다.

(3) 북대서양 모델

여기에 속한 국가 군(미국 등)에서는 이른 시기에 탈정파적 성향의 영리적 대중지가 출현했으며 시장경쟁의 격화에 따라 언론기업의 대형화 및 매체 소유의 집중현상이 심화되면서 보도·편집에서 언론의 내적 다양성에 대한 사회적 요구가 높은 편이다. 언론인을 양성하는 저널리즘 교육기관이 존재하고 객관성 등의 보도규범을 중시하는 직업문화가 있어 언론 전문직화(professionalization) 수준이 높은 편이다.

한 가지 유의할 점은 <표 11-1>에서 제시된 국가의 사례가 모두 해당 언론모델의 특징에 순수하게 부합하지는 않는다는 것이다. 예컨대 북대서양 모델로 분류된 영국은 실제로는 북대서양 모델(자유주의)과 북·중유럽 모델(민주적 조합주의) 사이에 위치한다고 봐야 하며, 지중해 모델로 분류된 프랑스 또한 실제로는 지중해 모델(양극화된 다원주의)과 북·중유럽 모델의 특징을 일정 정도 공유하고 있다.

아울러 북·중유럽 모델과 지중해 모델에 속한 국가에서도 최근 자유주의 모델로 근접하는 변화의 흐름이 나타나고 있음을 언급할 필요가 있다. 예컨대 북·중유럽 모델에 속한 국가에서는 정파적 성향이 강했던 전국지가 차츰 중도 성향의 영리신문으로 변모하는 경향이 나타나고 있으며, 지중해 모델에 속한 국가에서는 방송산업이 국가통제 체제에서 민영방송 체제로 급속히 전환되는 탈규제 현상(비판자들은 '야만적 탈규제'로 지칭)이 나타나고 있다(Hallin and Mancini, 2004).

참고로, 앞서 소개한 『언론의 4 이론』은 민주주의 사회의 언론을 특징짓는 두 가지 규범적 지표로 언론의 자유와 사회적 책임을 제시했다는 점에서 중요한 역사적 의의가 있다. 자유주의 이론과 사회책임 이론이 현실에서 얼마나 성공적으로 실현됐는지의 문제와는 별개로, 두 이론은 오늘날 가장 영향력 있는 규범적 언론사상으로 자리 잡았기 때문이다. 하지만 '언론의 자유'와 '언론의 사회적 책임'이 지닌 호소력이 보편적이라 할지라도 이러한 추상적 관념이 실제로 해석되고 제도화되는 양상은 정치체제의 특성에 따라 상당히 달라질 수 있음에 유의해야 한다.

## 3. 뉴스의 국제 유통구조와 서방 뉴스 통신사에 대한 비판

### 1) 국제 뉴스 통신사의 현황

세계 각지에서 수많은 언론매체가 활동하고 있지만 대부분은 해당 지역이나 한 국가 내의 제한된 취재 범위를 지닌다. 이 언론사들은 자사의 취재 범위에서 벗어난 사건을 보도하기 위해 전 세계 각지에 취재조직을 갖춘 국제 뉴스 통신사(international news agencies)가 배급하는 외신(外信)뉴스에 의존한다.

역사상 최초의 뉴스 통신사는 1835년 아바스(Charles Havas)에 의해 프랑스에서 설립된 아바스 통신사다. 1848년 미국 뉴욕에서 AP가, 1849년 독일에서 볼프(Wolf) 통신사가, 1851년 영국에서 로이터 통신사가 잇달아 설립됐다. 19세기 말 아바스, 로이터, 볼프, AP가 전 세계의 취재권역을 분할해 뉴스를 서로 교환하도록 협정을 맺음으로써 국제 뉴스 생산 및 배급의 카르텔(cartel) 체제가 성립됐다. 이러한 뉴스 카르텔은 2차 세계대전이 발발하면서 1940년에 해체됐다. 2차 세계대전 종전 후에는 영미 계열의 AP와 로이터 통신사가 배급망을 크게 확대하면서 메이저 뉴스 통신사로 약진했다.

1980년대까지는 미국의 AP와 UPI(United Press International), 영국의 로이터, 그리고 프랑스의 AFP(Agence France Presse)가 세계 4대 통신사로 인정받았으나 1990년대 들어 경영난에 시달린 미국의 UPI가 쇠락하고 프랑스의 AFP도 경쟁대열에서 뒤처지면서 현재는 미국의 AP와 영국의 로이터가 양대 메이저 통신사의 위치를 차지하게 됐다.

(1) AP 통신사

1848년 뉴욕의 6개 신문사가 유럽에서 오는 정보를 수집하는 데 드는 비용을 절감할 목적으로 공동 설립한 뉴욕 AP가 확대되면서 오늘날의 AP가 됐다. AP는 미국 내 신문사와 방송사들의 회원제로 운영되는 비영리 조합으로 회원사는 AP를 통해 자사의 기사를 다른 회원사로 전송할 수 있고 반대로 AP를 통해 기사를 공급받을 수도 있다. 초기의 AP는 신규 언론사의 가입을 규제하면서 기존 회원사에게만 뉴스를 공급하는 카르텔 체제로 운영됐으나 1945년 미국 최고연방법원이 이를 금하는 판결을 내린 후 가입 범위가 미국 내 대부분의 언론사로 확대됐다. 국외 언론사는 요금을 지불함으로써 AP의 서비스를 제공받을 수 있다. 홈페이지(www.ap.org) 자료에 따르면, 2019년 말 현재, AP는 전 세계 각지에서 250개 이상의 지국을 운영 중이다. 1994년에는 자회사로 뉴스 동영상을 제공하는 APTV(현재 APTN)을 설립했고, 2008년에는 모바일

앱(AP mobile) 서비스를 개시했다.

### (2) UPI 통신사

UPI는 1958년 INS(International News Service)와 UP(United Press)가 합병해 탄생한 미국의 뉴스 통신사로 AP 통신사와는 달리 영리기업에 해당한다. 오랫동안 AP와 경쟁했으나 1970년대 이후 치열한 경쟁 속에 미국의 신문사 수가 감소하면서 UPI도 점차 경영난에 시달리게 되어 1990년대 이후 쇠락했다. 1992년 사우디아라비아의 투자자에게 소유권이 넘어갔다가 2000년 통일교 계열의 뉴스 월드 커뮤니케이션즈(News World Communications)에 인수됐다.

### (3) 로이터 통신사

영국의 로이터 통신사는 1851년 독일계 이주민 로이터(Paul Reuters)가 런던에서 설립한 통신사이다. 로이터 통신사는 주식·금융정보 제공을 주 목적으로 창설됐으며 오늘날에도 수입 대부분을 기업과 언론사에 공급하는 경제·금융·시장정보 서비스에서 얻고 있다. 1941년부터 영국 신문사들이 공동으로 소유하는 비영리 조합으로 운영되다가 1984년 미국과 영국에서 상장되어 주식회사로 전환했다. 1992년부터 로이터 텔레비전 서비스를 통해 전 세계 방송에 뉴스 동영상을 제공하기 시작했다. 로이터는 2008년 캐나다의 마케팅 전문 기업 톰슨(Thompson Corporation)에 인수되어 톰슨-로이터로 변신했으나 여전히 로이터라는 브랜드를 사용한다. 홈페이지(www.reuters.com) 자료에 따르면, 2018년 말 현재 전 세계 약 200개 지국에서 2,500명의 로이터 소속 언론인들이 활동 중이다.

### (4) AFP 통신사

프랑스의 AFP는 1835년 설립된 아바스 통신사가 모태며 1944년 아바스 통신사와 기타 군소 통신사를 통합해 창설됐다. 초기에는 관영 통신사였으나

1957년부터 프랑스 신문사들이 공동으로 운영하는 비영리 조합 형태로 바뀌었다. AFP는 전통적으로 다른 국제 통신사에 비해 아시아, 아프리카, 아랍지역의 뉴스를 보도하는 데 강점을 지닌다는 세평을 받아왔다.

아울러 1990년대 이후 급부상한 경제 전문 뉴스 통신사로 미국의 블룸버그(Bloomberg)를 거론할 수 있다. 블룸버그 통신사는 1982년 블룸버그(Michael Bloomberg)에 의해 뉴욕에서 설립됐으며 금융·시장·기업뉴스를 전문으로 공급한다. 미국의 다우존스 앤 컴퍼니(Dow Jones and Company) 또한 블룸버그와 유사한 성격의 뉴스 통신사다. 그 밖에 주요 강대국에 소재한 뉴스 통신사들, 예컨대 신화(중국), 이타르타스(ITAR-TASS, 러시아), dpa(독일), 교토(일본) 통신사 등이 자국의 뉴스를 국외에 제공하고 있다. 또한 개발 도상국의 언론인들이 연대해 제3세계 발전사안과 관련된 뉴스 및 논평을 제공하는 인터프레스 서비스(Inter Press Service)도 언급할 만하다. 덧붙여, 비록 영향력은 미미하지만 같은 대륙 내 인접하는 개발 도상국들이 제휴해 결성한 뉴스 풀(news pool) 형태의 지역뉴스 통신사들도 활동하고 있다.

2) 뉴스의 국제 유통구조에 대한 비판

지금까지 보았듯이, 전 세계에는 다양한 뉴스 통신사가 존재하지만 세계 각지의 언론사에 배급되는 외신의 대부분은 AP, 로이터 등 서방세계 뉴스 통신사에 의해 생산되고 있다. 이러한 현상은 국제 커뮤니케이션 분야에서 선진국과 개발 도상국 간 정보 흐름의 불균형을 보여주는 대표적인 사례로 지목되어왔다. 1960년대부터 개발 도상국에서는 이러한 뉴스유통의 국제적 불균형에 대해 문제를 제기하기 시작했으며 1970년대에는 일군의 제3세계 국가들이 불평등한 국제 커뮤니케이션 구조의 개선을 국제사회에 촉구하는 신세계 정보질서(New World Information Order, NWIO) 운동을 주창하기도 했다

(Masmoudi, 1983).

1970~1980년대 NWIO 이론가와 국제 커뮤니케이션 연구자들은 서방의 메이저 뉴스 통신사가 전 세계에 공급되는 외신을 독점 생산함으로써 생기는 각종 문제점에 대해 집중 조명했다. 이들에 따르면 전 세계에 배급되는 외신 기사의 대부분이 미국 등 서방국가의 관점에서 선택되고 작성되는 경향이 있다(Mowlana, 1986). 그 결과 미국 등 서방 강대국에 관한 뉴스는 양적으로 많고 주제도 다양하지만 개발 도상국에 관한 뉴스는 양적으로 부족할 뿐 아니라 다뤄지는 소재 또한 자연재해, 재난, 내전, 폭동, 군사정변 등 제3세계의 후진성을 암시하는 사건에 한정되는 현상이 나타난다는 것이다. 서구 뉴스 통신사의 관행에 비판적인 연구자들은 이러한 제3세계 보도의 양적·질적 빈곤현상이 전 세계 언론인 및 독자에게 개발 도상국에 대한 부정적인 선입견을 심어주는 데 일조한다고 주장한다.

뉴스의 국제 유통체제가 중심국가(core nations)에서 주변국가(peripheral nations)로, 정보가 수직적으로 배급되는 불평등성을 지닌다고 본 제3세계 국가들은 1970년대 후반부터 개발 도상국 간에 수평적인 정보소통을 증진하려 했다. 이에 따라 동일 권역 내 국가끼리 뉴스를 교환하는 지역뉴스 통신사들이 설립됐다. 범 아프리카 뉴스 통신사(Pan-African News Agency, PANA), 카리브 해 뉴스 통신사(Caribbean News Agency), 비동맹 뉴스 통신사 연맹(Non-Aligned News Agencies Pool, NANAP) 등이 이에 해당한다. 그러나 대체로 이 통신사들은 기존의 뉴스 흐름에 의미 있는 변화를 주지 못했다(Boyd-Barrett and Thussu, 1992). 이는 개발 도상국들이 '긍정적 뉴스'를 제공한다는 명분 아래 지역뉴스 통신사를 선전기관처럼 활용하려 함으로써 저널리즘의 신뢰를 상실하게 된 것과 무관하지 않다.

정부가 통제하는 뉴스의 문제점을 인식하고 언론의 자유와 국가개발의 필요성 모두를 옹호하는 개발 도상국 언론인들이 참여하는 민간뉴스 통신사도 생겨났다. 1964년 로마에서 창립된 인터프레스 서비스가 이런 사례에 해당한다. 인터프레스 서비스는 1970~1980년대 남미에서 상당한 영향력을 발휘했으나 1990년대 이후 자금부족으로 현장기사 대신 탐방(features) 및 논평기사를 제공하는 데 주력하면서 점차 개발 도상국의 발전문제를 국제사회에 제기하는 비정부 단체(Non-Governmental Organization, NGO)의 성격을 띠게 됐다.

## 4. 글로벌 텔레비전 뉴스 서비스의 등장과 이를 둘러싼 쟁점

### 1) 글로벌 텔레비전 뉴스채널의 등장

1990년대 들어와 뉴스의 국제 유통구조는 '글로벌 텔레비전 채널'의 등장으로 중대한 변화를 겪게 된다. 이는 위성방송 기술, 디지털 전송기술의 발전에 힘입어 서방세계의 인기 있는 텔레비전 채널의 도달 범위가 개별 국가를 초월해 세계 각지로 확장된 현상과 관련된다. 글로벌 매체로서 텔레비전의 위상 제고는 오락물(entertainment)뿐 아니라 저널리즘 분야에서도 나타났다. AP와 로이터는 세계적인 텔레비전 뉴스 통신사의 역할을 겸하게 됐으며, 특히 주목할 만한 현상으로 미국과 영국 등에 본사를 둔 24시간 텔레비전 뉴스 서비스의 세계시장 진출이 나타났다. 이제 개별 방송 사업자가 전 세계 시청자를 상대로 직접 뉴스를 제공하는 글로벌 커뮤니케이션이 가능해진 것이다. 현재 전 세계에서 가장 영향력 있는 글로벌 텔레비전 뉴스 사업자로 CNN(Cable News Network)과 BBC(British Broadcasting Corporation)를 꼽을 수 있다.

#### (1) CNN

미국 애틀랜타 시에 본부를 둔 24시간 뉴스 전문 케이블 네트워크 텔레비전 채널이다.[1] CNN은 1980년 기업인 터너(Ted Turner)가 창설했으며 현재는 매체 복합기업인 타임워너(Time Warner) 산하에 있다. CNN은 세계 최초의 24

시간 생방송 보도 전문 채널로서 존 레넌(John Lennon) 피격 사망사건(1980년), 우주선 챌린저(Challenger) 폭발사건(1986년) 등 대중이 주목할 만한 사건이 발생할 때마다 후속 진행상황을 집중적으로 생중계 보도하면서 점차 미국 내에서 인기를 끌게 됐다.

CNN이 글로벌 뉴스채널로 발돋움하게 된 계기로 흔히 1991년 걸프전(Gulf War)이 거론된다. 당시 CNN은 미 공군의 바그다드 공습 등 전쟁의 진행상황을 생중계함으로써 세계 각국의 시청자에게 주목받게 됐다. 현재 CNN은 CNN 헤드라인 뉴스(1981년 신설), CNN 인터내셔널(1985년 신설) 및 경제·스포츠 등 전문 분야에 특화된 부속 채널을 두고 있으며 스페인어 등 외국어 채널도 운영 중이다. 1995년부터 인터넷 사업에 진출해 CNN 인터액티브라는 명칭으로 다수의 웹사이트를 운영하고 있다. CNN 웹 사이트에 따르면, 2019년 10월 현재 CNN 채널은 미국 내 약 9,000만 가구에 송출되고 있으며, 전 세계 4억 이상의 가구 및 호텔룸에서 CNN 인터내셔널 채널의 시청이 가능하다. 미국 내에서 CNN과 경쟁하는 케이블 뉴스 전문 채널로는 폭스 뉴스 채널(Fox News Channel)과 MSNBC (Microsoft-NBC)가 있다.

(2) BBC

영국의 BBC는 1922년 영국 방송 유한회사로 출발했으며 1927년부터 왕실의 칙허장(Royal Charter)에 근거한 공영 방송사가 됐다. 1936년에 세계 최초로 텔레비전 방송을 개시했으며 1998년에는 역시 세계 최초로 지상파 디지

---

1 미국에서는 케이블 서비스에 가입하면 시청할 수 있는 텔레비전 채널을 케이블 네트워크(cable network)라고 부른다. 한국 방송법 기준으로는 방송채널 사용 사업자에 해당한다. 케이블 채널 사업자가 전국 각지의 케이블 플랫폼 사업자(한국의 종합유선방송 사업자에 해당)에게 텔레비전 편성물(TV programming contents)을 공급하는 사업형태가 기존의 지상파 텔레비전 네트워크(뉴욕 시에 소재한 본사가 전국에 산재한 지역 가맹국에 방송 편성물을 공급하는 형태)와 유사하다고 해 케이블 네트워크라 부르게 됐다.

털 방송을 제공하기 시작했다. 오늘날 BBC는 BBC 1, BBC 2 등 다수의 아날로그·디지털 텔레비전 채널을 운용하며 아울러 라디오 방송과 인터넷 서비스도 제공하고 있다. 2008년부터 BBC는 24시간 뉴스 전문 채널로 BBC 뉴스와 BBC 월드뉴스를 운용하고 있다.

BBC는 1991년 걸프전에서 CNN이 성공한 데 자극받아 그해 11월 해외뉴스 전문 채널로 BBC 월드 서비스 텔레비전을 신설했다. 후일 이 채널의 명칭은 BBC 월드로 바뀌었다가 다시 2008년 BBC의 조직 개편에 따라 BBC 월드뉴스로 변경됐다. 현재 BBC 월드뉴스의 전 세계 시청자 수는 경쟁 채널인 CNN 인터내셔널의 시청자 수를 능가하는 것으로 알려져 있다.

아울러 BBC는 국내 시청자를 겨냥해 1997년부터 24시간 텔레비전 뉴스채널인 BBC 뉴스 24를 방송하기 시작했다. 이에 따라 영국 내에서는 위성방송 뉴스채널인 스카이 뉴스(Sky News, 1989년 시작)와 BBC 뉴스 24 간의 경쟁구도가 형성됐다. 2008년 BBC의 조직 개편에 따라 BBC 뉴스 24는 BBC 뉴스로 명칭이 바뀌었다. 또한 BBC는 인터넷에서 BBC 온라인(BBC-Online)이라는 웹사이트를 운영하고 있다.

이외에도 1990년대 이후 국가 단위를 넘어 전 세계 혹은 권역 내 시청자를 상대하는 지상파, 위성방송, 케이블 뉴스채널이 잇달아 등장했다. 머독(Rupert Murdoch)이 소유한 뉴스 코퍼레이션(News Corporation)은 현재 영국과 유럽에서 스카이 뉴스 채널, 미국에서 폭스뉴스(Fox News) 채널, 인도에서 스타뉴스(Star News) 채널을 운용하고 있다. 서유럽에서는 각국의 공영 방송사가 결성한 유럽방송연맹(European Broadcasting Union)이 유로뉴스(Euronews) 서비스를 제공하고 있다. 금융뉴스 전문 케이블 채널인 미국의 CNBC(NBC Universal 산하)는 해외 채널 부문을 런던의 EBN(European Business News), 싱가포르의 ABN(Asia Business News)과 합병함으로써 글로벌 경제뉴스 채널로 변모했다.

## 2) 텔레비전 뉴스의 글로벌화를 둘러싼 쟁점

1970~1980년대 지구촌의 커뮤니케이션에 대한 논의는 주로 뉴스 통신사에 관한 것이었으나 1990년대 이후 텔레비전 산업의 글로벌화가 새로운 논의의 주제로 부각됐다. 오늘날 북미와 유럽을 포함해 아시아, 아프리카, 남미 간 텔레비전 영상물의 유통은 상당 부분 서방 강대국에 본사를 둔 초국적 기업이 장악하고 있다. 일부 학자는 광고를 주 수입원으로 하는 상업화된 '글로벌 텔레비전 문화(global television culture)'가 범람하면서 서구적 삶의 양식과 소비 지향적 문화가 보편화되고 지역 고유의 문화적 자율성이 파괴될 가능성에 대해 우려했다(Herman and McChesney, 1997). 반면 다른 학자들은 이러한 문화 제국주의적 시각에 반대하면서 초국적 문화산업의 현지화 전략, 문화상품의 역흐름(contraflow) 사례 등을 들어 글로벌 커뮤니케이션에 동질화와 이질화의 힘이 동시에 작용한다고 주장했다(Robertson, 1992).

CNN으로 대표되는 글로벌 텔레비전 뉴스채널의 파급력에 관한 논의도 크게 보자면 글로벌화의 문화적 함의를 둘러싼 논쟁에 포함된다. 하지만 텔레비전 뉴스 서비스의 글로벌화에 대한 논의는 저널리즘의 품질(quality), 보도의 편향성, 정치권력과 언론의 관계 등을 주제로 삼는다는 점에서 주로 오락물의 유통에 초점을 맞춘 글로벌 텔레비전 문화에 대한 논의와 구별된다.

저널리즘 비평가들은 시장 주도적(market-driven) 경쟁 환경에 놓인 생방송 텔레비전 뉴스채널이 복잡한 국제적 쟁점을 충실히 다루기보다는 시각적 주목도가 높은 뉴스만을 좇아 탈맥락화된(context-free) 보도에 집중하는 경향이 있다고 비판한다. 이러한 뉴스제작 환경에서는 오래 전부터 지적되어온 개발도상국 관련 보도의 문제점(예컨대 자연재해나 폭력적 사건에만 뉴스가 국한되는 경향)이 더욱 악화될 가능성이 존재한다(Paterson, 1998).

비판적 정치 경제학자들은 글로벌화 시대에 접어들어 초국적 기업의 영향력이 유례없이 증대하면서 모기업의 통제를 받는 언론매체가 기업집단의 이해관계를 대변해 신자유주의, 탈규제, 소비문화의 확산 등을 옹호하는 이념적 편향이 세계적으로 심화된다고 주장한다. 초국적 기업이 지배하는 매체 환경에서는 "소비주의, 시장, 계급 불평등, 개인주의가 자연스럽거나 호의적으로 받아들여지는 경향이 있는 반면, 정치적 활동, 시민적 가치, 반시장적 활동은 무시되거나 비판을 받는 경향"(McChesney, 1999: 10)이 나타난다는 것이다.

아울러 CNN의 걸프전 보도가 세계적으로 주목받은 것을 계기로 미국에 소재한 글로벌 텔레비전 뉴스 기업이 자국의 대외정책 및 해외 군사개입을 긍정적으로 묘사함으로써 국제사회에서 미국의 문화적 패권(hegemony)을 강화하는 데 기여한다는 주장이 제기됐다(Kellner, 1992). 예컨대 1991년 걸프전 기간에 CNN의 텔레비전 영상은 걸프전을 미군의 첨단무기 기술에 의해 악을 응징한 정의로운 전쟁으로 구성했으며 이렇게 창출된 전쟁의 이미지는 미군의 이라크 투입에 대해 세계인의 우호적인 시각을 형성하려 한 미국 정부의 의도와 부합했다는 것이다. 이러한 주장은 미국 언론이 겉보기에는 정부의 간섭 없이 독립적으로 활동하고 있는 것 같지만 실제로는 정부와 언론 사이에 상당한 공생관계가 존재한다는 인식에 근거한다. 특히 미국 언론이 자국의 대외정책 및 군사개입을 보도할 경우 정부의 공식노선을 무비판적으로 추종하는 성향이 두드러지게 나타난다고 한다(Sigal, 1973).

1990년대 이후 서방국가 중에서 미국과 영국에 소재한 뉴스 통신사 및 텔레비전 뉴스채널의 국제적 영향력이 증대하면서 텔레비전 저널리즘의 글로벌화는 미국의 소프트 파워(soft power) 혹은 문화적 패권 강화에 기여하리라는 전망이 제기되어왔다. 하지만 글로벌 매체 환경 속에서 우호적인 국제여론을 조성하려는 미국 정부의 시도가 언제나 성공을 거둔 것은 아니라는 점을 기억할 필요가 있다. 예컨대 2003년 3월 미국과 영국이 이라크를 침공할 당시, 세계 대부분의 국가에서 비판적인 여론이 우세했으며 각국의 대도시에서 반전집회와 시위가 동시다발적으로 일어났다(McFadden, 2003).

1991년 걸프전 때와는 달리 2003년 이라크전 국면에서 미국 정부의 선전

전(propaganda war)이 그다지 성공적이지 못했던 이유 몇 가지를 생각해볼 수 있다. 우선 서방세계 내에서 미국의 이라크 침공계획에 프랑스와 독일 등이 반대함으로써 심각한 분열이 발생한 점, 아랍 문화권 내에서는 알자지라 등의 위성방송 뉴스채널이 비판적인 보도를 제공함으로써 강력한 반전여론이 조성된 점, 또 세계 각지의 시민이 인터넷을 통해 대안적(alternative) 시각에서 작성된 보도와 논평을 접할 수 있었던 점 등이 그 이유다. 이라크전을 둘러싼 국제적 논란은 신뢰할 만한 대안적 매체에 많은 사람이 접근할 수 있는 여건이 조성되면 전 세계의 뉴스 흐름이 비록 일시적이지만 정치적 다양성을 지닐 수 있음을 보여준다.

## 5. 서방 저널리즘 모델의 글로벌 영향력과 지역적 응용

### 1) '서구식 저널리즘'이 지닌 복합적 의미

1990년대 이래 전 세계 시청자 시장을 상대로 하는 글로벌 텔레비전 산업의 성장과 함께 24시간 생방송 뉴스채널이 잇달아 출현하면서 현장속보, 화려한 그래픽, 짤막한 인용어(soundbites)의 전달 등을 특징으로 하는 이른바 '미국식 텔레비전 저널리즘'이 세계 각국의 시사보도 프로그램 제작 방식에 도입되고 있다는 주장이 제기됐다. 텔레비전 뉴스의 'CNN화(CNNization)'를 통해 미국식 뉴스 가치(news value)를 따르는 저널리즘 모델이 전 세계에 전파되고 있다는 것이다(Papathanassopoulis, 1999). 일부 저널리즘 비평가는 대개 광고를 수입 기반으로 하는 텔레비전 뉴스채널이 시청률을 의식해 뉴스를 정보오락물(infotainment)로 가공하는 경향이 있다고 지적한다. 이와 관련된 문제점으로 국제뉴스 채널이 첫째, 속보성을 우선시해 정확성을 소홀히 하거나, 둘째, 복잡한 쟁점의 배경보다는 표피적 현상을 제시하는 데 치중하거나, 셋째,

주목성이 큰 시각적 요소가 있는 사건에만 뉴스 가치를 부여하거나, 넷째, 개발 도상국의 보도를 자연재해, 유혈사태 등의 사건에 집중하거나, 다섯째, 국제사안의 보도가 미국 정부나 기업가 집단의 입장을 대변하는 경향 등이 거론된다.

이러한 비판은 충분히 타당성이 있지만 글로벌화의 진행에 따라 세계 각지에서 저널리즘의 실천 방식에서 나타난 변화의 양상을 단지 '상업화된 미국식 저널리즘'의 유행으로 한정짓기에는 무리가 있다. 그러한 이유 중 하나로 '미국식 저널리즘' 혹은 더 일반적으로 '서구식(Western) 저널리즘'이 가리키는 대상이 종종 모호하고 포괄적이라는 점을 지적할 수 있다. 다시 말해, 세계 각지에서 현지적(local) 요소와 상호작용해온 서구(혹은 미국) 저널리즘의 문화적 요소는 복합적이다. '서방세계의 저널리즘'의 영향력은 방금 언급한 것처럼 첫째, 상업화된 텔레비전 저널리즘에서 두드러진 뉴스 가치, 보도 스타일, 프로그램 포맷(format)에 한정될 수도 있고, 둘째, 서방세계 언론인의 직업문화에서 특징적인 언론 전문직주의(professionalism of journalism)의 이념과 이와 관련된 보도관행(객관보도, 공정보도 관행 등)이 될 수도 있으며, 경우에 따라서는 셋째, 역사적으로 서구에서 기원한 언론의 자유 혹은 사회적 책임과 관련된 근대적(modern) 사상 전반을 뜻할 수도 있다.

서방 강대국에서 기원한 저널리즘 모델이 여타 지역으로 유입되는 현상은 이처럼 다층적인 의미를 지니기 때문에 실제 사례에서 어떠한 차원의 영향력이 부각되느냐에 따라 그 평가는 달라질 수밖에 없다. 어떤 논자는 서방매체의 세계적인 영향력 확대와 그에 따른 '근대성(modernity)'의 확장이 자유 민주주의 문화의 강화와 '민족주의의 구속'으로부터 성 평등 및 자유 촉진에 기여할 수 있는 '해방적 잠재력'을 지니고 있다고 주장하기도 한다(Dunn, 1992). 실제로 정부의 통제를 받지 않는 서방세계의 보도·시사 프로그램이 세계 각국에 소개되면서 일부 비서구 국가에서 이를 응용한 비판적 탐사 프로그램이 등장해 시청자의 인기를 모은 사례가 보고되고 있다(Thussu, 2004: 297).

## 2) 미국식 텔레비전 저널리즘의 지역적 응용: 알자지라의 사례

CNN의 등장 이후 세계 각지에 출현한 24시간 텔레비전 뉴스채널 중에서 아랍어 위성방송 뉴스채널 알자지라는 가장 흥미로운 사례라고 할 수 있다. '아랍의 CNN'이라는 별칭을 지닌 알자지라가 보여준 저널리즘의 실천 방식은 서방 저널리즘의 국제적 전파가 지니는 복합적 측면을 이해하는 데 도움이 된다.

1996년 말 개국한 알자지라는 카타르의 수도인 도하에 소재한 24시간 위성방송 아랍어 뉴스채널이다. 1995년 권좌에 오른 카타르의 국왕 하미드(Sheikh Hamid bin Kalifa al-Thani)는 언론검열 폐지, 여성 참정권 부여 등 서구식 자유화 정책을 실시하면서 국가 이미지 쇄신을 위해 뉴스 방송국 설립을 추진했다. 알 타니(al-Thani) 왕가는 민간자본 형식으로 1억 5,000만 달러를 투자하면서 신생 방송국에 대한 운영 불개입 방침을 천명했다. 알자지라는 주변 아랍국 지도자에 대한 거침없는 비판을 담은 보도 프로그램과 사회적 금기를 깨뜨리는 파격적인 토론 프로그램을 편성해 아랍권 시청자로부터 큰 인기를 얻었다.

알자지라의 성공은 국가 이미지 홍보라는 정치적 동기 외에 기술적 여건의 성숙 및 인적 자원의 확보라는 조건이 맞아떨어져 가능했다. 1990년대 이후 위성방송을 무료로 시청할 수 있는 접시 안테나가 아랍어 문화권에 보급되면서 개별 아랍국가가 전파 월경(spill-over)에 대처하기가 어려워졌다. 아울러 1996년 봄 BBC와 사우디아라비아가 제휴한 BBC 아랍 텔레비전 서비스가 사우디 왕실의 투자금 회수로 중단되자 카타르 왕실은 실직한 BBC 아랍 인력을 고용해 연말에 개국한 알자지라의 핵심 인력으로 활용했다.

알자지라는 2001년 9·11 테러의 배후로 지적된 빈 라덴(Osama bin Laden)의 육성 비디오를 독점 방영함으로써 서방세계에 널리 알려졌다. 몇 달 뒤 미국이 아프가니스탄을 침공하자 뉴스매체 중 유일하게 특파원을 카불에 상주시켜 미군의 폭격장면을 중계했다. 2003년 이라크전에서는 이라크군에 붙잡힌 미군 포로의 인터뷰 영상을 방영해 미국 정부의 항의를 받았고, 미군 공습에 의한 끔찍한 민간인 피해현장을 방영함으로써 아랍 시청자에게 큰 충격을 줬다. 세계 각국의 언론은 알자지라를 인용해 이라크 게릴라에 의해 격추된 미군 헬기 사진을 보도했고, 인터넷에서는 미군의 폭격을 맞아 사망한 시민의 참혹한 시신을 찍은 알자지라의 사진이 유포됐다.

알자지라의 전쟁보도는 이라크전을 주도한 미국과 영국 사회에서 논란을 불러일으켰다. 부시 행정부는 알자지라가 반(反)이스라엘 및 반미세력의 선전매체라며 비난했고 일부 비평가는 이 뉴스채널의 보도행태가 무책임하며 언론윤리를 저버린 것이라고 공격했다. 반면 알자지라의 언론인들은 자사의 보도 프로그램이 미국 정부의 견해와 반대 견해를 공평하게 취급하는 보도규범을 지키고 있으며 전쟁보도는 미국 정부의 시각에서 바라본 현실뿐 아니라 이라크 현지인의 시각에서 바라본 현실을 모두 전달해야 한다고 반박했다 (El-Nawawy and Iskandar, 2003). 미국 정부가 알자지라를 다룬 방식 또한 국제적 논란을 불러일으켰다. 특히 2001년 아프가니스탄전 및 2003년 이라크전 와중에 알자지라의 현지 사무소가 미 공군에 의해 폭격을 당하는 사건이 잇달아 발생해 '의도된 오폭'이라는 의혹이 제기됐다.

9·11 테러 이후 이라크전에 이르는 기간에 미국의 강경 대외정책을 지지한 인사들은 알자지라를 언론의 자격을 갖추지 못한 반미세력의 선전매체로 비난한 반면, 부시 행정부에 비판적인 인사들은 이 뉴스방송을 서방언론이 제대로 전달하지 못하는 전쟁의 참혹한 현실을 아랍세계의 시각에서 전달하는 대안적 매체로 간주했다.

이러한 상반된 평가에도 두 시각은 모두 알자지라와 서방(특히 미국)언론의 '차이'를 전제하고 있다. 하지만 아랍세계와 미국 간의 갈등이 본격화되기 이전까지 알자지라는 아랍세계 내에서 가장 '미국식 텔레비전 저널리즘'에 가깝다는 세평을 얻었던 뉴스채널이기도 하다(El-Nawawy and Iskandar, 2003). 아랍세계의 지식인들은 알자지라의 보도 스타일 및 프로그램 포맷이 선정적·자극적인 미국의 보도 및 토크쇼(talk show) 프로그램을 연상시킨다고 논평하곤 했다. 사실, 9·11 테러 이전까지만 하더라도 아랍지역을 담당하는 미국 관료 및 언론인 사이에는 알자지라가 아랍세계에 서구적 가치 및 미국식 민주주의를 전파하는 첨병 역할을 담당할 수 있으리라는 희망 섞인 기대가 강했다.

이런 점을 고려하면 알자지라가 보여준 '새로운 아랍 저널리즘'은 CNN으로 대표되는 텔레비전 뉴스 사업모델의 지역적 실천과정에서 나타난 것으로 봐야 할 것이다. 알자지라의 사례는 개별 국가의 국경을 넘나드는 정보 흐름을 촉진하는 글로벌화의 추세가 단지 문화적 동질화의 요인으로 작용하는 것이 아니라 개별 국가로 분산된 문화권 내에서 지역적 정체성을 강화·결집시키는 요인으로 작용할 수도 있음을 시사한다.

궁극적으로, 알자지라를 둘러싼 논쟁은 글로벌화가 유행어처럼 된 시대에 문화권 간 의사소통 및 상호이해를 증진하기 위해 언론이 담당할 역할이 더욱 커졌음을 방증한다. 글로벌 시대의 저널리즘은 지구촌 내에 존재하는 정치적·경제적·문화적 다양성을 인식하고 세계 각지의 현상을 공평무사한 태도로 보도함으로써 궁극적으로 '우리'와 '그들' 간의 상호소통 및 이해의 증진에 기여해야 할 것이다.

## 제11장 연습문제

1. 글로벌화는 논의의 맥락에 따라 여러 의미를 지닐 수 있다. 어떠한 의미가 있는지 설명하라.

2. 『언론의 4 이론』에서 분류한 네 가지 언론이론과 맥퀘일(McQuail)이 추가한 두 가지 언론이론은 무엇인가?

3. 맨시니와 할린이 분류한 민주주의 내 세 가지 언론모델은 무엇인가? 그리고 이러한 분류 방식의 의의는 무엇인가? 아울러 한국은 어느 모델에 제일 가깝다고 생각하는가?

4. 세계적으로 가장 영향력이 큰 국제 뉴스 통신사에는 어떤 것이 있는가? 그리고 이러한 뉴스 통신사가 지배하는 뉴스의 국제 유통구조상의 문제점은 무엇인가?

5. 1990년대 이후 국제적으로 부상한 글로벌 텔레비전 뉴스채널에는 어떤 것이 있는가? 아울러 글로벌 텔레비전 뉴스채널의 영향력 증대와 관련해 어떠한 비판이 제기되어왔는가?

6. 서방 강대국의 텔레비전 저널리즘 모델이 비서구 세계에 미친 영향력은 무엇이라고 생각하는가?

7. 알자지라의 이라크전 보도는 바람직한 저널리즘의 기준에서 볼 때 어떻게 평가해야 할 것인가?

제4부

# 언론법제와 윤리

▪ **요약**

언론법제를 공부해야 하는 이유는 법적인 처벌을 미리 예방하고 피해가면서도 언론의 취재보도 활동을 효과적으로 수행하기 위한 지식을 얻기 위해서다. 또 언론으로부터 피해를 입었을 때 어떻게 대응할 것인지 등을 숙지해서 자신과 주위 사람의 인격권을 보호할 수 있는 역량을 기르기 위해서이기도 하다. 언론법제의 영역에서 중요한 이슈는 매우 많으나 제12장에서는 명예훼손, 프라이버시, 초상권, 퍼블리시티권, 저작권 등에 초점을 맞춰 간략히 소개한다.


▪ **주요 용어**

언론법제, 명예훼손, 초상권, 프라이버시, 퍼블리시티권, 저작권, 저작 인접권, 저작 재산권, 저작 인격권, 취재, 표현 자유, 명확성 원칙

# 제12장 언론법제의 이해

이승선(충남대학교)

## 1. 언론법제의 영역과 소개

### 1) 언론법제의 개념

언론법제란 언론과 관련 있는 현상이나 사건을 규율하기 위한 법과 제도를 가리킨다. '언론'이라는 말을 사용할 때 그것은 개인의 표현활동만을 지칭하는 것은 아니다. '언론'이라는 용어 속에는 신문사나 방송사 같은 조직의 활동 혹은 그 조직에 소속된 종사자의 역할수행이 포함되어 있다. 오히려 후자의 의미가 강하다고 볼 수 있다. 따라서 언론법제는 개인의 표현 자유와 관련 있는 영역뿐만 아니라 언론사 차원의 행위를 규율하는 법과 제도를 아우르고 있다. 넓게는 언론의 윤리나 언론정책도 언론법제 차원에서 다뤄진다.

'언론법'은 언론의 자유와 법적인 규제 사이의 긴장과 균형, 정보 수집과 전달의 이해를 도모하는 영역이라고도 한다(염규호, 1998: 19). 또는 헌법상 언론자유의 이념과 이에 기초한 헌법 구체화법으로서 언론과 관련한 법률을 총칭한 개념이다(성낙인, 1994: 6~7).

우리가 언론법을 공부하는 이유는 다음 몇 가지로 정리할 수 있다. 첫째, 언론법의 절차·판례·학설을 분석함으로써 법을 명료하게 하고 상세하게 설명할 수 있다. 둘째, 기존 언론법의 문제점을 개혁·변화시키는 데 기여한다. 셋째, 언론법이 사회에 미치는 영향력을 잘 이해할 수 있다. 넷째, 언론법을 제정·개정하는 데 미치는 우리 사회의 정치적·사회적 맥락을 분석하는 데 유용하다. 다섯째, 언론 분야의 교육과정에 법적·저널리즘적인 자료를 제공한다(Gillmor and Dennis, 1981: 328~330). 언론과 법의 관계를 통일적·체계적으로 파악하고 설명하려는 것이 언론법을 공부하는 중요한 목적이라고 할 것이다(팽원순, 1988: 27~28).

그러나 대학에서 언론법을 공부하는 이유, 특히 신문방송학이나 언론정보학 분야의 학생이 언론법을 공부해야 하는 현실적인 이유는 두 가지다.

첫째, 예비 언론인으로서 법적인 제재를 받지 않고 효과적으로 언론활동을 할 수 있는 법적 지식을 얻기 위해서다. 취재보도나 프로그램을 제작·방송할 때 타인의 명예나 프라이버시, 지적 재산권 등을 침해하지 않아야 하고 실정법을 위반하지 않아야 한다. 언론의 자유도 소중하고 언론의 사회적 역할도 매우 고귀하지만 동시에 취재대상인 사람의 인격권이나 재산권 역시 보호받아야 할 소중한 가치가 있기 때문이다. 언론법을 숙지하고 있다면 인격권이나 재산권을 침해한 데 따른 법적 제재를 피해서 효과적으로 취재보도하는 방법, 프로그램을 제작해서 방송하는 방법을 미리 고민하게 될 것이다.

둘째, 언론의 취재보도 과정에서 피해를 입었을 때 효과적으로 대응하는 방법을 미리 공부할 필요가 있다. 언론을 비롯한 타인에게 명예를 훼손당하거나 프라이버시를 침해당했을 때 혹은 저작물을 도용당했을 때 대응하는 방법에는 어떤 것이 있는지, 그러한 피해를 어떻게 보상받을 것인지에 대해 공부할 필요가 있다. 자신뿐만 아니라 주위에서 언론 때문에 피해를 받고 고통스러워하는 사람에게 도움을 제공해줄 수 있을 것이다.

2) 언론법제의 영역

언론법제의 영역에 대한 논의는 우선, 헌법이 보장하고 있는 기본권의 개념으로서 접근할 수 있다. 헌법 제21조 제1항은 '모든 국민은 언론·출판의 자유를 가진다'라고 규정하고 있다. 일반적으로 언론·출판이란 사상과 양심 및 지식과 경험 등을 표현하는 모든 수단, 즉 담화, 연설, 토론, 연극, 방송, 음악, 영화, 가요 등과 문서, 도서, 사진, 조각, 서화, 소설, 기타 형상에 의한 것을 모두 의미한다(김철수, 2004: 690~692).

언론·출판의 개념은 헌법 현실에서 어느 정도까지 그 자유를 보장하고 있는지에 관한 기본권의 보호영역의 문제, 즉 언론·출판 자유의 내용이 무엇인지를 밝히기 위한 전제로서 그 중요성이 인정된다. 언론·출판 자유의 보호영역을 확정하는 것은 국가나 사회 또는 다른 기본권 주체의 기본권 침해로부터 언론·출판의 자유를 보호하는 문제와 밀접한 관련이 있다. 즉, 언론·출판의 자유를 보장하기 위해서는 외부세력이 침범할 수 없는 일정한 테두리를 설정해 두는 것이 필요하다(조재현, 2005: 15~19). 이런 관점에서 본다면 언론법의 연구영역은 사상과 양심, 지식과 경험 등을 표현하는 모든 수단과 범위에 걸쳐 있다고 볼 수 있고 여기서 '언론'의 자유는 '언론·출판'의 자유, '표현'의 자유와 혼용하거나 동일하게 다뤄질 수 있을 것이다. 따라서 넓은 의미의 언론법 연구영역은 헌법이 보장하는 '언론·출판'과 '집회·결사'의 보호영역을 포괄하는 추상적 개념으로 표출될 수 있다(이승선, 2005a).

언론법제의 영역 구분은 학자마다 다소 상이하다. 권영성 교수는 언론법제의 유형을 '기능과 내용'을 중심으로 네 가지, '체제 내지 구조'를 기준으로 두 가지로 구분하고 있다. 우선 기능과 내용을 기준으로 첫째, 전제군주 국가형(언론 통제주의적) 언론법제, 둘째, 시민 민주국가형(언론 자유주의적) 언론법제, 셋째, 현대 법치국가형(언론 책임주의적) 언론법제, 넷째, 전체주의 국가형(언론 도구주의적) 언론법제 등으로 분류한다. 또 체제 내지 구조를 기준으로 첫째, 다원적·수평적 규율체제의 언론법제, 둘째, 이원적·수직적 규율체제의 언론법제로 구분하는데 한국의 언론법제 실태는 '시민 민주국가형'의 범주와 '다원적·수평적' 규율체계에 안주한 언론법제 성격을 띠고 있다고 진단한다(1997: 48~57).

팽원순 교수는 언론법의 유형을 언론활동을 보호할 것을 목적으로 한 법제와 언론활동을 규제하기 위해 만든 법제 두 가지로 구분했다. 전자는 언론이 민주사회에서 수행하는 역할의 중요성에 비추어 언론활동을 보호하려는 법제며 후자는 언론활동을 어떤 형태로든 규제하려는 법제다(1985: 16; 1988: 16~17). 임병국 박사는 언론법의 연구영역을 규범적인 연구영역, 정보 유통적 연구영역, 역사적 연구영역으로 구분했다. 규범적 연구영역에는 실정법과 자율규범, 정보 유통적 연구영역에는 정보원·정보 수집·정보 처리·정보 전달 수단·정보 전달 등이 포함된다. 역사적 연구영역에는 언론법 사조와 언론법 제정사가 포함된다(2002: 41~50). 성낙인 교수는 언론법 연구를 '언론 정보법'으로 확장하면서 전통적인 언론법의 틀에서 나아가 현대적인 정보화 사회의 진전에 따라 언론법의 범위에 정보법의 영역이 추가되어야 한다고 본다(1998: 29~52).

언론법을 주제로 발행된 국내외 언론법제 서적의 내용은 크게 다르지 않다. 표현·언론자유의 중요성과 권리 충돌, 취재·보도의 자유와 제한, 알 권리와 정보 공개, 명예훼손과 프라이버시 침해 등 인격권과 언론보도, 성적 표현의 자유와 한계 등을 주로 다룬다. 또 방송의 공공성과 방송 규제를 포함한 방송정책, 광고 표현의 자유와 규제 역시 하나의 독립된 언론법 영역으로 취급하며 가상공간에서 표현의 자유와 책임의 문제를 다루고 있다. 다만, 국내 언론법서는 사법체계 혹은 한국의 법체계 등에 대한 설명을 생략하는 반면, 외국의 언론법서(Parkinson and Parkinson, 2006; Carey, Coles, Armstrong and Lament, 2007; Overbeck, 2007; Moore and Murray, 2008; Siegel, 2008)는 자국의 사법체계를 서두에 소개하고 있다는 차이점이 있다.

<표 12-1> 언론법의 연구영역

| 구분 | | 세부 영역 |
|---|---|---|
| 연구 영역 | 기본법 영역 | ① 법적 체계의 이해(사법제도, 언론법 체계, 언론 기본법, 방송법, 언론법 사조, 제정사)<br>② 표현의 자유와 기본권(언론·표현 자유의 중요성, 헌법, 국가안보와 기밀, 사전억제, 가상표현)<br>③ 알 권리와 정보 공개 청구(알 권리, 액세스권, 정보 공개 청구) |
| | 응용 영역 | ④ 취재·보도의 자유와 책임(취재원 보호, 언론사 압수·수색, 편집권)<br>⑤ 재판과 선거보도(공정 재판, 선거보도)<br>⑥ 명예훼손(현실적 악의, 손해배상, 형사처벌, 인격권 침해, 언론소송)<br>⑦ 프라이버시(사생활, 개인정보 보호, 초상권, 성명권)<br>⑧ 반론권(언론중재, 오보와 피해 구제, 정정보도, 자율 심의)<br>⑨ 성 표현물(외설·음란·저속, 가상 성 표현물)<br>⑩ 저작권(지적 재산권, 국제 지적 재산권)<br>⑪ 광고(상업적 표현의 자유, 의견광고, 광고 규제·심의) |
| | 정책 기타 영역 | ⑫ 방송·뉴 미디어 정책(방송 공익성, 시청자 주권, 멀티 미디어, 인터넷, 통신, 미디어 렙, 매체정책)<br>⑬ 저널리즘(언론 공익성, 공정성, 기존 매체·온라인 저널리즘)<br>⑭ 기타(소수민족·인종보도·소수자 보호) |

\* 자료: 이승선(2005a).

국내 학자들의 이론과 외국 언론법 연구자들이 분류한 내용을 참고해 언론법제의 영역을 다음과 같이 분류하기로 한다. 제1영역은 기본법 영역으로서 구체적으로 세 가지로 세분화할 수 있다. 첫째, 법적인 체계와 관련된 부분으로 사법체계, 언론법 체계, 그리고 언론 관련 개별적 법령에 대한 연구영역이다. 둘째, 표현의 자유와 기본권 영역으로 언론·표현 자유의 중요성, 헌법과 언론, 국가안보와 국가기밀의 공표, 금지 청구 등 사전억제, 가상공간에서의 표현 자유 등이 이에 속한다. 셋째, 알 권리와 정보 공개 청구영역으로 액세스권을 포함한다. 제2영역은 언론법의 응용영역이다. 취재보도의 자유와 책임 영역, 재판과 선거보도 영역, 명예훼손 및 언론소송 영역, 프라이버시 영역, 반론권 영역, 외설과 음란 등 성적 표현의 영역, 저작권 영역, 광고영역이 이에 해당한다. 취재원 보호, 편집권, 언론중재 제도, 상업광고에 대한 규제 및 관련 제도 등이 이 부문에 속한다. 제3영역은 정책 및 저널리즘 영역으로 방송과 뉴 미디어 정책 영역, 미디어 소유 및 경쟁 영역, 저널리즘, 기타 영역으로 구분된다. 신문이나 방송과 관련된 정책 결정 등은 언론법제의 변화에 직접 영향을 미치기도 하는데 앞의 두 영역에 속하는 언론법제의 문제를 제도적으로 구현하는 것과 관련이 깊다(이승선, 2005a).

### 3) 우리나라 언론소송의 특성

언론법제의 주요 분야 중 하나가 바로 언론소송이다. 언론소송은 언론의 취재보도 등으로 법원이나 언론중재위원회 등에 피해의 구제를 요청하는 행위를 폭넓게 지칭하는 개념이다. 이를테면 명예훼손을 이유로 형사기관에 처벌을 요구하거나 민사상 손해배상 소송을 청구하는 것, 언론중재위원회에 반론보도나 정정보도, 추후보도 등을 신청하는 것이 포함된다. 이러한 언론소송의 특성은 언론법제를 왜 공부해야 하는지, 어떻게 공부하는 것이 바람직한지에 대해 방향을 설정하는 데 도움이 될 것이다. 최근 한국 법원의 언론관계 소송에서는 두 가지 특성이 발견된다.

첫째, 보도의 대상이 공적 인물이나 공적 존재, 공적 사안, 공직자 등일 경우 언론보도의 자유를 크게 확장하고 있다. 언론의 표현이 악의적으로 피해자를 모함하거나 현저히 상당성을 잃은 공격적인 표현이 아닌 한, 명예훼손 책임으로부터 언론을 면책하는 입장을 유지하고 있다. 언론을 통해 전달되는, 국민이 알아야 할 정보는 개인의 인격 형성, 자기 실현은 물론 정치적 의사 형성 과정에 참여하는 자기 통치를 실현하는 공적 성격도 아울러 갖고 있고 다양한 사상과 자유로운 의견 교환을 위한 열린 공간의 확보와 언론매체에 의한 정보 전달이 민주제에서 없어서는 안 될 본질적 요소라고 할 수 있기 때문이다.[1] 또 공직자의

---

[1] 헌법재판소 1999. 6. 24 선고 97헌마265 결정.

도덕성이나 청렴성, 그 업무처리가 정당하게 이뤄지고 있는지 여부는 항상 국민의 감시와 비판의 대상이 되어야 한다는 것도 그 근거다(이승선, 2007).[2]

둘째, 취재과정이 위법할 경우 보도내용의 공익성과는 별도로 법원은 언론의 법적 책임을 엄격하게 묻고 있다. 모 정당의 총재 비서실장 부인의 보험 모집 계약자료를 획득해 보도한 ≪한겨레≫ 기자에게 벌금형을 선고하고 검찰 직원 신분을 사칭해 모 학원 서무과장 집에서 서류를 가지고 나온 ≪중앙일보≫ 기자에게는 공무원 자격 사칭·주거침입·주거수색 및 문서절취 혐의로 선고유예 1년을 선고하기도 했다. 또, 한 국회의원의 사무실에서 언론관계 문건을 갖고 나온 평화방송 기자에 대해서는 문서절취 혐의로 기소해 징역 8월, 집행유예 1년을 선고했으며, 검사 사무실에 들어가 수사서류 유출을 시도한 ≪국민일보≫ 기자의에게는 징역 8월, 집행유예 2년을 선고했다.[3] 검사 신분을 사칭하고 시장과 통화 취재한 KBS 프로듀서에게 벌금 300만 원, 세계 정교 창시자인 하 모 씨의 침실을 취재한 MBC 프로듀서에게 벌금 200만 원이 선고되기도 했다. 한편 언론관계 민사소송에서도 법원은 취재 행위의 위법성에 대해 보도내용의 공익성과는 별개로 책임을 묻고 있다. 앞의 하 모 씨 사건에서 원고는 주거침입을 주된 이유로 손해배상을 청구해 승소판결을 받았고[4] 이화여자대학교 음악대학 교수가 청구한 명예훼손, 사생활 침해, 초상권 침해 소송에서 법원은 현행범 체포현장이라고 하더라도 관계자의 동의가 없으면 출입이 금지되고 그곳에서의 취재도 원천적으로 불법이라면서 SBS 기자 등에게 위자료 1,000만 원을 지급하라고 선고했다.[5] 그러나 이 소송에서 법원은 명예훼손에 대해서 위법성을 조각했다. 취재해서 보도한 내용이 공공성을

---

2 대법원 2003. 7. 8 선고 2002다64384판결; 2003. 7. 22 선고 2002다62494판결; 2003. 9. 2 선고 2002다63558판결.
3 서울지법동부지원 1999. 2. 9 선고 98고단5042판결.
4 서울지법 98가합111257판결.
5 서울고등법원 2001. 1. 11 선고 99나66474판결.

충족해 아무런 문제가 없더라도 취재과정의 위법성에 대한 민·형사상의 책임 추궁은 점차 강화됐고 앞으로 위법 취재 행위에 대한 피소의 위협은 더욱 커질 것으로 보인다(이승선, 2007).

## 2. 표현 자유의 보장과 갈등

### 1) 표현의 자유와 갈등하는 이익의 조정

언론의 자유와 표현의 자유는 '그 정치·사회질서의 중추신경에 해당하는 기본권'(허영, 2002: 522), '민주주의의 생명선'(김철수, 2001: 403) 또는 '민주주의 국가의 생활에서 필요 불가결한 자유'(성낙인, 2001: 378) 등으로 표현된다. 사상을 자유롭게 교환하기 위한 열린 공간이 확보되지 않고서는 결코 민주정치를 기대할 수 없기 때문에 표현의 자유가 결여된 민주정치란 상상조차 하기 어렵다(이인호, 1997: 248~249).

미국 헌법에서 표현의 자유를 보장하는 이론적 근거는 사상의 자유 시장론, 개인의 자기 실현, 민주주의를 위한 국가권력의 통제, 그리고 사회의 '안전 밸브'로서의 역할 등이다(안경환, 1989: 18). 우리 헌법에서도 언론의 자유는 첫째, 민주주의의 불가결 요소로, 둘째, 인격 형성과 자기 실현의 수단으로 기능하는 것이 확인된다(헌재 1992. 2. 25 89헌가104결정; 1992. 6. 26 90헌가23결정; 1992. 11. 12 89헌마88결정; 1998. 4. 30 95헌가16결정; 헌재 1999. 6. 24. 97헌마265결정). 헌법이 보장하는 표현의 자유는 비록 절대적 권리는 아니지만 기본적으로 두 가지 요건의 충족, 즉 사전에 억제되지 않는다는 것과 사후에 법적 처벌을 받지 않는다는 것을 근간으로 한다(Gillmor, Barron and Simon, 1998: 56~58).

오래전부터 표현의 자유를 규제하는 입법의 합헌성 여부를 판단하는 기준으로 제시된 것으로는 사전억제 금지의 이론, 위험한 경향의 이론, 우월적 지위의 이론, 명백하고 현존하는 위험이론, 이익형량의 이론 등을 들 수 있다. 또 표현의 자유를 제약함에서 명확성의 원칙 적용이 요구되어왔다(이승선, 2002).

사전억제 금지의 이론은 표현활동을 사전에 억제하는 것은 허용되지 않는다는 것으로서 언론·출판이 사전적인 허가나 제한으로부터는 해방되지만 출판된 후에 범죄가 발견되면 처벌을 감수해야 한다는 이론이다. 표현의 자유 보장은 주로 사전제한 금지를 겨냥해왔다. 검열제가 허용될 경우에는 국민의 정신적 활동에 대해 미치는 위험이 클 뿐만 아니라 행정기관이 집권자에게 불리한 내용의 표현을 사전에 억제함으로써 이른바 관제의견이나 지배자에게 무해한 여론만이 허용되는 결과를 초래할 염려가 있기 때문에 우리 헌법은 직접 그 금지를 규정하고 있다(이승선, 2002).

문제는 표현의 자유를 제한하는 방법 중 사전제한은 '사상의 자유시장' 자체를 훼손하는 데다가 권력기관 등에 의한 자의적 행사의 유혹을 받기 쉽다는 점에 있다. 미국에서도 표현의 자유 보장은 사전제한 금지를 주로 겨냥한 것이었으며 사전제한 금지는 여전히 표현의 자유 보장에 관한 핵심적 내용으로서 본질적인 것으로 파악되고 있다(양건, 1987: 2~3, 1993: 43; 이승선, 2007).

따라서 사전제한은 엄격하게 억제할 필요가 있다. 그 이유는 첫째, 형사처벌과 같은 사후제한은 일단 표현 행위가 행해진 다음에 가해지는 데 반해, 사전제한은 표현 행위 자체를 불가능하게 하고 토론 자체를 억제하는 효과가 있다. 둘째, 절차적인 관점에서 사전제한은 형사소송 절차를 통한 사후처벌보다도 더 쉽게 이뤄지며, 과도한 제한의 결과를 가져오게 마련이다. 셋째, 검열이나 그 밖의 행정청에 의한 사전제한의 과정은 형사처벌 과정에서와 같은 사법적인 절차적 보호장치를 결여하고 있다. 넷째, 사전제한의 결정에 대한 사법적 불복이 제도상 인정되더라도 그에 따르는 시간적 지연은 사법적 구제의 시도 자체를 무의미하게 만드는데 이는 특히 시의성을 요구하는 표현내용의 경우에는 더욱 그러하다. 다섯째, 사전제한의 방법으로 언론·출판 행위에 재갈을 물려 일정한 세력의 독재를 가능하게 한 역사적 경험이 있다(양건,

1993: 44~46; 황도수, 1998: 6~7; 이승선, 2007).

표현의 자유에 대한 사전적·사후적 제한이 허용될 수 있다고 하더라도 사전억제에서 오는 폐해를 최소화하기 위한 합리적인 조정원리를 찾을 필요가 있다. 민주사회의 중요한 의무 중 하나는 서로 갈등하는 사회적 이익 사이에 균형을 유지하고 충돌하는 권리들을 조화롭게 조정할 수 있는 기준을 제시하는 것이며 이는 또한 표현의 자유 이론의 현실적 과제이기 때문이다(이재진, 2001: 218; 이승선, 2007).

위험한 경향의 이론이란 본질적으로 국가나 사회에 해악을 야기할 경향만 존재해도 그 표현은 금지될 수 있다는 것으로서 선동의 규제·예방권을 비교적 폭넓게 인정한다. 미연방 수정헌법 제1조를 해석하는 판례법리 중 가장 적극적으로 표현의 자유를 제약하는 이론이다. 이 원칙은 미연방 수정헌법 제1조의 해석에서 초기 미연방 대법원의 다수 의견으로 1917년에 제정된 방첩법(Espionage Act) 위반사건 등에서 구체화된 바 있다(홍승철, 1999: 43; 이승선, 2004).

우월한 지위의 이론은 표현의 자유를 다른 어떤 자유보다도 우월적인 지위에 놓으려는 것으로서 경제적 자유와 정신적 자유를 구별하는 이중 기준을 제시한다. 즉, 언론의 자유는 민주주의의 필수적인 전제로서 그 불가결의 기반을 구성하기 때문에 언론의 자유를 규제하는 입법의 합헌성은 경제적 지위를 규정하는 입법의 경우보다 엄격한 기준에 의해 판단해야 한다는 입장이다. 이 이론은 1940년대를 거치면서 소송절차상으로도 우월적 원칙의 확립에 기여하는데 언론을 규제하는 입법의 합헌성 배제, 당사자 적격의 완화, 입증 책임의 원고측 전환, 언론 관계법 해석에서 엄격 해석주의, 고의에 대한 고도의 증거주의 등이 그것이다(홍승철, 1999: 45~46; 강준만, 2001: 34~35; 임병국, 2002: 105; 이승선, 2004).

명백히 현존하는 위험의 이론은 해악의 발생이 실제로 현존하고 또한 그에 따른 위험이 존재하는 경우에는 이를 제한할 수 있지만 단순히 그러한 우려의 예상만으로는 이를 제한할 수 없다는 입장이다. 이 이론은 표현에 대한 위법성은 그것이 명백하고 동시에 절박하며 또한 급박할 정도의 현존하는 실질적 해악에 대한 위험을 초래하는 경우에 성립된다는 것이며 표현의 자유를 광범위하게 보장하려는 취지를 가지고 있다(홍승철, 1999: 44~45). 우리나라의 경우 국가의 존립과 안전이나 자유 민주적 기본 질서에 무해한 행위는 처벌에서 배제하고 이에 실질적 해악을 미칠 명백한 위험성이 있는 경우로 처벌을 축소·제한하는 것이 헌법전문, 제4조, 제8조 제4항, 제37조 제2항에 합치되는 해석이라고 할 수 있는바 이러한 제한적인 해석은 표현 자유의 우월적 지위에 비추어 당연한 요청일 것이다. 국가의 존립과 안전, 자유 민주적 기본 질서에 실질적 해악을 줄 명백한 위험성이 있는 경우란 특단의 사정이 없는 한 그 표현물의 내용이 그와 같이 된 경우일 때이고, 국가의 존립과 안전, 자유 민주적 기본 질서에 실질적 해악이 될 정도가 못 되거나 해악 여부가 불분명한 경우에는 배제된다는 취지의 결정을 헌법재판소는 내린 바 있다(임병국, 2002: 98~101; 이승선, 2004).[6]

이익형량의 이론이란 언론의 자유를 제한함으로써 생기는 이익과 그것을 보장함으로써 얻게 될 이익을 각 사건에 따라 개별적으로 형량하는 판단에 의해 언론자유와 다른 법익을 비교하는 것으로 '이익교량의 원칙'이라고 부른다. 이 이론은 언론자유의 절대성을 부인하고 국가이익과 같은 특수 이익을 내세웠을 때 언론의 자유를 제약하는 근거로서 악용될 소지가 있다. 특히 개인 간의 이익을 조정하는 데는 실효성이 있으나 국가기밀과 관련된 언론자유의 범위를 다룰 때는 신중을 기할 필요가 있다. 정부가 위기상황을 만들어 내거나 국가기밀의의 보호 필요성을 주창할 때 정부의 권리는 공익을 대변함으로써 사법적 비교형량 과정에서 정부의 논리가 개인의 언론자유를 압도하

---

[6] 헌법재판소 1990. 4. 2 89헌가113; 1992. 1. 28 89헌가8; 1997. 1. 16 92헌바6·26, 93헌바34·35·36(병합) 참조.

게 될 가능성이 있기 때문이다. 또 국민의 입장에서는 최고 재판소가 최종적인 판단을 내릴 때까지 과연 어느 이익이 우선할 것인지 확신할 수 없기 때문에 자신의 표현 행위가 보호받을 범위를 예측할 수 없는 불이익을 감당해야 하며 그 결과 자기 억제·자기 검열을 강제당하는 결과가 될 수도 있다(팽원순, 1988: 115~116; 이승선, 2004).

명확성의 원칙이란 누구나 법률이 처벌하려는 행위가 무엇이며 그에 대한 형벌이 어떤 것인지를 예견할 수 있고 그에 따라 자신의 행위를 결정할 수 있도록 구성요건이 명확할 것을 의미한다.[7] 법문이 막연하고 불명확한 법령은 표현 행위에 대해 위축적 효과를 미치고 따라서 원칙적으로 무효다. 비록 법문이 명확해도 그 규제의 범위가 지나치게 넓어서 위헌적으로 적용될 가능성이 있는 법령은 그 존재 자체가 표현의 자유에 중대한 위협을 준다는 점에서 불명확한 법규의 경우와 다르지 않다. 전자는 '막연성을 이유로 한 무효', 후자는 '과도한 광범성을 이유로 한 무효'라고도 한다(임병국, 2002: 102~103; 이승선, 2004).

### 2) 취재의 자유와 법적 제한

취재원 보호권 혹은 취재원 비닉권이란 언론매체 종사자가 정보의 출처를 비밀로 하는 권리로 제공받은 문서, 정보의 기초가 되는 내용 그리고 정보 제공자의 성명 등을 강제로 공개당하지 않을 권리다. 보호대상이 되는 정보의 내용에는 이미 기사화된 정보뿐만 아니라 기사화하지 않고 기자가 보유하고 있는 정보도 포함된다. 취재원 보호권은 왜 중요한가? 보도기사는 익명이나 가명으로 표현해서는 안 된다는 윤리강령의 원칙이 있지만 현실적으로 언론은 취재원의 비밀을 보장한다는 전제하에 취재·보도하는 일이 비일비재하다.

---

7 헌법재판소 2000. 6. 29 98헌가10; 2002. 2. 28 99헌가8.

언론인이 정보의 출처에 대한 비밀을 취재원과 약속한 이상 어떠한 처벌이 뒤따르더라도 그 비밀을 반드시 지켜야 한다는 규범은 언론인의 직업윤리 중에서 가장 중요한 덕목으로 여겨져왔다. 따라서 언론인이 약속을 스스로 파기하거나 법적 강제에 의해 취재원의 신원 등이 드러날 경우 언론은 알 권리를 실현하는 데 필수적인 중요한 뉴스원을 잃게 되고 동시에 언론인으로서의 신뢰도 크게 손상당할 수밖에 없다. 더욱이 취재원 보호약속이 이행되지 않았을 때 직장으로부터의 퇴출과 생명의 위협을 무릅쓰고 정부·권력기관 내부의 은밀한 부정과 부패를 언론에 제공한 취재원은 회복하기 어려운 불이익을 감당해야 하고 경우에 따라서는 정보 제공에 따른 실정법 위반을 이유로 사법처리의 대상이 될 수도 있다(이승선, 2001).

권력기관 내부에서 은밀하게 자행되는 부정과 부패의 내용은 권력기관의 공식적인 보도자료를 통해서는 결코 언론이나 외부에 알려지지 않는다. 언론이 정권의 나팔수나 권력기관의 시녀가 아닌 바에야 이 기관의 공식적이고 표면적인 보도자료에만 정보를 의존해 농락당하는 우를 범해서는 안 된다. 국민이 반드시 알아야 할 필요가 있는 정보임에도 정부나 권력기관이 드러내기를 꺼려할 경우, 드러나지 않은 내밀한 정보를 비공식적인 취재원으로부터 입수해 진실의 실체를 밝히고 이를 구성원에게 알리는 것은 국민의 알 권리를 실현하는 요체다. 취재원 보호권이 언론 취재보도의 자유 가운데 한 내용으로 절실히 요구되는 까닭이다(이승선, 2001).

그러나 이에 대한 반론도 만만치 않다. 취재원 보호권 입법 등에 반대하는 이유는 우선, 재판절차에 공정한 재판을 실현하고 실체적 진실을 발견하기 위해 취재 기자로부터 증언을 청취해야 할 현실적인 필요성이 있는데, 첫째, 취재원 보호권의 부여는 사법상의 대원칙인 실체적 진실 발견을 지난하게 만들고 이러한 특권을 언론기관에 인정해서는 안 된다는 점, 둘째, 취재원 보호를 빌미로 취재원과 언론 간의 정보 공유를 통한 담합이 발생할 수 있고 이는 언론에 대한 국민의 신뢰를 훼손하는 행위로서 언론 고유의 사명인 권력기관에 대한 감시기능을 상실하게 된다는 점, 셋째, 취재원이 고의로 흘리는 역정보에 농락당하거나 취재원의 선전도구로 전락할 수 있다는 점, 넷째, 취재원을 밝히지 않는 기사가 많으면 언론과 수용자 간의 정보량 괴리가 커지고 정보를 취재원과 언론만이 독점하는 정보 카르텔이 형성될 수 있다는 점, 다섯째, ≪워싱턴 포스트(Washington Post)≫의 쿡(Janet Cooke) 기자와 ≪뉴욕 타임스(The New York Times)≫의 블레어(Jason Blair) 기자처럼 취재원 보호를 명목으로 기사를 날조했을 때 이를 확인할 수 있는 수단이 없다는 점이다(팽원순, 1988: 342~343; 이승선, 2001; 지성우, 2003: 12~13).

취재원 보호문제는 언론자유와 법적 형평성 간의 갈등이라는 껄끄럽고 거추장스러운 외연을 띠고 있지만 실은 '언론인의 전문성'이라는 어쩌면 매우 단순한 핵심을 내포하고 있다. 왜 그런가. 언론은 취재원으로부터 얻은 정보가 진실을 발견하고 정의를 구현하는 데 필요한 것인지 여부를 제대로 판단할 수 있는 자세와 역량을 갖춰야 한다. 그렇지 않으면 취재원 보호를 법적으로 보장받더라도 익명성을 내세워 정보를 조작하고 가공하는 비윤리적 행위가 만연할 때 이를 걸러내고 단속할 수 있는 방도가 마땅치 않을 수 있다. 더욱이 법적 보호장치가 구축되어 있지 않을 때 언론은 생명의 위협과 법적인 처벌을 감수하면서까지 취재원을 보호해야 하는지 심각하고 진지하게 판단해야 하기 때문이다. 따라서 취재원 보호문제는 언론인의 직업윤리와 정보판단 역량이 요구되는, 이른바 전문직 종사자로서 언론인의 '전문성' 차원에서 긴밀히 논의되어야 할 사안이라 할 것이다. 한국의 신문윤리 실천요강 제5조는 '취재원의 명시와 보호'를 규정했고 국제적으로도 언론인의 가장 중요한 도덕적 책무로 취재원 보호가 손꼽히고 있다. 신문윤리 실천요강에서는 취재원의 안전이 위태롭게 되거나 취재원이 부당하게 불이익을 받을 위험을 막기 위해 취재원 보호가 필요할 뿐만 아니라 동시에 추상적이거나 일반적인 취재원을 빙자한 보도의 가능성을 경계하고 있기도 하다(이승선, 2001).

## 3. 언론법제의 주요 쟁점

### 1) 명예훼손

　언론법제 영역에서 가장 관심을 많이 받는 주제 중 하나가 명예훼손이다. 명예를 훼손해서는 안 된다는 규정은 헌법을 비롯해 형법, 민법, 저작권법, 언론 중재법 등 여러 법령에 걸쳐 있다. '명예가 훼손됐다'고 할 때의 명예는 외적인 평가, 즉 사회적 평가의 저하를 의미한다. 언론보도를 통해 타인의 명예를 훼손한 경우 형사적으로 처벌되거나 민사상 손해배상 책임을 질 수가 있다. 경우에 따라서는 형사책임과 민사책임을 동시에 지기도 한다. 또 반론보도나 정정보도, 추후보도 등을 해줘야 하기도 한다. 형사법원과 민사법원, 그리고 언론중재위원회에 출석해 취재보도의 경위 등을 진술해야 하고 법적 책임이 인정될 경우에는 상당한 액수의 손해배상을 해야 한다. 우선 우리나라의 법제에 규정되어 있는 명예훼손 부분부터 살펴보자.

　<표 12-2>에서 보듯이 명예는 여러 법에서 그 보호를 규정하고 있다. 형법의 명예훼손 관련 규정은 민사상의 손해배상 소송에도 준용된다. 즉, 민법은 타인의 명예를 훼손하면 손해배상을 해야 한다고 규정하고 있지만 구체적으로 명예훼손이 어떤 것인지를 밝히지 않는다. 형법상 '공연히 사실을 적시'하거나 '공연히 허위의 사실을 적시'해 사람의 명예를 훼손한 경우를 명예훼손으로 보고 이에 대한 책임을 묻는 형식이다. 정보 통신망법상의 명예훼손은 형법상 '출판물 등에 의한 명예훼손'과 비슷한 구조다.

　저작권법에도 명예훼손의 책임을 규정한 부분이 있다. 저작자나 실연자의 저작 인격권을 침해할 경우 손해배상 등의 책임을 지는 것이다. '언론 중재법'은 언론 등의 사실보도로 명예를 비롯한 여러 인격권의 침해가 발생할 때 이를 구제하기 위한 법인데 특히 명예훼손이나 초상권 침해와 같은 사안이 중요하게 다뤄지고 있다.

<표 12-2> 명예훼손을 규정하고 있는 법 규정

| 법명 | 규정내용 |
|---|---|
| 헌법 | 제21조 ④ 언론·출판은 타인의 명예나 권리 또는 공중도덕이나 사회윤리를 침해해서는 안 된다. 언론·출판이 타인의 명예나 권리를 침해한 때 피해자는 이에 대한 피해의 배상을 청구할 수 있다. |
| 형법 | 제307조 (명예훼손) ① 공연히 사실을 적시하여 사람의 명예를 훼손한 자는 2년 이하의 징역이나 금고 또는 500만 원 이하의 벌금에 처한다. ② 공연히 허위의 사실을 적시하여 사람의 명예를 훼손한 자는 5년 이하의 징역, 10년 이하의 자격정지 또는 1,000만 원 이하의 벌금에 처한다.<br>제308조 (사자의 명예훼손) 공연히 허위의 사실을 적시하여 사자의 명예를 훼손한 자는 2년 이하의 징역이나 금고 또는 500만 원 이하의 벌금에 처한다.<br>제309조 (출판물 등에 의한 명예훼손) ① 사람을 비방할 목적으로 신문, 잡지 또는 라디오, 기타 출판물에 의하여 제307조 제1항의 죄를 범한 자는 3년 이하의 징역이나 금고 또는 700만 원 이하의 벌금에 처한다. ② 제1항의 방법으로 제307조 제2항의 죄를 범한 자는 7년 이하의 징역, 10년 이하의 자격정지 또는 1,500만 원 이하의 벌금에 처한다.<br>제310조 (위법성의 조각) 제307조 제1항의 행위가 진실한 사실로서 오로지 공공의 이익에 관한 때는 처벌하지 않는다.<br>제311조 (모욕) 공연히 사람을 모욕한 자는 1년 이하의 징역이나 금고 또는 200만 원 이하의 벌금에 처한다.<br>제312조 (고소와 피해자의 의사) ① 제308조와 제311조의 죄는 고소가 있어야 공소를 제기할 수 있다. ② 제307조와 제309조의 죄는 피해자의 명시한 의사에 반하여 공소를 제기할 수 없다. |
| 민법 | 제751조 (재산 이외의 손해의 배상) ① 타인의 신체, 자유 또는 명예를 해하거나 기타 정신상 고통을 가한 자는 재산 이외의 손해에 대하여도 배상할 책임이 있다.<br>제764조 (명예훼손의 경우의 특칙) 타인의 명예를 훼손한 자에 대해 법원은 피해자의 청구에 의해 손해배상에 가름하거나 손해배상과 함께 명예회복에 적당한 처분을 명할 수 있다. |
| 정보 통신망법[8] | 제70조 (벌칙) ① 사람을 비방할 목적으로 정보 통신망을 통하여 공공연하게 사실을 드러내어 다른 사람의 명예를 훼손한 자는 3년 이하의 징역이나 금고 또는 2,000만 원 이하의 벌금에 처한다. ② 사람을 비방할 목적으로 정보 통신망을 통하여 공공연하게 거짓 사실을 드러내어 다른 사람의 명예를 훼손한 자는 7년 이하의 징역, 10년 이하의 자격정지 또는 5,000만 원 이하의 벌금에 처한다. ③ 제1항과 제2항의 죄는 피해자가 구체적으로 밝힌 의사에 반하여 공소를 제기할 수 없다. |
| 저작권법 | 제127조 (명예회복 등의 청구) 저작자 또는 실연자는 고의 또는 과실로 저작 인격권 또는 실연자의 인격권을 침해한 자에 대하여 손해배상에 갈음하거나 손해배상과 함께 명예회복을 위하여 필요한 조치를 청구할 수 있다. |
| 언론 중재법 | 제4조 (언론의 사회적 책임 등) ② 언론은 인간의 존엄과 가치를 존중해야 하고, 타인의 명예를 훼손하거나 권리 또는 공중도덕이나 사회윤리를 침해해서는 안 된다.<br>제5조 (언론 등에 의한 피해 구제의 원칙 <개정 2009. 2. 6>) ① 언론·인터넷 뉴스 서 |

비스 및 인터넷 멀티미디어 방송(이하 "언론 등"이라 한다)은 타인의 생명·자유·신체·건강·명예·사생활의 비밀과 자유·초상·성명·음성·대화·저작물 및 사적 문서 그 밖의 인격적 가치 등에 관한 권리(이하 "인격권"이라 한다)를 침해해서는 안 되며, 언론 등이 타인의 인격권을 침해한 경우에는 이 법에서 정한 절차에 따라 피해를 신속하게 구제해야 한다. ② 인격권 침해가 사회상규에 반하지 않는 한도 안에서 피해자의 동의에 의해 이뤄지거나 또는 언론 등의 보도가 공공의 이익에 관한 것으로서 진실한 것이거나 진실하다고 믿는 데 정당한 사유가 있는 경우에는 법률에 특별한 규정이 없는 한 그 보도내용과 관련해 책임을 지지 않는다.

## 2) 프라이버시, 초상권 그리고 퍼블리시티권

프라이버시는 '사생활 보호'라고 번역해 쓰기도 하고 그냥 프라이버시 그 자체로 사용하기도 한다. 미국의 프라이버시는 대체로 네 가지 유형으로 구분해 사용되어왔다. 1960년 미국의 프로서(William. L. Prosser) 교수는 프라이버시권이란 첫째, 개인의 은거나 독거 또는 사적인 사안에 대한 침입(intrusion), 둘째, 개인에 관한 난처한 사적 사안의 공표(public disclosure), 셋째, 공중이 오해하도록 개인에 관한 잘못된 사안을 공표하는 것(publicity), 넷째, 개인의 성명이나 초상을 침해자의 이익을 위해 도용하는 것이라고 분류했다(이승선, 2006; Overbeck, 2007: 173~222).

이후 미국의 프라이버시법은 프라이버시의 권리를 첫째, 침입(intrusion), 둘째, 침해(trespass), 셋째, 허위의 공표, 넷째, 도용 등으로 구분하고 있다. 침입이란 은거나 독거에 대해서 물리적·전자적 혹은 기타 기술적 장치를 통해 침입하는 것을 말하며, 여기에는 비밀리에 대화를 녹음하는 것, 과도하게 감시하는 것, 망원경을 이용해 원거리에서 촬영하는 것 등이 포함된다. 침해란 개인의 재산에 대한 물리적 침입을 의미한다. 허위의 공표란 특정인에 대해 그것이 거짓임을 알고서 혹은 허위임을 과도하게 무시하면서 특정인에 대한 공

---

8 원래 법명은 「정보 통신망 이용촉진 및 정보보호 등에 관한 법률」이다. 줄여서 「정보 통신망법」 혹은 「망법」이라고 부르기도 한다.

격적인 거짓을 퍼뜨리는 행위를 지칭한다. 도용이란 타인의 성명이나 초상을 광고, 포스터, 홍보활동 혹은 기타 상업적 활동에 무단으로 사용하는 것을 말한다(이승선, 2006; Moore and Murray, 2008: 517~590; Siegel, 2008: 173~229).

우리나라에서 프라이버시 혹은 사생활 보호는 매우 폭넓게 규정돼 있다. 이를테면 헌법 제17조는 모든 국민은 사생활의 비밀과 자유를 침해받지 않는다고 규정하고 있고 제18조는 통신의 비밀을 침해받지 않는다고 밝히고 있다. 또 제16조는 모든 국민은 주거의 자유를 침해받지 않는다고 규정하는데 주거에 대한 압수나 수색을 할 때는 검사의 신청에 의해 법관이 발부한 영장을 제시해야 한다. 따라서 프라이버시 개념을 우리 상황에 맞게 재설정해 사용할 필요성이 강력하게 제기되어왔다.

초상권을 개략적으로 정의하면 사람이 자신의 초상에 대해 가지는 일체의 인격적·재산적 이익을 내용으로 하는 권리라고 할 수 있다. 여기서 말하는 초상은 좁은 의미의 얼굴 또는 용모에 국한되는 개념이 아니라 사람의 신체적인 특징을 포함해 그것으로 그 사람의 동일성을 파악할 수 있게 해주는 일체의 가시적인 개성을 의미한다. 따라서 초상권이란 사람이 자신의 얼굴, 기타 사회통념상 특정인임을 식별할 수 있는 신체적 특징에 관해 함부로 촬영되고 공표되지 않으며 광고 등에 영리적으로 이용되지 않는 법적 보장이라고 할 수 있다(엄동섭, 1998: 24~25; 이재석, 1998: 463). 넓은 의미의 초상권에는 자기의 용모와 자태를 묘사한 사진, 회화뿐만 아니라 사회통념상 특정인임을 알 수 있는 갖가지 신체적 특징이나 목소리 등도 포함된다(김재형, 2003: 150; 김옥조, 2005: 497).

초상권의 법적 성질에 대한 각국의 전통과 입장은 다소 상이하다. 초상권은 미국에서는 프라이버시법의 일환으로서 논의되고 있고 독일 등 대륙의 법계에서는 인격권의 문제로 이해되어 입법상 보호받고 있다. 미국에서 프라이버시권은 초상의 영리적 사용을 계기로 승인되어온 것이 사실이고 초상권의 주장은 동시에 프라이버시권의 주장이었던 것이다. 초상권 문제는 프라이버시권을 떠나서는 충분히 고려될 수 없는 것이다. 프라이버시권은 사생활의

<표 12-3> 초상권에 대한 인격적·재산적 이익의 관점

| 초상 등에 관한 권리 | 권리의 내용 | 침해의 양태 | 법적 구제 |
|---|---|---|---|
| 프라이버시권<br>(인격적 이익) | 무단으로 촬영·공표되지 않을 권리(일신 전속) | 정신적 고통 | 침해 정지, 위자료·명예회복의 청구 |
| 퍼블리시티권<br>(재산적 이익) | 초상, 이름, 목소리 등의 사용을 독점할 수 있는 권리<br>(양도 가능) | 경제적 손실 | 침해 정지, 손해배상, 부당이득 반환의 청구 |

* 자료: 한국지적소유권학회(1994: 125), 정경석(2004: 111)을 참고하여 구성.

비밀과 자유를 보호법익으로 하는 권리로서 개인의 초상을 함부로 촬영해 공개하는 것은 사생활의 비밀을 침해하는 것으로 프라이버시권의 침해가 된다(임두빈, 1982). 이에 비해 대륙 법계 국가에서는 초상권을 인격권 이론과 결부시켜 독립의 권리로서 일찍이 승인했다(안용교, 1982). 일본에서는 초상권의 인격가치를 법적으로 승인하고 이른바 인격권에 포함된 초상권으로 보호하는 견해가 통설이다(한국방송프로듀서연합회, 2000: 37~38; 임병국, 2002: 236).

그러나 현재 한국에서는 초상권 개념을 몇 가지 법적 권리 혹은 법적 이익과 병용해 사용하면서 논란이 야기되고 있다. 이를테면 인격권의 하나로 여기는 초상권이 재산권으로서의 법적 이익도 가지는가, 프라이버시 권리와 같은 성질의 법적 이익인가 아니면 서로 다른가, 초상권과 퍼블리시티권은 같은 성질의 권리인가 하는 논란 등이 그것이다. 이 논란의 중심에 프라이버시 권리가 존재한다. 그 이유는 미국에서 발달한 프라이버시권 중에 초상의 상업적 이용에 관한 내용이 포함되어 있는 것과 무관하지 않다(이승선, 2006).

퍼블리시티권은 다양하게 정의되고 있고 아직 그 개념이 불명확한 점도 있으나 이를 간단히 정의하면 '초상·성명 등의 상업적 이용에 관한 권리', 즉 '사람의 초상·성명 등 그 사람 자체를 가리키는 것을 광고와 상품 등에 상업적으로 이용해 경제적 이익을 얻을 수 있는 권리'라고 말할 수 있다(한위수, 1996: 29). 퍼블리시티권은 자신의 이름이나 초상 등을 상업적으로 이용당하지 않을 권리를 말하며 적극적으로는 자신의 이름이나 초상을 상업적으로 이용함으로써 생길 수 있는 경제적 가치를 배타적으로 지배하는 재산적 권리를 의미한다. 이름이나 초상을 상업적으로 이용할 수 있는 경우란 배우, 예능인, 스포츠 선수 등 이른바 유명인의 경우고 상업적 이용이란 이들의 '고객 흡인력'으로 생기는 경제적 효과를 가리킨다 할 것이다(김옥조, 2005: 897).

퍼블리시티권은 프라이버시권과 구별되지만 프라이버시권과 전혀 관계가 없는 것은 아닌 일종의 지적 소유권으로 볼 수 있다. 퍼블리시티권의 범위는 프라이버시를 보호하는 권리 중에서 순수하게 상업적 성격을 갖는 것으로서 포착되지 않으면 안 되며 결국 인격권의 재산적 측면의 승인이다(한국지적소유권학회, 1994: 121~122). 또 퍼블리시티권은 재산권적 성격이 크다는 점에서 저작권과 유사하나 자신에 관한 정보는 자신이 통제한다는 의미에서 프라이버시권에 가깝다. 사람의 이름이나 초상을 무단으로 이용한다는 점에서 프라이버시권과 퍼블리시티권은 아주 유사하지만 양자는 다음과 같은 점에서 차이가 있다. 첫째, 프라이버시권은 사람의 이름과 초상의 상업적 이용만 보호하지만 퍼블리시티권은 이름과 초상뿐만 아니라 이미지 등 당사자의 전체적인 사람됨을 보호한다는 점, 둘째, 프라이버시권은 일신 전속적이어서 권리의 양도나 상속이 근본적으로 불가능한 반면, 퍼블리시티권은 일종의 재산권이므로 양도·상속될 수 있다는 점, 셋째, 일반적으로 누구나 누리는 프라이버시권과는 달리 퍼블리시티권은 이름이나 초상이 많은 사람에게 알려져 이를 통해 고객을 유인할 수 있는 유명인에게만 인정된다는 점, 넷째, 프라이버시권의 침해에 있어서는 공적 인물의 경우 그 보호가 오히려 일반인에 비해 제한되는 결과를 가져왔으나 퍼블리시티권은 일반인보다 유명인에 대한 보호가 더욱 절실하다는 점, 다섯째, 프라이버시권의 경우 그 기본적 손해는 피침해자가 받는 정신적 고통이지만 퍼블리시티권의 기본적 손해는 경제적 이익 상당액이라는 점 등이다(한국지적소유권학회, 1994: 124~125; 김옥조, 2005: 897~898; Middleton, Lee and Chamberlin, 2005: 215~217; 이승선, 2006).

퍼블리시티권을 인정해야 할 필요성은 두 가지다. 첫째, 연예인, 운동선수

등은 자신의 이름이나 초상을 이용해 존재를 알리려 하므로 이들은 일반인과 달리 성명이나 초상이 무단으로 사용되더라도 특별한 사정이 없는 한 정신적 고통이 있을 수 없고, 따라서 그로 인한 손해배상을 받을 수 없다. 그러므로 그들의 성명·초상의 경제적인 가치에 중점을 두는 퍼블리시티권을 인정함으로써 재산적 손해에 대한 배상을 받을 수 있도록 해야 한다. 둘째, 인격권적 성격의 성명권과 초상권은 그 성질상 타인에게 양도할 수 없으므로 양도성이 있는 재산권적 성격의 퍼블리시티권을 인정해야 자신의 성명과 초상의 경제적 가치에 대한 대가를 충분히 받을 수 있고, 또한 그러한 권리를 양도받은 타인도 보호받을 수 있다는 것이다. 이 둘째 이유가 퍼블리시티권을 인정해야 할 가장 강력한 근거다(오승종·이해완, 2004: 420~421).

### 3) 디지털 저작권의 보호와 표현활동의 자유

저작물이란 인간의 사상 또는 감정을 표현한 창작물을 말하는데 이러한 저작물을 창작한 자를 저작자라고 한다. 저작권법은 저작자의 권리와 이에 인접하는 권리를 보호하고 저작물의 공정한 이용을 도모함으로써 문화 및 관련 산업의 발전에 이바지하는 것이 목적이다.

저작권의 구조는 다소 복잡한데 우선 몇 가지 사항을 정리하자. 우선 저작권은 '저작 재산권'과 '저작 인격권'으로 나뉘고 저작권법은 '저작자'뿐만 아니라 '저작 인접권자'의 권리도 보호하고 있다. 저작 재산권은 '복제권', '공연권', '공중 송신권', '전시권', '배포권', '대여권', '2차적 저작물 작성권' 등이 해당한다. 공중 송신권은 '방송', '전송', '디지털 음성 송신'을 포함한다. 저작 인격권에는 저작물을 공표하거나 공표하지 않을 것을 결정하는 '공표권', 저작물에 자신의 실명 또는 이명을 표시할 권리인 '성명 표시권', 자신의 저작물의 내용·형식 및 제호의 동일성을 유지할 권리인 '동일성 유지권' 등이 있다. 저작권법은 원래 저작자를 보호하는 것에서 출발했지만 나아가 실연, 방송, 음반제작과 관련해 기여한 사람의 권리도 보호하고 있다. 이를 저작 인접권이라고 한다. 실연자에게는 '성명 표시권', '동일성 유지권', '복제권', '배포권', '대여권', '공연권', '방송권', '전송권' 등의 권리가 부여된다. 음반 제작자에게는 그의 음반을 복제할 권리인 '복제권', '전송권' 등의 권리가 주어진다. 저작 인접권자로서 방송 사업자는 그의 방송을 복제할 '복제권', '동시중계 방송권'을 갖는다.

저작권법은 1957년 제정된 이후 타법 개정을 포함해 모두 18차례의 크고 작은 개정을 거쳤다. 1986년 저작권법 개정은 제정에 버금가게 내용을 많이 바꿨는데 단체명의 저작물을 규정하고 저작권 보호기간도 사후 30년에서 50년으로 연장했다. 개정과 더불어 세계저작권협약(UCC)과 음반조약에 가입했다. 세계저작권협약은 1987년 10월 1일, 음반조약은 1987년 10월 10일부터 효력이 발생했다. 1994년에는 음반업계의 요구에 따라 음반 대여권 제도를 도입하기 위해 일부 개정됐다. WTO 체제의 출범과 베른협약 가입에 대비하기 위해 1995년 개정 저작권법은 외국인 저작물 관련 조항을 정비했는데 외국인 저작물 등에 대해 소급 보호를 인정했다. WTO/TRIPs는 1995년 1월 1일, 베른협약은 1996년 9월 21일부터 효력이 발생했다(이승선, 2009b).

저작권법은 2000년 개정된 저작권법을 통해 디지털 환경의 변화를 수용했다. 개정된 저작권법은 두 가지 점에서 특이하다. 우선 '전송권'을 저작권의 하나로 도입하고 신설했다. '전송'은 '일반 공중이 개별적으로 선택한 시간과 장소에서 수신하거나 이용할 수 있다'는 점에서 '동시에 수신할 목적'의 방송과 구별됐다. 다른 하나는 개정법이 '디지털 복제' 개념을 도입했다는 점이다. 저작 재산권의 핵심인 '복제'는 이전까지 '인쇄, 사진, 복사, 녹음, 녹화, 그 밖의 방법에 의해 유형물로 다시 제작하는 것'을 의미했으나 2000년 개정법은 '복제'를 '인쇄, 사진, 복사, 녹음, 녹화, 그 밖의 방법에 의해 유형물에 고정하거나 유형물로 다시 제작하는 것'으로 확장했다. 즉, 다시 제작하는 것뿐만 아니라 '유형물에 고정'하는 것을 복제로 정의함으로써 디지털 기술 발전을 저작권법에 적극 수용했다. 저작 인접권자들에게 '전송권'이 인정된 것은 2004년 개정된 저작권법으로 이는 2005년 1월 17일자로 시행됐다. 실연자와 음반 제작자에게 그의 실연 및 음반에 대한 전송권이 부여됨으로써 인터넷을 활용한 실연 및 음반의 이용에 관한 권리 갈등문제의 해결을 도모했다(이승선, 2009b).

2006년 이후 두 차례 개정된 저작권법은 저작권 침해 행위, 특히 인터넷상의 저작권 침해 행위에 대한 처벌을 강화한 것이 특징이다. 2006년 개정되어 2007년 시행된 저작권법은 온라인 서비스 제공자로 하여금 저작 권리자가 저작물의 복제 및 전송중단을 요구하면 '즉시' 중단하도록 변경하고 특수한 유형의 온라인 서비스 제공자는 권리자의 요청이 있을 때 불법적인 전송을 차단할 기술적인 조치를 취해야 할 것을 의무로 규정했다. 동 개정법은 '영리를 위해 상습적으로 저작 재산권을 침해한 행위' 등을 친고죄에서 제외해 권리자의 고소가 없어도 형사처벌할 수 있도록 규정했다. '공중 송신' 개념을 도입하고 저작물의 개념을 '기존의 문학, 학술 또는 예술의 범위에 속하는 창작물'에서 '인간의 사상 또는 감정을 표현한 창작물'로 확대했다. 2009년 시행된 개정법은 컴퓨터 프로그램 보호법을 저작권법에 통합하고 기존의 저작권위원회를 '한국저작권위원회'로 통합해 관련 업무의 처리범위를 확대했다. 그러나 동 개정법의 가장 큰 특징은 앞서 언급한 대로 온라인 이용자들의 헌법상의 권리 침해 시비를 가져온 소위 '3진 아웃제'의 도입이다(이승선, 2009b). 2011년 두 차례 개정된 저작권법은 저작재산권의 보호기간을 기존 저작자 사후 50년에서 70년으로 연장했다. 업무상저작물과 영상저작물의 보호기간도 공표로부터 70년으로 확대했다. 또 제35조의3에 '저작물의 공정한 이용'을 신설해 저작물 이용자들이 보도와 비평, 교육과 연구 등을 위해 저작물을 이용할 수 있는 범위를 규정했다. 2013년 개정된 저작권법은 기존의 시각장애인 외에 청각장애인 등을 위해 누구든지 공표된 저작물을 수화로 변환해 복제와 배포 등을 할 수 있도록 바뀌었다. 또 제24조의2로 '공공저작물의 자유이용'을 규정해 국가와 지자체가 작성·공표한 저작물이나 저작재산권을 보유한 저작물의 자유이용 범위를 확대했다. 그러나 이용자의 공정이용을 확대하는 조항 등을 신설했음에도 저작권자의 권리를 강화하는 기조는 변함없이 유지되고 있다.

저작권법은 문화향상을 추구하는 입법이다. 동시에 표현의 자유활동과 관련되며 기술변화의 영향에 민감하다. 또 저작권은 특정 국가 내에서는 물론 세계적 수준의 협약을 통해 외국저작물에 대해서도 그 보호를 인정하고 있는 보편적인 권리다. 저작권법이 개정을 거듭해온 것도 국제적 저작권의 보호규범을 수용하고 기술환경의 변화를 반영해야 한다는 점 때문이다(이승선, 2009b).

디지털 저작권은 전통적인 저작권 개념을 크게 변화시켰다. 아날로그 시대의 저작물은 정보를 기록하는 여러 장치에 고정된 뒤 대량복제·배포되는 형태로 소비됐다. 소수의 창작자가 다수의 대량소비를 염두에 두고 저작물을 생산·유통시켰다. 유통과 소비 역시 일방향적이었다. 불법으로 복제를 거듭할 경우 원본의 가치가 결정적으로 훼손되어 적극적인 복제의 유혹을 약화시키는 데 기여했다. 그러나 디지털 기술환경은 창작물 정보를 수치화된 데이터로 전송·배포·복제한다. 저장하는 '특정' 매체의 구분도 약화됐다. 복제가 용이할 뿐 아니라 원본의 가치를 훼손하지 않고 가공·변형하기도 매우 쉽다. 다양한 장르의 콘텐츠를 입수해 새로운 창작물로 변형하고 생산할 수 있다. 디지털 콘텐츠 저작물의 생산자와 소비자가 딱히 구분되는 것이 아니라 디지털 기기의 발달에 힘입어 저작물의 소비자가 저작물을 제작·유통·소비까지 모두 담당할 수 있게 됐다(김경환, 2009). 정보 생산자와 소비자 간의 수직적·일방적 관계가 안정적으로 유지되던 과거와 달리 정보의 일반성을 극복할 수 있는 기반이 형성됐다. 정보 생산자와 소비자라는 기존의 권력관계가 해체되고 수평적으로 재구성되고 있는 것이다(이승선, 2009b; 최영묵, 2009).

저작권은 저작권자의 권리 보호가 직접적인 목적이지만 동시에 그런 배타적인 권리가 영구적이거나 절대적이지는 않다. 사망 후에는 일정 기간에 한해 보호되며 저작권자가 생존해 있을 때도 일정한 경우 제한될 수 있다. 저작권을 보호하는 목적은 저작권자에게 재산상의 이익을 보장함으로써 더 많은 지적 창작을 유도하는 데 있다. 이런 창작물의 생산과 이용 활성화가 궁극적으로 해당 사회의 문화발전에 기여한다고 믿기 때문이다. 이 과정에서 저작물은 두 가지를 전제한다. 첫째, 해당 저작물의 생산은 이전 창작물의 도움을 받아 이뤄졌고, 더불어 창작물의 사용을 확대하는 것이 문화발전에 기여한다는 믿음이다. 둘째, 저작물은 기본적으로 표현의 자유의 이념을 실현하는 수단이라는 점이다. 표현의 자유는 진리를 발견하고 자아를 실현하며 민주주의 제도의 운영 원리고, 동시에 문화발전을 견인하는 토대라고 믿는다(이승선, 2009b).

디지털 시대의 저작권은 이러한 속성 외에 인터넷의 매체적 특성까지 감안해야 한다. 저작권은 저작자 개인의 재산이기도 하지만 저작자가 속한 사회의 문화유산이다. 80% 가까운 국민이 이용하는 인터넷은 자유로운 견해가 표출되는 공간인 동시에 타인의 저작물을 바탕으로 자신의 창작성이 가미된 콘텐츠를 공유하는 장소이기도 하다. UCC에 대해 저작권자의 권리가 침해됐다는 이유로 강력한 처벌만을 동원한다면 그것은 단순히 온라인상의 저작권 침해 책임을 묻는 데 그치지 않고 디지털 민주주의, 나아가 현실 민주주의의 혈맥을 차단하는 행위가 될 수도 있다(이승선, 2009b).

### 제12장 연습문제

1. 언론보도로 인한 명예훼손 소송에서는 보도의 피해자가 '공인'인지 여부가 매우 중요하다. 공인 혹은 공적인 인물에 대한 언론보도는 설령 피해자의 명예를 훼손했다고 하더라도 면책될 가능성이 일반인에 비해 더 높기 때문이다. 그렇다면 여러분이 생각하는 공인은 어떤 사람인가? 구체적으로 어떤 직종에 종사하고 어떤 직위를 가진 사람을 공인 혹은 공적 인물로 규정할 수 있을까?
2. 공인 혹은 공적 인물의 사생활을 어느 정도 보호받아야 할까? 즉, 어떤 내용에 대한 보도가 '공적 관심사'고 어떤 내용은 보호를 받아야 할 사적 영역으로 판단할 수 있을까?
3. 언론보도로 명예를 훼손당했거나 초상권을 침해당했다면 구체적으로 어떻게 대응할 수 있을까? 특히 언론중재위원회를 이용하려면 어떻게 해야 하는가? 언론중재위원회를 통해 어떤 도움을 받을 수 있을까?
4. 취재과정에서 위법적인 행위를 할 경우 법적 책임을 진다고 했다. 만약 언론사의 상급자가 매우 중요한 내용이라면서 취재해올 것을 지시했는데 취재를 하기 위해서 위법적인 행동을 할 수밖에 없는 상황이라면 여러분은 어떻게 하겠는가?

▪ **요약**

　제13장에서는 저널리즘의 기본이라고 할 수 있는 언론윤리와 관련된 내용 — 언론윤리의 정의에서부터 언론윤리의 제고 방향까지 — 을 관련 사례를 통해 다룬다. 이 장에서는 언론윤리는 무엇이고 왜 지켜져야 하는지, 언론윤리 쟁점의 발생 요인과 딜레마는 무엇인지, 우리나라의 언론윤리 강령의 특징은 무엇이고 어떤 문제점이 있는지, 언론산업의 위기시에 특히 윤리적 문제가 되는 것은 무엇인지, 그리고 언론윤리가 잘 지켜지기 위해서 언론은 어떠한 노력을 기울여야 하는지 등에 관한 포괄적인 내용을 다룬다.

　언론윤리의 핵심은 윤리적인 언론이 바른 언론이라는 것이다. 타인의 인격권을 침해하지 않고 진실을 전달하는 것이 언론의 의무인 반면, 현장에서 이를 실천해나가는 데 있어서는 대단히 복잡한 문제에 직면하게 된다. 그러한 점에서 이 장은 현직 언론인은 물론이고 앞으로 언론에 진출하려 하는 예비 언론인에게도 도움이 될 것이다. 특히 언론윤리 교육이 부족하거나 언론윤리가 왜 꼭 지켜져야 하는지에 대해 의문을 가진 사람은 꼭 읽어야 할 부분이다.

▪ **주요 용어**

　신문윤리 강령, 언론윤리, 진실보도, 저널리즘, 언론윤리의 딜레마, 언론의 경영, 선정적 보도, 언론윤리 제고

# 제13장 언론의 윤리

이재진(한양대학교)

## 1. 언론윤리의 정의와 필요성

### 1) 언론윤리란 무엇인가?

2003년 5월 11일 미국은 물론이고 세계적으로 가장 권위 있는 일간지로 꼽히는 《뉴욕 타임스(New York Times)》는 자사의 기자가 기사를 허위로 만들어온 전말을 자세히 보도했다. 실제로 이전에도 언론인의 윤리가 문제가 되어 언론사가 사과하는 일이 있었으나 이번의 경우에는 그 범위나 정도가 훨씬 컸다. 《뉴욕 타임스》에 따르면 기자 5명과 조사원 2명, 부장 3명을 동원하고 인터뷰를 150번 한 끝에 당시 27세였던 블레어(Jason Blair) 기자가 2002년 10월부터 2003년 5월까지 쓴 73건의 기사 중 최소 36건 기사가 표절·과장 또는 허위보도였음을 밝혔다. 《뉴욕 타임스》는 1면에서부터 4면까지의 중요 지면을 할애하면서 이를 자세히 보도하고 국민에게 사과했다.

2003년 《뉴욕 타임스》 사건은 언론윤리에 대해 다시금 생각하는 계기를 마련했다. 《뉴욕 타임스》는 이 사건으로 편집국장이 사퇴하는 등 내부적으로도 어려움을 대단히 많이 겪었고 그동안 쌓아온 명성과 신뢰가 훼손됐다. 그러나 그나마 발 빠른 조치를 통해 이를 최소화할 수 있었다. 언론이 항상 진실을 전달하기란 어렵다. 그리고 단지 기자 한 명이 저지른 잘못에 이렇게 커다란 파장이 일었던 이유는 무엇인가? 바로 저널리즘에서 언론윤리가 핵심적인 부분을 차지하고 있기 때문이다. 다시 말하면 윤리를 지키는 것이 올바른 언론의 기본이라는 것이다. 이는 한국언론2000년위원회가 '윤리적 언론이 더 좋은 언론'이라고 전제하면서 '윤리적 언론이어야 언론인 자신을 포함해 어떠한 특정 이해관계에도 얽매이지 않고 다양한 정보원에 접근해 국민에게 공정한 진실을 전달할 수 있다'고 선언한 것과 일치한다(한국언론2000년위원회, 2000).

그렇다면 언론의 윤리 또는 언론윤리란 무엇인가? 언론윤리는 간단히 언론인과 언론사가 필수적으로 지켜야 할 도리를 의미하는 것으로 언론의 외적 독립의 근거고 내적 생존의 요건이다(이재진, 2006). 그러나 문제는 무엇이 윤리적이고 비윤리적인 것인지, 그리고 무엇이 윤리 차원에서 해결해야 할 것이고 무엇이 법으로 해결해야 하는 것인지에 대한 경계가 분명치 않다는 것이다. 즉, 윤리란 대단히 상대적인 개념이므로 누가, 언제, 어떻게 언론윤리를 이해하는가에 따라서 시각 차이가 존재한다(Hodges, 1994; 김지운, 2004).

그런데 언론윤리는 여타 윤리보다 실천적 측면이 더욱 중요한 규범이다. 즉, 언론윤리는 스스로 지켜야 하는 자율성이 중요하다. 예를 들어 우리나라 정당법 제4장(정당의 입당·탈당) 제22조(발기인 및 당원의 자격)의 경우 정당에 가입할 수 없는 사람을 규정하고 있는데 여기에 언론인은 포함되어 있지 않다. 즉, 언론인은 언제나 정당에 가입해 정치활동을 할 수 있음에도 주위에서 정당에 가입한 언론인을 쉽게 찾아볼 수 없는 것은 '언론의 정치적 중립성'이라는 윤리에 대한 요구가 작용하고 있기 때문이다. 이러한 언론윤리 실천의 정당성은 대개 여섯 가지의 원리에 근거한다.

첫째, 중용의 원리(Aristotle's golden mean): 아리스토텔레스(Aristotles)가 주장하는 황금분할(Golden Mean) 원리를 연장한 것으로 도덕적 덕목은 양극단 사이의 중간에 위치한다는 철학이다. 이는 언론인이 사안을 서술할 때 양극의 어느 한쪽에 치우치지 않고 균형을 유지할 것, 즉 형평성을 잃지 말 것을 암시한다.

둘째, 보편적 도덕률의 원리(Kant's categorical imperative): 칸트(Immanuel Kant)의 절대적 보편성에 근거하는 것으로 목적을 달성하기 위해 수단이 잘못되어서는 안 된다는 것을 강조한다. 언론인은 보편적으로 적용될 수 있는 법칙에 근거해 언론 보도를 결정하라는 내용을 포함한다.

셋째, 공리적 원리(Mill's principle of utility): 밀(John Stuart Mill)의 최대 다수의 최대 행복의 원칙을 행위의 기준으로 삼는다. 최대 다수의 복리를 위해 당신이 모든 사람에게 적용되기를 바라는 원리에 근거해서 행동하라는 철학이다. 실제로 언론인이 보도하는 데 있어서 피치 못하게 소수가 희생될 수도 있는데 이는 예상되는 결과가 얼마나 바람직한 것인가의 여부에 의해 결정된다.

넷째, 다원론적 원리(Ross' diversity of value): 로스(William Ross)의 견해로서 상이한 윤리적 가치 실현에서 어느 한 가치가 우위에 설 수 없기 때문에 최대한 가치의 다원성이 반영되도록 해야 된다는 논리다. 이러한 시각은 언론의 취재·보도에서 다양한 가치의 반영이 이뤄져야 한다는 것을 암시한다.

다섯째, 무지의 베일 원리(Rawls' veil of ignorance): 롤스(John Rawls)의 시각으로 정의란 사회적인 차별 없이 이뤄질 때 진정한 의미를 갖는다는 평등주의적 입장이다. 이는 사회적 지위에 상관없이 모든 사람에 대한 자유와 기본적 존경에 근거하는 이타주의적 사회를 이뤄야 한다는 철학이다. 이에 따르면 언론인은 모든 사람을 그들의 지위 여부와 상관없이 자유와 존경의 주체로서 대해야 한다.

여섯째, 유대 - 기독교적 원리(Judeo-Christian view of persons as ends in themselves): 네 이웃을 내 몸처럼 사랑하라는 종교적 윤리에 입각한 것으로 사람을 대하는 데 있어 적과 친구를 구분하지 말고 모든 사람을 평등하게 대하고 특정인에게 혜택을 부여하지 말라는 가르침이다.

구체적으로 언론윤리란 뉴스제작과 깊이 관련되며 저널리즘 영역에서 언론윤리란 대개의 경우 뉴스를 만드는 사람들, 특히 뉴스조직의 편집부 직원들에게 기대되는 행동강령을 의미한다(Dennis and Merrill, 2002). 그런데 이런 기본적인 실천은 많은 반면, 절대적인 법칙이 없기 때문에 모든 상황에서 무엇이 언론인의 윤리적 행위를 구성하는가에 대해 판단하기가 어렵다. 진실을 추구하는 것이 대부분의 언론인에게는 도덕적 동기인 반면, 윤리적인 언론인도 이른바 공익의 명분으로 거짓말을 할 수 있다. 또한 언론인의 윤리적 선택이 분석이나 조사의 시간을 거의 갖지 못한 채 즉각적으로 결정되므로 일반적인 윤리원칙과 일상적인 윤리의 적용은 구분되어야 한다는 지적도 있다.

실제로 언론의 윤리를 구성하는 요소는 무엇인가에 대해 많은 학자가 해답을 제시하려고 노력해왔다. 가장 많이 이용되는 언론윤리 모델 중 하나가 보크(Sisela Bok)의 모델이다. 보크에 따르면 윤리적 의사 결정 과정은 크게 두 가지 전제에 기초한다. 첫째, 윤리적 결정에 관련된 사람의 입장에 서서 판단해야 하며, 둘째, 윤리적 판단의 궁극적 목표는 사회적 신뢰를 유지하는 것이다(Paterson and Wilkins, 2001, 재인용).

이를 바탕으로 보크는 윤리는 3단계에 걸쳐 실시되어야 한다고 말한다. 첫째, 어떤 행위가 정당한가를 자신의 양심에 비추어 고민해야 한다. 즉, 언론인 스스로가 자신의 행동을 어떻게 생각하는지를 판단하는 것이다. 둘째, 윤리적 문제의 소지가 있는 행위 외에 다른 대안이 없는가를 확인하기 위해서 전문가의 조언을 구해야 한다. 즉, 윤리적 문제를 발생시키지 않으면서 같은 목적을 달성할 수 있는 방법이 없는가를 심각하게 고민해야 한다. 셋째, 가능하다면 관련된 사람들과 공개적인 토론(대화)을 해야 한다. 이러한 대화의 목적은 나의 행동이 다른 사람에게 어떤 영향을 미칠 것인가를 아는 데 있다. 결국 이러한 3단계를 거치면서 언론윤리를 체계적으로 점검해야 한다는 것이다.

언론윤리와 관련된 가장 큰 문제는 언론윤리에 대한 교육의 부족이다. 언론윤리 교육은 대개 대학의 한 학기에 걸친 언론윤리 법제 강의나 한국언론재단에서 실시하는 언론인 기본 연수 중 몇 시간의 강의에 불과하고 각 언론사를 중심으로 이뤄지는 재교육은 거의 전무한 상황이다. 최근 언론사별로 윤리강령을 만들고 언론윤리 교육을 강화하는 움직임도 있으나 이는 사회적으로 언론윤리 문제가 불거지는 시점에 벌이는 눈가림식의 행사에 불과하다.

결국 언론윤리는 뉴스의 취재과정에서부터 수용자에게 전달되는 순간까지의 전 과정을 포함한다. 즉, 언론이 정보원을 통해 뉴스를 취재하는 동기와 행위에서부터 수용자에게 전달된 뉴스가 낳는 결과에 이르기까지 모든 과정에 언론의 윤리가 적용된다. 윤리의 근간이 되는 여러 시각이 각기 다른 지향점을 가지며 언론윤리의 실천적 측면에서 모든 시각을 다 적용할 수 없지만 공통의 함의는 '사회복리의 실천'으로 풀이할 수 있다.

### 2) 언론윤리는 왜 지켜져야 하는가?

언론은 여타의 일반 기업과는 달리 국민의 알 권리 충족이라는 공익적 임무를 수행하는 조직이다. 즉, 언론은 공적 비리를 조사하고 보도할 수 있는 유일한 사적 존재(Blasi, 1977)라는 점에서 헌법의 보호를 받는 만큼 윤리적 의무에 충실해야 한다. 언론윤리가 여타의 윤리보다 더욱 엄격히 지켜져야 한다는 당위성이 여기에 존재한다. 그럼에도 언론윤리는 그 사회적 구속력을 강하게 발휘하지 못하는 한계가 있다.

언론윤리의 문제를 본격적이고 학술적으로 다룬 김옥조의 『미디어 윤리』(2007)는 언론윤리가 왜 지켜져야 하는가를 상세히 기술하고 있다. 첫째, 미디어는 기본적인 가치의 실현을 위해 존재한다. 저널리즘이 추구하는 가치가 인권, 자유, 정의, 민주와 같은 개념이므로 언론은 윤리적이어야 한다. 또한 여론 형성을 돕고 국민의 알 권리를 충족시켜야 하기 때문에 언론은 윤리적이어야 한다. 이때 무엇이 공중의 정당한 관심사인가를 끊임없이 추구하는 것이야말로 언론윤리의 핵심이다.

둘째, 언론은 국민을 대신해서 환경을 감시하는 의무를 진다. 이러한 환경 감시 기능을 수행하기 위해서는 피감시자보다 도덕적 우위에 있어야 한다.

같은 맥락에서 권력의 감시와 견제의 기능을 갖는 미디어가 국민의 신뢰를 받으며 공적인 책임을 다하기 위해서는 윤리적이어야 한다.

셋째, 언론의 비판적 기능을 수행할 수 있도록 법적·제도적 배려가 요구되며 이러한 요구에 상응해 언론은 윤리적 책임을 다해야 한다. 언론이 누리는 다양한 특혜는 언론의 사회적 책임을 다하라는 측면에서 인정되는 것이다.

넷째, 언론의 사회적 영향력이 대단히 크다. 이는 특히 광파성과 의제설정 기능에서 기인한다. 그러나 헌법 제21조 제4항에서 적시했듯이 '언론이 타인의 명예나 권리' 등을 침해해서는 안 된다는 측면에서 윤리적이어야 한다.

다섯째, 국가권력에 맞서 싸우고 국민이 꼭 알아야 할 일을 제대로 전달하기 위해서는 외압으로부터 자유로워야 한다. 이를 위해서는 언론이 우선적으로 윤리적이어야 한다.

원칙적으로 언론인은 언론인으로서 언론윤리를 잘 지켜야 하지만 실제로는 사회에 발을 내딛는 언론인 대다수가 언론윤리에 대한 현실적인 지식이 부족하다. 아울러 언론에 대한 국민의 태도나 견해가 이전과는 많이 달라졌다는 점을 언론사가 잘 알지 못한다. 우리 사회에서는 1990년대부터 일탈적이고 선정적인 언론보도에 대한 국민적 거부감이 점차 커지고, 동시에 인격권에 대한 보호의식이 크게 신장되어 잘못된 언론에 대해 집단적이고 조직적인 저항이 발생하고 있다(박용상, 1997; 조준원, 2001).[1]

결국 언론인이 언론윤리를 지키지 않는 것은 자신의 존재 근거를 스스로 부정하는 것이며 이는 법적인 제재로 이어질 수도 있다. 하마다 준이치(浜田純一, 1995)는 자율규제 또는 윤리라는 것이 법 자체는 아니지만 대중매체와 관련된 법 시스템이 원활히 기능하기 위해서는 필수 불가결한 요소라고 봤다. 윤리를 잘 지킴으로써 궁극적으로 법적 제약은 물론이고 정치적 제약에서부

---

[1] 이러한 변화는 과거 억압적인 사회적 환경에서는 언론을 '자유(freedom)'의 입장에서 바라봤지만 민주화 과정을 거치면서 거대하게 성장한 언론을 '책임(responsibility)'의 시각에서 보려는 인식 변화에 기인하는 것으로 보인다(임병국, 1999; 이재진, 2006).

터 독립될 수 있다는 것이다.

흥미롭게도 언론인은 대개 윤리적으로 보도하기 위해서 노력한다고 주장한다. 또한 언론인은 언론윤리가 사회적으로 문제가 되는 경우, 일부 소수의 비윤리적인 언론인에 대한 이야기로 생각하는 경향이 있다. 그러나 언론인의 현장경험을 바탕으로 하는 여러 저작물을 분석한 연구(이승선, 2001)에 따르면 언론인이 비윤리적 행위를 종종 하게 됨을 알 수 있다.[2] 즉, 언론인의 저작물에는 대개 그들의 삶과 취재보도 현장, 그리고 언론윤리에 대한 상세한 설명이 깃들어 있어 이를 통해서 언론인의 비윤리적인 모습을 엿볼 수 있다. 언론인은 자신이 윤리적이라고 하면서도 실제로는 때때로 비윤리적·위법적인 취재 방식도 동원할 수 있음을 보여주는데 그 빈도가 가장 높았던 것은 신분을 위장해 현장에 접근한 후 몰래 촬영하거나 거짓말로 취재원을 속이는 일이었다.

언론윤리를 지켜나가기 위해서는 무엇보다 '언론자유의 보장 이유'에 대한 인식을 강화해야 한다(장호순, 2000). 아울러 사람들이 도덕적 헌신감 때문에 정직해지는 것이 아니라 지적당하는 두려움 때문에 윤리적으로 되는 경향이 강하므로 어떤 방식으로든 강제적 규정을 마련해야 한다는 지적도 고려해야 한다(Goodwin, 1997).

## 2. 언론윤리의 쟁점과 딜레마

1) 발생 요인

언론윤리의 당위성에는 동의하면서도 실제로 이를 지켜나가기는 쉽지 않

---

[2] 최근 발생한 사건 중 지역 언론사가 국회를 도청하는 일이 있었다. 이러한 행위는 여타 언론으로부터 지지를 받지 못했다.

은데 여기에는 다양한 이유가 있다.

첫째, 언론윤리란 개인의 자율성 및 자발성이 가장 중요하며 특정 기관을 통해 제재를 가하거나 통제하기 힘들다. 법원과 언론중재위원회는 법률문제만 다루고 신문윤리위원회는 기사내용만 다루므로 취재과정의 윤리문제 등 기사내용에 나타나지 않은 윤리문제를 다루는 상설 기구가 없다(김옥조, 2007).

둘째, 언론윤리는 때로 알 권리와 갈등하기도 한다. 특히 언론이 취재·보도하는 과정에서 윤리적 측면과 충돌하는 경우가 많다. 이에 대해서 언론의 역할이 '비밀의 장막을 걷고 감춰진 정보를 찾아내는 것'(Belsey, 1998)이며 보도 때문에 비록 취재대상에게는 불이익이 발생할지라도 궁극적으로는 공공의 토론이라는 유용한 편익을 낳으므로 허용이 불가피하다는 견해가 있다(Seib and Fitzpatrick, 1997).

셋째, 언론인은 실제 현장에서는 언론윤리의 문제가 무시되어야 취재가 가능하다고 생각하기도 한다. 예를 들어 사회적 영향력이 커진 연예인 및 공인에 대해 언론이 대단히 위축되어 있는데 이를 해결하기 위해서는 기자정신을 강화해야 한다는 것이다.

넷째, 언론인이 올바른 취재절차를 거치는 것은 쉽지 않다. 동시에 취재원과는 일정한 거리를 두는 것이 꼭 요구된다. 그러나 현장에서 뛰는 기자의 경우 실제로 올바른 취재관행을 정립하기가 힘들어 갈등하기도 한다.

다섯째, 언론윤리 교육이 부족하다. 언론윤리를 제고하기 위해서는 언론윤리 교육이 강화되어야 한다. 호지스(Hodges)는 정규 언론교육의 장기적인 이점을 설명하면서 "세심하고 조직적인 학교 윤리교육이 도움이 될 수 있다고 확신한다"고 지적한다(Day, 1991). 실제 한 조사에 따르면 학교에서 언론윤리 법제 관련 강의를 수강한 경험이 있는 기자가 그렇지 않은 기자보다 언론윤리에 대해서 상급자나 데스크와 더 많은 대화를 하는 것으로 나타났다(김영욱, 2004).

우리나라의 경우 언론인은 어떻게 해야 할 것인가를 결정하는 데 여러 가치가 대립하는 경우 선택이 힘들어지는 경우가 많이 발생한다. 예를 들어 형사 피의자에 대한 정보를 취재해 보도하는 언론의 권리와 형사 피의자나 범죄 혐의자가 공정한 재판을 받을 수 있는 권리가 충돌하기도 한다. 이때 윤리적 결정은 행위자가 사회생활에서 직면하는 많은 윤리적 문제를 해결할 때 필요한 지식과 기술을 동원해서 이뤄진다. 그러나 윤리적 결정은 개인의 선호나 신조에 따라서 단순하게 판단대상에 대한 '좋다/싫다'의 감정이 아니라 필요한 증거와 합리적인 추론을 통한 설득에 근거해야 한다. 그러나 실제 취재에서 어떻게 하는 것이 옳은지 판단하기 힘들 때 언론인은 다양한 딜레마를 겪는다.

2) 개인적 딜레마

언론인 개인의 윤리적 측면은 기사를 작성하는 과정에서 강조된다. 그런데 언론인의 윤리가 기타 직종의 윤리와 크게 다르지 않지만 잘못된 윤리적 선택의 결과는 예상 밖의 큰 사회적 피해를 가져올 수 있다. 언론인이 때때로 잘못된 윤리적 선택을 하는 이유는 첫째, 언론인들이 대개 마감에 맞춰 대단히 빠른 속도로 일하며, 둘째, 특종에 대한 욕구가 정확성의 요구를 앞서며, 셋째, 취득한 기사의 진실성에 대해 의문을 제기하지 않으며, 넷째, 때로는 윤리적 측면을 무시해야 직업적인 성공을 이룰 수 있다고 생각하고, 다섯째, 자신이 만든 기사가 가져올 사회적 파장에 대해서 무관심하기 때문이다.

이와 같은 이유 때문에 실제로 비윤리적인 상황이 벌어지기도 하는데 대개의 경우, 첫째, 가상의 인물을 설정해 허위로 기사를 작성하거나, 둘째, 정보원이나 취재원과의 친근함을 이용해 취재과정에서 혜택을 주거나, 셋째, 개인에게 민감한 사생활 관련 기사를 부주의하게 쓴다거나, 넷째, 특정의 이벤트에 대해 임의의 글을 쓰는 등의 오류를 범하게 된다.

궁극적으로 언론인은 언론활동을 하는 과정에서 다음과 같은 딜레마에 봉착한다.

(1) 진실성의 딜레마

보도에서 진실성(truthfulness)이란 정확성 이상의 것으로서 수용자에게 기사와 관련된 사람이나 상황에 대해 잘못된 그림을 전달해서는 안 되며, 공직자나 권력집단의 목적을 달성하기 위해 언론이 이용되어서는 안 된다는 것을 말한다. 진실성의 딜레마와 관련한 극단적인 예는 1981년 미국의 퓰리처상 수상작인 ≪워싱턴 포스트(Washington Post)≫ 쿡(Janet Cooke) 기자의 탐사보도인 '지미의 세계(Jimmy's World)'가 사실보도가 아니라 허위보도였다는 데서 찾을 수 있다. 쿡 기자는 마약의 심각성을 고발하기 위해 어린 나이에 마약에 중독되어 비참한 생을 살아가는 한 아이의 생을 직접 탐사한 것처럼 보도했다.

정부기관이나 권력집단이 언론을 이용하는 대표적인 예는 전쟁시나 국익에 명백한 피해가 예상될 때 찾아볼 수 있다. 이때 정부는 목적을 수행하기 위해 언론을 직·간접적으로 통제하는데 언론은 진실에 대한 검증 없이 정부기관으로부터 받은 정보를 보도하는 딜레마에 빠지게 된다. 같은 맥락에서, 어떠한 정보원(취재원)을 어떻게 인용할 것인가도 진실성과 직결된다. 정보원은 미디어 윤리의 시작이자 끝이라고 할 수 있다.

(2) 공정성의 딜레마

공정성(fairness)은 보도에 균형감각을 유지하는 형평성을 의미하는데 언론인이 기사로 어떤 혜택을 누리거나 기사의 정보를 제공한 사람과의 관계를 이용해 부당한 이익을 취하지 않는 것을 말한다. 공정성의 딜레마는 언론인과 언론인이 접촉하는 정보 제공자나 취재원과의 개인적인 관계에서 발생할 수 있다.

또 다른 문제는 개인적 이익과 공적 이익 간의 갈등에 따라 공정성을 상실하는 경우다. 예를 들어 1984년 미국 ≪월스트리트 저널(Wall Street Journal)≫의 경제 칼럼니스트인 위난스(Foster Winans)는 자신의 칼럼 'Heard on the Street'가 증권시장에 영향력을 발휘한다는 점을 악용해 부당한 이익을 취했다.

이와 유사한 사건이 1999년 우리나라에서도 발생했다. 당시 ≪중앙일보≫의 길 모 차장은 새로운 제품에 대한 홍보용 기사를 써주는 대가로 관련 회사로부터 이익을 약속받았다.[3]

아울러 언론인이 정보원이나 기타의 기관이 베푸는 혜택(촌지나 숙식 및 여행경비 제공, 그리고 최근에는 골프 접대)을 받는 것이 기사를 작성하는 데 공정성을 해칠 수 있다는 우려가 있다. 또한 특종이나 독점기사를 발굴하기 위해 취재원에게 금품을 제공하고 인터뷰를 하는 경우(Check book Journalism) 역시 공정성의 딜레마에 처하게 될 것이다. 예를 들어 1994년 미국의 ≪인사이드 에디션(Inside Edition)≫은 프로 피겨 스케이트 선수이자 경쟁 스케이트 선수를 공격한 것으로 비난의 대상이 된 하딩(Tonya Harding)에게 독점 인터뷰의 대가로 60만 달러를 지불했다.

(3) 사생활의 딜레마

공익을 위한 보도에서 내용이 개인의 사생활(privacy)을 침해할 수 있다는 사실을 인지했다면 언론인은 딜레마에 처하게 된다. 만일 이에 대한 주의를 기울이지 않거나 관계자의 조언을 얻지 않고 기사화하는 경우 개인의 사생활을 침해하게 된다. 예를 들어 미국의 경우 에이즈 관련 기사나 성폭행 기사를 개인의 실명이나 혹은 주변 정보를 통해 게재하는 경우 사생활 침해에 대한 사회적 반향을 불러일으킬 수 있다. 기타 공인의 사생활이 사인의 사생활보다 덜 보호받는다는 점에서 딜레마가 발생하기도 한다.

---

[3] 그는 법적으로 증권 거래법상 '미공개 정보 이용 금지' 조항을 위반한 혐의로 구속됐다. 이 사건은 또한 1996년 제정된 신문윤리 강령 실천요강 중 "언론인은 본인, 친인척 또는 기타 지인이 이해관계를 갖는 주식 및 증권정보에 관해 보도해서는 안 되며 또한 주식 및 증권정보에 관해 최근에 기사를 썼거나 가까운 장래에 쓰려 할 때 그 주식이나 증권의 상업적 거래에 직·간접적으로 참여해서는 안 된다"는 정보의 부당 이용 금지조항에 위배되는 것이기도 하다.

(4) 책임의 딜레마

언론인의 정보 수집 및 취재활동은 성격상 공적인 책임(responsibility)을 반영하는 것이다. 대개의 언론인은 사건을 취재하면서 공격하기도 하지만 언론이 존재한다는 사실만으로도 실제로 일어나고 있는 사건의 중요성을 확대해석할 수 있는 위험을 안고 있다. 그래서 언론인에게는 주변에서 발생하는 사건을 사실에 입각해 전달할 책임의식이 요구된다. 책임의 딜레마는 특히 영상을 통한 텔레비전 보도에 직결되는데, 예를 들어 텔레비전의 경쟁적 생중계에서 편향적으로 보도할 가능성이 있다. 또한 시청률을 높이기 위해 사건의 영상을 조작하는 것이 여기에 속한다.

이러한 개인적 딜레마 때문에 언론인에게는 항상 몇 가지 의문이 발생할 수 있다. 첫째, 언론인의 사회적 공인으로서의 역할이다. 다시 말하자면 사회적 권력집단에 대한 예리한 감시자와 비판자로서의 책임과 의무, 의욕 그리고 현실적 괴리감에 대한 것이다. 분명 언론 윤리적 측면에서 사회의 병폐현상을 통찰력 있게 담아내는 것이 중요한 의무라는 사실은 알지만 여러 가지 장벽 - 개인적 친분이나 신심 공세 등 - 에 부닥칠 때 과연 이를 어떻게 해결하는 것이 현명한 것인가 하는 의문이 늘 뒤따른다.

둘째, 직업인으로서의 언론인이 뉴스를 취재하는 과정에서 윤리적·법적 문제가 될 수 있는 편법적인 뉴스 수집방법에 대한 것이다. 속보경쟁에서 살아남기 위해 무리가 따르는 방법으로 취재하는 것이 상황에 따라 합리화될 수 있는가 하는 것이다. 특히 사안이 중차대한 경우 목적을 달성하기 위해 필요하다면 수단은 정당화될 수 있지 않는가 하는 의문이 발생한다.

셋째, 언론직을 하나의 교량적 직업(bridge occupation)으로 보고 언론직에서 정치나 재계로 진출하는 것이 언론인으로서의 윤리적 문제에 위배되지 않는가 하는 것이다. 특히 정치인과는 늘 일정한 거리를 두어야 하는가 하는 의문이 생길 수 있다.

넷째, 기사를 작성하는 언론인으로서 자신의 생산물을 공개하기 전에 이용하는 것이 언론윤리에 크게 벗어나는가에 대한 것이다. 즉, 자본주의 사유 재산제의 기본적 원칙인 자산에 대한 자유로운 통제가 언론영역에서는 왜 문제가 되는가 하는 것이다.

### 3) 조직적 딜레마

언론윤리는 개인으로서 언론인뿐만 아니라 언론인이 속한 언론조직에도 적용되는 것이다. 언론조직, 즉 언론사는 그 나름의 '사시(社示)'와 '윤리강령(倫理綱領)'을 가지고 있는데 이는 곧 언론조직이 언론활동상에 지향해야 할 이상적인 윤리기준을 상징한다. 언론인이 개인으로서 존재하기보다는 조직의 일원으로서 조직의 윤리기준을 따라야 한다는 점을 감안하면 언론조직의 윤리는 검증될 필요가 있는데도 논의가 많지 않았다.

조직적 언론윤리의 문제는 1999년 소위 '김강룡 사건'과 '중앙 - 조선 공방전'에서 좋은 예를 찾을 수 있다. 당시 절도범으로 검거된 김강룡에 대해 언론사들이 사건의 진위 여부에 대한 신중함 없이 선정적인 방식으로 냄비주의식 보도를 했다는 것이다. 언론사들은 경쟁에서 질세라 사건을 크게 부풀리기도 하고, 심한 경우 속보형식으로 다뤄 대단히 중요한 쟁점으로 만들어버리는 촌극을 연출했다.

또한 중앙 - 조선 공방전은 《중앙일보》 기자의 비윤리적인 내부자 거래를 통한 이익의 취득 때문에 일어났지만, 한편으로는 언론사들의 과잉경쟁의 부끄러운 단면을 보여줬다. 언론사 간의 경쟁은 건전한 언론문화를 창달하기 위해 절대적으로 필요할 것이다. 그러나 중앙 - 조선 공방전에서 볼 수 있는 선의에 기초하지 않는 경쟁적 양태는 성숙치 못한 언론의 치부를 드러내는 데 불과하며 이는 조직으로서 지켜야 할 윤리를 위배하는 것이라고 할 수 있다. 문제는 언론이 스스로 설정한 조직적 윤리를 객관적인 검증 없이 합당한 것으로 고집하는 것이다.

그 외에도 회사의 자산관리 차원에서 이뤄지는 언론사 단위의 주식투자나 일부 기업의 주식거래를 통한 M & A 과정에 불법적으로 개입하는 사례 또는 신도시 개발 등 부동산 관련 정보를 통한 투자 등은 언론사에서 삼가야 할 부분이다. 최근 몇몇 언론사가 스포츠 복권 사업체인 타이거 풀스(Tiger Pools)에 투자해 사회적 문제가 되기도 했다. 당시 언론은 4대 사행산업인 카지노, 복권, 경마, 경륜의 하나인 복권사업에 뛰어들었을 뿐만 아니라 투자 언론사들이 타이거 풀스가 경쟁 사업자를 따돌리고 복권 사업자로 선정되도록 일정한 역할을 한 것은 아니었는가 하는 의혹도 받았다. 한국의 언론윤리 강령과 실천요강에는 언론인 개인이 지켜야 할 윤리적 항목만 열거되어 있으며 조직으로서 언론사가 지켜야 할 윤리적 행위가 빠져 있는 것이 문제로 지적됐다.

## 3. 언론윤리 강령의 문제점

### 1) 한국의 경우

세계적으로 약 60여 개 국가가 언론윤리 강령을 보유하고 있는데(한국언론재단, 2001), 이들 윤리강령은 대개 다섯 가지 측면에서 공통점이 있다. 이는 첫째, 취재, 보도, 논평에서 진실성과 객관성의 유지, 둘째, 알 권리의 실현을 위한 정보의 자유로운 유통, 셋째, 언론인의 직업적 전문성 제고와 소유주에 의한 언론인 인격 존중, 넷째, 금전이나 향응의 취득 금지, 다섯째, 취재원에 대한 비닉의 엄수다.

우리나라도 예외가 아니어서 이러한 내용의 언론윤리 강령과 실천요강을 갖추고 있다. 그뿐만 아니라 최근에는 중앙지와 지상파 방송사를 중심으로 언론사별로 언론윤리 강령을 마련하는 추세다. 윤리강령은 언론기관이 스스로 올바른 관행을 확립하고 책임과 품위를 지키기 위해 행동기준으로 제정한 윤리적 기준이다. 우리나라의 신문윤리 강령은 1957년 처음 채택되고 1961년 수정됐다. 1961년 신문윤리 강령은 언론이 국민의 알 권리를 위해 힘써야 한다고 규정하고 있다. 이는 1996년 신문의 날을 기해 한국신문협회, 한국신문방송편집인협회, 한국기자협회가 주체가 되어 전반적으로 개정됐다. 개정 윤리강령은 민주화, 분권화, 인권 신장, 가치관의 다양화를 반영하며 자유롭고 책임을 다하면서도 개인의 명예나 사생활을 존중해야 한다고 밝히고 있다. 아울러 표절을 금지하며 언론인의 품위를 위해 금품수수, 부당한 집단 압력 행사, 광고 판매, 보급 행위 등을 금지하는 강령을 두었다. 이는 언론개혁 운동과 맞물려 2001년 11월 23일에 전국언론노동조합의 '언론인 자정 선언문'으로 이어지면서 '언론인의 윤리 확립을 위한 실천요강'이 만들어져 언론의 책임을 다하고 북한에 대한 중립적 보도를 하며 부정적 언론관을 없애는 등 지속적인 노력을 기울여야 할 것을 천명하고 있다(새신문윤리강령, 1996).

언론윤리를 구체적으로 시행하기 위한 '신문윤리 실천요강'은 취재원의 명시, 범죄보도시 인권 존중 등의 내용을 담고 있다. 또 실천요강에서 언론인은 보도의 공정성을 유지하며 오보에 대한 반론의 기회를 인정하고 취득한 정보를 이용해 직·간접적 이익을 올려서는 안 되고 취재대상을 보호해야 한다는 등의 내용도 담고 있다. 이는 비교적 자세하기는 하지만 언론인이 실제 상황에 봉착했을 때 구체적인 행위를 할 수 있는가 또는 하지 말아야 하는가에 대해서는 명확히 기술하지 못하고 있다. 또한 언론윤리에 대한 다짐은 언론에 면죄부를 주는 선언적인 행사에 그치게 되고 시간이 지나면 비슷한 일을 반복하게 된다.

이러한 언론윤리 강령의 실천 여부는 언론사 내에 언론윤리와 관련된 교육을 통해 지속적으로 이뤄져야 한다. 윤리교육을 강화해 언론인의 윤리적 방심이 사회적 책임을 방기하는 것은 물론 궁극적으로는 법적 제약까지 받게 된다는 것을 알려줘야 한다. 우리 언론사의 경우 대표적인 신문사나 방송사 그리고 통신사는 그 나름대로 자율규제를 위한 강령이나 유사 규약을 마련해 두고 있다. 또한 윤리강령을 올바르게 실천하기 위해 각 사별로 윤리위원회나 유사한 단체를 조직하도록 하고 있다.

그러나 윤리강령이 있어도 현실적으로 해당 언론사에 속하는 언론인이 그 내용이 무엇인지를 잘 알지 못하는 경우가 많고 사내의 관습적인 논리가 언론사의 윤리강령을 대신하는 경우가 대부분이다. 그래서 1988년 ≪한겨레≫의 윤리강령 제정을 시작으로 중앙 일간지와 방송사들이 개별 윤리강령을 제정했으며 최근 ≪중앙일보≫가 강령을 개정하는 데 이르기까지 엄격한 윤리강령이 마련되고 있으나 실천적인 측면에서 보면 대개 사문화됐다는 지적이 있다. 왜 그런가?

무엇보다 언론사들의 윤리강령이 대부분 구색을 갖추거나 자기 방어를 위한 선언적인 것에 그치고 현실적인 구속력이 없기 때문이다. 즉, 윤리강령은 법적 강제력이 없다는 점에서 실천을 담보하기에는 내용이 상식적이며 언론인들의 활동상의 지침이 되기에는 구체적이지 못하다. 그래서 윤리강령은 언론인들이 입사 때 또는 언론윤리가 상당한 쟁점이 될 때나 한번 찾아보는 것이 현실이다. 이처럼 윤리강령이 있다고 하더라도 이를 지키려는 언론인들의 의지가 없거나 이에 대해 무신경한 것은 문제가 될 수 있다.

2) 외국의 경우

한국 언론사의 윤리강령의 실제와 한계는 외국 언론사 윤리강령의 경우를 놓고 비교해보면 확실해진다. 물론 어떠한 외국의 언론윤리 강령도 모든 상황에 다 맞도록 구체적인 설명을 포함하고 있는 것은 아니다. 그러나 각 사회의 구조적 환경에 입각해 언론인의 어떠한 행위가 윤리강령에 위반되는지를 쉽게 인식할 수 있도록 명기해놓고 있다. 대개의 경우 언론윤리 강령은 그 기본적인 틀은 유사해도 사회적 특성에 따라서 다소 내용이 다를 수 있다.[4]

(1) 미국

대표적인 신문 편집인들의 모임인 전문언론인협회(Society of Professional Journalists, SPJ)의 윤리헌장(Code of Ethics)을 보면 내용은 단순하지만 어떻게 하는 것이 언론윤리에 위반되는 것이고 어떤 행위가 법적인 제재로 이어질 수 있는가를 현실적으로 이해할 수 있도록 유도하고 있다. 예를 들어 SPJ 윤리헌장은 몰래 카메라를 이용한 취재에서 이를 최대한 피하되 부득이한 경우 취재과정을 '기사내용의 일부로 포함시켜 밝혀야 함'을 명시하고 있다.

① ≪워싱턴 포스트≫: 기업과 금융시장 취재에서 야기되는 실제적인 또는 명확한 이해 상충을 피하기 위해서는 기업 및 금융 담당기자가 모두 각자의 금융자산 소유분과 투자분을 담당 부국장에게 밝혀야 한다. '일반인에게 유료로 되어 있는 어떤 곳에도 무료 입장은 허용되지 않는다. 유일한 예외는 기자석과 같이 다른 사람에게 팔지 않는 좌석의 경우'라는 원칙을 적용하고 있다.

② ≪마이애미 헤럴드(Miami Herald)≫: 일반적으로 필요한 경비는 스스로 부담하는 것이 원칙이다. 통상적으로 입장료를 받는 영화, 연극, 스포츠 경기, 그밖에 다른 공연의 관람권을 무료로 받아서는 안 된다. 입장권을 일반에게 판매하지 않은 영화상영이나 언론에 대한 특별 시사회, 취재를 목적으로 참석한 세미나 집회의 등록비, 특정 행사의 취재를 위해 마련한 기자석의 활용 등은 예외다. ≪헤럴드(The Herald)≫는 취재활동과 관련된 모든 교통비를 부담하는 것이 원칙이다.

③ ≪LA타임스(LA Times)≫: 기업에 투자하거나 주식을 가진 기자들은 해당 회사와 연관된 뉴스의 기사화 결정을 피해야 한다. 피하기 힘든 경우에는 이해 상충의 가능성이 있는 사실을 상급자에게 꼭 밝혀야 한다.

---

4 한국과 같은 복합적인 구조의 사회에서는 언론인에 대한 지침이 실용적일수록 좋다. 왜냐하면 실용적인 내용이 복잡한 상황에 처했을 때 최대한 적절히 대처할 수 있는 처방을 제공하기 때문이다.

### (2) 영국

영국의 전국언론인조합(National Union of Journalists)은 세부적인 실천강령을 포함하고 있다. 예를 들어 아동 성폭행과 관련된 보도의 경우 보도대상이 피해자든 목격자든 상관없이 사건과 관련된 16세 이하 청소년 및 아동의 신원을 절대 밝히거나 이를 인지할 수 있도록 보도해서는 안 된다. 부득이 이들의 신원이 드러날 수 있는 경우 '근친상간' 같은 부정적인 표현을 보도에 사용해서는 안 된다.

### (3) 독일

독일 언론위원회(German Press Council)의 경우 윤리강령 제13조에서 '수사 중이거나 심리 중인 범죄사건의 보도에는 어떠한 편견도 개입되어서는 안 되며 법원의 판결에 의해 형이 완전히 확정되기 전에는 어떠한 형식으로라도 피고인이 범죄자라는 인상을 받도록 해서는 안 된다'는 항목을 두어 범죄기사 작성에 대한 기준을 제시하고 있다.

### (4) 프랑스

프랑스 전국언론인연합(National Syndicate of French Journalists)의 윤리강령은 언론인의 취재활동에서 적합성의 여부를 강조한다. 흥미로운 점은 마지막 항목에서 언론인이 마치 경찰과 같은 역할을 하고 있다고 착각하지 말 것을 당부하고 있다는 것이다.

### (5) 일본

기자클럽 제도가 발달한 일본의 경우 기자협회가 제정한 언론윤리 강령이 존재하지만 기자클럽에 속한 성원들이 공동체적인 커뮤니티를 형성함으로써 기사내용이 거의 유사하고 다양성이 다소 결여되어 있다는 비난을 받고 있다. 그렇게 적정한 선에서 언론윤리를 실천해가고 있다.

(6) 중국

공산주의 국가답게 언론의 제1의 사회적 사명을 국가에 대한 충성에 두고 있다. 그러나 이를 제외하면 여타 자본주의 국가의 언론사가 보유한 윤리강령과 특별히 다르지 않다. 굳이 특징적인 것을 꼽자면 언론윤리에 대해 강조하는 윤리적 기준이 다르다는 점이다. 중국은 서구와는 달리 언론인의 용기(courage)와 호기심(inquisitiveness)에 중점을 두고 있다.

## 4. 위기 시 언론윤리

### 1) 언론의 경영과 언론윤리

언론윤리 문제는 신문시장이 어렵고 경영이 힘들 때 더욱 명확하게 드러난다. 신문시장의 어려움은 이미 오래전부터 예견된 현상이지만 최근 불어닥친 경제한파에 신문시장은 거의 얼어붙다시피 했다. 이는 곧 경영난으로 이어지게 된다. 신문시장의 위축을 불러온 경영난의 가장 큰 원인은 구독률 저하와 광고의 감소다.

특히 인터넷의 광범위한 보급으로 정보의 생산과 유통구조가 변화함에 따라 신문을 읽기보다는 인터넷으로 매개되는 정보를 접하는 경향이 더욱 커져가고 있으며 이로 인해 신문의 광고시장은 그 규모가 더욱 위축되고 있다. 이러한 상황에서 신문에 대한 관심을 높이고 경영난을 타개하기 위해 의식적 또는 무의식적으로 비윤리적인 행위를 하기도 한다. 그중 가장 대표적인 것이 언론의 선정적 보도다. 즉, 기사를 보도할 때 독자의 시선을 끌기 위해 좀 더 자극적인 내용과 방식으로 보도하는 행위를 말한다. 이러한 보도경향은 일반적으로 신문사들 간의 경쟁이 치열한 경우에 나타나는데 문제는 비록 법적으로 하자가 없다고 하더라도 정확하게 진실을 전달해야 하는 언론의 의무를 거스르게 된다는 것이다. 독자의 시선을 사로잡기 위한 선정적 보도는 비단 연예계 소식에서뿐만 아니라 정치나 범죄보도 또는 사건사고 보도에서도 자주 등장한다.

선정적 보도 방식과 함께 문제가 되는 것이 기사형 광고다. 기사는 광고와 분리되어야 함에도 광고인지 기사인지를 명확히 알 수 없는 형태의 기사가 등장하고 있다. 이러한 형태의 기사를 기사형 광고라고 하는데 이는 기사의 신뢰성과 주목성을 이용해 광고하는 것으로 설득력에 있어 더 큰 효과를 나타낼 수 있다. 기사형 광고를 통해 기업은 더 효과적이고 저렴하게 광고를 할 수 있고, 언론사는 이를 통해 수입을 늘려 경영난을 타개하려 한다. 그러나 상호이익에 부합하는 것처럼 보이는 기사형 광고는 독자를 기만하고 저널리즘의 근간을 흔들어놓을 수 있다.

이처럼 선정적 보도나 기사형 광고는 윤리적인 측면뿐만 아니라 자본의 논리에 함몰되어 있는 신문산업 구조 그리고 샐러리맨화된 언론인의 단면을 드러내 보이는 것이기도 하다. 신문업계는 이러한 보도관행은 생존을 위한 고육지책일 뿐이라고 어려움을 토로한다. 하지만 독자는 이로써 저널리즘의 존재 가치가 되는 언론의 본질적 기능까지도 의심할 수 있다. 저널리즘의 본질적 기능은 사실의 전달에만 그치지 않고 국민의 알 권리를 충족시키고 권력의 남용과 사회적 부정·부패를 감시하고 비판하는 것이다. 이를 위해서 언론은 정확한 사실관계를 검증할 수 있어야 한다.

미국에서 언론인 3,000여 명이 참여한 연구를 통해 저술한 『저널리즘의 기본 요소(The Elements of Journalism)』에 의하면 오늘날은 커뮤니케이션, 미디어, 정보라는 말이 홍수를 이루지만 정작 저널리즘의 역할은 위축되고 있다. 저너리즘은 그동안 스스로가 소홀히 여겨온 기본적 요소를 통해서 현 상황을 반성해야 한다고 주장한다. 이 보고서에 따르면 저널리즘의 기본적인 요소에 '검증의 규율'이 포함되는데 선정적 기사나 기사형 광고는 검증 역할을 결여함으로써 언론으로서 본질적 기능을 스스로 포기하는 결과를 낳는다.

또한 독자가 신문의 선정적 보도나 기사형 광고에 대해 부정적으로 인식하고 있음에도 이에 대해 과도하게 집착하는 것은 경제적 논리에 빠져 독자를 무시하는 처사다. 이러한 언론은 결국 좋은 언론이 될 수 없다. 일단 신뢰를 상실하면 경제가 다시 좋아진다고 해도 잃어버린 신뢰를 회복하기는 힘들 것이다. 아울러 언론인들은 법적 다툼에 휘말리는 정도의 기사만이 문제 있는 기사라는 인식을 버려야 한다. 언론은 윤리 측면에서 선정적 보도나 기사형 광고를 최소화하는 특단의 조치를 취해야 한다. 또 과도한 경우에는 신문발전위원회나 신문윤리위원회 등에서 좀 더 강력한 제재를 위한 조치도 필요할 것으로 판단된다.

### 2) 선정적 보도의 특징과 문제점

선정적 보도는 앞서 언급한 바와 같이 언론의 상업화와 복잡한 취재경쟁 등으로 발생한다. 미국의 선정적 보도가 가장 큰 문제가 됐던 것은 언론의 상업화가 극단으로 치닫던 19세기 말엽으로 '옐로 저널리즘(yellow journalism)' 시기다. 선정적 보도로 개인의 인격권이 침해되는 일이 빈번히 발생하고 이로써 법적인 분쟁도 급증하게 된다. 당시 퓰리처의 ≪뉴욕월드(New York World)≫와 허스트의 ≪뉴욕저널(New York Journal)≫ 등이 발행부수를 늘리기 위해 치열하게 경쟁하면서 사실을 과장하거나 선정적인 보도를 일삼았다. 이러한 선정적인 보도의 문제점에 대해 언론인들도 인식하고 있었으나 상업화된 언론의 생존을 위한 필요악으로서 간주되어왔다.

선정적 보도는 그 정도가 심할수록 사건의 핵심에서 벗어나 흥미 위주의 자극적인 내용을 과장해서 제시한다. 이는 독자의 관심을 끌기 위한 효과적인 보도 방식으로 이용되어왔다. 그러나 선정주의 보도는 언론의 본질적 기능, 즉 냉철한 판단을 통해 진실을 알리는 임무를 스스로 부인하는 것이다. 더욱 문제가 되는 것은 언론인들의 윤리의식이다. 왜냐하면 외부의 비판에도 언론인들이 선정적인 보도를 관행으로 간주하거나 당연하게 받아들인다면, 보도에 있어서 선정성은 결코 피할 수 없는 유인요소가 되기 때문이다.

선정주의에 대한 언론인의 윤리의식 조사에 따르면 응답자의 52%가 선정주의적 보도경향에 의해 인격권 침해 가능성이 있다고 응답한 것으로 나타났다(이재진, 2006). 선정주의적 보도경향은 결국 개인의 인격권에 대한 침해를 가져올 뿐만 아니라 언론에 대한 독자의 신뢰도를 상실케 한다. 따라서 언론의 객관성과 공익성을 확보하기 위한 노력으로서 언론윤리를 조망해볼 때 보도의 선정성은 언론이 윤리를 스스로 어기고 있다고 판단하는 증거가 된다.

이러한 선정적인 취재보도는 대개 연예인과 관련된 경우가 많다. 차용범(2002)은 언론의 연예기사를 분석한 뒤 언론매체의 보도가 국민의 알 필요를 앞지르고 있다고 지적하면서 언론인은 전문직으로서 전문직에 맞는 언론윤리를 지켜야 한다고 주장했다. 특히 언론은 전문직으로서 단지 법적 다툼에 휘말리는 정도의 기사만이 '문제 있는 기사'라는 인식을 버려야 한다고 지적한다. 언론은 스스로 선언한 언론윤리를 저해하는 기사를 '문제 있는 기사'로 취급해야 한다고 피력했다.

얼마 전까지만 해도 이러한 선정적 보도는 스포츠 신문 등 일부 매체만의 문제라고 생각했다. 일간신문에서 선정적인 보도가 문제된다고 해도 이를 쟁점화하지 않았다. 그런데 최근 들어 일간신문에서도 선정적 보도로 인한 문제가 많이 지적되고 있다. 가장 대표적인 예가 바로 신문의 자살 관련 보도와 '신정아 사건' 보도라고 할 수 있다. 특히 자살의 경우 최근 들어 인터넷을 통해 집단자살을 시도하거나 이를 모의하는 일이 점차 늘어나면서 선정적인 보도의 우려가 커지고 있다.

정부는 동반자살에 대해 언론이 보도하면서 동반 자살자 모집방법, 자살현장 및 자살방법 등을 여과 없이 자세히 서술하는 것은 부정적 효과를 불러온다고 지적했다. 실제로 최근 몇 년 사이에 우리나라의 유명 연예인들이 자살로 사망했을 때 일부 언론이 이를 선정적이고 자극적인 방식으로 보도해 이를 모방하는 자살을 부추겼다고 비판했다. 전문가들은 자살을 예방하기 위해서 2004년 보건복지가족부와 자살방지협회 그리고 기자협회 등이 함께 제정한 '자살보도 권고기준'을 언론이 준수해야 한다고 피력했다.

물론 이러한 기준에 언론이 얼마나 응할지는 언론의 자율적인 판단에 맡겨야 한다. 최근 보도는 동반자살 사건 등에 대해 언론이 보도하면서 이러한 기준을 준수하지 않고 있어 문제로 지적된다. 언론이 국민의 알 권리를 충족시키고 진실을 보도하는 것도 중요하지만 사회적으로 큰 문제로 비화될 수 있는 자살문제를 신중히 보도하려는 노력을 기울여야 한다. 이런 점에서 아직 부족해 보이는 것이 사실이다.

비록 자살보도처럼 사회적으로 중요한 쟁점은 아니지만 신정아 사건도 언론의 비윤리성의 단면을 보여줬다. 무엇보다 신정아 씨의 알몸사진을 일간신문에서 실은 것은 선정적인 사생활 보도의 극단적 예라고 할 수 있다. 여성단체는 이러한 보도가 여성 전체에 대한 심각한 인권 침해의 우려가 있다고 주장했다. 이들은 범죄 피의자라 할지라도 범죄와 직접 관련이 없는 사생활의 비밀은 보호받아야 하는데 이런 형태의 선정성은 언론폭력이나 다름없다고 지적했다. 일반적으로 개인의 사생활 보도는 대부분 당사자에게 가혹한 처벌이 될 수 있다. 우리나라의 신문윤리 강령은 선정적 보도를 금하고 있으며 공인의 사생활을 보도할 때조차도 '절제를 잃지 말아야 한다'고 규정하고 있다. 더욱 큰 문제는 이런 신문의 선정적인 보도가 인터넷을 통해 광범위하게 전파되고 그 파급효과도 배가된다는 것이다. 만일 언론보도가 지나치게 감성적이 되면 독자는 건전한 판단력과 적절한 자제력을 잃어버릴 수 있으며 사회에 대한 왜곡된 인식과 환경에 대한 그릇된 이해를 수반할 수 있는 위험이 따른다.

유일상(2000)은 신문의 선정성은 시각에 따라 각각 그 장단점이 두드러져 보일 수 있다고 지적한다. 신문의 선정보도를 찬성하는 측에서는 첫째, 독자에게 쉽게 보도사실을 알려주고, 둘째, 독자의 보도주제에 대한 동기 부여를 촉진할 뿐만 아니라, 셋째, 무엇보다도 신문의 경영 여건을 개선하는 데 큰 도움이 되기 때문에 선정보도가 신문사가 직접적으로 야기하는 잘못은 아니라고 인식한다.

그러나 보도의 선정성을 반대하는 사람들은 미디어의 보도 이미지가 어떻게 사회적 실재를 창조하고 규제할 수 있는가가 중요하다고 지적한다. 이들은 보도의 선정성이 수많은 고정관념을 만드는 예로 '클린턴 스캔들'의 과장 보도가 남긴 결과에 주목한다. 이들은 또 선정적 보도 때문에 놓치는 진짜 뉴스거리에 대해서도 우려한다. 지나치게 뜨거운 주제가 보도를 포화상태로 만들기 때문에 공중은 자신에게 영향을 미치는 많은 정보를 놓쳐버려 대중을 잘못 교육하고 있다는 것이다.

이처럼 선정성에 대한 찬반의 논의가 있으나 언론의 역할은 정확성과 공정성의 가치를 추구하면서 선정성과의 갈등을 피하는 것이다. 아울러 언론인이나 언론사에 관련 없이 각종 이해관계를 공개하며 독자와 끊임없이 소통해야 한다. 신문윤리 강령 실천요강 제3조 제3항과 제10조 제2항에서는 선정적 보도와 편집을 금지하고 있다.

### 3) 기사형 광고의 특징과 문제점

선정적 보도의 문제보다 더욱 심각한 것이 기사형 광고의 범람이다. 한 광고 전문가는 다음과 같이 지적한다.

> 원래는 여성잡지나 의료잡지 등에서 성행하던 기사형 광고가 신문에 자주 등장하는 것은 저널리즘 윤리에서 큰 문제가 아닐 수 없다. 기사형 광고는 사실의 전달과 바이라인에 의한 신뢰성에 근거하는 기사라는 형식을 빌어서 광고를 내는 것이다. 일종의 기만적인 보도형태라고 할 수 있는데 이는 곧 신문사의 수입과 직결된다. 예전에는 기사형식으로 광고를 하던 것이 크게 눈에 띄지 않거나 조심스럽게 행해졌다면 이제는 공공연하게 이뤄지고 있다. 예를 들어 경제지의 경우에는 기사와 광고를 구분하기 힘든 경우가 많다. 예전에는

신문의 주 수입원이 구독료와 광고였다면 최근에는 구독료와 광고 그리고 기획(기사)으로 세분화되고 기획부분이 점차 확대되는 경향을 보인다. 신문사가 새로운 수입원 모델을 만든 셈이다.

기사형 광고는 독자에게 광고에 대한 거부감이나 선택적 노출이라는 장애를 피해서 자연스럽게 광고를 수용하게 하는 이른바 '제3자 보증효과(third party endorsement effect)'를 가져온다. 또한 기사의 출처는 곧 사라지지만 그 내용의 핵심은 망각되지 않고 뇌리에 남는 '수면자 효과(sleeper effect)'가 나타난다. 언론학자들은 기사형 광고가 세계적인 추세일 수는 있지만 신문의 공신력을 낮춘다고 지적한다. 즉, 신문들이 경영상의 어려움을 빌미로 이러한 기사형 광고를 늘리고 있는데 이에 따른 윤리적 문제에는 무감각해지고 있다는 것이다.

기사형 광고는 윤리적 문제에 앞서 법적으로도 문제가 된다. 신문법 제11조 제2항의 경우 '정기 간행물 편집인은 독자가 기사와 광고를 혼동하지 않도록 명확하게 구분해 편집해야 한다'고 규정하고 있다. 즉, 독자가 내용을 기사인지 광고인지 구분할 수 있도록 편집해야 한다는 것이다. 그러나 규정만 있지 광고와 기사를 어떻게 명확히 구분할 것인가에 대한 실제적 가이드 라인이 없기 때문에 이 규정을 적용하는 것은 쉽지 않아 보인다.

물론 광고에 대해서 너무 과도한 법적 규제를 강제하기보다는 언론이 자율적으로 관련된 문제를 해결하는 것이 바람직하다. 그러나 이를 위해서는 적어도 신문발전위원회의 기사형 광고 심의위원회가 심의세칙에서 제시하는 사항은 지켜야 할 것이다. 예를 들어 기사형 광고를 광고와 인접한 곳에 배치해서는 안 되며, 'PR', '스페셜', '소비자 정보', '스폰서 섹션' 등과 같이 소비자를 혼란에 빠뜨릴 수 있는 표기를 해서도 안 된다.

윤리적인 차원에서 신문이 기사형 광고의 유혹에 빠질 때 신문윤리 강령 제7조상의 언론인의 품위 규정을 위반하게 된다. 더욱 언론의 품위를 손상시키는 것은 전문성을 가진 기자가 기사를 작성하는 것이 아니라 기획홍보를 담당한 직원이 기사를 작성하거나 광고를 담당하는 구성원이 기자 타이틀을 함부로 이용해 기사를 게재하는 경우다.

 이처럼 기사형 광고가 재정면에서 일시적인 도움이 될 수 있을지 모르나 장기적인 측면에서는 불신의 부메랑이 되어 되돌아올 수 있다. 독자가 기사형 광고에 대해 부정적이라는 점은 다양한 조사연구에서 지적됐는데 예상한 바와 같이 응답자 대부분 기사형 광고가 언론의 품위를 떨어뜨리고 신뢰성에 부정적인 영향을 미친다고 지적했다. 즉, 언론 전문가뿐만 아니라 일반 독자조차도 기사형 광고에 문제가 있음을 인식하고 있다는 것이다.

## 5. 언론윤리의 제고 방향

 기자는 자신의 한계와 책임을 자각해야 하며 항상 진실을 말하기가 힘들기 때문에 자신이 작성한 기사가 어떠한 결과를 낳을지 또는 그 영향력은 어떠할지 등에 관해 늘 관심을 기울여야만 한다(Mencher, 1991). 그런데 우리나라 언론은 권력에 의한 규제가 줄어들자 사적 이윤의 추구에만 빠지거나 무한경쟁에서 이기기 위해 정권의 감시기능은 마비되고 개인의 인권을 침해하는 사례가 늘고 있다. 이러한 상황이 지속되면 결국 언론은 스스로 독립할 수 있는 발판을 저버리는 셈이 된다. 언론이 윤리성을 제고하기 위해 다시 고려해야 할 과제는 무엇인가?[5]

---

[5] 이는 2016년 9월에 시행된 '부정청탁 및 금품 등 수수의 금지에 관한 법률'과 같은 맥락에서 생각할 바가 많다.

## 1) 진실을 전달하기 위한 노력 강화

기자는 진실을 전달하기 위한 책임이 있으나 실제로 이를 실천하기란 쉽지 않다. 한 조사에 따르면 오보 발생의 원인은 기자의 불충분한 취재(56.6%), 기자의 부주의(22.4%), 언론사 간의 지나친 경쟁(9.0%) 순으로 나타나서 진실 전달에 무책임한 측면이 가장 큰 요인으로 나타났다(한국언론재단, 2001). 결국 언론인은 공적 의무와 책임을 다해야 하며 적절한 취재를 통해 오보를 내지 않도록 주의를 기울여야 한다.

오보로 발생하는 법적인 문제가 바로 독자나 시청자의 인격권 침해다. 특히 오보 때문에 프라이버시가 침해되면 이는 회복할 수 없는 피해를 낳을 수 있다. 실제로 프라이버시 보호의 필요성에 대해서는 공감하면서도 이를 최대한 지켜주려는 언론의 윤리적 자세는 아직 미진하다. 비록 뉴스 가치가 있는 공적 사실에 대한 보도의 경우 프라이버시 침해의 책임에서 면책되기는 하지만 이것이 함부로 악용되는 경우 법적 소송이 발생하기도 한다(이재진, 2009).

법원은 수사기관의 말만 듣고 사실에 대한 조사 의무를 게을리 한 채 기사를 쓰면 기사의 내용이 진실이라고 믿을 만한 상당한 이유가 없다고 판단하는 경향이 있다. 비록 검찰의 발표는 공적인 기록으로서 진실이라고 믿을 만한 사항이라는 판례('골뱅이 통조림 사건')가 있기는 하지만 이 또한 법적으로 완전히 확정된 사항은 아니다. 결국 진실한 보도를 하기 위해 언론인이 노력하지 않으면 법적인 제약을 받을 수 있다.

법적인 문제까지 가지 않는다고 하더라도 연예인의 사생활을 무분별하게 보도하거나, 엽기적 호기심을 자극하는 내용의 사건을 보도하거나, 수사가 진행 중인 범죄사건을 흥미 위주로 보도하거나, 특정인이 범인인 것처럼 오인하도록 보도하는 것은 삼가야 한다. 비록 공개된 장소에서 일어나고 피해자의 승낙을 받았으며 국민이 알아야 할 사안이라고 판단하는 경우에도 신중한 보도 자세가 필요하다.

## 2) '속보'에 대한 인식의 변화

언론의 윤리를 제고하기 위해서는 속보경쟁에서 발생하는 강박관념에서 벗어나야 한다. 속보경쟁은 오보의 주 원인이 되기도 한다. 언론인이 특종에 대한 집착과 비록 오보는 하더라도 낙종하는 일은 없어야 한다는 잘못된 생각을 버리지 않는 한 언론의 비윤리성을 극복하기란 쉽지 않을 것이다. 사실 언론의 시의성이 중요하다는 점에서 이런 비윤리성은 쉽게 떨쳐 버리기 힘든 부분이다.

그런데 빨리 보도하는 것이 지고의 선이라는 생각은 언론인만의 생각인 듯하다. 일반 독자나 시청자는 어떤 매체가 가장 빨리 보도했는가에 대해 관심을 갖거나 이를 신뢰성의 척도로 이용하지 않는다. 다시 말하자면 독자는 빠른 정보보다는 정확한 정보를 요구한다. 속보 때문에 때로 발생하는 것이 범죄 행위와 용의자에 대한 무책임한 보도태도다. 즉, 언론이 어떤 사람을 범죄 용의자로 보도한 뒤 그 피의자가 후에 불기소 처분되거나 구속정지 또는 구속취소 등으로 석방된 경우 또는 죄명이 가벼워지거나 판결이 유예되거나 집행유예 등에 처해졌을 경우 언론이 이를 꼭 보도해야 한다. 언론 중재법에 따라 범죄혐의가 있다거나 형사상 조치를 받았다고 보도된 자는 형사절차가 유죄판결 이외의 형태로 종결될 때 그날로부터 1개월 이내에 서면으로 발행인에게 추후보도의 게재를 청구할 수 있다. 이러한 입법 취지를 감안한다면 언론은 무책임하게 속보를 내보내기보다는 정확하게 보도하고 차후의 상황을 제대로 다시 알리는 것이 필요하다.[6]

---

6 피의자나 피고인에 대해서도 형이 확정되기 전에는 무죄추정의 원칙(헌법 제27조 제4항)에 따라 실명보도를 자제하고 경칭을 붙이도록 언론윤리 강령에 규정되어 있다. 법원은 범죄보도의 공익성(또는 공공성)을 인정하면서도 범죄 혐의자의 신원까지 밝힐 필요가 있는 것은 아니고 신원을 밝히는 것이 반드시 범죄 자체에 대한 보도와 같이 공공성을 띠는 것은 아니라 본다(대법 1998. 7. 18. 선고 등).

속보에 대한 강박관념은 이뿐만 아니라 미성년자 범죄, 정신 질환자, 성범죄, 테러, 인질, 유괴 등에 관한 보도에서 신중함을 잃어버리기 쉽다. 이러한 경우 신원을 밝히는 데 주의하는 것은 법적으로나 윤리적으로 모두 요구되는 것이다. 특히 미성년자의 경우 용의자나 보호자 이름이 노출돼서는 안 되며 이와 아울러 주소, 학교, 직장 등 본인의 신분이 노출되지 않도록 해야 한다. 윤리 실천요강 제13조 제3항에는 "어린이가 유괴된 경우 무사히 생환하는 데 모든 협조를 다해야 하며 유괴된 어린이가 범인의 수중에 있을 때는 가족이나 수사기관의 보도제한 요청에 응해야 한다"고 규정하고 있다.[7]

### 3) 정치적 중립 원칙

언론인이 자주 쓰는 말 중에 '불가근 불가원(不可近不可遠)'이라는 용어가 있다. 이는 언론인이 일상적으로 접하는 정치인(정보원)과 개인적으로 너무 친밀한 관계를 유지해서는 안 되며 중립을 지켜야 한다는 의미다. 그런데 이를 지키는 것이 쉽지 않다. 예를 들어 2000년 4월 총선에서 국회의원에 당선된 정 모 후보(서울 종로)가 선거기간 중 KBS 등 4개 방송사의 카메라 기자들에게 술자리를 마련해 향응을 베풀었다는 혐의로 불구속 기소된 적이 있다.

언론인은 정치인과의 개인적 친분을 통한 권언 유착적인 태도를 지양해야 한다. 대개 언론인은 안정적으로 정보를 얻기 위해서 자신의 정보원과 선린적 관계를 유지하려는 성향이 있다. 때로는 다른 언론에 특종을 뺏기거나 낙종하는 것을 막기 위해서 떼거리로 몰려다니기도 하는데 이 과정에서 자연스럽게 자신이 출입하는 정당이나 관계 부처, 또는 자주 만나는 정치인과 가까워진다. 1999년 문제가 됐던 한나라당 정형근 의원에게 정치문건을 작성해

---

[7] 속보 경쟁으로 윤리적 문제로 등장하고 있는 것이 어뷰징(abusing)과 가짜뉴스(fake-news) 쟁점이다.

전달해줬던 당시 ≪중앙일보≫ 문 모 차장의 일은 권언유착의 전형적인 사례라고 할 수 있다.

이러한 유착 외에도 언론인의 정계진출이 쟁점이 될 수 있다. 영국의 경우 언론인을 직업군인과 함께 '교량적 직업(bridge occupation)'으로 생각하는 경향이 있다. 즉, 언론직을 통해서 전문적 지식과 능력을 확보하고 넓은 인간관계를 구축해 정치계에 진출하는 것을 의미한다. 실제로 언론인은 여타 직업군에 비해 정계에 진출하기가 용이하다. 예를 들어 한국의 경우도 언론인 출신이 국회에 진출하는 경향이 있는데 일반 사람보다 당선률이 높다. 특히 방송 언론인의 경우 이러한 점이 두드러진다. 이때 특정 국회의원과 그가 몸담았던 언론사가 우호적 연대를 이뤄 다른 언론보다 중립성이 약해질 수 있다.

언론의 사회적 영향력을 감안한다면 언론의 정치적 중립은 대단히 중요한 것이다. 앞서 지적한 것처럼 우리나라 정당법은 정당에 가입할 수 없는 사람에 대해 규정하고 있지만 언론인은 예외다. 그러나 주변에서 정당에 가입해 활동하는 현직 언론인을 거의 볼 수 없는 것은 정치적 중립이 언론인의 중요한 윤리요건이라는 것을 의미한다.

### 4) 금전적·비금전적 혜택에 주의

1999년 언론재단의 조사에 따르면 촌지를 받은 경험이 있다고 대답한 기자가 상당수인 것으로 나타났다. 예를 들어 2002년 스포츠 신문 기자들이 영화평을 잘 써주는 대가로 영화사 등으로부터 돈을 받은 사건은 촌지의 해악을 잘 알려주는 것이라고 하겠다. 그뿐 아니라 특정 가수나 탤런트를 출연시켜달라고 담당 PD 등에 청탁하고 접대하는 사건 등은 이미 잘 알려져 있다. 사실 촌지는 당장 어떤 조치를 해달라고 요구하는 의미도 있지만 앞으로 오랜 기간 잘 봐달라는 암시적 요구도 포함되어 있는 것으로 볼 수 있다(팽원순, 1994).[8]

김옥조(2007)는 촌지문화는 한국 언론의 최대 치부이자 후진성을 과시하는 것이라고 비난한다. 이런 촌지관행은 더 이상 없어야 한다. 촌지관행에 대한 지적은 신문윤리 실천요강의 제15조 제1항에 존재한다. 또한 ≪중앙일보≫의 경우에도 1999년 공표한 독자적인 윤리강령 제2조에서 "이른바 촌지는 어떠한 경우에도 받지 않는다"고 명시하고 있다. 일본의 경우 일본 신문노련의 '신문인의 양심선언'은 해설서에서 "취재원으로부터 금품이나 접대를 받으면 상대가 불편해하는 보도를 하기 어렵고 자신은 유착이라고 생각하지 않아도 주위에서 그렇게 받아들이지 않는다"고 단정한 바 있다(일본 신문연맹, 신문인의 양심선언, p. 41).

즉, 절대적으로 금전적 형태의 대가성 또는 청탁성 보상을 받아서는 안 된다. 최근에는 촌지라는 말이 사라질 정도로 촌지관행이 줄어들기는 했으나 이전과는 다른 모습을 보이기도 한다. 특히 가장 문제가 되는 언론인 골프 접대는 언론인이 가장 둔감하게 여기는 부분 중 하나다. 골프 접대에 소요되는 경비가 이전의 대언론 비용에 비해 오히려 적게 든다는 점에서 선호되는 추세다. 그러나 이 또한 촌지에 버금가는 것이라는 점을 인식하고 최대한 거절할 필요가 있다. 때로는 비정상적인 언론인이 정당의 홍보 부처나 기업의 홍보실 등에 골프 스폰서를 요구하는가 하면 심지어 언론인 개인이 사용한 비용을 보전해달라고 요청하는 일도 발생하는데 이 또한 자제해야 한다.

---

8 이러한 점에서 촌지수수는 형법적으로 배임수재죄(背任收財罪)의 구성요인이 될 수 있다.

## 제13장 연습문제

1. 언론윤리는 왜 지켜져야 하는가?(당위성)

2. 언론윤리의 문제는 어떤 이유에서 발생하는가?(발생 요인)

3. 언론윤리와 관련해 언론인, 언론사가 자주 봉착하는 딜레마는 무엇인가? (딜레마)

4. 선정적인 기사나 기사형 광고의 가장 큰 문제점은 무엇인가?(비윤리성)

5. 외국과 비교할 때 우리나라 신문윤리 강령의 특징과 문제점은 무엇인가? (문제점)

6. 언론은 가장 경계해야 할 경제적 혜택에 대해 어떻게 대처해야 하는가?(촌지수수 등)

7. 언론윤리를 향상하려면 언론인은 어떤 노력을 해야 하는가?(제고방향)

■ 참고문헌

단행본

고영신. 2007. 『디지털 시대의 취재보도론』. 파주: 나남.
강내희. 2000. 『신자유주의와 문화』. 서울: 문화과학사.
강준만. 2007. 『역사는 커뮤니케이션이다』. 서울: 인물과 사상사.
_____. 2013. 『대중문화의 겉과 속 』(개정판). 서울: 인물과 사상사.
고길섶. 1998. 『문화비평과 미시정치』. 서울: 문화과학사.
고명섭. 2005. 『지식의 발견: 한국 지식인들의 문제적 담론읽기』. 서울: 그린비.
_____. 2007. 『광기와 천재: 루소에서 히틀러까지 문제적 열정의 내면풍경』. 서울: 인물과 사상사.
고종석. 2000. 『코드 훔치기』. 서울: 마음산책.
_____. 2006. 『모국어의 속살』. 서울: 마음산책.
_____. 2007. 『바리에떼: 문화와 정치의 주변 풍경』. 서울: 개마고원.
곽복산. 1971. 『언론학 입문』. 서울: 일조각.
구본준. 2008. 『한국의 글쟁이들』. 서울: 한겨레출판.
굿윈, 유진(Eugene Goodwin). 1997. 『언론윤리의 모색』. 우병동 옮김. 서울: 도서출판 한울.
김광웅. 1999. 『방법론 강의』. 서울: 세영사.
김규환. 1978. 『일제하 대한언론 선정 정책』. 서울: 이우출판사학.
김균·김승현. 1997. 『경제보도』. 서울: 한국언론연구원.
김기봉 외. 2007. 『29개의 키워드로 읽는 한국문화의 지형도』. 서울: 한국출판마케팅연구소.
김민남. 1988. 『공공 저널리즘과 한국 언론』. 서울: 커뮤니케이션북스.
김민남 외. 1993. 『새로 쓰는 한국 언론사』. 서울: 아침.
김민환. 1996. 『한국 언론사』. 서울: 나남출판.
김봉진 외. 1996. 『한국 근대 언론의 재조명』. 서울: 민음사.
김성해. 2008. 『대외경제 정책과 뉴스 미디어』. 한국언론재단연구서.
김성해·이동우. 2009. 『세계는 울퉁불퉁하다』. 서울: 민음사.
김영석. 2002. 『사회조사방법론: SPSS WIN 통계 분석』. 서울: 나남출판.
김영욱. 2004. 『한국 언론의 윤리 점검 시스템』. 서울: 한국언론재단.

_____. 2004b.『언론과 문화: 한국 언론의 문화 관련 보도 현황과 발전방향 』. 서울: 삼성언론재단.
김영욱·김위근. 2007.『미디어 선거와 그 한계: 17대 대선 보도 분석』. 서울: 한국언론재단.
김옥조. 2005.『미디어법』. 서울: 커뮤니케이션북스.
_____. 2007.『미디어 윤리』. 서울: 커뮤니케이션북스.
김웅진 외. 1996.『정치학 조사방법: 재미있는 퍼즐 풀기』. 서울: 명지사.
김은규. 2003.『미디어와 시민 참여』. 서울: 커뮤니케이션북스.
김지운. 2004.『글로벌 시대의 언론윤리』. 서울: 커뮤니케이션북스.
김창남. 2003.『대중문화의 이해』. 서울: 한나래.
김철수. 2001.『헌법학신론』박영사.
_____. 2004.『헌법학개론』. 박영사.
김학희·이재경. 2009.『방송보도』. 서울: 나무와 숲.
남재일. 2005.『대통령 보도와 청와대 출입 기자』. 언론재단.
드잘레이, 이브·브라이언트 가스(Yves Dezalay and Bryant Garth). 2007.『궁정전투의 국제화: 국가권력을 둘러싼 엘리트들의 경쟁과 지식 네트워크』. 서울: 그린비.
바그디키언, 벤(Ben Bagdikian). 2009.『미디어 모노폴리』. 정연구·송정은 옮김. 서울: 프로메테우스
박경식. 1973.『일본 제국주의의 조선 지배(상)』. 서울: 청목서점.
박용상. 1997.『언론과 개인법익: 명예, 신용, 프라이버시 침해의 구제제도』. 서울: 조선일보사.
박춘서. 2006.『대항공론과 대안언론』. 서울: 커뮤니케이션북스.
부어스틴, 다니엘(Daniel Boorstin). 2004.『이미지와 환상』. 정태철 옮김. 파주: 사계절.
서정우·강상현. 1990.『한국 언론의 내적 통제에 관한 조사연구』. 서울: 한국언론연구원.
성낙인. 1998.『언론 정보법』. 나남출판.
_____. 2001.『헌법학』. 법문사.
순야 요시미 (Shunya Yoshimi). 2008.『문화연구』. 박광현 옮김. 서울: 동국대학교 출판부.
스미스, 앤서니(Anthony D. Smith). 1990.『세계 신문의 역사』. 최종호·공용배 옮김. 서울: 나남출판.
신민철. 2007.『사회연구 방법의 기초』. 서울: 창민사.
신중섭. 1992.『포퍼와 현대의 과학철학』. 서울: 서광사.
심광현. 2003.『문화사회와 문화정치』. 서울: 문화과학사.
심재철·반현·김성해. 2009.『외신, 한국경제를 톺아보다』. 한국언론재단연구서 .
안병길. 2003.『시민속의 언론 공공 저널리즘』. 서울: 커뮤니케이션북스
안수찬. 2013.『뉴스가 지겨운 기자: 내러티브 탐사보도로 세상을 만나다』. 서울: 삼인.
안수찬·이규연·설원·이재강. 2006.『한국의 뉴스 미디어: 한국 저널리즘과 뉴스 미디어 에 대한 연차보고서』. 서울: 한국언론재단.
안종묵. 2004.『신문학 입문』. 서울: 한국외국어대학교 출판부.

_____. 2005. 『언론 이데올로기 들여다보기』. 서울: 한국외국어대학교 출판부.
알철, 하버트(J. H. Altschull). 1991. 『지배권력과 제도언론: 언론의 이데올로기 역할과 쟁점』. 강상현·윤영철 옮김. 서울: 나남출판.
양영철·최영재. 2007. 『방송뉴스: 취재보도 촬영 편집 연출』. 춘천: 한림대학교 출판부.
오승종·이해완. 2004. 『저작권법』. 박영사.
오인환. 1992. 『사회조사방법론: 오차요인 집중연구』. 서울: 나남출판.
원용진. 2006. 『대중문화의 패러다임』. 서울: 한나래.
위기봉. 1991. 『다시 쓰는 동아일보사』. 서울: 녹진.
위머, 로저(Roger D. Wimmer) 외. 『매스 미디어 조사방법론』. 유재천·김동규 공역. 서울: 나남.
유선영·김영주 외. 2006. 『국민의 뉴스소비』. 서울: 한국언론재단.
유일상. 2001. 『언론정보윤리론』. 서울: 나남.
유재천·이민웅. 1994. 『정부와 언론』. 나남.
윤선희. 2005. 『영상산업과 문화연구』. 서울: 한나래.
윤영철. 2001. 『한국 민주주의와 언론』. 유민문화재단.
이광린. 1979. 『한국개화사상연구』. 서울: 일조각.
이동연. 2002. 『대중문화연구와 문화비평』. 서울: 문화과학사.
_____. 2005. 『문화부족의 사회』. 서울: 책세상.
_____. 2010. 『문화자본의 시대』. 서울: 문화과학사.
이재경. 2005. 『기사 작성의 기초』. 서울: 나무와 숲.
이재진. 2006. 『인터넷 언론 자유와 인격권』. 서울: 한나래.
이진경 편저. 2007. 『문화정치학의 영토들』. 서울: 그린비.
이찬근. 2001. 『창틀에 갇힌 작은 용: 국경은 없어도 국적은 있어야 한다』. 서울: 물푸레.
임근수. 1984. 『언론과 역사』. 서울: 정음사.
임영호. 2000. 『신문원론』. 서울: 연암사.
_____. 2005. 『신문원론』(2판). 서울: 한나래.
장호순. 2001. 『작은 언론이 희망이다』. 서울: 개마고원.
전경갑·오창호. 2003. 『문화적 인간, 인간적 문화: 기호학과 문화이론』. 서울: 푸른사상.
전규찬 외. 2007. 『글로벌 시대 미디어 문화의 다양성』. 서울: 커뮤니케이션북스.
정경석. 2004. 『엔터테인먼트』. 청림출판.
정수복. 2007. 『한국인의 문화적 문법』. 서울: 생각의 나무.
정재철. 1998. 『문화연구 이론』. 서울: 한나래.
정진석. 1987. 『대한매일신보와 배설』. 서울: 나남출판.
_____. 1990. 『한국언론사』. 서울: 나남출판.

_____. 2001. 『역사와 언론인』. 서울: 커뮤니케이션북스.

제정임. 2002. 『경제 뉴스의 두 얼굴: 화려한 유혹과 은밀한 배신』. 서울: 개마고원.

제정임·이봉수. 2007. 『경제 저널리즘의 종속성: 한국 신문의 재벌 보도와 광고의 관계』. 한국언론재단연구서.

조용철 외. 2009. 『문화저널리즘』. 서울: 다지리.

조재현. 2005. 『언론의 자유의 보호와 제한』. 한국학술정보(주).

진중권. 2003. 『레퀴엠』. 서울: 휴머니스트.

차배근. 1976. 『커뮤니케이션학 개론(하)』. 서울: 세영사.

_____. 1983. 『미국신문사』. 서울대학교 출판부.

_____. 1988. 『중국 전근대 언론사』. 서울: 서울대학교 출판부.

최민지. 1987. 『일제하 민족언론사론』. 서울: 일월서각.

최장집. 2001. 『민주화 이후의 민주주의』. 한길사.

최형묵. 2005. 『시민미디어론』. 서울: 도서출판 아르케.

코바치, 빌·로젠스틸, 탐(Bill Kovach and Tom Rosenstiel). 2003. 『저널리즘의 기본요소』. 이종욱 옮김. 서울: 한국언론재단.

_____. 2009. 『저널리즘의 기본원칙』. 이재경 옮김. 서울: 한국언론재단.

터크먼, 게이(Gaye Tuchman). 1995. 『메이킹 뉴스: 현대 사회와 현실의 재구성 연구』. 박흥수 옮김. 서울: 나남.

패터슨, 필립·윌킨스, 리 (Philip Paterson and Lee Wilkins). 2000. 『언론윤리: 이론과 실제』. 장하용 옮김. 서울: 동서학술서적.

팽원순. 1985. 『매스코뮤니케이션 법제이론』. 법문사.

_____. 1988. 『매스코뮤니케이션 법제이론』. 서울: 법문사.

한국지적소유권학회. 1994. 『광고와 저작권』. 공보처.

한국방송프로듀서연합회. 2000. 『프로듀서를 위한 법률교실』. 한울.

한국언론재단. 1999/2001/2003. 『한국의 언론인』. 서울: 한국언론재단.

_____. 2002/2004. 『언론 수용자 의식조사』. 서울: 한국언론재단.

허영. 2002. 『한국헌법론』. 박영사.

홍성민 외. 2007. 『지식과 국제정치: 학문 속에 스며 있는 정치권력』. 서울: 한울.

홍성태. 2006. 『현대 한국사회의 문화적 형성』. 서울: 현실문화연구.

황용석. 1999. 『IMF와 경제기사: 직장인들의 경제기사 수용행태 분석』. 서울: 한국언론재단.

Altschull, J. H. 1984. *Agents of Power: The Role of News Media in Human Affairs*. New York: Longman.

Andrews, A. 1859. *History of British Journalism: Foundation of the newspaper of the press in England*. London: R. Bentley Publishers.

Ansolabehere, S. and Iyengar, S. 1995. *Going negative: How political advertisemens shrink & polarize the electorate*. New York: The Free Press.

Ansolabehere, S., Behr, R. and Iyengar, S. 1993. *The media game: American politics in the television age*. Needham Heights. MA: Allyn and Bacon.

Asher, H. 2007. *Polling and the public: What every citizen should know*. Washington, D. C: Congressional Quarterly Inc.

Babbie, E. 2001. *The Practice of Social Research*. CA: Wardsworth.

Barron, J. A. 1973. *Freedom of the press for whom? the right of access to mass media*. Bloomington: Indiana University Press.

Benoit, W. L. 2007. *Communication in political campaign*. New York: Peter Lang.

Bettig, Ronald and Hall, Jeanne. 2003. *Bigh Media, Big Money: Cultural Texts and Political Economics*. Lanham, Boulder, New York & Oxford: Rowman and Littlefield.

Bocszowski, P. 2005. *Digitizing the News: Innovation in Online Newspaper*. Cambridge Massachusetts: The MIT Press.

Boyd-Barrett, O. and Thussu, D. 1992. *Contraflow in Global News: International and Regional News Exchange Mechanism*. London. John Libbey, in association with UNESCO.

Bruner, J. 1990. *Acts of meaning*. Cambridge, MA: Harvard University Press.

Campbell, Richard, Martin, C. and Fabos, B. 2005. *Media and Culture: An Introduction to Mass Communication*, 4th. ed. Boston: Bedford/St. Martin's.

Carey, P., Coles, P., Armstrong, N. and Lament, D. 2007. *Media Law*. Sweet and Maxwell Limited.

Chaney, D. 1994. *The Cultural Turn: scene-setting essays on contemporary cultural history*. New York: Routledge.

Charon, J. 2005. *La presse quotidienne*. Paris: La Decouverte.

Christians, C. and Traber, M.(Eds.). 1997. *Communication Ethics and Universal Values*. Thousand Oaks, CA: Sage.

Cook, Timothy E. 1998. *Governing with the News: The News Media as a Political Institution*. Chicago and London: University of Chicago Press.

Cornwell, E. E. 1965. *Presidential Leadership of Public Opinion*. Blumington, IN: Indiana University Press.

Cottle, S(ed.). 2003. *Media Organisation and Production*. London: Sage.

Day, L. A. 1991. *Ethics in media communication: Cases and controversies*. New York: Wadsworth

Publishing Co.

Dennis, E. and Merrill, J. 2002. *Media debate*. Stamford, CT: Thomson Learning. Mencher, M.(1991). 5th ed. News reporting and writing. IA: W.C. Brown Publishers.

Dominick, Joseph. 2005. *The Dynamics of Mass Communications: Media in the Digital Age*. 8th ed. Boston: McGraw-Hill.

Dunn, J.(Eds.). 1992. *Democracy: The Unfinished Journey*. Oxford: Oxford University Press.

Eliasoph, N. 1998. *Avoiding politics: How Americans produce apathy*. New York: Cambridge University Press.

El-Nawawy, M. and Iskandar, A. 2003. *Al-Jazeera: The Story of The Network that is Rattling Governments and Redefining Modern Journalism*. Cambridge, MA: Westview Press.

Emery, Michael, Emery, Ediwin and Roberts, Nancy L. 2000. *The Press and America: An Interpretative History of the Mass Media*. 9th ed. Needham Heights, MA: Allyn and Bacon.

Ford, E. H., and Emery E. 1954. *Highlights in the History of the American Press*. Minneapolis: The Lund Press, Inc.

Franklin, B. 2005. *Key Concepts in Journalism Studies*. London: Sage.

Gans, H. 1979. *Deciding what's news*. New York: Vintage Books.

Gillmor, Donald M., Barron, Jerome A. and Simon, Todd F., 1998. *Mass Communication Law: Cases and Comment*. Belmont, CA: Wadsworth Publishing Company.

Goffee, R. and Scase R. 1995. *Corporate Realities: The Dynamics of Large and Small Organisations*. London: Routledge.

Grossman, M. B. and Kumar, M. J. 1981. *Portraying the president: the White House and the news media*. Baltimore: Johns Hopkins University Press.

Haas, T. 2007. *The pursuit of public journalism: Theory, practice, and criticism*. New York: Routledge.

Habermas, J. 1989/1962. *The structural transformation of the public sphere: An inquiry into a category of bourgeois society(Thomas Burger, Trans)*. Cambridge, MA: The MIT Press.

Hallin, D. C. and Mancini, P. 2004. *Comparing Media Systems: Three Models of Media and Politics*. Cambridge: Cambridge University Press.

Hartley, J.(Eds.). 2005. *Creative Industries*. Oxford: Blackwell.

Hellweg, S. A., Pfau, M., Brydon, S. R. 1992. *Televised presidential debates: Advocacy in contemporary America*. Westport, CT: Praeger.

Herman, E. and McChesney, R. 1997. *The Global Media: The New Missionaries of Corporate Capitalism*. London: Cassel.

Hess, S. 1981. *The Washington Reporters*. Washington: Brookings Institution.

Iorio, S.(Eds.). 2004. *Qualitative Research in Journalism*. London: LEA.

Iyengar, S. and Kinder, D. R. 1987. *News that matters: Television and American opinion*. Chicago: University of Chicago Press.

Iyengar, S. and McGrady, J. A. 2007. *Media politics: A citizen's guide*. New York: W. W. Norton and Company, Inc.

Joyce, M. 1995. *Of two minds: Hypertext pedagogy and poetics*. Ann Arbor: University of Michigan.

Keeble, R. 1998. *The Newspapers Handbook*. 2nd Ed. London: Routledge.

Kellner, D. 1992. *The Persian Gulf TV War*. Boulder, CO: Westview.

Kerlinger, F. 1986. *Foundations of Behavioral Research*. New York: Holt, Rinehart and Winston.

McChesney, R. 1999. *Rich Media, Poor Democracy: Communication Politics in Dubious Times*. Urbana: University of Illinois Press.

_____. 2008. *Communication revolution: Critical junctures and the future of media*. New York: The New Press.

McNair, B. 1998. *The Sociology of Journalism*. London: Arnold.

McQuail, D. 1994. *Mass Communication Theory: An Introduction*. 3rd ed. Thousand Oaks, CA: Sage.

Merritt, D. 1998. *Public journalism and public life: Why telling the news in not enough*. 2nd ed. Mahwah, NJ: Lawrence Erlbaum Associates, Publishers.

Meyer, P. 2002. *Precision Journalism: A Reporter's Introduction to Social Science Methods*. Lanham, MY: Rowman and Littlefield.

Miller, T. and Yuddice, G. 2002. *Cultural Policy*. London: Sage.

Mitchell, S. 1997. *A History of news. Fort Worth*. TX: Harcourt Brace College Publishers.

Moore, R. L. and Murray, M. D., 2008. *Media Law and Ethics*. Lawrence Erlbaum Associates, Inc., Publishers.

Mowlana, H. 1986. *Global Information and World Communication: New Frontiers in International Relations*. New York: Longman.

Murray, J. 1997. *Hamlet on the holodeck: The future of narrative in cyberspace*. New York: Free Press.

Negrine, R. 1994. *Politics and the Mass Media in Britain*. 2nd ed. London: Routledge.

_____. 1996. *The Communication of Politics*. London: Sage.

Nerone, J. C.(Eds.) 1995. *Last Rights: Revisiting Four Theories of the Press*. Urbana: University of Illinois Press.

Nord, David Paul. 2001. *Communities of Journalism: A History of American Newspapers and Their Readers*.

O'Malley, T. and Soley, C. 2000. *Regulating the Press*. London: Pluto Press.

Overbeck, W. 2007. *Major Principles of Media Law*. Thomson & Wadsworth.

Panizza, Francisco. 2009. *Contemporaty Latin America: Development and Democracy beyond the Washington Consensus*. London and New York: Zed Books.

Parkinson, M. G. and Parkinson, L. M. 2006. *Law for Advertising, Broadcasting, Journalism and Public Relations*. Lawrence Erlbaum Associates, Inc., Publishers.

Patterson, T. E. 1980. *The mass media election: How Americans choose their president*. New York: Praeger Publishers.

_____. 1993. *Out of order*. New York : Alfred A. Knopf.

Popper, K. 1961. *The Logic of Scientific Discovery*. New York: Science Editions.

_____. 1968. *Conjectures and Reputations*. New York: Harper and Row.

Pride, Armistead S. and Clin, C. 1997. *Wilson*. A History of the Black Press.

Ritchie, D. A. 2006. *Reporting from Washington: The History of the Washington Press Corps*. N.Y.: Oxford University of Press.

Robertson, R. 1992. *Globalization: Social Theory and Global Culture*. London: Sage.

Rosen, J. 1999b. *What are journalists for?* New Haven: Yale University Press.

Said, E. 1997. *Covering Islam*. New York: Vintage Books.

Schudson, Michael. 1978. *Discovering the News: A Social History of American Newspapers*.

Seib, P. and Fitzpatrick, K. 1997. *Journalism ethics*. New York: Harcourt Brace and Company.

Shanahan, J. and Morgan, M. 1999. *Television and its viewers: Cultivation theory and research*. Cambridge: Cambridge University Press.

Shoemaker, P. and Reese S. 1991. *Mediating Message: theories of Influences on Mass Media Content*. NewYork: Longman.

Siebert, F., Peterson, T. and Schramm, W. 1956. *Four Theories of the Press*. Urbana: University of Illinois Press.

Siegel, P. 2008. *Communication Law in America*. Rowman and Littlefield Publishers, Inc.

Sigal, L. V. 1973. *Reporters and Officials: The Organisation and Politics of Newsmaking. Lexington*. Mass.: D. C. Heath.

Sigal, L. V.(Eds.). 1973. *Reporters and Officials: The Organization and Politics of Newsmaking*. Lexington, MA: D.C. Health.

Sirianni, C. and Friedland, L. 2001. *Civic innovation in American*. Berkeley, CA: University of California Press.

Sparrow, B. 1999. *Uncertain guardians: The news media as a political institution*. Baltimore and London: The Hopkins University Press.

Stephenson, H. and Mory J. 1990. *Journalism Training in Europe*. Paris: EJTA.

Tuchman, G. 1978. *Making news: A Study in the Construction of Reality*. New York: The Free Press.

Tunstall, J. 1971. *Journalists at Work*. London: Constable.

Ward, M. 2002. *Journalism Online*. London: Focal Press.
West, D. M. 1997. Air wars: *Television advertising in election campaigns, 1952~1996*. Washington, D.C.: Congressional Quarterly Inc.
White, M. and Schwoch, J.(Eds.). 2006. *Questions of Method in Cultural Studies*, Oxford: Blackwell.
Williams, W. 1976. *Sociology of Culture*. London: Pelican.
Zaller, J. 1992. *The nature and origins of mass opinion*. Cambridge: Cambridge University Press.

## 논문

강명구. 1991. 「언론매체의 문화기사 연구: 문화기사내용 분석」. ≪신문과 방송≫, 8월호, 69~71쪽.
권영성. 1997. 「언론자유와 책임언론을 위한 언론법제: 신문의 경우를 중심으로」. ≪헌법논총≫, 8집, 43~59쪽.
권혁남·김춘식. 2005. 「제17대 총선 유권자의 미디어 이용 행태 및 평가」. 권혁남·김춘식·양승찬·이강형. 『미디어와 유권자: 미디어의 영향에 관한 이론적 접근』, 22~94쪽. 서울: 커뮤니케이션북스.
김경환. 2009. 「일본의 디지털 미디어와 저작권」. 최영묵 외. 『미디어콘텐츠와 저작권』, 250~275쪽. 논형.
김광원. 2007. 「언론사의 지배. 편집구조가 보도내용에 미치는 영향: 삼성 X파일 보도분석을 중심으로」. 경기대학교 정치언론학 박사논문.
김민남. 1995. 「한국 언론의 권력기관화」. 방정배·김민남 엮음. 『언론과 현대 사회』, 81~94쪽.
김사승. 2002. 「전문 기자의 전문화를 제약하는 취재보도 관행에 관한 분석」. ≪언론과 사회≫, 11권 1호, 91~124쪽.
_____. 2004. 「전문 기자의 전문성과 뉴스의 질을 구축하는 취재보도 관행의 상관관계에 대한 분석」. ≪한국언론학보≫, 48권 2호, 56~78쪽.
_____. 2006a. 「뉴스 블로그의 성격에 관한 분석」. ≪언론과학연구≫, 6권 2호, 113~148쪽.
_____. 2006b. ≪온-오프 뉴스룸 통합에 의한 간부통제기능의 변화 가능성에 대한 분석」. ≪한국언론학보≫, 50권 3호, 122~150쪽.
_____. 2008. 「저널리즘의 기술적 재구성에 대한 이론적 고찰: 뉴스 생산과정을 중심으로」. ≪커뮤니케이션 이론≫, 4권 2호, 7~47쪽.
김성해. 2006. 「대(내)외정책과 언론: 문화엘리트 모델을 통해서 본 미국언론의 정치성」. ≪한국언론학보≫, 제50권 5호, 30~55쪽.
_____. 2007. 「미디어와 교육: 미국 경제 저널리즘 대학원을 중심으로」. ≪언론정보학≫.
_____. 2009. 「진실 파헤치기 또는 위기 부추기기」. 한국언론재단 세미나 '경제위기와 언론보도'.

김성해·강희민·이진희. 2007.「한국의 구조적 전환과 미디어 담론: 외환위기 이후 영미식 주주중심 모델의 수용을 중심으로」.≪언론과사회≫, 15권 4호.

김세은. 2009.「한국 문화 저널리즘의 진단과 모색」.≪미디어, 젠더 & 문화≫, 11호, 5~41쪽

김영욱. 2004.「문화부와 문화저널리즘」.

김영호. 2004.「노무현 정부, 언론정책도 언론 전략도 없다」.≪열린 미디어 열린 사회≫, 겨울호, 98~111쪽.

김위근. 2007. 한국의 뉴스 미디어 2006: 한국 저널리즘과 뉴스 미디어에 대한 연차보고서. 한국언론재단.

김재형. 2005.「인격권에 관한 판례의 동향」.≪민사법학≫, 27권, 349~399쪽.

김춘식. 2006.「한국의 미디어 선거 캠페인과 법적 규제」. 오택섭 외.『현대 정치커뮤니케이션연구』, 275~315쪽. 서울: 나남.

김춘식·전영란. 2005.「TV 토론회의 후보자 수사에 관한 언론 보도 분석: 1997년과 2002년 대통령선거 비교를 중심으로」.≪커뮤니케이션학연구≫, 13권 2호, 33~53쪽.

_____. 2009.「서울시장선거 텔레비전 토론 참가 후보자의 캠페인 수사에 관한 신문 보도 분석: 스트레이트와 녹취록 비교를 중심으로」.≪언론과학연구≫, 9권 3호, 70~102쪽.

도준호. 2009.「인터넷과 포털」. 강상현·채백 엮음.『디지털시대 미디어의 이해와 활용』. 서울: 한나래.

민영. 2005.「한국 언론의 정치광고 보도경향: 14~16대 대통령선거를 중심으로」.≪한국언론학보≫, 49권 5호, 177~201쪽.

박선희. 2001.「인터넷 신문의 뉴스 특성과 대안언론의 가능성」.≪한국언론학보≫, 45권 2호, 117~155쪽.

박승관·장경섭. 2000.「한국의 정치 변동과 언론권력 : 국가-언론관계 모형 변화」,≪한국방송학보≫, 14권 3호, 81~111쪽.

박용규. 1996.「한국 신문 취재보도체제 개선 방안」.≪언론연구≫, 5호, 87~140쪽.

성낙인. 1994.「한국 언론법제의 특징과 문제점」.≪언론중재≫, 14권 1호, 통권 50호, 6~20쪽.

안경환. 1989.「표현의 자유와 사전제한: 미국 헌법이론을 중심으로」.≪인권과 정의≫, 153호, 17~25쪽.

안용교. 1982.「초상권의 개념과 의의」.≪언론중재≫, http://www.pac.or.kr/html/data/dt_zine_view.asp?seqid=11&page=14

양건. 1987.「표현의 자유의 제한에 관한 기본원리: 미국 판례법상 사전제한금지의 원칙 및 명백현존하는 위험의 원칙을 중심으로」.≪한양대법학논총≫, 4집, 73~93쪽.

_____. 1993.「표현의 자유」. 김동민 엮음.『언론법제의 이론과 현실』, 33~75쪽. 도서출판 한울.

양승목. 1995.「한국의 민주화와 언론의 성격 변화: '자율언론'의 딜레마」, 유재천 외,『한국사회

변동과 언론』, 93~146쪽. 소화.
양승찬. 2007. 「한국의 선거 여론조사와 그 보도에 대한 이슈 고찰」. ≪커뮤니케이션이론≫, 3권 1호.
엄동섭. 1998. 「언론 보도와 초상권 침해: 판례를 중심으로」. ≪언론중재≫, 18권 2호, 24~37쪽.
염규호. 1998. 「미국대학의 언론법 교육현황」. ≪언론중재≫, 18권 3호, 통권 68호, 17~26쪽.
유재천. 1991. 「한국 언론의 생성과 발전 과정」. 한국언론연구원(편), 『한국의 언론 I 』, 187~240쪽. 한국언론연구원.
윤태진·강내원. 2001. 「온라인신문에 나타난 공공 저널리즘적 특성에 관한 연구: '조인스닷컴', '인터넷한겨레', '오마이뉴스'의 기획기사 분석을 중심으로」. ≪한국언론학보≫, 46권 1호, 306~343쪽.
이기형. 2006. 「문화저널리즘과 문화연구」. 『문화저널리즘 위상과 문화 보도의 미래』. 삼성언론재단 2006년도 언론사 문화부장 세미나 기념 논문집(2006. 6. 20)
이승선. 2000. 「위법적 취재보도에 대한 법적 규제의 특성 연구」. ≪한국방송학보≫, 14권 1호, 295~336쪽.
\_\_\_\_\_. 2001. 「언론인 저작물에 나타난 취재 행위의 형사법적 위법 가능성에 관한 연구」. 한국언론학회. ≪한국언론학보≫, 46권 1호, 344~387쪽.
\_\_\_\_\_. 2002. 「표현의 자유에 대한 사전억제 법리의 문제점 고찰」. ≪한국방송학보≫, 16권 3호, 364~396쪽.
\_\_\_\_\_. 2003. 「공적 인물에 대한 명예훼손과 형법 제310조에 의한 위법성 조각」. ≪한국방송학보≫, 통권 17-3호, 161~196쪽.
\_\_\_\_\_. 2004. 「기자의 통화내역조회와 취재원보호간의 갈등」. ≪한국언론정보학보≫, 통권 25호, 103~133쪽.
\_\_\_\_\_. 2005a. 「언론법제 연구의 현황과 특성」. ≪커뮤니케이션 이론≫, 제1권 제1호, 227~262쪽.
\_\_\_\_\_. 2005b. 「취재원 보호 : 전통적 관점에서의 도덕적 책무」. ≪관훈저널≫, 46권 3호, 15~25쪽.
\_\_\_\_\_. 2007. 「공적 인물의 통신비밀보호와 공적 관심사에 대한 언론 보도의 자유」. ≪한국언론정보학보≫, 통권 38호, 211~244쪽.
\_\_\_\_\_. 2009a. 「미디어와 저작권의 이해」. 최영묵 외. 『미디어콘텐츠와 저작권』, 45~82쪽. 논형.
\_\_\_\_\_. 2009b. 「디지털 저작권과 인터넷 문화영토」. ≪황해문화≫, 통권 65호, 78~94쪽.
이인호. 1997. 「표현의 자유와 검열금지의 원칙: 헌법 제21조 제2항의 새로운 해석론」. ≪법과 사회≫, 15호, 247~275쪽.
이재석. 1998. 「언론과오와 인격권의 침해」. ≪비교사법≫, 5권 2호, 455~508쪽.
이재진. 2001. 「언론금지가처분 제도에 대한 이론적 탐색」. ≪한국언론학회 2001 가을철 정기학술대회자료집≫, 217~233쪽.
이준웅. 2002. 「캠페인 보도의 문제점과 개선을 위한 제언」. 한국언론학회 세미나 '선거보도 가이드 라인 제정을 위하여' 발표논문, 45~84쪽.

_____. 2009. 「뉴스 틀 짓기 연구의 두 개의 뿔」. ≪커뮤니케이션 이론≫, 5권 1호, 123~166쪽.
임두빈. 1982. 「초상권과 법정내 촬영」. ≪언론중재≫, http://www.pac.or.kr/html/data/dt_zine_view.asp?seqid=11&page=14
장행훈. 2004. 「영국왕립언론위원회의 교훈」. ≪신문과 방송≫, 10월호, 20~25쪽.
정재철. 1996.「문화의 이분법화를 조장: 문화면 지면분석」. ≪신문과 방송≫, 7월호, 21~23쪽.
조맹기. 2007. 「하버마스의 공론장 형성과 그 변동: 공중의 생활세계를 중심으로」. ≪스피치와 커뮤니케이션≫, 8호, 70~105쪽.
조준원. 2001. 「판결에 나타난 반론문에 관한 연구」. ≪언론중재≫, 봄호, 79~99쪽.
지성우. 2003. 「언론기관의 취재원보호에 관한 연구」. ≪성균관법학≫, 15권 2호, 12~13쪽.
차용범. 2002. 「연예기사의 익명보도와 실명보도」. ≪언론중재≫, 85호(겨울), 16~29쪽.
최영·김춘식·Barnett, G. A. 2004. 「온라인 시민 저널리즘 실천에 관한 한미 간 비교연구」. ≪한국언론학보≫, 48권 5호, 110~137쪽.
최영묵. 2009. 「저작권 의미와 변화」. 최영묵 외.『미디어콘텐츠와 저작권』, 18~44쪽. 논형.
최영재. 2005. 「대통령 보도의 특성과 문제점」. ≪언론법과 사회≫, 봄호.
최영재·홍성구. 2004. 「언론자유와 공정성」. ≪한국언론학보≫.
팽원순. 1994. 「한국언론법제론」. ≪언론중재≫.
한위수. 1996a. 「퍼블리시티권의 침해와 민사책임(상)」. ≪인권과 정의≫, 242호, 28~37쪽.
_____. 1996b. 「퍼블리시티권의 침해와 민사책임(하)」. ≪인권과 정의≫, 243호, 109~127쪽.
허미영. 2004. 「수용자운동과 대안언론」. 김용호 외 엮음.『매스커뮤니케이션의 이론과 실제』. 부산: 부경대학교출판부.
홍승철. 1999. 「표현의 자유와 그 제한법리」. ≪중앙대법정논총≫, 48호, 31~50쪽.
황도수. 1998. 「명예훼손에 대한 사전제한의 법리와 실제」. ≪언론중재≫, 18권 2호, 6~17쪽.

Adoni, H. Cohen, A. A. and Mane, S. 1983. "Social reality and television news: Perceptual dimensions of social conflicts in selected life areas." *Journal of Broadcasting*, Vol. 28, No. 1, pp. 33~49.

Amstrong, B. and Neuendorf, K. 1992. "TV entertainment, news and racial perceptions of college students." *Journal of Communication*, Vol. 42, No. 3, pp. 153~176.

Ansolabehere, S. and Iyengar, S. 1994. "Riding the wave and claiming ownership over issues: The joint effects of advertising and news coverage in campaigns." *Public Opinion Quarterly*, Vol. 58, pp. 335~357.

Ansolabehere, S., Iyengar, S., Simon, A. and Valentino, N. 1994. "Does attack advertising demobilize the electorate?" *American Political Science Review*, Vol. 88, No. 4, pp. 829~838.

Balutis, A. P. 1976. "Congress, the President and the Press." *Journalism Quarterly*. Vol. 53, No. 3, pp. 509~515.

Bass, A. Z. 1969. "Refining the 'gatekeeper' concept: A U. N. radio case study." *Journalism Quarterly*, Vol. 46, pp. 69~72.

Belsey, A. 1998. "Journalism and ethics: Can they co-exist?" In Kieran, Matthew(Ed.). Media ethics. London: Routledge. pp.1~14.

Benesch, S. 1998. "The rise of solutions journalism." *Columbia Journalism Review*, January/February.

Bennett, C. 1997. "Assessing the impact of ad watches on the strategic decision making process: A comparative analysis of ad watch in the 1992 and 1996 presidential elections." *American Behavioral Scientist*, Vol. 40, No. 8, pp. 1162~1181.

Benoit, W. L. and Airne, D. 2005. "A functional analysis of American vice presidential debates." *Argumentation and Advocacy*, Vol. 41, pp. 225~236.

Benoit, W. L. and Brazeal, L. M. 2002. "A functional analysis of the 1988 Bush-Dukakis presidential debates." *Argumentation and Advocacy*, Vol. 38, pp. 219~233.

Benoit, W. L. and Harthcock, A. 1999. "Functions of the great debates: Acclaims, attacks, and defenses in the 1960 presidential debates." *Communication Monographs*, Vol. 66, pp. 341~357.

Benoit, W. L., Currie, H. 2001. "Inaccuracies in media coverage of the 1996 and 2000 presidential debates." *Argumentation and Advocacy*, Vol. 38, pp. 28~39.

Blasi, V. 1977. "The checking value in the First Amendment." *American Bar Foundation Research Journal*, 1977, pp. 521~537.

Brislin, T. 2004. "Empowerment as a universal ethic in global journalism." *Journal of Mass Media Ethics*, Vol. 19, No. 2. pp. 130~137.

Cappella, J. N. and Jamieson, K. H. 1996. "News frames, political cynicism and media cynicism." *Annals of the American Aca mey of Political and Social Science*, Vol. 546, pp. 71~84.

Carey, J. W. 1993. "The mass media and Democracy: Between the modern and the Postmodern." *Journal of International Affairs*, Vol. 47, No. 1, pp. 1~21.

Choi, Young Jae. 2005. "Presidtial Popularity and Media Performance." *aejmc paper*.

Christians, C. G. 1999. "The common good as first principle." In Glasser, T. L.(ed.). *The idea of public journalism*. New York: The Guilford Press.

CNN Interactive. 1996. "CNN-Anniversary Special-How things work." [On-line], Available: www.cnn.com/EVENTS/1996/anniversary/how.thing.work/index.

Cohn-Bendit, D. 1988 "Tyrannei der Mehrheit-Tyrannei der Betroffenheit." In Erbring, L.u.a.(Hrg.). *Medien ohne Moral*. Variationen uber Journalismus und Ethik, Berlin.

Collins, A. and Lofus, E. 1975. "A spreading activation theory of semantic processing." *Psychological*

*Review*, Vol. 82, pp. 407~448.

Cornwell, E. E., Jr. 1959. "Presidential News: The Expanding Public Image." *Journalism Quarterly*. Vol. 36, No. 3, pp. 275~283.

Curran, James. 2005. "What Democracy Requires of the Media." In Overholser, Geneva and Amieson, Kathleen H.(Eds.). *The Press*, Oxford: Oxford University Press. pp. 203~219.

Deuze, M. 1999. "Journalism and the web." *Gazette*, Vol. 61, No. 5, pp. 373~390.

_____. 2001. "Online Journalism: Modelling the first generation of news media on the World Wide Web." [On-line], Available: www.firstmonday.org/issue6_10/deuze.

Elliott, P. 1977. "Media Organisations and Occupations: an overview." In Curran J., Gurevitch, M. and Walloacott, J.(Eds.). *Mass Communication and Society*. pp. 142~173. London: Open University.

Fisher, H. 2005. "developing media managers for convergence: A study of management theory and practice for managers of converged newsrooms." *The Convergence Newsletter*, Vol. 2, No. 7, www.jour.sc.edu/news/convergence/issue18.html.

Fishman, M. 1980. "*Manufacturing the News*." In Tumber, H.(Ed.), *News A Reader*. London: Oxford University Press. pp. 102~111,

Friedland, L. A., and McLeod, J. M. 1999. "Community integration and mass media: A reconsideration." In Demers, D. P. and Viswanath, K.(eds.). *Mass media, social control, and social change*. Ames, IA: Iowa State University Press.

Fulk, J. and De Sanctis G. 1995. "Electronic Communication and Changing Organizational Forms." *Organizational Science*, Vol. 6, No. 4, pp. 337~349.

Galtung, J. and Ruge M. 1965. "The structure of foreign news: The presentation of the Congo, Cuba and Cyprus crises in four foreign newspapers." *Journal of International Peace Research*, Vol. 1, pp. 64~69.

Gamson, W. A. and Modigliani, A. 1989. "Media discourse and public opinion on unclear power." *American Journal of Sociology*, Vol. 95, pp. 1~37.

Gerbner, G. and Gross, L. 1976. "Living with television: The Violence Profile." *Journal of Communication*, Vol. 26, No. 2, pp. 173~199.

Gerbner, G., Gross, L., Morgan, M. and Signorielli, N. 1994. "Growing up with television: The cultivation perspective." In Bryant, J. and Zillman, D.(eds.). *Media effects: Advances in theory and research*, pp. 17~41. New Jersey: Lawrence Erlbaum.

Habann, F. 2000. "Management of Core Resources: The Case of Media Enterprises." *Journal of Media Management*, Vol. 2, No. 1, pp. 14~24.

Hamilton, J. and Atton, C. 2001. "Theorizing Anglo-American Alternative Media: toward a contextual history and analysis of U.S. and U.K. scholarship." *Media History*, Vol. 7, No. 2.

Hemmingway, E. 2004. "The Silent heart of news." *Space and Culture*, Vol. 7, No. 4, pp. 409~426.

Hiler, J. 2002. "Are bloggers journalists?: On the rise of amateur journalism and the need for a blogging code of ethics." *MICROCONTENT NEWS*. [On-line] Available: http://www.microcontentnews.com/entries/20020411-637.htm.

Huesca, R. and Dervin B. 1999. "Hypertext and journalism: audience respond to competing news narratives." *Media in Transition Conference Articles*. [On-line] Available: http://mediaintransition.mit.edu/articles/huesca.html.

Kaid, L. L., McKinney, M. S., Tedesco, J. C. and Gaddie, K. 1999. "Journalistic responsibility and political advertising: A content analysis of coverage by state and local media." *Communication Studies*, Vol. 50, No. 4, pp. 279~293.

Kumar, Martha J. and Jones, Alex. 2005. "Government and The Press: Issues and Trends." In Overholser, Geneva and Jamieson, Kathleen H.(Eds.). *The Press*. Oxford: Oxford University Press.

Lang, G. E. and Lang, K. 1984. "The formation of public opinion : Direct and mediated effects of the first debate." In Bishop, G. F., Meadow, R. G. and Jackson-Beeck, M.(Eds.). *The presidential debates: Media, electoral, and policy perspectives*. New York; Praeger. pp. 61~80.

Lau, R. W. K. 2004. "Critical realism and news production, Media." *Culture and Society*, Vol. 26, No. 5, pp. 693~711.

Masmoudi, M. 1979. "The new world information order." *Journal of Communication*, Vol. 21, No. 2, pp. 172~179.

McCombs, M. E. and Shaw, D. L. 1993. "The evolution of agenda-setting theory: 25 years in the marketplace of ideas." *Journal of Communication*, Vol. 43, No. 2, pp. 58~66.

McFadden, R. D. 2003.2.16. "From New York to Melbourne: Cries for Peace." *The New York Times*. p. A1.

McGuire, W. J. 1969. "The nature of attitudes and attitude change." In Lindzey, G. and Aronson, E.(Eds.). *Handbook of Social Psychology*, 2nd ed. Reading, MA: AddisonWesley. pp. 136~314.

McIntosh, N. B. 1994. *Management Accounting and Control Systems: An Organizational and Behavioral Approach*, In Tjernstrom, S. 2000. "Public Service Management: Toward a Theory of the Media Firm." *Journal of Media Management*, Vol. 2, No. 3~4, pp. 153~164.

McLeod J. M., Becker, L. B. and Byrnes, J. E. 1974. "Another look at the agenda-setting function of the press." *Communication Research*, Vol. 1, No. 2, pp. 131~147.

McNelly, J. T. 1959. "Intermediary communicators in the international flow of news." *Journalism*

*Quarterly*, Vol. 36, No. 4, pp. 23~26.

Middlleton, K. R., Lee, W. E. and Chamberlin, B. F. 2005. *The Law of Public Communication*. New York: Pearson Education, Inc.

Min, Y. 2002. "Intertwining of campaign news and advertising: The content and electoral effects of newspaper adwatches." *Journalism and Mass Communication Quarterly*, Vol. 79, pp. 927~944.

Napoli, P. M. 1997. "A Principal-Agent Approach to the Study of Media Organisations: Toward a Theory of the Media Firm." *Political Communication*, Vol. 14, pp. 207~219.

Pan, Z., and Kosicki, G. M. 1993. "Framing analysis: An approach to news discourse." *Political Communication*, Vol. 10, pp. 55~75.

Papathanassopoulis, S. 1999. "The political economy of international news channels: More supply than demand." *Intermedia*, Vol. 27, No. 1. pp. 17~23.

Paterson, C. 1998. "Global battlefileds." In Boyd-Barrett, O. and Rantanen, T. *Globalization of News*. London: Sage.

Pew Center for Civic Journalism. 1996. "Tapping civic life: How to report first, and best, what's happening in your community." *A PCCJ workbook*, The Howard Group.

Pfau, M. and Louden, A. 1994. "Effectiveness of adwatch formats in deflecting political attack ads." *Communication Research*, Vol. 21, No. 3, pp. 325~341.

Pieterse, J. 1995. "Globalization as hybridization." In Featherson, M., Lash, S., and Robertson, R.(Eds.). *Global modernities*. London: sage. pp. 245~268.

Price, V. and Tewksbury, D. 1997. "News values and public opinion: A theoretical account of media priming and framing." In Barnett, G. and Boster, F. J.(Eds.). *Progress in the Communication Sciences*, pp. 173~212. Greenwich, CT: Ablex.

Putnam, R. D. 1993. "The prosperous community: Social capital and public life." *The American Prospect*, Vol. 13, pp. 35~42.

Putnam, R. D. 1995. "Bowling alone: America's declining, social capital." *Journal of Democracy*, Vol. 6, No. 1, pp. 65~78.

Rock, P. 1973. "News as eternal recurrence." In Chon, S. and Young, J.(Eds.). *The manufacture of News*. London: Constable. pp. 73~80.

Rogers, E. M. and Dearing, J. W. 1987. "Agenda-setting research: Where has it been? Where is it going?" In Anderson, I.(Ed.). *Communication yearbook 11*. Newbury Park, CA: Sage. pp. 555~594.

Rosen, J. 1999a. "The action of the idea: Public journalism in built form." In Glasser, T. L.(ed.). *The idea of public journalism*. New York: Guilford.

Schank, R. C., and Abelson, R. P. 1995. "Knowledge and memory: The real story." In Wyer, R. S., Jr.(Ed.). *Knowledge and memory. Advances in Social Cognition*, Vol. 8, pp. 1~86. Hillsdale, NJ: LEA.

Schramm, W. "The Nature of News." *Journalism Quarterly*, Vol. 26, pp. 259~269.

Schudson, M. 1996. "The Sociology of news production revisited." In Curran, J. and Gurevitch, M.(Eds.). *Mass Media and Society*. 2nd Ed. London: Arnold. pp. 141~159.

Singer, J. 2007. "Contested Autonomy: Professional and Popular Claims on Journalistic Norms." *Journalism Studies*, Vol. 8, No. 1, pp. 79~95.

Soloski, J. 1989. "News reporting and professionalism: some constraints on the reporting of the news, Media." *Culture and Society*, Vol. 11, pp. 207~228.

Steeper, F. T. 1980. "Public response to Gerald Ford's statements on Eastern Europe in the second debate." In Bishop, G. F., Meadow, R. G., and Jackson-Beeck, M.(Eds.). *The presidential debates: Media, electoral, and policy perspectives*, New York: Praeger. pp. 81~101.

Tjernstrom S. 2000. "Public Service Management: Toward a Theory of the Media Firm." *Journal of Media Management*, Vol. 2 No. 3~4, pp. 153~164.

VanLear, A. 1987. "The formation of social relationships: A longitudinal study of social penetration." *Human Communication Research*, Vol. 13, No. 3, pp. 299~322.

Ward, S. 2005. "Philosophical foundations of global journalism ethics." *Journal of Mass Media Ethics*, Vol. 20, No. 1, pp. 3~21.

Whipple, M. 2005. "The Dewey-Lippmann debate today: Communication distortions, reflective agency, and participatory democracy." *Sociological Theory*, Vol. 23, No. 2, pp. 156~178.

White, D. M. 1950. "The 'Gatekeepers': a case study in the selection of news." *Journalism Quarterly*, Vol. 41, pp. 384~390.

# ■ 찾아보기

## ㄱ

가정 148
≪가제트 가제타(Gazette Gazetta)≫ 52
가짜 사건 41, 42
간부 78, 93, 97
간주관적 객관화 94, 98
간주관적 판단 79
갈등 86
감시 저널리즘 220, 223
감시견 195
강준만 279, 285
개념의 활성화 확산 115
개념정의 149, 155
객관성 176, 297, 301, 302, 307
객관화 94
객관화 과정 79
건전한 긴장관계 178, 179
검증 가능성 152
게이트키퍼(gatekeeper) 46
게이트키핑 77
경마 저널리즘 36
경성뉴스 34, 40, 41
≪경성일보≫ 66, 67, 69
경제담론 254
경험적 검증 144

경험주의 151
고명섭 280, 283
고본금 63
고종석 280
공격 저널리즘 184
공격광고 222
공공 저널리즘 301, 302, 306
공동체 자본주의 262
공론장 247, 292, 293, 295, 306
공명 효과 106
공명 128
공생관계 246
공익성 200, 202
공인 376
공정성 198, 200, 227, 378
공중의제 110
공직선거법 217
관리계층 87
광고 62
교량적 직업 380, 397
구본준 280, 283
구성개념 150, 156
구성주의적 관점 121
국민 직접 커뮤니케이션 정책 182
국한문판 67

국한문 혼용체 64
권력 255
권언유착 170
권위 86
권위주의 언론이론 317
권위지 38, 40
균형성 201
근대 신문 59
근접성 28~30, 34
글로벌 텔레비전 뉴스 329
글로벌화 315, 316
글로컬화 316
긍정광고 222
기관지 65, 67, 71
기사 구성 89
기사형 광고 388
기술 144
김만식 60
김성수 70
김옥균 60
김옥조 373, 398
김춘식 196, 213

ⓛ
나수연 64
낙종 397
남궁억 64
노무현 정부 178, 180
노벨라(Novela) 52
노비 통신원 50
노이에 차이퉁(Neue Zeitung) 54
녹취록 213
논리적 추론 150, 155

농촌계몽 운동 69
《누벨 아 라 맹(Nouvelles a la Main)》 52
《누벨(Nouvelle)》 54
뉴 저널리즘 운동 53, 59
뉴스 27
뉴스 가공 77
뉴스 가치 28~31, 33, 35~38, 40, 46, 77
《뉴스레터(News Letter)》 52
뉴스 리더 45
뉴스 수정 93
뉴스 수집 77
《뉴스시트(News Sheet)》 54
뉴스의 국제 유통구조 324
뉴스의 라이프 사이클 89
뉴스의 세계 79
뉴스의 예외성 81
뉴스정보 수집 93
뉴스조직 76
《뉴욕 타임스(The New York Times)》 59
닉슨(R. Nixon) 207, 210

ⓓ
다기능 기자 88
다나(C. Dana) 28
다양성 95
다카하시(高橋正信) 60
단일 리드 94
단일성 95
닫힌 텍스트 245
담론 경쟁 262
담론정치 256
담화신문 51
대리인 86

대변인 172
대안언론 295, 296, 298
대정실업차목회 68
대중지 40
대통령 보도 176
《대한매일신보》 65
데스크 81, 97
《데일리 쿠란트(Daily Courant)》 55
《데일리 메일(Daily Mirror)》 38
《데일리 미러(Daily Mail)》 38
《뎨국신문》 64, 65
《독립신문》 62
독립협회 62
《동아일보》 66, 69
듀카키스(M. Dukakis) 220

㉣
《라 프레스(La Press)》 57
라이노타입 56
《라이프치거 차이퉁(Leipziger Zeitung)》 55
《런던 모닝메일(London Morning Mail)》 53, 58
《레라차온(Relations)》 54
윌리엄스(R. Williams) 267
로마 사제연보 49
로이터(Reuters) 325, 326
루스벨트(F. Roosevelt) 188

㉤
만민공동회 62
《믹일신문》 63
《매일신보》 65~67
매체의제 110

멀티 미디어 92
《모닝 레이터스트 뉴스(Morning Latest News)》 53, 58
《모닝 애드버타이저(Morning Advertiser)》 58
《모닝 포스트(Morning Post)》 58
모집단 217, 218
무단정치 70
무단통치 66
무작위 원칙 159
무지의 베일 371
문화면 273
문화 저널리즘 272, 276, 281, 282, 285, 287, 288
문화 267, 268
문화계발 효과 101, 102
문화비평 275, 277, 279
문화연구 268, 278
문화의 세기 265
문화적인 지형 270
문화 정경 269
문화정치 66, 68
문화칼럼 275, 276
미국 여론조사협회(American Association for Public Opinion Research) 216, 217
미국식 텔레비전 저널리즘 334
미디어 독점 237
미디어 지지(media endorsement) 202
미와(三輪黃藏) 60
민간신문 62
민영 223
민요 저널리즘 51
민주적 참여 언론이론 319, 320

ⓑ
박문국 61
박영효 60, 70
박은식 65
반증주의 163
발전 언론이론 319
방송뉴스 43, 44
방송법 200
방송의 공적 책임 200
배포단계 89
베델(E. T. Bethell) 65
베이시스(basis) 93
변보(邊報) 50
변인 150, 156, 160
변일 65, 67
보도의 공정성 184
보도자료 42
보크(S. Bok) 372
보편적 도덕률 371
복종 86
부가가치 89
부메랑 효과 182, 183
부시(G. H. Bush) 208, 220
부어스틴(D. Boorstin) 42
부정광고 222
부정적 보도 207
북·중유럽 모델 321, 323
북대서양 모델 321, 323
분석단위 158
불가근 불가원(不可近不可遠) 397
불확정성 96
브나로드 운동 69
브로더(D. Broder) 220

브리핑 84
블로그(blog) 46
BBC(British Broadcasting Corporation) 329, 330
비선형적 생산방식 94
비영리 기구 260

ⓢ
사나다(眞田謙藏) 60
사생활 379
사실성 244
사실성의 장 79
사운드바이트(soundbite) 45
사진술 56
사회책임 언론이론 317, 319
삭막하고 너절한 세상효과 103
3층위 모델 305
상관관계 161
상업적 편향전략 175
상징권력 255
상호 작용성 89, 94
생산과정 75
생산관행 75
생산의 이중화 91
서광범 60
서방 민주주의 내 언론유형 321
≪서울 프레스(The Seoul Press)≫ 66
≪서울 프레스 위클리(Seoul Press Weekly)≫ 67
서재필 62
서한신문 51, 54
선거 저널리즘 194, 206
선거 캠페인 196, 197, 200, 205, 206, 210,

찾아보기 421

213, 220, 221, 225, 227
선거법 200, 214, 216, 227
선거전 208
선우일 67
선정적 보도 388
선정주의 389
선택 77
설명 145
세계 그 자체 79
세계 인식 79, 94, 95
소비에트 언론이론 317, 318
속보 91, 396
수용성 82
수용자의 틀 125
수정 89
수평적인 조정 87
슈람(W. Schramm) 34
스트레이트기사 81
시각적 뉴스 가치 43
CNN(Cable News Network) 92, 329
시의성 28, 29, 34
시일야방성대곡 64
시장정서 251
신문뉴스 43, 44
신문법 200
「신문 보호법」 236
신문업 55
신문윤리 강령 391
신문조례 57
신문화사 285
신세계 정보질서 운동 327
신정아 사건 390
신채호 65

실체의 다양성 96
실체의 단순성 96
실체적 세계 97
심리적 근접성 30
심층성 43
심층취재 81

◎

아시아 경제모델 258
아이엔가(S. Iyengar) 224, 225
아펜젤러(H. Appenzeller) 63
악타 듀르나(Acta Diurna) 50
악타 푸블리카(Acta Publica) 49, 51
알 권리 376
알자지라(Al-Jazeera) 335, 336, 337
앤솔라베헤어(S. Ansolabehere) 224~226
앵커 44
앵커제도 45
양기탁 65
양상구조 82
양승찬 215~217
언론 지원 192
언론과 정부 169
언론기업 234
언론윤리 369
언론윤리 강령 382
『언론의 4 이론』 317
언론의 정치 권력화 173
언론자유 186
언론정책 66
업데이트 91
AFP(Agence France Presse) 325, 326
AP(Associate Press) 325

≪에코(Echo)≫ 53, 58
여론조사 194, 196, 203, 204, 214, 215, 217, 219, 227
연구가설 143, 154, 155, 163
연구설계 156
연구설계의 신뢰도 157
연구설계의 타당도 157
연성뉴스 34, 40, 41
양기설 162
영미식 모델 258
영토적 영역주의 82
영향성 28, 32, 34, 36, 38
예비선거 203, 219
예정된 뉴스 42
예정된 사건 41
예측 146
옐로 저널리즘 59, 389
오차 범위 217
오프라인 신문 209, 210
옥관빈 65
온라인 저널리즘 46
외환위기 237
우시바(牛場卓藏) 60
월터(J. Walter) 58
웨스트(D. M. West) 219, 221
위계구조 76, 85
≪위치토이글(The Wichita Eagle)≫ 303, 310
≪위클리 뉴스(Weekl News)≫ 54
유기적 통제 87
유길준 60
유용성 37
유일상 391
UPI(United Press International) 325, 326

윤리강령 381, 384
윤전기 56
윤치호 63
의미점화 119
의제설정 이론 107
이노우에(井上角五郞) 60
이상협 67
이슈관리 117
이야기성 126
이장훈 67
이종일 64
이준웅 197
2차 뉴스생산 89, 95
인간적 흥미 28, 33, 34, 36, 40, 45
인격권 395
인과관계 161
인쇄술 54
인쇄신문 53~55
인지세 58
인터넷 뉴스 미디어 209, 210
인터넷 신문 209
일간신문 64
일괄 생산 87
일반 기자 81

ㅈ
자기 생성적 의미 79
자유주의 언론이론 317, 318
자율규제 190
자율성 78
장도빈 65
장지연 64
재구성 91

재순환 가설 224
저널리즘 사회학 76
저널리즘 생태계 89
저널리즘의 근대성 96
저명성 28, 30, 31, 34
저보(邸報) 50, 51
적대적 언론관계 178
적합성 82
전국 일간지 닷컴 209
전략적 게임 202, 204
전략적 틀 199, 226
전문 기자 81
전문 대학원 244
전영란 213
전화 여론조사 216
점화효과 114
점화효과 이론 114
정론지 190
정보 발전 90
정보 전달 90
정보처리 이론 129
정책의제 110
정체성 86
정치광고 194~196, 219, 220, 222~224
정치광고 감시 저널리즘 206, 221, 224, 225
정치적 냉소주의 198, 226
정파성 173, 174, 192
정확성 244
제3자 보증효과 393
제자술 54
조보(朝報) 50
《조선일보》 66, 68, 70
조작정의 149, 155

조직적 접근 76
조작화 85
주관적 인식 97
주관적 접근 94
주관적 판단 79
주류화 효과 106
《주르날 드 파리》(Journal de Paris) 55
주석적 뉴스생산 89
주제구조 124
주제적 영토주의 82
중요성 36
중용 370
즉각적인 보상 34
지라댕(E. de Giradin) 57
지리적 근접성 30, 32
지상중계 213
지연된 보상 34
지중해 모델 321, 322
직무 분담 83
진실성 378
진중권 279
집단 저널리즘 47

ㅊ

차용범 390
책임 380
척도 145, 156, 160
척도의 신뢰도 160
척도의 타당도 160
촌지 398
최익 65
추측성 보도 198, 199
출입 기자 172

출입처 80
출입처 관할권 83
충성 86
취재관행 206
취재 기자 77, 93
취재원과 유착 84
측정 145, 150, 156, 160
측정오차 161

㈎

케네디(J. F. Kennedy) 207, 210
≪코리아 데일리 뉴스(Korea Daily News)≫ 65
코커스(caucus) 203
쾌락원칙 34
≪쿠란트(Courant)≫ 54
크레딧 44

㈏

타블로이드 신문 38
≪타임스(The Times)≫ 38, 58
탈근대적 저널리즘 96
탈가숙화 88
탈동원 효과 226
탈전통화 269
탈중심화 87
터크먼(G. Tuchman) 40
텔레비전토론 194~196, 203, 208, 210, 211, 213
통과의문 61
통신사 닷컴 209
통제 77, 88, 98, 147
투자자 신뢰 251
특종 397

특파원 81
틀 짓기 이론 121
틀 짓기 효과 114

㈐

파도타기 가설 224
판세 204
팸플릿 57
페니 페이퍼(penny paper) 58
≪펜실베이니아 이브닝 포스트 앤 데일리 애드 버타이저(The Pennsylvania Evening Post and Daily Advertiser)≫ 55
편집권 독립 202
편평화 87
편향전략 176
포디스트 87
포털뉴스서비스 209
≪폴리티컬 레지스터(Political Register)≫ 58
표본 대표성 216
표본추출 159
표집오차 159, 217
표현요소 124
≪푸거 차이퉁겐(Fugger Zeitungen)≫ 52
≪프랑크푸르터 차이퉁(Frankfurter Zeitung)≫ 57
풀뿌리 저널리즘 90
퓨 공공 저널리즘 센터(PCCJ) 308, 310
프라이버시 397
≪프랑크푸르터 알게마이네(Frankfurter Allgemine)≫ 57
프로이트(S. Freud) 34, 35
플랫폼 91
플루크 블라트(Flug-blatt) 54

찾아보기 425

필사신문 49, 52,~54
팔터링 90

ⓗ
하위표본 216~218
하이퍼링크 92
하지(J. W. Hodge) 67
한국민주당 71
한글판 67
≪한성순보(漢城旬報)≫ 59, 61, 62
≪한성주보≫ 60, 61, 62
함축된 가치 124
합의 88
해석의 틀 125
해석적 선거 저널리즘 205
해석적 재프레이밍 224
해석적 저널리즘 194, 206, 207, 221
해체 91
허스트(W. Hearst) 188
허위논평 201
허친스 위원회(Hutchins Commission) 236
헤게모니 255
혁신 조선일보 68
현실원칙 35
협성회 회보 63
혼성화 270
황색신문 59
≪황성신문≫ 64
효율성 81
후보자 수사 213
후쿠자와 유키치(福澤諭吉) 60

■ 지은이(가나다순)

강내원

단국대학교 언론영상학부 교수

주요 저서, 역서 및 논문: 『개혁의 확산』(공역, 2005), 『방송의 언어문화와 미디어 교육』(공저, 2004), 「시민의 매체이용과 사회적 신뢰: 매체 이용량 및 패턴을 중심으로」(2008), 「뉴스이용이 국내외 정치사회적 관여에 미치는 영향에 관한 연구」(2006), 「온라인 신문에 나타난 공공 저널리즘적 특성에 관한 연구」(공저, 2001)

김경모

연세대학교 언론홍보영상학부 교수

주요 저서 및 논문: 『방송 저널리즘과 공정성 위기』(공저, 2006), 「커뮤니케이션 연결망 분석의 이론적 기초에 관한 탐색적 접근」(2005), 「북한신문의 국제뉴스 내용분석」(2005)

김남두

정보통신정책연구원 방송미디어연구본부 연구위원

주요 저서 및 논문: 『IP 텔레비전 법 및 시행령 해설서』(2009, 공저), 『방송통신융합서비스 발전전망과 이에 따른 법·제도적 보완연구』(2008, 공저), 「9·11 이후 영미신문의 알자지라 인용보도 및 아랍방송 관련 취재원 사용패턴의 비교분석」(2007), 「정보사유와 공유의 레퍼토리와 내러티브: 저작권의 사회적 구성과 자유 소프트웨어: 열린 소스 운동의 이해」(2006, 공저)

김사승

숭실대학교 언론홍보학과 교수

주요 저서 및 논문: 『디지털 테크놀로지와 저널리즘』(2008), 『미디어 미래』(2008), 「프로-

암 온라인 시티즌 저널리즘의 저널리즘적 의미에 관한 분석: New Assignment 프로젝트 사례를 중심으로」(2009), 「포털뉴스의 저널리즘적 의미에 관한 분석」(2008), 「저널리즘의 기술적 재구성에 대한 이론적 고찰: 뉴스 생산과정을 중심으로」(2008), 「온라인 시민 저널리즘의 뉴스 생산양식 특성에 관한 분석」(2007), 「온 - 오프 뉴스룸 통합에 의한 간부 통제기능의 변화 가능성에 대한 분석」(2006), 「뉴스 블로그의 성격에 관한 분석」(2006)

### 김성해
한국언론재단 객원연구위원

주요 저서, 역서 및 논문: 『국가의 품격과 저널리즘 외교』(공저, 2009), 『세계는 울퉁불퉁하다』(공저, 2009), 『외신, 한국경제를 톺아보다』(공저, 2009), 『언론학 교육의 길을 묻다』(공저, 2009), 『대외 경제정책과 뉴스 미디어』(2008), 『공공 저널리즘을 쏘다』(역서, 2008), 「금융위기와 언론: 2008 글로벌 위기에 대한 각국 언론의 보도양상과 프레임」(공저, 2009), 「정체성 위기의 대학신문」(공저, 2009)

### 김춘식
한국외국어대학교 언론정보학부 교수

주요 저서 및 논문 : 『2007, 한국의 뉴스 미디어』(공저, 2007), 『대통령선거와 정치광고』(2005), 「정치적 소비자 운동에 영향을 미치는 예측요인」(2009), 「서울시장선거 텔레비전 토론 참가 후보자의 캠페인 수사에 관한 신문보도 분석」(2009), 「언론의 선거보도에 나타난 캠페인 관련 인용구」(2008), 「참여정부의 언론정책에 관한 뉴스 프레임 연구」(2008), 「Functional analysis of televised spots and debates in Korean presidential elections, 1992~2007」(2008)

### 안종묵
청주대학교 언론정보학부 교수

주요 저서 및 논문: 『매스커뮤니케이션의 이해』(공저, 2009), 『매스컴과 사회』(2006), 『언론 이데올로기 들여다보기』(2005), 『신문학 입문』(2003), 「한국 근대 신문 잡지의 발달시기에 선교사들의 언론활동에 관한 연구」(2004)

## 이기형

경희대학교 언론정보학부 교수

주요 저서 및 논문:『Asian Media Studies』(공저, 2005),『현대 사회와 미디어』(공저, 2006),『인터넷 미디어: 담론들의 공론장인가 논쟁의 게토인가』(2004),「문화연구와 공간」(2008),「탈지역적으로 수용되는 대중문화의 부상과 '한류현상'을 둘러싼 문화정치」(2005)

## 이승선

충남대학교 언론정보학과 교수

주요 저서 및 논문:『미디어 콘텐츠와 저작권』(공저, 2009),「디지털 저작권과 인터넷 문화영토」(2009),「'공적 인물'이 청구한 명예훼손 소송의 특성과 함의」(2007),「언론법제 연구의 현황과 특성」(2005)

## 이재진

한양대학교 미디어커뮤니케이션학과 교수

주요 저서 및 논문:『디지털 시대 미디어의 이해와 활용』(공저, 2009),『인터넷 언론자유와 인격권』(2009),『언론자유와 인격권』(2006),『인터넷 언론과 법』(2004),『언론과 명예훼손 소사전』(2003),「한국 언론윤리 법제의 현실과 쟁점」(2002),「표현수단으로서의 1인 시위에 관한 탐색적 연구」(2009) 등 70편

## 이준웅

서울대학교 언론정보학과 교수

주요 논문:「BBC 허튼 위원회 사례를 통해 본 공영방송 저널리즘의 위기」(2008),「뉴스 틀 짓기 연구의 두 개의 뿔」(2008),「대통령 후보에 대한 정서적 반응의 형성과 정치적 효과」(2007),「비판적 담론공중의 등장과 언론에 대한 공정성 요구: 공정한 담론규범 형성을 위해」(2005)

**임영호**

부산대학교 신문방송학과 교수

주요 저서 및 역서: 『민주화 이후의 한국 언론』(공저, 2007), 『신문원론』(2005), 『인터넷 취재보도』(공저, 2003), 『전환기의 신문산업과 민주주의』(2002), 『대처리즘의 문화정치』(역서, 2007)

**최영재**

한림대학교 언론정보학부 교수

주요 저서: 『대통령의 수사와 언론보도, 지지도의 상관관계』(2008), 『방송뉴스』(공저, 2007), 『정치인의 이미지 관리』(2006)

한울아카데미 1232

# 저널리즘의 이해

ⓒ 김춘식 외, 2010

지은이 • 강내원·김경모·김남두·김사승·김성해·김춘식·안종묵·
　　　　이기형·이승선·이재진·이준웅·임영호·최영재
펴낸이 • 김종수
펴낸곳 • 한울엠플러스(주)

편집책임 • 이교혜
편집 • 배소영

초판 1쇄 발행 • 2010년 3월 5일
초판 9쇄 발행 • 2024년 2월 5일

주소 • 10881 경기도 파주시 광인사길 153 한울시소빌딩 3층
전화 • 031-955-0655
팩스 • 031-955-0656
홈페이지 • www.hanulmplus.kr
등록 • 제406-2015-000143호

Printed in Korea.
ISBN 978-89-460-5232-1　93070

\* 책값은 겉표지에 표시되어 있습니다.